Die Hussiten

SLAVISCHE GESCHICHTSSCHREIBER

Herausgegeben von

UNIV.-PROF. DR. GÜNTHER STÖKL

Band XI

Die Hussiten

Die Chronik des
Laurentius von Březová
1414–1421

Aus dem Lateinischen und Alttschechischen
übersetzt, eingeleitet und erklärt
von
JOSEF BUJNOCH

Verlag Styria

Umschlagbild: Žižka an der Spitze des Bauernheeres der Taboriten
Miniatur aus dem Jenenser Codex Wende 15./16. Jh.,
jetzt in der Bibliothek des Nationalmuseums in Prag
unter der Signatur IV B 24, fol 76a

CIP-Titelaufnahme der Deutschen Bibliothek

Laurentius ‹de Březová›:
Die Hussiten : d. Chronik d. Laurentius von Březová /
aus d. Lat. u. Alttschech. übers., eingeleitet u. erkl. von Josef Bujnoch. –
Graz ; Wien ; Köln : Verl. Styria, 1988
Einheitssacht.: De gestis et variis accidentibus regni Boemiae ‹dt.›
ISBN 3-222-11813-2
NE: Bujnoch, Josef (Übers.)

Printed in Austria
Satz und Druck:
Druck- und Verlagshaus Styria, Graz
Bindung: Wiener Verlag, Himberg
ISBN 3-222-11813-2

INHALT

ZUM GELEIT

Seit in der Reihe der Slavischen Geschichtsschreiber zum ersten und bisher einzigen Mal ein tschechischer Autor zu Wort kam, sind mehr als zwei Jahrzehnte verstrichen. Jahrzehnte, die aktuellen Anlaß genug boten, über die tragische Geschichte des kleinen mitteleuropäischen Volkes der Tschechen und seines Landes nachzudenken. Damals wurde mit dem Bericht des Peter von Mladoniowitz über Prozeß und Hinrichtung des Magisters Jan Hus in Konstanz das Thema angeschlagen, in dem nun vorliegenden Band variiert es die Chronik des Magisters Laurentius von Březová in einer erschütternden Wirklichkeit.

Es soll hier nicht wiederholt werden, welche entscheidende Rolle Hus und der Hussitismus im modernen Geschichtsbewußtsein der Tschechen spielen, ob man sie nun überwiegend im Sinne einer nationalen oder einer sozialen Revolution interpretiert. So wichtig dies für das Verständnis des slavischen Nachbarvolkes ist, es würde allein vielleicht nicht rechtfertigen, eine weitere umfangreiche Quelle für nur wenige Jahre der Geschichte Böhmens zugänglich zu machen. Zusätzliche Motive scheinen uns jedoch in zwei Überlegungen zu liegen: Einmal können an dem, was der Magister Laurentius als Mitlebender und Mitleidender von den ersten Jahren der durch Hus und seine Gesinnungsgenossen ausgelösten Bewegung festgehalten hat, die Abstraktionen und Idealisierungen der Nachfahren gemessen werden. Zum andern läßt die von Laurentius – und so nur von ihm – überlieferte Fülle konkreter Einzelheiten des revolutionären Geschehens die stellvertretende Funktion der Tschechen im Rahmen der europäischen Reformations- und Revolutionsgeschichte erkennen. Es ergibt sich einerseits, daß der Hussitismus in seiner Entstehung wie in seiner

Entfaltung, in seinen Zielen wie in seinen Symbolen eine kirchliche, religiöse, ja theologische Reformbewegung war, die lebte und sich wandelte aus dem geistlichen Erbe des Reformwillens, der die tiefe Krise der spätmittelalterlichen Kirche zu überwinden suchte. Es ergibt sich andererseits, daß aus dem Reformstreben ein Revolutionsversuch werden konnte, weil die Schwäche und dann der Tod König Wenzels dazu Spielraum in einem Machtvakuum schufen. Schwäche der Macht, Träume einer Intelligenz, Hoffnung Unzufriedener – es mußte nach Ferdinand Seibt* vieles zusammenkommen, ehe aus subtilen Diskussionen ein auch die sogenannten Massen erfassender neuer Glauben, aus der berechtigten Kritik des Wortes die Brutalität militärischer Aktionen werden konnte. Zu den fördernden Akzidentien gehörten in Böhmen gewiß auch das tschechische Ressentiment gegen die deutsche Dominanz in den Städten, zumal in Prag, und die bäuerliche Not in dichter besiedelten Teilen des Landes. Aber allein bestimmend war weder das eine noch das andere.

Die spätmittelalterliche Revolution des Glaubens in Böhmen ist an ihren inneren Gegensätzen gescheitert: nach wenigen Jahren der radikale Flügel der Taboriten an der Gewalt, die er auf seine Fahnen geschrieben hatte, im 17. Jahrhundert der gemäßigte Flügel der Utraquisten, dessen von den Ständen getragene Landespolitik dem habsburgischen Absolutismus im Wege stand. Das vielfältige und zwiespältige Erbe dieser „Revolution" bewegt die Gemüter der Tschechen und ihrer Nachbarn bis heute. Möge des Magisters Laurentius Bericht über die Anfänge jene nachdenklichen Leser finden, die er verdient.

Günther Stökl

* Revolution in Europa. Ursprung und Wege innerer Gewalt. Strukturen, Elemente, Exempel. München 1984.

EINLEITUNG

I. Leben und Werke des Laurentius von Březová

Der Magister Laurentius von Březová – Vavřinec z Březové – hat in seinem Geschichtswerk zu den Ereignissen in den böhmischen Ländern zwischen dem Beginn des Konstanzer Konzils und dem Kampf König Sigismunds um sein Erbe nach dem Tod seines Bruders Wenzel IV. bis zur Entscheidung bei Kuttenberg an der Jahreswende 1421/22 zwar nur die ersten zwei Jahre der Angriffe gegen die böhmische Kirche mit offener Gewalt gegen Klöster, Kirchen und Pfarrhöfe geschildert, wobei alle Stände der miterlebenden Zeitgenossen mehr oder weniger ungewollt in die Hussitenkriege hineingerissen wurden, aber es besteht weithin Übereinstimmung darin, daß dieses Zeitalter in Laurentius von Březová unbestritten seinen besten Chronisten gefunden hat, der für die späteren Jahre keinen ebenbürtigen Fortsetzer fand.

Laurentius entstammte der Klasse der Landedelleute – zemané –, die als unterste Stufe des niederen Adels der Ritterschaft nachgeordnet waren. Der Name Březová steht in bezug auf einen bescheidenen Landsitz der Familie. Von den in Böhmen bekannten sieben Orten dieses Namens können nur vier in Betracht kommen, Heimatgemeinde des Familiengutes gewesen zu sein: Březová südlich Kuttenberg oder nach Gustav Friedrich Březová bei Hořovice (ca. 20 km südwestlich von Beroun), aber auch das südlich von Prag unweit Jílové/Eule gelegene Březová oder das ehemalige Dorf gleichen Namens (jetzt bewaldeter Bergkamm) südlich von Unhošť (Kreisstadt ca. 24 km westlich von Prag).[1] Laurentius verbrachte fast sein ganzes Leben in Prag, wo er, wie

[1] Profous, A.: Místní Jména v Čechách (Die Ortsnamen in Böhmen) I (1954) unter Březová.

Fr. Palacký annimmt, auch geboren sein dürfte.[2] Sein Geburtsjahr 1370 oder 1371 – demnach war er mit J. Hus fast gleichaltrig – läßt sich aus der Bulle des römischen Papstes Bonifaz IX. vom 12. März 1391 erschließen, die ausgestellt ist dem *dilecto filio Laurencio Wenceslai de Brziezowa, clerico Pragensis diocesis – dem geliebten Sohn Laurentius, Sohn des Wenzel von Březová, dem Kleriker der Prager Diözese* – und die ihm die Pfarre in Laun für zehn Jahre und damit deren Einnahmen sicherte. Da er noch nicht das kanonische Alter und nicht die Priesterweihe besaß, hatte sich die Königin Sophie beim Papst für ihn eingesetzt, wie aus dem Wortlaut der Bulle hervorgeht, die auch sein Lebensalter nennt: *obwohl du in deinem zwanzigsten Lebensjahr stehst.*[3] Der lateinische Wortlaut gibt auch den Namen *de Brziezowa* richtig an, während schon die Prager Handschrift A (siehe unten) die Namensform *de Brzezina* nennt[4] und diese vom 16. Jahrhundert an (Wenzel Hajek von Libočan) bis auf Fr. Palacký üblich war.

Laurentius war in den Klerikerstand eingetreten und erlangte erst als Subdiakon die Möglichkeit der Bewerbung um eine kirchliche Pfründe. Einnahmen aus kirchlichen Benefizien hatten damals die Funktion von Studienstipendien, und da sie nicht hoch waren, bewarben sich studierende Kleriker gleichzeitig um mehrere Pfründen wie auch Laurentius, der später auch noch Altarist beim Wenzelsaltar im Prager Veitsdom wurde. Wie im Spätmittelalter üblich, ließ er als Inhaber der Pfründen den damit verbundenen Dienst von Stellvertretern ausüben. Schon 1390 hatte er den Grad eines Bakkalars in den Künsten erreicht, Ende Dezember 1393 legte er die Magisterprüfung ab, und am 22. März 1394 wurde ihm durch die Promotion die Würde eines Magisters der Freien Künste erteilt. Im gleichen Jahr ließ er sich in

[2] Palacký, Franz: Würdigung der alten böhmischen Geschichtschreiber (sic!). Neudruck der Ausgabe 1869, Osnabrück 1969, S. 202.

[3] Fr. Heřmanský/M. Bláhová (1979) S. 381 Anm. 6f.

[4] Vgl. farbige Faksimile-Abbildung B 12 bei Fr. Heřmanský/M. Bláhová (1979) S. 280; erläuternde Fußnote B 12 betrifft Faksimile-Abb. S. 26f, während der Text dort B 2 zu S. 280 gehört. Die betreffenden Erläuterungstexte sind verwechselt.

der Fakultät der Juristen eintragen, wo er als *Magister Laurencius de Brzezowa nobilis vir plebanus in Luna – Edelmann, Pfarrer in Laun* vermerkt ist.[5] Er hat aber keinen akademischen Grad in der Rechtswissenschaft angestrebt. Vielleicht kann man einen späten Niederschlag dieser Studien darin sehen, daß er in einer gewissen Vorliebe für thesenartige, in der juristischen Fachsprache gebräuchliche Formulierungen die theologischen Artikel der Taboriten und deren Zurückweisung durch die 72 Artikel der konservativen Magister (Kap. 77) wie auch die Artikel der Prager Synode von 1421 mit ihren Anordnungen zum Kirchenregiment und der Disziplin des Klerus (Kap. 102) in sein Geschichtswerk aufgenommen hat. Seit 1402 war er Hausbesitzer in der Altstadt[6] und in der Folgezeit Inhaber der Pfarre von Běchary (ca. 18 km südwestlich von Jičín) und anderer kirchlicher Benefizien im Umkreis von Prag. So hat auch er, dem Zug der Zeit entsprechend, aus materiellem Interesse kirchliche Pfründen angestrebt und hat sie auch bekommen, obwohl er niemals Priester war. In dieser Zeit dürften bereits die aufsehenerregenden Predigten in der 1391 in der Altstadt gestifteten und nach kurzer Bauzeit vollendeten Bethlehemkapelle in aller Munde gewesen sein, seit der Magister Johannes Hus nach zwei Vorgängern der Rektor der Kapelle geworden war. Man kann annehmen, daß auch Laurentius von Březová zum Kreis seiner Zuhörer gehörte. Nach 1400 trat er in die Dienste König Wenzels und war vermutlich als Schreiber in der königlichen Kanzlei bis zum Tod des Königs 1419 tätig. Als Magister der Freien Künste gehörte er zur Artistenfakultät und nahm daher auch an der großen Quodlibet-Disputation im Januar 1411 teil, bei der J. Hus den Vorsitz führte. Die 54 Teilnehmer wurden außer bei ihren bürgerlichen Namen noch unter einem beigegebenen antiken Namen eines Philosophen, Dichters oder Redners vorgestellt wie z. B. Stephan Páleč als Isokrates, Jeronimus als Chrysippus, Jacobellus von Mies als Empedokles, Christian von Prachatitz als Euklid und Laurentius von Březová als Plutarch.

[5] Ebenda S. 382 Anm. 12.
[6] Ebenda S. 305 und S. 382 Anm. 18 und 19.

Auf die ihm vorgelegte Frage, ob dem Geburtsadel oder den nobiles ex morum honestate, dem Adel aus ehrenhafter Lebensweise der Vorzug gebühre, antwortete er in scholastischer Beweisführung, daß dem Geburtsadel als dem verursachenden Prinzip der Vorzug zu geben sei, legt aber anschließend die Argumente für den Vorrang des Adels eines ehrenhaften Charakters dar.[7]

Eine tiefe Erschütterung erfaßte ihn, als die Nachricht vom schrecklichen Feuertod seiner Magisterkollegen J. Hus und Jeronimus in Prag bekannt wurde, wie man aus den noch nach Jahren niedergeschriebenen Äußerungen in seiner Chronik (Kap. 9, 10, 14) herauslesen kann. Den Ausbruch der Unruhen nach dem Tode König Wenzels und die Ereignisse der folgenden Jahre erlebte er unmittelbar als Augenzeuge in Prag (vgl. Prolog II). In diesen Jahren war er Schreiber im Neustädter Rathaus, hatte Einsicht in amtliche Schriftstücke und machte wahrscheinlich fast gleichzeitig über die einzelnen Geschehnisse Aufzeichnungen. So erreichte er eine zuverlässige Chronologie, als er zu späterer Zeit – hinsichtlich deren Eingrenzung gehen die Meinungen auseinander – seine Stoffsammlungen zur Chronik zusammengestellt hat. Nebenher war er auch mit anderen Themen beschäftigt. Für die Neustadt übersetzte er die ihr in der Vergangenheit erteilten Privilegien Karls IV. und Wenzels IV. aus dem Lateinischen ins Tschechische. Überhaupt entfaltete er während seines Lebens eine reiche literarische Tätigkeit. Noch zu Lebzeiten König Wenzels übersetzte er ein mittelalterliches Traumbuch ins Tschechische, aus dem Deutschen die Reisen des Sir John Mandeville ebenfalls ins Tschechische, er verfaßte eine Weltchronik seit Erschaffung der Welt bis 678 mit Berichten über die biblische Geschichte sowie über römische Kaiser und Päpste, die eine Kompilation aus Peter Comestor[8] und Martin von Troppau[9] darstellt, und einen lateinischen Kommentar zu den Bußpsalmen:

[7] Ryba, Bohumil: Magistri Johannis Hus Quodlibet. Prag (1948) S. 69 (dort in Fußnote kurzer Abriß der Lebensdaten des Laurentius) und 70f.

[8] Magister Peter Comestor von Troyes, Lehrer der Theologie in Paris, gest. 1179.

[9] Dominikaner in Prag und Rom, gest. 1279 als Erzbischof von Gnesen.

Commentum super VII psalmos penitenciales. Über den großen Hussitensieg am 14. August 1431 bei Taus/Domažlice über ein Kreuzfahrerheer schrieb er das umfangreiche Versgedicht in achtsilbigen lateinischen Reimpaaren, das unter dem Titel *Carmen insignis Coronae Bohemiae* etc. – *Gedicht der ruhmvollen Krone Böhmens auf den Sieg, der ihr durch göttliche Fügung bei Riesenberg und Taus zufiel* – in einer einzigen Prager Handschrift erhalten ist.[10] Das letzte Datum seiner öffentlichen Wirksamkeit ist für 1436 bezeugt, als Laurentius von Březová im Streit der Prager Altstadt mit der Neustadt, deren Originalurkunden ihrer Privilegien vernichtet waren und die deshalb für die Erneuerung dieser Privilegien durch den jetzt allgemein anerkannten König Sigismund nur Abschriften vorlegen konnte, vor dem König die Echtheit der Privilegien erklärte. Sigismund bestätigte daraufhin die früheren Privilegien der Stadt am 1. Oktober 1436. Von da an verstummen die Zeugnisse über Laurentius. Er dürfte 1438 oder später gestorben sein.

II. Überlieferung der Hussitenchronik

Der von Jaroslav Goll im V. Band der Fontes Rerum Bohemicarum unter dem Titel *Historia Hussitica* 1893 herausgegebene Text der Hussitenchronik beruht auf den folgenden sechs Papier-Handschriften: einer Breslauer, zweier Prager einschließlich der dazugehörenden Wolfenbütteler, einer Kopenhagener und einer Wiener Handschrift. Die von J. Goll gebrauchten Abkürzungen für die Handschriften werden unverändert beibehalten. Es sind dies:

1. Die Breslauer Handschrift (W) der Stadtbibliothek W
Nr. 199 mit dem Text ohne Überschrift auf den Blättern 121ª–199ᵇ. Voran steht der Prolog II *Licet michi contemplanti* (*Wenngleich mir beim Betrachten*). Datiert von 1467 ist sie zugleich die älteste der Laurentius-Hss. und bringt als

[10] Ausgabe von C. Höfler 1856 und in FRB V (1893) 545–563. Tschechische Übersetzung von J. B. Čapek bei Fr. Heřmanský/M. Bláhová (1979) 281 bis 304.

einzige zu Beginn die Mitteilung, daß Peter von Dresden der Urheber des Laienkelches sei, was offensichtlich eine Interpolation ist. Leider ist diese Handschrift seit Kriegsende verschollen.

A 2. Die Handschrift der Prager Staatsbibliothek (A) der Tschechischen Sozialistischen Republik I D 10 vom Ende des 15. Jahrhunderts oder noch jünger. Sie enthält auch die Chroniken von Marignola und Pulkava sowie die Selbstbiographie Karls IV. und von Laurentius das *Carmen insignis Corone Bohemie*. Der Text der Hussitenchronik steht auf den Blättern 258^{a}–344^{b}.

B 3. Die Handschrift XI D 8 der gleichen Prager Bibliothek von der Wende des 15. zum 16. Jahrhundert mit dem Laurentiustext fol 19^{a}–99^{b}, der verstümmelt ist, denn es fehlen das erste Blatt und je einige Blätter in der Mitte und am Ende. Zum Jahr 1421 sind im Anschluß an die Adamitenartikel (Kap. 111) noch weitere *de Pikardis* und *articuli hereticorum Waldensium* aufgezeichnet, die zwar nicht zum Chroniktext gehören, aber von Constantin Höfler in seine Ausgabe der Chronik (siehe unten) S. 503–511 aufgenommen wurden.

Wo 4. Der Text der fehlenden Blätter der Hs. B wird glücklicherweise ersetzt durch eine Abschrift von B vor ihrer Beschädigung. Sie ist von der Wende des 17. zum 18. Jahrhundert und wird in der Herzog-August-Bibliothek in Wolfenbüttel (Wo; diese Abkürzung nicht bei J. Goll) unter der Signatur Extrav. 154 bewahrt. Der Laurentiustext steht unter dem Titel *Historia Husitarum* (sic!) auf den Blättern 60–222, beginnt mit dem Prolog II und endet wie alle Hss. mit *Et facto mane (Und als der Morgen angebrochen war)*.

K 5. Die Kopenhagener Handschrift (K; Abkürzung noch nicht bei J. Goll) wurde erst rund 170 Jahre später bekannt (1897) als ihr gedruckter Text (1724) und enthält nur zwei größere Bruchstücke der Chronik mit dem Text vom Anfang bis zum 3. April 1420 (Kap. 32) und vom 25. Juni 1420 (Kap. 44) bis wenige Zeilen vor dem Ende von Kap. 60. Sie wird in der königlichen Bibliothek zu Kopenhagen bewahrt unter der Nr. 688. Sie stammt vom Ende des 16. Jahrhunderts und überliefert als einzige mit dem Prolog I *Supremae*

Trinitatis nomine invocato[11] *(Im Namen der allerhöchsten Dreifaltigkeit)* nach J. Goll die erste Rezension der Chronik. Aus dieser Handschrift wurden die beiden Fragmente von Ludewig in Band VI seiner Sammlung *Reliquiae Manuscriptorum* in Frankfurt und Halle 1724 herausgegeben (L). Dazu L
bemerkte einige Jahrzehnte später Raphael Ungar, der erste Direktor der Prager Universitätsbibliothek nach Auflösung des Jesuitenordens: *Edidit hoc Laurentii Chronicon Ludewig in Monumentis Manuscriptorum* (sic!), *sed corruptissime et cum hiatibus. Immo nomen authoris Brzezina in Byzinius corrupit. Sed haec sunt fata nominum Bohemicorum, dum ex officinis Germanorum prodeunt. Agendae tamen sunt viro eruditissimo gratiae, quod Germanus id praestiterit, quae Bohemi hucusque neglexere – Diese Chronik des Laurentius hat Ludewig in den Monumenta Manuscriptorum herausgegeben, aber sehr verdorben und mit Lücken. Selbst den Namen des Verfassers Březina hat er zu Byzinius entstellt. Doch das sind die Schicksale tschechischer Namen, wenn sie aus Druckerwerkstätten der Deutschen hervorkommen. Trotzdem muß man dem hochgebildeten Mann danken, weil er als Deutscher das geleistet hat, was die Tschechen bis jetzt unterlassen haben.*[12]

6. Die Handschrift N 7650 der ehemaligen Wiener k. k. Hofbibliothek, daher P (Codex Palatinus), jetzt Öster- P
reichische Nationalbibliothek, aus der ersten Hälfte des 16. Jahrhunderts ist unter dem Namen *Chronicon universitatis Pragensis – Prager Universitätschronik* eine Kompilation, bei der zum Jahr 1414 eine Abhängigkeit von der Laurentiuschronik besteht, von Mai 1420 an eine Bearbeitung und vom 6. Juni 1420 eine Abschrift des Laurentius, deren Text aber von W A B und L (K) unabhängig ist, so daß J. Goll darin eine eigene dritte Rezension sah.

7. Aus der Hs. A wurde im 18. Jahrhundert von Franz Martin Pelzl eine Abschrift gemacht, die zur Zeit Jaroslav Golls in der Bibliothek der Grafen von Thun in Tetschen/ T
Děčín war. Sie hat den Besitzervermerk: *Sum Francisci Mar-*

[11] Lat. Text bei Jaroslav Goll in der Einleitung zu Laurentius in FRB V (1893) S. XXVIII.

[12] Bohuslav Balbin, ed. Raphael Ungar: Bohemia docta II (1778) S. 234.

tini Pelzl, qui me ex autographo describendum curavit anno 1775 – Ich gehöre Franz Martin Pelzl, der mich aus dem Autograph abschreiben ließ etc. – Pelzl hielt demnach A für das Autograph des Laurentius. – – In der Bibliothek der Fürsten von Lobkowicz (in Raudnitz?) gab es eine Laurentius-Hs., die noch Constantin Höfler 1856 verwendet hat, zur Lo Zeit J. Golls aber bereits unauffindbar war (Lo).

8. Zu diesen sieben lateinischen Handschriften kommt noch die Handschrift der Prager Staatsbibliothek XIX A 50 Č hinzu (Č; diese Abkürzung nicht bei J. Goll), die zur Zeit J. Golls in der Bibliothek des Grafen Thun in Tetschen lag und auf den Blättern 201^a–277^b einen alttschechischen Text der Laurentiuschronik mit dem Prolog I aus K (L) *Ve jméno svaté svrchované a nerozdílné Trojice* überliefert. Nach Fr. Palacký und J. Goll handelt es sich um eine Übersetzung des späten 15. Jahrhunderts, während die Hs. selbst von 1619 datiert ist. Der unbekannte Übersetzer war seiner Aufgabe nur unvollkommen gewachsen, denn er hat schwierige Textstellen gelegentlich nur nach dem Sinn wiedergegeben oder überhaupt weggelassen, wie z. B. die biblische Begründung der chiliastischen Lehre mit den zahlreichen Bibelzitaten (Kap. 60), die gänzlich fehlen.[13] Der Text dieser Übersetzung steht am nächsten dem der Kopenhagener Hs. K (L), hat aber auch viele eigene Zutaten.

Das gegenseitige Verhältnis der vorhandenen Handschriften zueinander zeigt das Stemma auf Seite 17.

III. Druckausgaben der Hussitenchronik

Die erste gedruckte Ausgabe eines Teils der Laurentius-Chronik brachte Ludewig in Frankfurt und Halle 1724 heraus (siehe oben II unter 5.)

Erst 1856 gab Constantin Höfler den vollständigen lateinischen Text samt den eingeschobenen alttschechischen Dokumenten (mit deutscher Übersetzung) unter dem Titel Geschichtsschreiber der hussitischen Bewegung in Böhmen I, in Fontes Rerum Austriacarum II. Wien 1856, S. 321–527, heraus.

[13] Vgl. Ausgabe J. Goll S. 418–424.

Die kritische Ausgabe unter Berücksichtigung der gesamten Textüberlieferung besorgte 1893 J. Goll im V. Band der Fontes Rerum Bohemicarum, wobei er dem lateinischen Text den alttschechischen des späten 15. Jahrhundert parallel an die Seite stellte. Sie blieb bis heute die gültige Textausgabe.

Eine neutschechische Übersetzung mit umfangreichem Kommentar schuf Fr. Heřmanský auf der Grundlage des Textes nach J. Goll. Sie erschien 1954 in Prag. Es ist sein Verdienst, den Text in 120 Kapitel mit sachgerechten Überschriften eingeteilt zu haben. Eine von Marie Bláhová bearbeitete reich illustrierte Neuausgabe der Übersetzung Fr. Heřmanskýs mit zwölf farbigen Faksimile-Wiedergaben von Textbeispielen und Miniaturen aus Handschriften samt

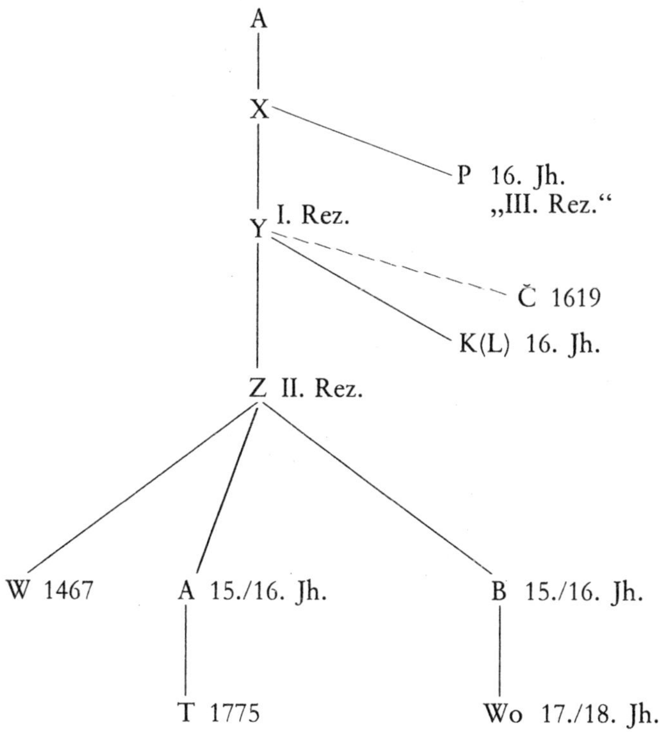

der tschechischen Übersetzung des Carmen insignis Corone Bohemie von J. B. Čapek erschien 1979 in Prag. Unter Beibehaltung der Kapiteleinteilung Fr. Heřmanskýs wird die Hussitenchronik des Laurentius von Březová nach der kritischen Ausgabe von J. Goll hier zum ersten Mal in einer deutschen Übersetzung vorgelegt.

IV. Inhalt der Hussitenchronik

Die Laurentiuschronik ist in zwei Rezensionen überliefert, nach J. Goll in drei, weil er den in der Prager Universitätschronik aus Laurentius verwendeten Text als eine eigene Fassung ansah. Die beiden Rezensionen unterscheiden sich hauptsächlich durch ihren Prolog. Den nach dem Vorbild zahlloser Urkunden mit der Anrufung der Hl. Dreifaltigkeit beginnenden Prolog *Supremae Trinitatis nomine invocato* hielt J. Goll für älter und sah folglich im anschließenden Chroniktext die erste Rezension. Im Prolog der II. Rezension beklagt der Verfasser den allgemeinen Verfall des einst blühenden Königreichs Böhmen in seiner Zeit und wünscht, daß sein Geschichtswerk künftigen Generationen zur Warnung diene.

Die Erzählung beginnt mit der Schilderung, wie zum ersten Mal der Laienkelch in vier Prager Kirchen dem Volk gereicht wurde (2), schließt daran die Einberufung des Konstanzer Konzils mit einer Liste der Teilnehmer aus allen Ständen und Volksschichten (3) und kommt sogleich auf J. Hus zu sprechen, seine Gefangennahme und Kerkerhaft (4), auf die Verurteilung der Kelchkommunion durch das Konzil (5), die Absetzung des Papstes Johannes XXIII. und seine Verurteilung (6 u. 8), während dazwischen die Gefangennahme des Jeronimus von Prag (7) und in Kap. 9 die Verurteilung und Verbrennung des J. Hus berichtet wird. Die folgenden Kapitel handeln von der Konzilsnote an Klerus und Barone von Böhmen samt der Protestnote des böhmischen und mährischen Adels an das Konzil (9–11), bringen den Widerruf Jeronimus' von Prag vor dem Konzil (12), erwähnen ein zweimaliges Interdikt in Prag, das sich unbeabsichtigt zugunsten des Laienkelchs auswirkt (13), und berichten schließlich die Verurteilung und Verbrennung Jeronimus' (14). In starker Zeitraffung werden die Wahl des Konzilspapstes Martin V. im November 1417, das Ende des Konzils im Mai 1418 (15), die ersten Bergwallfahrten im Frühjahr 1419 (16), der erste Prager Fenstersturz (17), der plötzliche Tod König Wenzels IV. (18) und die beginnenden Angriffe ungeordneter Volksmassen auf Prager Kirchen und Klöster erzählt (19). Von Sicherungsmaßnahmen der Königinwitwe Sophie um die Prager Burg und die Kleinseite berichten die Kap. 21–23, über Verfolgung tschechischer Utraquisten in Kuttenberg sowie unmenschliche Grausamkeiten ihrer Gegner Kap. 24 und 26. – Inzwischen kommt es zu einer Kontaktaufnahme zwischen König Sigismund als dem Erben König Wenzels und den Prager Städten, die eine Gesandtschaft zum König nach Brünn schicken (25). In die Anfänge des taboritischen Chiliasmus weist der Bericht von den fünf heiligen Städten der Zuflucht: Pilsen, Saaz, Laun, Schlan und Klattau (27). Im Februar 1420 gelingt bewaffneten Taboriten die Eroberung von Sezimovo Ústí im Raum der späteren Stadt Tabor (28). – Da der Verfasser den Stoff chronologisch angeordnet hat, bringt er im Folgenden ein völlig anderes Thema, wo er von der abstoßend grausamen Untat König Sigismunds in Breslau an dem Prager Bürger Jan Krása berichtet, der seine Zustimmung zu den Konzilsbeschlüssen und die Abkehr von der Kelchkommunion verweigert hatte (29). Darauf wendet sich die Szene wieder Prag zu, wo der ehemalige Prämonstratensermönch Johannes von Seelau gegen Sigismund predigt (31), die Utraquisten sich zum Kampf gegen den König eidlich verpflichten und die Taboriten sich vier Hauptleute wählen, unter ihnen den Jan Žižka (32), der Prager Oberstburggraf Čeněk von Wartenberg die Burg einnimmt, während die königliche Besatzung des Vyšehrads von den Pragern durch eine Umwallung eingeschlossen wird (33), wenig später jedoch Čeněk nach geheimen Verhandlungen mit dem König die Prager Burg an die Bevollmächtigten des Königs aus dem Herrenstand wieder ausliefert und deshalb sein Banner vom Rathausturm der Altstadt heruntergeholt und auf einen Schandpfahl gesteckt wird (35). Eine neue Gesandtschaft der Prager zu Sigismund nach Kuttenberg zwecks Duldung der Kelchkommunion kehrt mit leeren Händen zurück und bewirkt, daß sich die Prager Alt- und Neustadt auf einen Kampf mit dem König einrichten (36) und ihnen ein Taboritenheer aus Hradiště, dem späteren Tabor, zu Hilfe kommt (37). Auch Saaz, Laun und Schlan schickten nach Prag Hilfskräfte, die unterwegs das reiche Benediktinerkloster Porta Apostolorum bei Laun mit der wertvollen Bibliothek zerstörten (38). Während König Sigismund zur Neuen Burg bei Kunratice (Wenzelstein) südlich Prag und nach Altbunzlau kommt, werden in den Prager Städten neue, auf das hussitische Programm vereidigte Ratsherren eingesetzt und Gegner der Kelchkommunion vertrieben (39 und 40). Der König besucht inzwischen die königlichen Burgen im Umkreis von Prag mit ihren von König Wenzel hinterlassenen Kronschätzen und kommt dann auf den Vyšehrad (41), läßt die ausgehungerte Besatzung der Prager Burg mit Lebensmitteln versorgen (42), während die Taboriten, die die Zufahrtswege kontrolliert hatten, aus dem Umkreis der Burg abzogen (43). – Die beiden nächsten Kapitel führen in zwei entgegengesetzte Landschaften: nach Südböhmen, wo der mächtigste der Barone, Ulrich von Rosenberg, sich von den Utraquisten löste, vergeblich Tabor belagerte und auf seinen Gütern die Kelchkommunion untersagte (44). In Nordostböhmen dagegen gelang den Anhängern der Kelchkommunion unter Führung des in der Chronik öfter genannten Priesters Ambrosius in einem Handstreich die Einnahme von Königgrätz (45). – Die folgenden Kapitel gelten wieder den Ereignissen in und um Prag. König Sigismund zieht in die Burg ein, im Norden vor der Burg und den Prager Städten lagert ein aus fremden Truppen bestehendes Kreuzfahrerheer, und Žižka besetzt im Gegenzug östlich der Neustadt den steilen Veitsberg (46). Dort kommt es mitten im Hochsommer 1420 zu einem Entscheidungskampf Žižkas und seiner Truppen mit der Übermacht des Königs, der von weitem die Flucht seiner Leute ansehen mußte. Prag pries den Sieg in einem neuen tschechischen Versgedicht und gab dem Veitsberg den Namen Žižkaberg (48). In der Folge dieses Sieges lenken die Kelchgegner zu Verhandlungen mit den Hussiten ein, wobei die Magister das hussitische Programm in vier Artikel fassen, die als die Vier Prager Artikel bekannt wurden (49) und in ihrer lateinischen Fassung samt den sie begründenden Bibel- und Kirchenväterstellen eines der wichtigsten Kapitel der Chronik bilden (50). Anschließend wird die überhastete Königskrönung Sigismunds im Prager Veitsdom berichtet sowie der Abzug der Kreuzfahrer nach einem Großbrand ihres Lagers (51). Die Taboriten legten darauf der Stadt zwölf Artikel ihrer Lehre vor, die die Neustadt vorbehaltlos annahm, während für die Altstadt Magister Englisch Einwände erhob (52). Das folgende Kapitel berichtet von Angriffen auf Klöster (Königssaal) und vom Abzug der Taboriten aus Prag (53). – An dieser Stelle erfährt die chronologische Darstellung eine Unterbrechung zugunsten eines übersichtlichen Berichts über Entstehung und Lehre der Taboriten mit den Auswirkungen auf das kirchliche Leben in Böhmen (54–61). Die aufkommenden Bergwallfahrten zum Berg Tabor bei Bechyně verfolgte König Wenzel mit Mißtrauen, die meisten Barone untersagten ihren Untertanen bei Androhung der Todesstrafe die Teilnahme (54). – In 14 Artikeln der Taboritenpriester wird ihre Lehre dargelegt: Ablehnung der überlieferten Kirchenlehrer unter Berufung auf die Bibel, der akademischen Studien und Grade, des Benediktionalwesens, der kanonischen Stundengebete und des Kirchengesangs, der liturgischen Kleidung, der Ohrenbeichte, der besonderen Fasttage, aller Feiertage mit Ausnahme des Sonntags, Eintreten für eine verkürzte Meßliturgie ohne Ornat, für einen Klerus ohne Besitzgüter, Ablehnung des Heiligen- und Bilderkults (55). Die Auswirkungen dieser Lehren führten zum Zwiespalt auf dem Gebiet der Liturgie zwischen dem taboritischen Klerus und den konservativ eingestellten Magistern der Universität wie auch zu Bilderstürmen in Kirchen und Sakristeien (56). Die folgenden Kapitel bringen eine Liste der in Böhmen zerstörten Klöster (57), berichten von den Veränderungen im Kirchenleben (58), vom Chiliasmus samt Lehrartikeln und biblischer Begründung (59f) und schließen mit einer zusammenfassenden Betrachtung über die von den Taboriten im Lande angerichteten Schäden (61).

Mit Kapitel 62 wird die chronologische Erzählung wieder aufgenommen mit einem Bericht über Verhandlungen zwischen Prag und dem König, wobei der päpstliche Legat zu leeren Versprechungen rät, denn gegenüber Häretikern brauche man sein Wort nicht zu halten. Es folgt eine Nachricht über Flüchtlinge aus der Pikardie mit Erläuterung ihrer Abendmahlslehre der Remanenz von gesegnetem Brot und Wein (63). – Eine breite Darstellung ist dem Kampf um den von den königlichen Söldnern gehaltenen Vyšehrad gewidmet, den Žižka und die Prager mit einem Grabensystem einschließen, dadurch der Besatzung die Lebensmittelzufuhr abschneiden (64–67) und deshalb den König zu einer Entscheidung zwingen, die trotz sinnloser Opferung der Blüte des königstreuen böhmischen und mährischen Adels am Allerheiligentag 1420 mit der Niederlage für Sigismund endet (69). Dazwischen ist aus einer anderen Quelle die Wahl des Nikolaus von Pilgram zum Taboritenbischof (Senior) mitgeteilt (68). Es folgen Plünderung und Zerstörung des Vyšehrads (70) und der Stadt Prachatitz durch Žižka (71) und darauf in alttschechischer Sprache der Wortlaut eines politischen Manifests der Prager an die Barone von Böhmen mit der moralischen Verurteilung des Königs, der im Bund mit Deutschen und Ungarn der schlimmste Feind der Tschechen sei (72). Es folgt der Bericht von der waghalsigen Einnahme zweier Burgen an der Lužnitz, die dem Herrn von Rosenberg gehörten, und von der Ermordung des ehemaligen Prager Weihbischofs Mindelheim (73). Das nächste Kapitel erzählt von der durch Prager Gemeindebeschluß abgesicherten Gesandtschaft an den König von Polen zwecks Annahme der böhmischen Krone, es ist aber auch darin die Rede von einem zum Schutz vor ausufernder Ideologie einschränkenden Beschluß, daß Urheber von kirchlichen Neuerungen sich künftig der Zensur von vier Magistern unterwerfen müßten, die die Gemeinde eingesetzt habe (vgl. auch 144). Wenig später erfolgte die Absetzung der taboritenfreundlichen Ratsherren in beiden Prager Städten und ihre Ersetzung durch gemäßigte Vertreter (74). Im weiteren wird von der Einnahme der Burg Říčany südöstlich von Prag berichtet (75), vom Tod des Nikolaus von Hus (76) und von einer Versammlung der Prager utraquistischen und taboritischen Priester im Hause des Münzmeisters Peter Zmrzlík, wobei Peter von Mladoniowitz die in 72 Artikel gefaßte taboritische Lehre verwirft, während die anwesenden Taboriten sich offen dazu bekennen (76–78). Die folgenden Kapitel erwähnen die Abreise der Gesandtschaft nach Polen und erzählen die Einnahme der Neuen Burg (Wenzelstein), der Klöster Choteschau und Kladrau und berichten von Kämpfen im Raum Pilsen und in Rokycany (79–84).

Nach einem Zwischenbericht über die Entstehung eines neuen Tabor in Mähren sowie über die Pikarden (85f) wendet sich der Verfasser den Kämpfen um Nordwestböhmen zu und erzählt die Zerstörung der deutschen Stadt Komotau am Palmsonntag 1421, aber auch die Einnahme der Städte Saaz, Laun und Schlan (87). In den folgenden Kapiteln liest man von dem Übertritt des Prager Erzbischofs zu den Vier Prager Artikeln, von der Besetzung mittelböhmischer Städte um Prag, vom Tod Peter Zmrzlíks, der an der Pest starb (89), und weiter vom Kriegszug der Taboriten gegen Nordost- und Ostböhmen, wo sie Klöster zerstörten, die Bischofstadt Leitomischl besetzten und wo vor Jaroměř Herr Čeněk wieder seinen Übertritt zu den Pragern vollzog (90). Auch Leitmeritz unterwarf sich rechtzeitig den Pragern, und König Sigismund verlor erneut die Prager Burg, die von der ausgehungerten Besatzung den Pragern überlassen wurde (91f). – Einen breiten Raum in der Darstellung nimmt der Bericht über den Landtag von Tschaslau ein (Juni 1421), wobei Dokumente im tschechischen Wortlaut vorgebracht werden (93–98). Das folgende Kapitel berichtet von der Einkerkerung und Verbrennung des Martin Loquis in Raudnitz wegen Anhängerschaft an die pikardische Häresie, die beiden nächsten Kapitel von Übergriffen der Taboriten bei Besetzung der Prager Pfarrstellen, was zu einem Protest Prager Frauen beim Rat der Altstadt führte. Ihr Beschwerdebrief wurde vom Verfasser im tschechischen Wortlaut in sein Werk aufgenommen (101). Auch die Prager Synode des Erzbischofs Konrad (Juli 1421) mit ihren 24 Artikeln ist ausführlich gewürdigt, denn sie brachte die Konstitution der utraquistischen tschechischen Nationalkirche (102). – Die folgenden Kapitel handeln im wesentlichen von kriegerischen Zusammenstößen im nordwestböhmischen Raum um Saaz und Brüx, vom Bemühen der Barone und der Stadt Prag um Erhaltung der allgemeinen Ordnung, was jedoch durch Johannes von Seelau vereitelt wird (103–105). Um diese Zeit war ein deutsches Kreuzfahrerheer unter Führung der rheinischen Kurfürsten über Eger gegen Saaz vorgedrungen; es löste sich aber nach einem Großbrand im Lager kampflos auf (106). Ohne inneren Zusammenhang berichten die weiteren Kapitel von einem Einfall ungarischer Söldner in das grenznahe Mähren, schlesischer Herzöge nach Ostböhmen in das Gebiet von Chrudim, von einer Gesandtschaft des Großfürsten Witold nach Prag und schließlich von den Adamiten, die auf einer Insel im Flußgebiet der Lužnitz hausten und von Žižka ausgerottet wurden (107–111). Gegen Übergriffe taboritischer Priester mit Angriffen auf Kirchen der Utraquisten suchte sich der konservative Teil des Klerus durch Aufstellung von sechs Artikeln zur Abwehr von Neuerungen in Lehre und Liturgie zu schützen (113f). Die letzten Kapitel berichten chronologisch von einem Zug der Prager gegen die Burg Karlstein, von der Belagerung der westböhmischen Burg Krasíkov, die im Besitz Žižkas war, durch die Pilsener, vom Ausweichen Žižkas nach Saaz (115) sowie von neuen Zwistigkeiten wegen dauernder Hetze der Priester gegen die als Verräter beschimpften Herren und Magister, so daß sich Čeněk von Wartenberg, Ulrich von Rosenberg und andere Barone von den Pragern trennten (116). Etwa gleichzeitig wird Mähren durch ungarische Truppen unter Pipa Gallicus und von König Sigismund verwüstet, der anschließend Herren und Ritter nach Brünn einberuft und von ihnen ein Abrücken von den Vier Prager Artikeln nach vorgelegter tschechischer Abschwörungsformel verlangt (117). Während der König von Brünn aus gegen Iglau zog, kam Žižka nach Prag, wo er unter Glockengeläute wie ein Landesfürst empfangen wurde, und begab sich darauf gegen Kuttenberg, wohin ihm das Kriegsvolk der Prager folgte (118). In Iglau unterwarfen sich dem König Čeněk von Wartenberg, Ulrich von Rosenberg und andere. Darauf rückte Sigismund mit den Herren unter Verübung unmenschlicher Grausamkeiten gegen Kuttenberg vor (119). Im letzten Kapitel liest man von bürgerkriegsähnlichen Greueln in Kuttenberg durch einheimische Bürger an eingedrungenen Taboriten. Mit der Erwähnung eines Angriffs Žižkas auf das vor der Stadt liegende königliche Heer bricht die Erzählung in allen Handschriften mit den Worten *Et facto mane* – die alttschechische Übersetzung überliefert *A to se stalo ráno/Und das geschah am Morgen* – unvermittelt ab (120). Der Grund dafür ist mit großer Wahrscheinlichkeit darin zu suchen, daß schon im Autograph oder im Archetyp aus unbekannter Ursache die letzten Blätter verlorengingen.[14]

V. Ende des Kampfes um Kuttenberg

Die Entscheidung um Kuttenberg fiel erst innerhalb der ersten Tage des Januar 1422. König Sigismund, der in die Stadt eingezogen war, konnte sich dort nicht halten, weil ihn Žižka nach Verstärkung seines Heeres bedrohte und seine Truppen zwischen Kolín und Kuttenberg überraschend in die Flucht schlug (6. Januar 1422). Da sich der König in Kuttenberg nicht mehr sicher fühlte, entschloß er sich zum Rückzug, ließ jedoch die Stadt, um sie nicht unzerstört Žižka auszuliefern, in Brand stecken. Viele ihrer Einwohner flohen mit den königlichen Truppen gegen Deutsch Brod (7. Januar 1422). Žižka folgte ihnen nach und griff die Truppen des Königs erneut an. Die ungarische Reiterei unter Pipa Gallicus floh zuerst und riß die anderen Söldner mit. Vergeblich versuchte der König vor Deutsch Brod Widerstand zu leisten, doch Žižka verfolgte seine Leute bis zur Sázava, wo ein großer Teil von ihnen beim Überqueren des zugefrorenen Flusses im eingebrochenen Eis umkam. Deutsch Brod war nicht mehr zu halten. Nur Frauen und Kinder durften die Stadt verlassen (10. Januar 1422). Sie wurde niedergebrannt und völlig verwüstet, so daß sie mehrere Jahre unbewohnt blieb. Die Gesamtzahl der Verluste Sigismunds auf diesem Kriegszug schätzte V. V. Tomek auf etwa 12.000 Personen.[15]

[14] Vgl. auch Fr. Heřmanský/M. Bláhová (1979) S. 310 und 386, Anm. 66.
[15] Vgl. V. V. Tomek, Dějiny (1898) S. 222–227.

QUELLEN- UND LITERATURVERZEICHNIS

Ausgaben der Laurentiuschronik

Laurentii de Brzezowa Historia Hussitica. Ed. Jaroslav Goll: in Fontes Rerum Bohemicarum Tom. V S. 329–534. Prag 1893

Vavřinec z Březové: Husitská kronika. Z latiny přeložil, k tisku připravil etc. František Heřmanský. Prag 1954

Vavřinec z Březové: Husitská kronika. Píseň o vítězství u Domažlic. Úvod ... napsala, odbornou revizi překladu a poznámek z předchozího vydání provedla Marie Bláhová. Prag 1979; zitiert: Fr. Heřmanský/Marie Bláhová

Weitere Quellen

Aeneae Sylvii Piccolominei Senensis ... opera quae extant omnia. Basileae, ex officina Henricpetrina; ohne Jahr (1551). – Darin: Historia Bohemorum (Historia Bohemica) und Historia Europae

Altmann, Wilhelm: Eberhart Windeckes Denkwürdigkeiten zur Geschichte des Zeitalters Kaiser Sigmunds. Zum ersten Mal vollständig herausgegeben von –. Berlin 1893

Ioannes Cochlaeus: Historiae Hussitarum libri XII. Apud S. Victorem prope Moguntiam etc. 1549

Denzinger, Heinrich – Schönmetzer, Adolf: Enchiridion Symbolorum Definitionum et Declarationum de rebus fidei et morum. Freiburg 1965

Friedberg, Aemilius: Corpus Iuris Canonici. Pars prior: Decretum Gratiani. Leipzig 1879. – Pars secunda: Decretalium collectiones, Leipzig 1881

Hefele, Carl Joseph von: Conciliengeschichte; 2. Band. Freiburg 1875

Hefele – Leclercq: Histoire des conciles. Tome II première partie (2,1). Paris 1908 von der Hardt, Hermann: Magnum oecumenicum Constantiense concilium etc. Tomus III und IV. Helmstedt 1697–1700

Hlaváček, Ivan: Das Urkunden- und Kanzleiwesen des böhmischen und römischen Königs Wenzel (IV.) 1376–1419. – In: Schriften der Monumenta Germaniae historica (sic!). Deutsches Institut für Erforschung des Mittelalters, Band 23. Stuttgart 1970

Höfler, Konstantin: Geschichtschreiber der husitischen (sic!) Bewegung in Böhmen I. – In: Fontes Rerum Austriacarum. Scriptores. II. Band Wien 1856

Kalivoda, R. – Kolesnyk, A.: Das hussitische Denken im Lichte seiner Quellen. – Akademie-Verlag Berlin 1969

Mansi, Joannes Dominicus: Sacrorum Conciliorum nova et amplissima collectio. Tomus 27. (Venedig 1784) Faksimile-Nachdruck Paris, Leipzig 1903

Migne, J. P.: Patrologia Graeca, zitiert PG

Migne, J. P.: Patrologia Latina, zitiert PL

Neuner, Josef – Roos, Heinrich: Der Glaube der Kirche in den Urkunden der Lehrverkündigung. 8. Aufl. neubearbeitet von Karl Rahner und Karl Heinz Weger. Regensburg 1971

Palacký, Franz: Documenta Mag. Joannis Hus etc. Prag 1869. zitiert: Doc.

Palacký, Franz: Urkundliche Beiträge zur Geschichte des Hussitenkrieges etc. I. Band: Von den Jahren 1419–1428. – Neudruck der Ausgabe von 1873. Osnabrück 1966

Petri de Mladoňowic opera historica etc. In: Fontes Rerum Bohemicarum Bd. VIII Prag 1932

Slavische Geschichtsschreiber. Bd. 3. Hus in Konstanz. Der Bericht des Peter von Mladoniowitz. Graz–Wien–Köln 1963, zitiert SGS

S. Thomae Aquinatis Opera omnia. Bd. 1. In Quattuor Libros Sententiarum. Stuttgart–Bad Cannstatt 1980

S. Thomae Aquinatis Opera omnia. Bd. 12: Tertia pars Summae Theologiae a quaestione LX ad quaestionem XC. (Folio). Rom 1906

Literatur

Bartoš, F. M.: Čechy v době Husově. 1378–1415. Prag 1947

Bartoš, F. M.: Husitská revoluce. I. Doba Žižkova 1415–1426. Prag 1965

Kalivoda, Robert: Revolution und Ideologie. Der Hussitismus. Böhlau Verlag Köln–Wien 1976

Nejedlý, Zdeněk: Dějiny husitského zpěvu. Bd. 1–6. Prag 1954–1956.

Seibt, Ferdinand: Hussitica. Zur Struktur einer Revolution. Böhlau Verlag. Köln–Graz 1965

Seibt, Ferdinand: Hussitenstudien. Personen, Ereignisse, Ideen einer frühen Revolution. München 1987.

Tomek, V. V.: Dějepis města Prahy. Bd. I–III. Prag 1892f

Tomek, V. V.: Dějiny válek husitských (1419–1436). Prag 1898

Hilfsmittel: Lexika, Wörterbücher etc.

Biographisches Lexikon zur Geschichte der böhm. Länder. Herausgeg. im Auftrag des Collegium Carolinum von Heribert Sturm. München–Wien 1979. Erschienen: Bd. I, A–H.

Lexikon für Theologie und Kirche

Theologische Realenzyklopädie. Walter de Gruyter. Berlin–New York. Erschienen: A–H, 1977–1986

Orbis Latinus. – Lexikon lateinischer geographischer Namen des Mittelalters und der Neuzeit. Klinkhardt und Biermann. Braunschweig. Published 1972. Printed in Hungary. Bd. I–III. 1972

Mistní Jména v Čechách etc. Bd. I–V. 1949–1960

Místní Jména na Moravě a ve Slezsku. Bd. I: A–L. Prag 1970

Místní Jména na Moravě a ve Slezsku. Bd. II: M–Z. Prag 1980

Ortslexikon der böhmischen Länder 1910–1965. Herausgegeben im Auftrag des Collegium Carolinum von Heribert Sturm. München–Wien 1983

O T T Ů V S L O V N Í K

Malý Staročeský Slovník (Jaromír Bělič, Adolf Kaniš, Karel Kučera). Prag 1978

Jungmann, Josef: Slownjk Česko–Německý. Bd. I–V. Prag 1835–1839
Plán Prahy z roku 1816 (PLAN der könig... Hauptstadt Prag trigonometrisch und topographisch aufgenommen von Oberlieut. Joseph Jüttner etc., angefangen im Jahre 1811 und geendet 1816). Prag 1972 (Neudruck)

ZUR TSCHECHISCHEN SCHREIBWEISE UND AUSSPRACHE

I. Vokale

Die Vokale e und o sind immer offen zu sprechen, ě = jä (z. B. město/Stadt: „mjästo“). Zwischen i und y gibt es in der Aussprache keinen Unterschied (y niemals wie ü). Die tschechische Orthographie unterscheidet exakt zwischen langen und kurzen Vokalen. Längen werden durch einen schrägen Strich über den Vokalen gekennzeichnet: z. B. á é í ú; keine Akzente! ů mit darübergesetztem o bedeutet gleichfalls eine Länge, z. B. Bůh/Gott (Aussprache wie „Buch“; Genetiv Boha).

II. Konsonanten

c immer wie tz, z. B. Janovice (Ortsname) wie Janowitze (nicht Janowitsche!)

č wie tsch, z. B. česky/tschechisch wie tschesky

h im Anlaut wie im Deutschen; im Auslaut wie deutsches ch; z. B. Bůh/Gott wie „Buch“.

ch wie im Deutschen, z. B. machen; niemals wie im Französischen!

k wie im Deutschen, aber ohne Aspiration, z. B. Gingko (Baumart)

ř lautet neben stimmlosen Konsonanten wie die Verschmelzung von r mit dem stimmlosen Zischlaut sch, z. B. Přemysl (Name) wie Prschemysl

ř lautet zwischen zwei Vokalen oder als Anlaut mit folgendem Vokal wie die Verschmelzung von r mit dem stimmhaften Zischlaut ž, z. B. Dvořák (Name)

s immer stimmlos, auch zwischen Vokalen (wie „beißen, Bissen“)

v wie w (bis zur Mitte des 19. Jahrhunderts noch w geschrieben, z. B. Wáclaw/Wenzel, heute Václav (wie Watzlaw)

z immer stimmhaft wie im Wort Rose (niemals tz!)

ž stimmhafter Zischlaut wie franz. général, jeunesse

Text der Hussitenchronik

(1) Vorrede

I Im Namen der allerhöchsten Dreifaltigkeit, zu deren Ruhm ich diese Sammlung der im allerchristlichsten Königreich Böhmen und in der Markgrafschaft Mähren um das Jahr des Herrn 1414 und später geschehenen Ereignisse für die künftige Erinnerung daran – sie soll die verabscheuenswerte und ruchlose Bosheit der Kämpfer gegen die Eiferer für das Gesetz Gottes und die Verfolger der hochheiligen Wahrheit anzeigen –, als mühevolles Werk glaubte aufführen zu müssen und die ich als anstrengende Arbeit auf mich zu nehmen besorgte, – ER geruhe also mir zu helfen, von dem her
Offb. 1,6 alles besteht. *IHM ist* die Ehre und *der Ruhm durch die unendlichen Abläufe der Zeiten.* Amen.

II Wenngleich mir beim Betrachten des ebenso vielfältigen wie unermeßlichen und unheilvollen Verderbens des einst blühenden und hochangesehenen Königreiches Böhmen in seinem gegenwärtigen Zustand, wodurch das Land, weil das Übel allenthalben umherschleicht, aufgezehrt und von Zwietracht inneren Streites verwüstet wird, der Sinn erstarren und die von Trauer verstörte Vernunft ihrer Geisteskraft erlahmen möchte, glaubte ich, damit einst die künftige Nachkommenschaft des böhmischen Geschlechtes der Kenntnis dieses abschreckenden, ja verhängnisvollen Sturzes nicht beraubt werde und in einen ähnlichen oder noch schlimmeren Niedergang durch törichte Trägheit abgleite, und zumal auch für die Bewahrung des unverfälschten Glaubens und der gegenseitigen Liebe sowie zu seiner Festigung und Stärke, dennoch das, was ich mit untrüglichen Augen und Ohren wahrgenommen habe, getreu dem vor mir liegenden Blatt schriftlich anvertrauen zu müssen.[1]

(2) Beginn der Kelchkommunion in Prager Kirchen

Im Jahre der Menschwerdung des Herrn 1414[2] begann die Austeilung der verehrungswürdigen und göttlichen Kommunion der Eucharistie unter beiderlei Gestalt, des Brotes und des Weines, an das gemeine gläubige Volk durch den ehrwürdigen und vortrefflichen Mann, den Magister Jacobellus von Mies,[3] der heiligen Theologie vollendeten Bakkalar, und einige ihm damals in dieser Sache beipflichtende Priester in der berühmten und glanzvollen Stadt Prag, und zwar zuerst in den Kirchen Sankt Adalbert in der Neustadt sowie Sankt Martin in der Mauer, Sankt Michael und in der Bethlehemkapelle in der Prager Altstadt.[4]

Je mehr diese gewiß hochheilige Kommunion im Laufe der Zeit durch verschiedene Einschüchterungsakte von Drohungen und Einkerkerungen durch Wenzel, den König der Römer und von Böhmen, oder durch seine Obrigkeit bekämpft wurde – Geistliche und besonders der Prager Erzbischof Konrad[5] und andere Prälaten sowie Ordensleute und Magister des Prager Studiums und auch Doktoren rieten mit allen Kräften zu ihrer Abwürgung und mühten sich darum bis zum Schweiß ab –, desto mehr erstarkte sie und breitete sich im gläubigen und frommergebenen Volk in solchem Maße aus, daß nach zwei Jahren nicht nur in zwei oder drei Kirchen die dem Magister Johannes Hus anhängenden Priester – sie wurden damals von ihrer Gegenseite, die man Machometpartei nannte, Wiklefisten genannt – die Freiheit des Predigens und, wie vorausgeschickt, der Kommunizierung des Volkes besaßen, sondern, da sie fast alle Pfarrkirchen in Prag, ja sogar auch gewisse Klöster in Besitz hielten, eine große Volksmenge an sich zogen, obgleich der Erzbischof und die Prälaten sie exkommunizierten und das Interdikt über ganz Prag verhängten. Deshalb strömte nicht nur in Prag, sondern auch in vielen Städten, auf Burgen, in Marktflecken und Dörfern des Königreichs Böhmen und der Markgrafschaft Mähren das gemeine Volk scharenweise in großer Ehrfurcht und Ehrerbietung zur hochheiligen Kommunion beiderlei Gestalt zusammen, während die Gegner und Bekämpfer eben dieser heiligsten Wahrheit, Geistliche ebenso wie die Weltlichen, empört waren und vor Bosheit schnaubten. Trotzdem aber konnten sie diese Wahrheit der Kommunion beiderlei Gestalt keineswegs ersticken, denn, wie im 2. Buch Esdras 10 (sic!) geschrieben steht: *Die Wahrheit bleibt und behält Macht auf ewig, sie lebt und behält in alle Ewigkeit Kraft.*[6] 3 Esr 4,38

1414 November 1 *(3) Versammlung des Konzils in Konstanz*

Im selben Jahre, nämlich 1414, begann am Allerheiligentage das allgemeine Konzil für die Einheit der Kirche und die Wiederherstellung des Friedens in der Reichsstadt Konstanz sich zu versammeln, weil nämlich zu dieser Zeit die Kirche in einige Teile gespalten war.[7] Denn ein Teil der Kirche neigte Papst Johannes XXIII., genannt Balthasar de Cossa, zu und unterlag seinem Gehorsam, ein anderer Teil Angelo de Corrario, Gregor XII., der dritte Teil aber hielt zu Benedikt XIII., genannt Petrus de Luna. Von ihnen behauptete jeder, er sei der wahre und rechtmäßige oberste römische Bischof, und deshalb erlitten die Gläubigen in der Kirche an ihrer Religion großen Schaden. Um also diesen Spaltungen in der Kirche entgegenzutreten, berief genannter Papst Johannes XXIII. ein allgemeines Konzil ein, das in der Reichsstadt Konstanz zusammentreten sollte, wobei er obendrein den Wünschen des durchlauchtigsten Fürsten Sigismund, des Königs von Ungarn,[8] zustimmte, der verlangte, daß das allgemeine Konzil in der vorgenannten Reichsstadt abgehalten werde. An diesem Konzil nahm Papst Johannes XXIII. persönlich teil. Ebenso drei Patriarchen.

Ebenso Kardinäle: 23
ebenso Erzbischöfe: 27
ebenso Bischöfe: 106
ebenso Titularbischöfe aus den Orden: 33
ebenso Äbte: 103
ebenso Auditoren des päpstlichen Hofes (palacii sacri): 18, alle Doktoren
ebenso Kämmerer des Papstes: 18
ebenso Doktoren in der Theologie, in den Dekreten und Gesetzen, Magister etc.: 344, ausgenommen die Doktoren unter den Auditoren
ebenso Poenitentiare des Papstes: 27
ebenso Ablaß-Schreiber: 24
ebenso Schreiber von Bullen: 142
ebenso Prokuratoren des Papstes und der Kardinäle: 73
ebenso Pförtner: 24
ebenso Pedelle des Konsistoriums: 28

ebenso waren Könige und weltliche Fürsten persönlich zugegen: 28
ebenso Grafen: 78
ebenso Barone, Edle und Ritter: 676
ebenso Goldschmiede mit ihren Knechten: 48
ebenso Kaufleute und ihr Gesinde: 350
ebenso Schuster mit ihren Knechten: 220
ebenso Pelzmacher mit den Knechten: 86
ebenso Schmiede mit ihren Knechten: 88
ebenso Bäcker mit dem Gesinde: 260
ebenso Schankwirte mit den Knechten: 75
ebenso Geldwechsler von Florenz etc.: 72
ebenso Apotheker mit ihren Knechten: 45
ebenso Barbiere: 336
ebenso Herolde: 45; Pfeifer, Fanfarenbläser, Gaukler: 516
ebenso Dirnen, öffentliche Mädchen: 718
ebenso Abgesandte der Könige, Herzöge und Grafen: 27
ebenso Abgesandte vieler Bischöfe und verschiedener Kirchen
ebenso Abgesandte verschiedener Generalstudien
ebenso Abgesandte der Reichsstädte: 66
ebenso Abgesandte vieler anderer Städte.

(4) Ankunft des Magisters Johannes Hus in Konstanz, Gefangennahme und Kerkerhaft

Zu diesem Konzil kam auch Magister Johannes Hus, der heiligen Theologie vollendeter Bakkalar, als Prediger an der Bethlehem genannten Kapelle in Prag eingesetzt, der in seinen Predigten Heuchelei, Pomp, Habsucht, Schwelgerei, Simonie und andere Sünden des Klerus standhaft bekämpfte und aufdeckte, um den Zustand des Klerus zu einem apostolischen Leben zurückzuführen, weshalb er von eben diesem verdorbenen Klerus sehr gehaßt wurde. Er kam persönlich im selben Jahre am Samstag nach dem Fest Allerheiligen 1414 November 3 unter dem sicheren Geleitschutz des Königs von Ungarn, Sigismund,[9] nachdem zuvor in Prag Ankündigungen und Erklärungen öffentlich angeschlagen worden waren, daß er im Angesicht des Konzils in Konstanz bereit sei, einem jeden

über seinen Glauben Rechenschaft abzulegen. Doch ungeachtet des sicheren Geleitschutzbriefes vorgenannten Königs wurde er auf Betreiben des verkehrten Klerus von Böhmen und vornehmlich der Prälaten und Magister von Prag am
1414 November 28 sechsten Wochentag nach Katharina im gleichen Jahr durch eben dieses Konzil gefangen gesetzt, nachdem man ihn vor den Papst und die Kardinäle zur Führung eines Gesprächs mit ihm heimtückisch geholt hatte, und er wurde in harter Kerkerhaft im Kloster der Predigerbrüder daselbst unmittelbar am See gefangen gehalten, wobei er von Wachposten der verschiedenen Nationen umgeben war.

Seine in Konstanz anwesenden Gönner, Geistliche und Weltliche, konnten in ihrem eifrigen Bemühen um seine Befreiung gegen das Konzil und den König von Ungarn nichts erreichen, weil einige Magister und Prälaten von Böhmen und vornehmlich Magister Stephan Palecz, Doktor der Theologie, und Michael de Causis, Pfarrer von Sankt Adalbert in der Prager Neustadt, in ihrem großen Haß und Eifer gegen ihn aufgebracht waren und viele falsche und lügnerische Artikel zur Verurteilung eben dieses gläubigen und katholischen Predigers des Evangeliums schmiedeten und ausheckten und ihn beim Konzil verklagten – wenn auch lügnerisch –, daß er nämlich in seinen Predigten auf jegliche Weise darum bemüht war, den Klerus herabzusetzen, und zwar dadurch, daß er die Weltlichen zum Sturz eben dieses Klerus aufrief.[10]

In dieser Gefangenschaft also hatte Magister Johannes Hus einen männlichen Geist. Er wollte lieber sterben als die frevlerischen Gesetzlosigkeiten des unheilbringenden Klerus billigen, und er schrieb an seine in Konstanz anwesenden Freunde im geheimen viele Briefe und nützliche Sendschreiben. Diese Schriftstücke wurden unter Vorsichtsmaßnahmen auch nach Böhmen befördert. Von diesen seinen Freunden und Gönnern wurde er auch umgekehrt in Sendschreiben und Trostbriefen erfreut und zum mannhaften Standhalten im guten und heiligen Vorsatz bestärkt. Diese Briefe aber reichten bestimmte Wachposten jenes Kerkers, weil sie durch Geschenke der Freunde des Magisters Johannes Hus gedungen waren, vorsichtig und umsichtig aus Angst vor dem Konzil diesen Gönnern des Magisters Johannes und obendrein steckten sie deren Briefe und schriftliche Mitteilungen dem Magister Johannes selbst durch Verbergen unter irgendwelchen Speiseschüsseln auf wunderliche Weise zu. Daselbst gab er auch auf Wunsch der Freunde und einiger Kerkerwächter sehr schöne kleine Traktate gestrafft heraus, obwohl er keine Bücher hatte, und zwar: Von den Geboten Gottes und Vom Herrengebet, ebenso: Wie begeht man eine Todsünde; weiter Von der Gotteserkenntnis, weiter Von den drei Feinden des Menschen,[11] weiter Von der Buße, weiter von der Ehe, weiter Vom Sakrament des Leibes und Blutes des Herrn.

(5) Verurteilung der Kelchkommunion durch das Konzil

Er schrieb auch einen kleinen Traktat über die Kommunion beider Gestalten. Als man diesen nach Prag gebracht hatte, waren die dem Magister Johannes Hus wohlgesinnten Priester dadurch innerlich bestärkt und sie kämpften entschlossen für die Freigebung vorgenannter Kommunion *mit dem Schwerte des Wortes Gottes* und gingen gegen die Eph 6,17
Abweichungen des verkehrten Klerus mannhaft an. Deshalb vgl. Jo 8,44
erweckte *der Teufel, der alte Feind des Menschengeschlechtes,* als er bedachte, daß das Volk beiderlei Geschlechtes auf die Predigt der gläubigen Priester hin seine Sünden beklage, ihretwegen Buße tue und sich in großer Ehrfurcht zahlreich auf eben diese Kommunion vorbereite, verleumderisches Gerede sowie Neider dieser Wahrheit, die sich zur Abwürgung eben dieser Kommunion neue Lügen ausdachten und sie vor dem Konstanzer Konzil in ihren Klagen vortrugen, daß die Wiklefisten oder Hussiten, wenn sie abends nach dem Essen trunken seien, das Sakrament des Leibes und Blutes des Herrn von ihren Priestern empfingen und daß das Sakrament des Blutes Christi in (irdenen) Töpfen vollzogen und darauf in Fläschchen oder Krügen von da und dort in die Häuser und Keller gebracht werde und zu jeder beliebigen Zeit, auch zu nächtlicher Stunde, das Volk beiderlei Geschlechtes dieses Sakrament begehre, weil die Priester selbst sogleich bereit seien, ihnen die Kommunion zu reichen, und daß sie, weil sie in kleinen Gruppen Zusammen-

künfte (conventicula) in Kellern und an anderen versteckten Orten machten, nach der Kommunion des verehrungswürdigen Sakramentes viele Greuel und Mißbräuche verübten.

Diesen erlogenen und ausgeklügelten Arten übler Nachreden und Anklagen vertrauend, schenkte vorgenanntes Konstanzer Konzil unter Hintansetzung reiflicher Überlegung und in Mißachtung rechter Ausgewogenheit des Urteils Glauben. Es war aufgebracht gegen die unter beiderlei Gestalt Kommunizierenden nicht aus Eifer für ihr Seelenheil, sondern vielmehr aus Neid und Haß, weil man ohne Nachsuchen und Zustimmung des Konzils ein so schwieriges Werk aufgegriffen habe, und es verwehrte, die den gläubigen Christen sehr heilbringende hochheilige und göttliche Kommunion des Herrenleibes und -blutes unter beiderlei Gestalt für das gemeine Volk weiterhin zu vollbringen und durchzuführen, und es verurteilte diese Kommunion als irrig und
1415 Juni 15 häretisch im Jahre des Herrn 1415 am 15. des Monats Juni und bestimmte und beschloß, alle und einzelne, die so kommunizieren und von einer solchen Kommunion nicht ablas-
Mansi 27, 728 sen wollten, *als Häretiker fernzuhalten und schwer zu bestrafen durch die Diözesanbischöfe der Orte oder ihre Offizialen, oder aber durch die Inquisitoren häretischer Verkehrtheit unter Anrufung sogar des weltlichen Armes in ihren Königreichen oder Provinzen, in denen gegen das Konzilsdekret verstoßen worden sei,* wobei das Konzil an Stelle einer Begründung und der Stütze von Schriftbelegen seinen eigenen Willen anzeigte sowie die Gewohnheit der römischen Kirche, so nicht zu kommunizieren, obgleich doch die Gewohnheit zu Recht der Wahrheit weichen und ihr Raum geben müsse.

Ungeachtet dieses im Widerspruch zum Gesetze Gottes und der Urkirche stehenden Konzilsauftrags und -dekretes wurde nicht nur solchen, die im Besitz des Vernunftgebrauches waren, sondern auch Kleinkindern oder Säuglingen nach der Taufe zur Bestätigung der Taufe im Laufe der Zeit das Sakrament der hochheiligen Eucharistie unter beiderlei Gestalt gereicht, wobei Magister Jacobellus von Mies, der heiligen Theologie vollendeter Bakkalar, zusammen mit einigen ihm anhängenden Magistern und Priestern diese Kommunion durch Anschlag bekanntzumachen und durchzuführen begann. Deshalb entstand wegen dieser Kinderkommunion ein schwerer Zwiespalt in Prag und im Königreich Böhmen zwischen den Magistern und den Priestern, die der Wahrheit Gottes und dem Magister Johannes Hus anhingen. Denn einige von ihnen sagten, die Kommunion der Kleinkinder sei irrig und zur Bestätigung der Taufe nicht nötig, andere im Gegenteil fügten *wegen der Aussprüche des seligen Dionysius*[12] und anderer Lehrer der Urkirche, die über diese Kommunion ein Urteil beitrugen, hinzu, sie sei katholisch und heilbringend, wobei sie behaupteten, *daß jedes Sakrament der Kirche durch das Sakrament der göttlichen Eucharistie vollendet und bestärkt werden müsse.* Trotzdem nahm vorgenannte Kommunion des Sakramentes des Herrenleibes und -blutes unter beiderlei Gestalt, des Brotes und Weines, sowohl bei Erwachsenen wie auch bei Kindern und Säuglingen, obwohl ihre Gegner und Feinde sie auf alle mögliche Weise zu ersticken und zu vernichten trachteten, es aber dennoch nicht vermochten, von einem Tag zum andern immer mehr zu, breitete sich aus und erstarkte, während ihre Bekämpfer über die Zeitabläufe hinweg merklich und erstaunlich durch die göttliche Kraft vor dieser Wahrheit zu Falle kamen und unterlagen und unbegreifliche Schäden an Gut und Leben erlitten, wie im folgenden einsichtig wird deutlich werden können.

vgl. PG 3,423

(6) Absetzung des Papstes Johannes XXIII.

Im Jahre des Herrn 1415 am vierten Wochentag vor dem Palmsonntag – es war der 20. des Monats März – entfloh Papst Johannes XXIII. in Vorahnung, daß ihm seitens des Konzils Gefahren und besonders die Absetzung vom Papsttum drohe, zu nächtlicher Stunde in einer Verkleidung und erreichte eine Stadt Friedrichs, des Herzogs von Österreich, mit Hilfe eben dieses Fürsten, die vier Meilen von Konstanz entfernt ist. Nach einem gewissen zeitlichen Abstand aber, als auf Geheiß des Königs der Römer und von Ungarn, Sigismund, die Güter vorgenannten Herzogs aus Anlaß der Entführung des Papstes Johannes durch die

1415 März 20

Reichsstädte und die Schweizer verwüstet und seine sicheren Bergpässe erobert waren, wurde eben dieser Papst Johannes durch Herzog Friedrich, der die Verwüstung seiner Güter einschränken wollte, dem Konzil übergeben und durch das Konzil an Ludwig, den Herzog von Bayern, den Pfalzgrafen, Sohn des ehedem Klem zur Gefangenschaft überwiesen, und schließlich wurde er durch das Konzil selbst als Häretiker verurteilt und zusammen mit Gregor XII. und Benedikt XIII. vom Papsttum abgesetzt, wie weiter unten klarer ersichtlich sein wird. [13]

(7) Gefangennahme des Magisters Jeronimus von Prag

Magister Jeronimus,[14] ein sprechbegabter und in der Redekunst gewandter Mann, befand sich im Laufe des Monats Mai von Konstanz aus, wo er an Toren und Türen der Stadt und der Kirchen sowie an den Häusern der Kardinäle und anderer namhafter Prälaten offene Ankündigungen angeschlagen hatte, weil er vom oft genannten König Sigismund und vom Konzil die Ausstellung eines sicheren und verläßlichen Geleitbriefes wünschte, um offen und in der Öffentlichkeit allen und einzelnen zu antworten, die ihm welche Schuld auch immer einer Irrlehre oder einer Häresie vorwerfen wollten, und um vor dem genannten Konstanzer Konzil die Reinheit seines rechten Glaubens zu beweisen, auf dem Rückweg gegen Böhmen, weil er den entsprechenden sicheren Geleitbrief zu dem vorerwähnten Zweck keineswegs erreicht hatte. Er wurde darauf durch die Offizialen des Herzogs von Bayern Johann, des Sohnes des ehedem Pfalzgrafen Klem, infolge Verrats seiner Gegner in Hirschau gefangengenommen und in Sulzbach dem Herzog persönlich vorgeführt. Als Sigismund, König der Römer und von Ungarn etc., zusammen mit dem Konzil davon erfahren hatte, teilten sie das dem oftgenannten Herzog Johann mit und verlangten, daß er ihnen den Magister Jeronimus nach Konstanz schicke. Ihren Forderungen und Wünschen stimmte der vorgenannte Herzog Johann von Bayern zu und schickte Magister Jeronimus gefesselt nach Konstanz zugleich mit seinem Brief, worin er dieses Konzil in überschwenglichen und vielfachen

Worten pries und aufforderte, die Kämpfe für den Herrn durch Ausrotten der Irrlehren und Häresien entschlossen zu führen, den Magister Jeronimus und ihm ähnliche Leute der Vernichtung des Leibes zu überantworten, damit sein Geist dadurch, daß er dies riet, *am Tage des Herrn* gerettet werde. Jes 13,9; Am 5,18

In Ketten wurde er also nach Konstanz gebracht, dem Konzil übergeben und schließlich unter vielen Gotteslästerungen und Schmähungen in härtester Kerkerhaft in einem Turm der Stadt neben dem Friedhof der Kirche des hl. Paulus festgehalten. In diesem Kerker wurde er in einen schweren Block gespannt, wobei die Füße an den Fußfesseln zusammengeschnürt waren, und mit eisernen Handschellen gefesselt, hing er ungefähr elf Tage, während er nur mit spärlichster Nahrung versorgt und bei schwerer Krankheit fast bis auf den Tod hin gequält war. Als er sich nach Ablauf einiger Tage dennoch erholte, wurde ihm die Härte der Haft in der Hoffnung, daß er dem Konzil in allem zustimmen und die Handlungen und Beschlüsse dieses Konzils anerkennen werde, gemildert und erleichtert. Und so lag er in diesem Turm fast ein ganzes Jahr gefangen.

(8) Verurteilung des Papstes Johannes XXIII. und Absetzung der drei Päpste

Weiter: Am vierten Wochentag (Mittwoch) nach Dreifaltigkeit, es war der 29. Mai, wurde durch das allgemeine Konzil von Konstanz gegen Papst Johannes XXIII. ein Gerichtsbeschluß vorgetragen,[15] wonach er wegen zahlreicher und verschiedener gegen ihn erhobener und durch die Konzilsprokuratoren vorgebrachter Artikel vom Papsttum abgesetzt und *im Namen dieses Konzils in sicheren Gewahrsam Sigismunds, des Königs der Römer und von Ungarn, des Anwalts und Verteidigers der Gesamtkirche (ecclesie universalis advocati et defensoris)*, übergeben wurde. In diesem Gerichtsspruch wird durch eben diese Konstanzer Synode *bestimmt, beschlossen und zum Wohl der Einheit der Kirche angeordnet, daß zu keinem Zeitpunkt jemals wieder zum Papst gewählt werden dürften Herr Balthasar de Cossa, bis eben Papst Johannes XXIII., nicht Petrus de Luna – Benedikt*

1415 Mai 29

v. d. Hardt IV 281

v. d. Hardt IV 284

XIII. – und auch nicht Angelo de Corrario – Gregor XII., die in ihren Oboedienzbereichen so hießen. Unter anderem aber wird in den gegen Papst Johannes XXIII. selbst vorgebrachten Artikeln noch nachfolgend dieses viel Schlimmere angeführt, daß nämlich dieser *Herr Johannes war und ist ein Unterdrücker der Armen, ein Verfolger der Gerechtigkeit, eine Säule der Missetäter, ein Abbild (statua) der Simonie-Schuldigen, ein Liebhaber des Fleisches, ein Abschaum der Laster (viciorum fex), den Tugenden entfremdet, auf der Flucht vor öffentlichen Konsistorien und ganz dem Schlaf und anderen fleischlichen Begierden ergeben, dem Leben und Lebenswandel Christi völlig entgegengesetzt, ein Spiegelbild der Schande und ein unerschöpflicher Erfinder alles Bösen, der so sehr und in solchem Maße für die Kirche Christi ein Ärgernis ist, daß er unter den Christgläubigen, die sein Leben und seinen Lebenswandel erkennen, gemeinhin der leibhaftige Teufel heißt.*

v. d. Hardt IV 197 Nr. 8 Mansi 27, 686

Weiter: Daß dieser Herr Papst Johannes XXIII. mit der Gattin seines Bruders und mit geweihten Nonnen Unzucht verübt, junge Mädchen entehrt und mit Verheirateten Ehebruch und andere Sünden der Zügellosigkeit begangen hat, deretwegen der Zorn Gottes über die Kinder des Unglaubens herabkommt. – Ferner: Daß er ein Gefäß aller Sünden war, in Mordtaten, Giftmischerei und andere schwere Verbrechen verstrickt, der Simonie schuldig, ein hartnäckiger Häretiker und einer, der ganz offenkundig der Kirche Christi Ärgernis gibt. – Weiter: Daß dieser Herr Papst Johannes XXIII. zu wiederholten Malen in Anwesenheit verschiedener Prälaten und anderer ehrenwerter und bewährter Männer auf Eingebung des Teufels hartnäckig behauptet, erklärt, als Lehre hingestellt und ersonnen hat, es gebe kein ewiges Leben und auch kein anderes Leben nach diesem, ja er behauptete sogar und glaubte verstockt, daß die Seele des Menschen mit dem menschlichen Körper sterbe und erlösche wie bei den unvernünftigen Tieren. Er sagte auch, wer einmal gestorben sei, werde auch am Jüngsten Tage ganz gewiß nicht auferstehen, – gegen den Artikel von der Auferstehung der Toten.[16]

v. d. Hardt IV 197 Nr. 9 Mansi 27, 686

Eph 5,6

v. d. Hardt IV 197 Nr. 10 ebenda 207, Nr. 67

ebenda 208, Nr. 68

(9) Verurteilung und Verbrennung des Magisters Johannes Hus

Weiter: Am siebenten Tag des Monats Juni – es war der 1415
sechste Wochentag (Freitag) nach Bonifatius – in der elften Juni 7
Stunde verfinsterte sich die Sonne total, so daß man ohne
Lichter keine Messen feiern konnte, zum Zeichen dafür, daß
die Sonne der Gerechtigkeit, Christus, in den Herzen vieler Mal 3,20
Prälaten verfinstert war, die atemlos nach dem Tod des Lk 1,78
Magisters Johannes Hus lechzten, der sobald wie möglich
durch das Konzil getötet werden sollte.

Weiter: Am Samstag in der Oktav der Apostel Petrus und
Paulus, das heißt, am sechsten Tag des Monats Juli, wurde 1415
Magister Johannes Hus, der heiligen Theologie vollendeter Juli 6
Bakkalar, ein in seinem Leben und Lebenswandel angesehener und getreuer Prediger des Evangeliums Christi, auf falsche Zeugenaussage hin und auf eifriges Betreiben des Magisters Stephan Páleč, Doktors der heiligen Theologie, und Michaels de Causis, Pfarrers von Sankt Adalbert der Prager Neustadt, seitens des Klerus von Böhmen und auch auf Anweisung des Königs von Ungarn, Sigismund, ohne daß dem Magister die gebührende Audienz zur Rechtfertigung seiner Unschuld gewährt war, durch das Konstanzer Konzil zum Tode verurteilt und ungerechterweise schuldig gesprochen. Nachdem die Geistlichen in öffentlicher Konzilssitzung ihn vom Priesteramt degradiert hatten, lieferten sie ihn dem weltlichen Arm aus und übergaben ihn. Er wurde aus der Stadt Konstanz hinausgeführt und auf einer Wiese an eine nach Art einer dicken Latte zurechtgemachten und in die Erde hineingeschlagenen Säule mit Ketten und Seilen angebunden und von Stroh- und Holzbündeln ringsum eingeschlossen. Während er „Christus, Sohn des lebendigen Gottes, erbarme dich meiner“ etc. heiter bis zu Ende sang, wurde er vom Feuerwirbel aufgezehrt. Nach seiner Auflösung in Asche wurde, damit nicht Überreste nach ihm auf Erden erhalten bleiben, zur Mißachtung der Tschechen die Asche sogar in den Fluß Rhein gestreut, der dort in der Nähe vorbeifließt. – Über die Abfolge seiner Gefangenschaft, der Verurteilung und seines Todes ist an anderer Stelle ausführlicher

zusammenhängend berichtet und schriftlich dargelegt worden.[17]

(10) Konzilsnote an Klerus und Barone von Böhmen mit der Warnung vor den Lehren Wiklifs und des Johannes Hus

Nachdem man ihn also getötet hatte, wurde der unwürdige Klerus vornehmlich im Königreich Böhmen und in der Markgrafschaft Mähren, der seine Verurteilung durch Aufbringen von Geldsummen sowie durch verschiedene Umstände besorgt und seiner Vernichtung zugestimmt hat,
Offb. 16,7 *durch Gottes gerechtes Urteil* von Tag zu Tag und bemerkenswert mehr und mehr im Entzug seiner Güter durch die Weltlichen, durch Vertreibung von ihren Orten und aus ihren Amtswürden, ja sogar durch Vernichtung von Leib und Leben bedrängt, wie im Folgenden einsichtig wird klar werden können.

1415 Juli 26 Weiter: Am sechsten (sic!) Tag des Monats Juli schickte das Konzil von Konstanz an den Klerus, die Barone und Würdenträger des Königreiches Böhmen unter den Siegeln der Vorsitzenden der vier Nationen, nämlich der italischen, gallischen, deutschen und englischen Nation ein Schreiben und erklärte darin, daß die Urteile gegen Magister Johannes Wiklif und Magister Johannes Hus und ihre Lehren zu Recht
Phil 1,8 ergangen seien, und es forderte sie auf, *bei der Liebe Jesu*
v. d. Hardt IV 489 Palacky Doc. 571 *Christi, soweit es an ihnen liege, nicht zuzulassen, daß verderbenbringende Leute die Lehre des Johannes Wyclef und Johannes Hus, verurteilter Häretiker,* im Königreich Böhmen und in ihren Gebieten *predigen und dabei aussäen und zum Dogma erheben (dogmatisare).*[18]

(11) Protestschreiben des böhmischen und mährischen Adels an das Konzil wegen Verurteilung des Johannes Hus

1415 September Weiter: Am zweiten Tag des Monats September im selben Jahre schrieben die Magnaten, Barone, Würdenträger und Edelleute des Königreiches Böhmen und der Markgrafschaft Mähren, die sich zu dem Zeitpunkt in Prag versammelt hatten, einen Brief unter Anhängung ihrer Siegel an das Konzil von Konstanz[19] mit Vorwürfen gegen eben dieses Konzil über die ungerechte und ungebührliche Verurteilung *des Magisters Johannes Hus, des evangelischen Predigers,* zum Tode, *weil ihn nämlich das Konzil ohne sein Eingeständnis,*[19a] *und obgleich er nicht rechtmäßig, wie es sich gehörte, überführt und keine Irrlehren oder Häresien wider ihn bewiesen und aufgezeigt waren, sondern auf böse, falsche und freche Anklagen seiner und des Königreichs Böhmen und der Markgrafschaft Mähren Hauptfeinde und Verräter, auf ihre Denuntiationen und Anstiftungen hin als widerspenstigen Häretiker verurteilt und nach der Verurteilung durch den grausamen und schändlichsten Tod zur ewigen Schande und Brandmarkung des allerchristlichsten Königreichs Böhmen und der hochedlen Markgrafschaft Mähren hingerichtet hat.* Dabei fügten sie unter anderem noch hinzu, *daß ein jeder, gleichgültig welchen Standes, Vorzuges, welcher Würde, Stellung, welchen Ranges oder welcher Religion er sei, der gesagt und behauptet hat, sagt und behauptet, daß im Königreich Böhmen und in der Markgrafschaft Mähren* die vorgenannten *Irrlehren und Häresien aufgekommen und* selbst die Barone und *andere Christgläubige angesteckt hätten, daß demnach jeder derartige,* wie vorher gesagt, – ausgenommen allein die Person des Königs von Ungarn – *in Wahrheit auf sein Haupt lügt als ein Nichtsnutz,* als *der schlimmste Verräter und treuloseste Wortbrecher der vorgenannten Länder, des Königreichs und der Markgrafschaft,* wie auch eben dieser Barone, *und er allein jedenfalls der gefährlichste Häretiker, ein Sohn jeglicher Bosheit und Niedertracht, ja sogar des Teufels, der ein Lügner ist und (daher) sein Vater.*

v. d. Hardt IV 495 a

ebenda IV 497 a und b

Joh 8,44

(12) Widerruf des Magisters Jeronimus von Prag vor dem Konzil

Weiter: Im selben Jahre um das Fest Mariae Geburt wurde Magister Jeronimus von Prag, der lange Zeit und in schwerer Kerkerhaft war, zur Großen Kirche, wo eine Sitzung des Konzils stattfand, geführt und daselbst durch das Konzil unter Einschärfung von Todesdrohungen zum Abschwören und Widerruf sowie zur Zustimmung zum Tode des Magisters Johannes Hus, als ob er zu Recht durch das Konzil verurteilt worden sei, gedrängt und gezwungen. In seiner Todesangst aber und in der Hoffnung, dadurch den Händen dieses Konzils zu entkommen, hat er nach dem Willen des Konzils gemäß dem ihm damals vorgelegten Wortlaut in der öffentlichen Konzilssitzung abgeschworen und wurde umgekehrt wieder, jedoch in weniger schwerer Kerkerhaft, gehalten, wobei ihn täglich Bewaffnete bewachten.[20] Und als die gegen ihn abgesandten Hetzer, nämlich Michael de Causis und Magister Stephan Páleč und ihre anderen Helfershelfer in dieser Sache im nachhinein aus den Worten des Magisters Jeronimus selbst und aus anderen sicheren Anzeichen erkannt hatten, daß er ein derartiges Abschwören und einen solchen Widerruf nicht echt, sondern in der Absicht zu entkommen geleistet hatte, und als auch noch daselbst gewisse Karmeliterbrüderchen (fraterculi Carmelitarum) zu Hilfe kamen, brachte man neue Anklagen gegen Magister Jeronimus vor, faßte sie in Artikel zusammen und drängte ihn, auf diese Artikel zu antworten. Und da seine Richter, bestimmte Kardinäle – Petrus von Cambrai, Jordanus Orsini, Antonius von Aquileja, Franciscus von Florenz – die Bosheit vorgenannter Hetzer merkten und daß dem Magister Jeronimus Unrecht geschehe, bemühten sie sich vor dem Konzil um seine Freilassung. Während sie also an einem der Tage in der Versammlung sich für die Freilassung des Magisters Jeronimus einsetzten, widersprachen Deutsche und Tschechen, seine Feinde, nachdrücklich und schrien, er dürfe unter keinen Umständen entlassen werden. Und ein Doktor, Náz, stand auf und sagte zu den Kardinälen: „Wir sind erstaunt über euch, hochwürdigste Väter, daß eure väterlichen Würden für einen solchen so gefährlichen Häretiker eintreten! Seinetwegen haben wir in Böhmen mit dem ganzen Klerus viel Übles erlitten und vielleicht werden es eure väterlichen Würden noch erleiden. Und wir fürchten, daß ihr etwa gar von jenen Häretikern oder vom König von Böhmen Geschenke angenommen habt!“ – Als aber den Kardinälen solche Vorwürfe gemacht wurden, entlasteten sie sich von der Prozeßführung dieses Magisters Jeronimus, die vorgenannten Hetzer aber setzten andere Richter für sich durch. Magister Jeronimus aber wollte auf die Artikel nicht im Kerker antworten und auch nicht in jene privaten Richter einwilligen, indem er nämlich eine öffentliche Audienz verlangte, in der er endgültig seine Geistesrichtung offen darlegen wollte. Da die Konzilsvorsitzenden deshalb glaubten, daß dieser Magister Jeronimus seinen vorgenannten Widerruf in der öffentlichen Audienz erneuern und bekräftigen wolle, verhandelten sie über die Gewährung der Audienz für ihn und gestanden sie ihm zu, wie sich weiter unten zeigen wird.

(13) Verhängung eines Interdikts über Prag

Weiter: Im selben Jahr um Allerheiligen und im laufenden Jahr des Herrn 1416 vor dem Fest Mariae Lichtmeß wurde in Prag ein Interdikt verhängt, wobei der Erzbischof, die Prälaten, Pfarrer und Mönche keine gottesdienstlichen Handlungen ausübten, und es bestand in allen Kirchen und Klöstern für alle Priester, die die Kommunion des Herrenleibes und -blutes unter beiderlei Gestalt förderten und dem Magister Johannes Hus anhingen, die Freiheit, Gottesdienste zu feiern und das Wort Gottes täglich zu predigen, während die Gegner eben dieser hochheiligen Kommunion beider Gestalten und des Magisters Johannes Hus, die zu dieser Zeit Machometisten hießen, von Prag aus die Gottesdienste beim Vyšehrad und bei der unterhalb des Vyšehrads gelegenen Kirche in Psáře sowie in Bubny und auch in Ovenec besuchten.[21] Dadurch erlitten der Prager Klerus und vornehmlich die Prälaten und Mönche nicht geringen Schaden von seiten des Volkes, denn viele von ihnen wurden aus ihren eigenen Amtssitzen hinausgeworfen, während Priester, die die Kommunion beiderlei Gestalt begünstigten und Husanhänger waren, in ihre Stellen eingesetzt wurden, wobei König Wenzel von Böhmen auf Betreiben einiger seiner Räte dies zuließ.

1415 November 1
1416 vor Febr. 2

(14) Verurteilung und Verbrennung des Magisters Jeronimus von Prag

Weiter: Im Jahre des Herrn 1416 am Samstag vor der
1416 Himmelfahrt des Herrn, das heißt, am 25. Tag (sic!) des
Mai 23 Monats Mai, wurde der vorgenannte Magister Jeronimus von Prag für die öffentliche Audienz zur Kathedralkirche geführt, und dort wurden vor dem gesamten Konzil 107 Artikel gegen ihn durch die Konzilskommissare[22] von seiten der vorgenannten Hetzer erneut vorgebracht, damit er nicht der Schlinge des Todes, die sie ihm gelegt hatten, entrinnen könne. In eben dieser Audienz also antwortete er von morgens bis zum Mittag auf mehr als 40 Artikel auf das scharfsinnigste allen, die ihm Einwürfe machten, wobei er bestritt, die (für ihn) schädlichen und erfundenen Artikel verfaßt und durchgesetzt zu haben, und er behauptete, daß jene Zeugen als seine Feinde gegen ihn lügnerisch Zeugnis hinterlegt hätten. – In derselben Sitzung ging er noch nicht in den Tod hinaus. Da er wegen der Mittagszeit nicht auf alle Artikel bis zum Schluß antworten konnte, deshalb wurde ihm für die Antwort auf die noch ausstehenden Artikel durch das Konzil die Frist bis zum 28. Mai verlängert.

Am Tage selbst aber wurde er sehr früh am Morgen wieder für die Antwort auf die noch ausstehenden Artikel zur Kathedralkirche geführt, und dort wurde das Schlußurteil für seinen Tod gesprochen. In dieser seiner Audienz aber sprach er vom frühen Morgen und weit darüber hinaus tiefgründig und scharfsinnig über verschiedene Gebiete, wobei er sich unter anderem auf zahlreiche Philosophen und Weise aus den Heiden, nämlich Plato, Seneca, Cato etc. berief, aber auch auf Jesajas, Jeremias zusammen mit vielen anderen Propheten und Heiligen des Alten Testaments sowie auf die heiligen Apostel mit allen anderen zahlreichen und verschiedenen heiligen Märtyrern vom Neuen Testament an, daß alle diese und andere in großer Zahl wegen der Wahrheit unschuldig zu Tode geschunden und mit verschiedenartigen Qualen gepeinigt wurden.

Zum Schluß sprach er sich aus für die Stellung und Heiligkeit des Magisters Johannes Hus und erklärte, er habe ihn selbst von Jugend auf gekannt, und er sei kein Ehebrecher, Trinker und kein Verbrecher gewesen, sondern rein, nüchtern und ein heiligmäßiger und getreuer Prediger des heiligen Evangeliums, und alles, was Magister Johannes Hus selbst und Johannes Wiklif gehalten und geschrieben haben, und zwar vornehmlich gegen Mißbräuche des Klerus und den Pomp, daß er alles das bis zum Tode festhalten wolle, wobei er hinzufügte, daß sie heiligmäßige Männer waren und in allen Punkten des katholischen Glaubens so geglaubt hätten, wie es die heilige römische Kirche halte. Schließlich fügte er noch an, daß er über alle seine Sünden keine Gewissensbisse in solchem Maße habe wie über jene Sünde, die er auf der verruchten Kathedra begangen hatte, als er in seinem Widerruf gegen jenen guten und heiligmäßigen Mann, den Magister Johannes Hus, und gegen seine Lehre ungerecht gesprochen habe, vor allem wegen der Zustimmung zu seiner ungerechten Verurteilung, und er schloß, daß er jenen durch ihn selbst auf der verfluchten Kathedra gemachten Widerruf gänzlich aufhebe, wobei er noch anfügte, daß er aus Angst vor dem Tode und wegen kleinmütiger Verzagtheit das getan habe. – Und darauf wurde er von neuem zum Kerker geführt und auf das härteste an Händen, Füßen und Armen mit eisernen Ketten gefesselt.

Am Samstag aber nach der Himmelfahrt des Herrn, das 1416
heißt, am ersten Tag des Monats Juni (sic!) wurde er zur Mai 30
Kathedralkirche zur öffentlichen Konzilssitzung von einer zahlreichen Menge Bewaffneter geführt. Dort wurde er auf Grund des gegen ihn erstellten Urteils dem Tode zugesprochen (*morti est adiudicatus*). Man setzte ihm eine große und lange, mit roten Dämonen rundherum bemalte Papiermütze auf sein Haupt und führte ihn, während er das Glaubenssymbol *Credo in unum Deum,* eine Litanei und *Felix namque es* der Reihe nach sang, aus der Stadt hinaus in den Tod. Dabei sprach er das Volk in deutscher Sprache mit folgenden Worten an: „Geliebte Kinder, so wie ich eben gesungen habe, so glaube ich, und das ist mein Glaube. Trotzdem sterbe ich deshalb, weil ich dem Konzil nicht zustimmen und beipflichten und mit ihm nicht halten und behaupten wollte, daß Magister Johannes Hus durch eben dieses Konzil auf

heilige und rechtmäßige Weise verurteilt worden sei. Ich habe ihn nämlich gut gekannt und weiß, daß er ein heiligmäßiger und getreuer Prediger des Evangeliums Jesu Christi war."

Und als er zur Stätte der Hinrichtung gekommen war, hat man ihn an derselben Stelle, wo Magister Johannes Hus unschuldig den Tod auf sich genommen hatte, an eine in Gestalt einer dicken Latte zubereiteten, in die Erde eingerammten Säule mit Tauen und eisernen Ketten gefesselt, aller seiner Kleider beraubt und mit Holzbündeln ringsum eingepackt, und indem er freudig *Salve festa dies* und *In deine*
Lk 23,46 *Hände, Herr, befehle ich meinen Geist* sang, wurde er im Wirbel des Feuers verzehrt. Als man überdies sein Bettzeug und andere ihm gehörende Kleidungsstücke zu Asche verbrannt hatte, wurde diese Asche auf Wagen zu dem in der Nähe fließenden Rhein hinabgefahren und in eben diesen Fluß gestreut, damit nichts an Erinnerungsstücken von ihm auf Erden zurückbliebe. Über seine Gefangenschaft und die Art seines Todes wurde an anderer Stelle breiter und vollständiger erzählt.[23]

(15) Wahl Martins V. zum Papst und Ende des Konstanzer Konzils

1417 November 11 Weiter: Im Jahre des Herrn 1417 am Fest des heiligen Martin oder am elften Tag des Monats November wurde nach vielen und verschiedenen vorher über die Papstwahl zwischen den Kardinälen und Doktoren der verschiedenen Nationen sowie den im Konzil zu Konstanz anwesenden Prälaten gehaltenen Besprechungen und Beratungen auf Grund einmütiger Zustimmung der 23 Kardinäle und mit ihnen der 30 anderen zur Wahl des neuen römischen Oberhirten durch das Konzil abgeordneten Prälaten Oddo, Kardinal von Colonna, zum Papst gewählt und schließlich am Sonntag
1417 November 21 nach Elisabeth oder am 21. Tag des Monats November mit den gebührenden und gewohnten Zeremonien feierlich gekrönt und Martin V. genannt.[24]

Mai 1418 Weiter: Im Jahre des Herrn 1418 am Pfingstfest ging nach Erstellung bestimmter Konstitutionen und Dekrete und

ihrer Durchführung, nach der ungerechten Verurteilung der katholischen und herausragenden Männer, des Magisters Johannes Hus und des Magisters Jeronimus von Prag und ihrer Hinrichtung für die heilige Wahrheit im Wirbel des Feuers und nach der Wahl des neuen Papstes, genannt Martin V., wie vorausgeschickt, das Konzil von Konstanz auseinander, das über die ungerechte und feindselige Verurteilung der Kommunion beiderlei Gestalt und der Magister Johannes Hus und Jeronimus von Prag vor dem *allergerechtesten* Ps 7,12
Richter furchtbare Rechenschaft ablegen wird.

(16) Die Anfänge von Tabor

Weiter: Im Jahre des Herrn 1419 begannen die evangelischen, dem Magister Johannes Hus anhängenden und die Kommunion des Kelches für das gemeine Volk fördernden Priester, die man damals Wiklefisten und noch anders Hussiten nannte, mit Volk beiderlei Geschlechts aus den verschiedenen Gebieten, Städten und Dörfern des Königreichs Böhmen mit dem Sakrament der Eucharistie auf einem Berg in der Nähe der Burg Bechyně, den sie Berg Tabor nannten,[25] zusammenzuströmen, und dort reichten sie dem gemeinen Volk vornehmlich an Festtagen in großer Ehrfurcht die heilige Eucharistie, weil die Gegner dieser Kommunion das gemeine Volk in den im Umkreis liegenden Kirchen so nicht zu kommunizieren erlaubten. Am Fest der heiligen Maria 1419
Magdalena aber versammelte sich eine große Volksmenge Juli 22
beiderlei Geschlechtes und sogar von Kindern an dem vorgenannten Berg aus verschiedenen Gebieten des vorgenannten Königreichs. Mehr als vierzigtausend Personen kommunizierten sie mit dem Sakrament des Leibes und Blutes des Herrn unter beiden Gestalten, nämlich des Brotes und Weines, nach der Überlieferung Christi und nach Übung und Befolgung der Urkirche unter großer Ehrfurcht. Deshalb geriet König Wenzel von Böhmen in große Aufregung. Er befürchtete und erschrak darüber, vom Königsthron gestoßen zu werden, wobei er vermutete, daß Nikolaus von Hus an seine Stelle eingesetzt werde. Ihn hatte er vor diesen Ereignissen an irgendeinem Tag, als er mit seinem Hof bei Sankt

Apollinaris sich aufhielt und von einer großen Volksmenge beiderlei Geschlechts, allerdings einer unbewaffneten, umringt war und Nikolaus für die Freisetzung der Kommunion beiderlei Gestalt für Erwachsene wie auch für kleine Kinder auf seiten eben dieser Volksmenge sich einsetzte, aus Prag verbannt.[26]

(17) Fenstersturz und Ermordung der Ratsherren der Prager Neustadt

Weiter: Im selben Jahre des Herrn am Sonntag nach 1419 Jakobi oder am 30. Tag des Monats Juli sind der Bürgermei- Juli 30 ster und einige Ratsherren der Neustadt zusammen mit dem Unterrichter *(cum subiudice)*, Gegner der Kelchkommunion, durch das gemeine Volk und Jan Žižka, einen Gesindemann *(familiaris)* des vorgenannten Königs von Böhmen, deswegen weil sie eine Prozession mit dem verehrungswürdigen Sakrament der Eucharistie verspottet haben, die auf dem Rückweg von Sankt Stephan am Teich (na Rybníčku) zum Kloster der seligen Jungfrau auf dem Sande (na Písku) dort am Rathaus vorbeizog, vom Neustädter Rathaus frevlerisch hinabgestoßen und grausam abgeschlachtet und ermordet worden.[27] Um diese Zeit hielt sich König Wenzel zusammen mit seinem Hof auf der Neuen Burg (in Novo castro) auf, die ungefähr eine Meile von Prag entfernt ist.[28] Wegen dieser Tat überkam große Furcht die Feinde der Wahrheit. Denn alle und einzelne, Eingesessene wie Zugezogene der Neustadt, wurden durch diejenigen, die vorgenannte Ratsherren ermordet hatten, unter Strafe der Enthauptung oder sonst der Verbannung aus der Stadt einberufen, sie sollten sich in ihren Waffen im Rathaus stellen. Deshalb flohen viele aus der Stadt, und zwar vornehmlich die Lästerer der Wahrheit, weil sie in Angst waren, daß ihnen selbst Todesgefahr drohe. Die Gemeinde selbst aber wählte sich bis zur Wahl der künftigen Ratsherren vier Hauptleute (capitaneos), denen sie das Siegel und andere Abzeichen der Ratswürde (consulatus) zuwies, und eine große Menge Bewaffneter hielt im Rathaus der Neustadt Tag und Nacht Wache. Deshalb nahm sich König Wenzel von Böhmen in der Erregung seines großen Zornes und von Beklemmung und Schmerzen aus der Fassung gebracht, vor, alle Wiklefisten oder Hussiten und vornehmlich die Priester auszurotten. Einige Räte aber dieses Königs, die die Partei der unter beiden Gestalten Kommunizierenden förderten und dem Magister Johannes Hus anhingen, begannen mit den Ältesten der Altstadt (cum senioribus) über eine Verständigung zwischen König und Gemeinde der Neustadt zu verhandeln, um die zahlreichen Übel aufzufangen. Schließlich kam man unter Zustimmung beider Seiten zum Ergebnis, daß die Gemeinde der Neustadt für den Exzeß (pro excessu), den sie durch Hinabstürzen der vom König selbst abgeordneten Ratsherren und durch ihre schändliche Ermordung begangen hatte, vor dem König selbst sich unterwerfe, und daß der König die neuen von dieser Gemeinde dann gewählten Ratsherren bestätigen solle, was auch tatsächlich geschah.

(18) Der Tod König Wenzels

Weiter: Im selben Jahre am Mittwoch nach Mariae Himmelfahrt – es war der 16. Tag des Monats August, wurde 1419 August 16
König Wenzel von Böhmen etwa zur Zeit der Vesper vom Schlag getroffen (apoplexia percussus), und unter großem Schreien und Brüllen wie dem eines Löwen verschied er plötzlich auf der Neuen Burg in der Nähe von Prag. Seinen Leichnam hat man nach einigen Tagen aus Angst vor dem Volk zur Nachtzeit auf die Prager Burg überführt und in der Kapelle des heiligen Wenzel, des Schutzpatrons der Böhmen, aufgebahrt. Nach einigen Wochen wurde er von dort bei Nacht auf das erbärmlichste zum Kloster Königsaal, wo er sich die Begräbnisstätte erwählt hatte, überführt und von Fischern, Bäckern und Konversen desselben Klosters bestattet.[29] Sein Tod und seine Taten müßten allen Königen ein warnendes Beispiel sein, damit sie Gott fürchten, und soweit es in ihrer Macht steht, sein Gesetz und die Wahrheit schützen und verteidigen.

(19) Sturm auf die Prager Kartause und Prager Kirchen

Weiter: Am Donnerstag nach Mariae Himmelfahrt oder
1419 August 17 am 17. Tag des Monats August, nämlich dem auf den Tod des Königs Wenzel folgenden Tag, rotteten sich einige aus dem gemeinen Volk oder dem Pöbel zusammen, und mit Zustimmung des Bürgermeisters der Altstadt, nämlich des Johannes Bradatus, schwärmten sie unter Zurückstellung aller Ehrfurcht in die in der Stadt Prag gelegenen Kirchen und Klöster auseinander und zerbrachen, zertrümmerten und beschädigten Orgeln und Bilder vornehmlich jener Kirchen, in denen die Kelchkommunion unter keinen Umständen zugelassen wurde.[30] Die Pfarrer der Kirchen und die Mönche machten sich auf die Flucht, und aus Furcht versteckten sie sich vor dem Anblick dieses Pöbels, und vor großer Angst und Beben vergingen die Feinde der Wahrheit.

Erst gegen Abend erreichten die Leute die Kartause[31] und beraubten sie fast aller ihrer Schätze, und betrunken daselbst von verschiedenen Getränken, verschütteten sie die restlichen auf den Boden, nahmen alle Mönche desselben Klosters gefangen und führten dann diese selbst wie in einer Prozession unter lautem Geschrei und Tumult über die Brücke zum Altstädter Rathaus, und zwar deshalb, weil sie dem Tod des ehedem Magisters Johannes Hus zugestimmt hatten und im Widerstand gegen die Kommunion beiderlei Gestalt verharrten. Und
1419 August 18 am folgenden Tag, nämlich am Tag des heiligen Agapitus – es war der dritte Tag nach dem Tod des Königs Wenzel –, vernichteten sie im Wirbel des Feuers dieses Kartäuserkloster, von dem nur seine Mauern stehen blieben. Überdies drangen sie auch in die Kirche der seligen Jungfrau am Tümpel (in Lacu) ein und zertrümmerten und zerstörten das Grab des Magisters Albik, Propstes vom Vyšehrad und Erzbischofs von Caesarea, das in der daselbst durch ihn erbauten Kapelle errichtet war, und ebenso vernichteten sie die Bilder.[32]

Weiter: Am darauffolgenden Sonntag nach Mariae Him-
1419 August 20 melfahrt oder am 20. Tag des Monats August wurde das Kloster der Prediger auf dem Sande (na Písku) durch gemeines Volk beiderlei Geschlechts von Grund auf zerstört und niedergebrannt, wobei man einige Mönche gefangen nahm.

(20) *Wallfahrt auf den Berg U Křížků*

Weiter: Im selben Jahr am Tage des heiligen Wenzel strömte eine große Volksmenge beiderlei Geschlechts von Prag und aus verschiedenen Gebieten des Königreichs beim Berg U Křížků bei Ládví zusammen,[33] und nachdem das Volk daselbst verschiedene Predigten – in Gott sich gegenseitig zu lieben und der Wahrheit Christi mannhaft nachzufolgen – von den Priestern gehört hatte, empfing es in großer Ehrfurcht den Leib und das Blut des Herrn, und alsbald am selben Tage begab sich mit dem verehrungswürdigen Sakrament der Eucharistie beinahe jene ganze Menge zusammen mit den Pragern nach Prag, drang zur Nachtzeit in die Burg Vyšehrad ein, in der sich zu dem Zeitpunkt viele Gesindeleute des ehedem Königs Wenzel aufhielten, zog darauf in die Stadt Prag ein und wurde mit großem Festgepräge und zahlreichen Lichtern sowie unter Glockengeläute von den Pragern aufgenommen. Sie ließ sich im Kloster des heiligen Ambrosius[34] nieder und wurde von den Pragern einige Tage mit Lebensmitteln ausgehalten. Endlich aber, weil die Prager und vornehmlich die Ältesten den die Prager und Vyšehrader Burg besetzt haltenden Königlichen für eine gewisse Zeit eine Waffenruhe zusicherten, kehrten alle Auswärtigen oder Ankömmlinge nach Verübung zahlreicher Ausschreitungen in Kirchen und Klöstern durch Zertrümmern der Bilder, und zwar vornehmlich in der Kirche des heiligen Michael in der Altstadt, in ihre Heimstätten zurück. 1419 September 28

(21) *Die Königin-Witwe Sophie und böhmische Herren besetzen die Prager Burg, Kloster Strahov, das Thomaskloster und den Bischofshof*

Weiter: Am Dienstag nach Gallus oder am 17. Tag des Monats Oktober besetzten Königin Sophie von Böhmen und gewisse Barone dieses Königreichs, und zwar vor allem Herr Čeněk von Wartenberg oder von Veselí, Oberstburggraf der Prager Burg, Wilhelm von Hasenburg genannt Zajíc und Jan Chudoba genannt Ralsko, die Prager Burg, das Kloster Strahov, das Kloster des heiligen Thomas und den Bischofshof,[35] 1419 Oktober 17 wobei sie Deutsche und andere Fremdländische sich zu Hilfe holten gegen die Prager auf Kosten der durch den Tod König Wenzels hinterlassenen Schätze. Und so entstanden in diesen Tagen starke Spannungen und Kämpfe zwischen Königin und vorgenannten Baronen und den Pragern gelegentlich der Freistellung der Wahrheit Christi und bezeichnenderweise der Kelchkommunion, auf der diese Prager Gemeinde bestand.

Weiter: Im selben Jahr am Mittwoch vor dem Fest der
1419 Oktober 25 Apostel Simon und Judas oder am 25. Tag des Monats Oktober besetzte die Gemeinde der Neustadt die Burg Vyšehrad, nachdem das Gesinde des ehedem Königs Wenzel von Böhmen von dort verjagt war. Dieser Gemeinde schloß sich Jan Žižka an, ein Gesindemann des vorgenannten Königs.

(22) Kämpfe um die Prager Burg und die Kleinseite

Ebenso im selben Jahr am Samstag nach dem Fest Aller-
1419 November 4 heiligen oder am vierten Tag des Monats November ungefähr zur einundzwanzigsten Stunde wurden auf Betreiben einiger Priester und besonders des Ambrosius von Königingrätz (de Hradecz Regine)[36] in Prag die großen Glocken zwecks Zusammenkunft des Volkes geläutet, um denen zu Hilfe zu kommen, die sich von Tabor gegen Prag zu bewegten, aber unterwegs durch Barone des Königreichs und durch königliche Offizialen nach Auslegung eines Hinterhalts behindert wurden. Als sich nun eine große Volksmenge von der Altstadt und der Neustadt mit Waffen versammelt hatte, zog diese Menge unter Führung des Nikolaus von Hus zur Brücke, während die Königlichen von der Prager Burg aus, vom Bischofshof und dem Hause des Herzogs von Sachsen[37] aus Geschützen (de bombardis) schossen und verhinderten, daß dieses Volk auf die Kleinseite vorstoße. Nachdem aber die Prager Gemeinde dennoch das Tor neben dem Hause des Herzogs von Sachsen mit Gewalt erobert hatte, zog sie – freilich nicht ohne Verluste ihrer Leute – in die Bürgerstadt der Kleinseite hinein, und als man sich in einen Kampf mit den Königlichen eingelassen hatte, wurden auf beiden Seiten

welche getötet. Und da schließlich die Königlichen den Pragern unter keinen Umständen mehr standhalten konnten, flohen sie, als es Abend geworden war, von der erzbischöflichen Kurie, vom Hause des Herzogs von Sachsen, vom Kloster Sankt Thomas und anderen Herbergen zur Prager Burg, wobei sie viele Pferde und Waffen sowie andere Güter aus Furcht zurückgelassen hatten. Die Prager fielen darüber her, und nachdem sie auf der Kleinseite große Beute gemacht hatten, schafften sie das zur Altstadt und Neustadt, und es wurden fast während jener ganzen Nacht die großen Glocken zum Sturm geläutet. Es war also jene Nacht für viele eine Nacht der *Not und Drangsal*, eine Nacht *des Weinens und* Spr 1,27
der Traurigkeit, fast ähnlich dem Jüngsten Tag so sehr, daß Jak 4,9
Königin Sophie mit Herrn Ulrich von Rosenberg aus Angst inmitten der Nacht von der Prager Burg floh, weil die Königlichen nur mit Mühe die Burg vor der Eroberung durch die Prager bewahrten.[38] Aber um die zehnte Stunde der Nacht,[39] als von den Pragern nur noch wenige auf der Kleinseite zurückblieben, stiegen die Königlichen von der Burg herab und vernichteten das Rathaus der Kleinseite, nachdem sie Schätze und Bücher der Gemeinde von dort fortgeschafft hatten, im Wirbel des Feuers zusammen mit den anliegenden Häusern.

Weiter: Am nächsten Tag, nämlich am Sonntag nach Allerheiligen oder am fünften Tag des Monats November, 1419 November 5
drang nach dem Frühstück die Gemeinde der Prager Alt- und Neustadt mit einer bewaffneten Schar wieder auf die Kleinseite vor, ließ sich in einen Kampf mit den Königlichen ein, und auf beiden Seiten werden welche getötet. Schließlich aber steckten die Königlichen die Schule von Sankt Nikolaus[40] und viele Häuser unterhalb der Prager Burg in Brand, nahmen einige von den Bürgern der Kleinseite, Anhängern der Kelchkommunion, gefangen und stiegen dann hinauf zur Prager Burg. Die Prager jedoch verwüsteten den Bischofshof, brachen daselbst gewaltsam viele Gebäude auf, legten sie in Trümmer und kehrten dann nach Hause zurück. Und so geschahen an eben diesem Tage durch die Königlichen wie auch durch die Prager auf der Kleinseite viele Verwüstungen und wurden verübt. Die Königlichen sammelten von Tag zu

Tag (bewaffnetes) Volk gegen die Prager auf Kosten der königlichen Schätze und fügten den Pragern große Schäden im Umkreis zu, behinderten Straßen, damit keine Lebensmittel nach Prag gebracht würden, und umlagerten Prager Bollwerke und Festungsanlagen.

1419 November 6 Weiter: Am Leonhardstag hatten ungefähr viertausend Taboriten, deren Älteste zu dem Zeitpunkt Herr Břeněk von Švihov, Chval von Machovice alias von Řepice und sein Bruder Kuneš waren, an einem Ort eine Meile von Knín mit den Königlichen und namentlich mit Herrn Peter von Sternberg, Herrn Ptáček von Rataje, Jan genannt Svídnický, mit Kolditz, mit den Söhnen des Michalec von Michelsberg und mit Wenzel genannt Doninský, dem Richter von Kuttenberg, einen Zusammenstoß, und nachdem einige Leichtbewaffnete von ihnen erschlagen, aber auch viele bessere Pferde der Königlichen durch sie getötet waren, drängten sie die Königlichen von sich ab, kamen nach Prag und wurden von den Pragern mit Freuden aufgenommen.[41]

(23) Waffenstillstand zwischen Königin Sophie und der Prager Gemeinde

1419 November 13 Weiter: Am Bricciustag wurde zwischen Königin Sophie, Herrn Čeněk von Wartenberg, Oberstburggrafen des Königreiches Böhmen, und anderen Baronen und Hauptleuten der Prager Burg auf der einen und der Prager Gemeinde auf der anderen Seite eine Waffenruhe abgeschlossen, die bis zum nächsten Georgsfest dauern sollte, wobei die Ältesten beider Parteien sich darum bemühten, und er wurde unter Strafe von fünfzigtausend Schock abgesichert. Die Königin zusammen mit den Baronen verpflichtete sich schriftlich gegenüber der Prager Gemeinde entsprechend ihrem Können zur Verteidigung des Gesetzes Gottes und der evangelischen Wahrheit im Königreich Böhmen und namentlich zur Freisetzung der Kommunion beiderlei Gestalt, die Prager Gemeinde jedoch verpflichtete sich gegenüber der Königin und den Baronen, nicht die Bilder zu zertrümmern und nicht in Kirchen und Klöster gewaltsam einzubrechen sowie zur Abtretung des Vyšehrads an die Königlichen. Die Neustadt trat deshalb nach Bestätigung dieses Waffenstillstandes den Vyšehrad an die Königlichen ab. Von dieser Burg aus wurden nachher den Pragern viele Übel und Schäden zugefügt, wie man weiter unten wird ersehen können. Ebenso zogen nach Bestätigung dieses Waffenstillstandes, wie vorerwähnt, die vorgenannten Taboriten, nachdem sie große Schäden in den Häusern, in denen sie sich aufhielten, durch gewaltsame Beschädigung der Gebäude und durch Plünderungen auf der Kleinseite verübt hatten, von Prag ab und kehrten nach Hause zurück.

(24) Verfolgung der tschechischen Utraquisten in Kuttenberg

In diesen Zeiten also haben die treuen Tschechen, Geistliche wie auch Weltliche, die Anhänger der Kommunion beiderlei Gestalt waren und sie ehrfurchtsvoll durchführten und die unter dem ungerechten Tod des Magisters Johannes Hus glückseligen Andenkens, des treuen und angesehenen Predigers des heiligen Evangeliums, litten – der verdorbene Klerus des Königreichs Böhmen und der Markgrafschaft Mähren und vornehmlich die Bischöfe, Äbte, Kanoniker, Pfarrer und Mönche, die seine getreuen und heilsamen Warnungen, Ermahnungen und Predigten, weil sie ihren Pomp, ihre Simonie, Habsucht, Unzucht und Greuel eines fluchwürdigen Lebens aufdeckten, nicht ertragen konnten – sie hatten durch Betreiben von Geldmitteln auf seine Vernichtung hingewirkt und diesen Tod veranlaßt, so daß er im Konzil von Konstanz auf Zeugnishinterlegung falscher Zeugen hin verurteilt und durch den bittersten Tod ausgelöscht wurde, wobei der König von Ungarn, Sigismund, zu seinem Tod viel beitrug –, diese vorgenannten, wie ich sage, Getreuen erlitten im Königreich Böhmen die größten Verwirrungen, Nöte, Drangsale und Qualen von den Gegnern und Lästerern der Wahrheit, die gegen sie mit Wegnehmen ihrer Habe, mit harten Kerkerbedingungen, Hunger, Durst und Niedermetzeln der Leiber unmenschlich vorgingen. Denn die vorgenannten Feinde der Wahrheit jagten an verschiedenen Stellen des Königreiches Priester und Laien, die für die Kelchkommunion eiferten, und lieferten sie an die Kuttenberger aus und

verkauften einige um Geld, die die Kuttenberger, Deutsche, grausame Verfolger und Feinde der Tschechen und besonders derer, die die Wahrheit lieben, unter manigfaltigen Lästerungen und verschiedenen Arten von Strafen in unmenschlicher Weise und besonders zur Nachtzeit in die tiefsten Gruben oder Schächte (ad foveas seu ssachtas) warfen, manche lebend, manche aber enthauptet, und zwar vornehmlich beim Schacht der Kirche des heiligen Martin in der Nähe vor dem Kouřimer Tor, den die Kuttenberger Tabor nannten. Das Volk von Kuttenberg aber entbrannte in einer solchen Roheit der Grausamkeit gegen die Getreuen Christi und Eiferer für Gottes Gesetz, daß innerhalb kurzer Zeit mehr als sechzehnhundert Menschen, die der hochheiligen Kelchkommunion anhingen, durch sie erbärmlich getötet und in die Schächte geworfen wurden und die Henker dabei vor Ermüdung vom Niedermetzeln oft erschöpft waren. Diesem unmenschlichen Wüten gegen die Getreuen Christi
vgl. Dtn 32,35 folgte gerechterweise *die göttliche Rache*. Denn nach Ablauf von zwei Jahren wurde eben diese Stadt der Kuttenberger (civitas ipsa Montanorum) zur Strafe der Rache für die zahlreichen unmenschlich getöteten Gläubigen fast bis auf den Boden zerstört und im Feuerwirbel verzehrt, wie im Folgenden deutlich wird klar werden können.[42]

Ebenso im November im selben Jahr, nämlich 1419, wurde in der Nähe von Klattau auf der Straße durch Herrn Racek von Riesenberg und seine Leute ein Priester Johannes genannt Nákvasa, der als ein Eiferer der Kelchkommunion das Volk und besonders die Kranken beim Gang über die Dörfer mit dem Sakrament des Leibes und Blutes kommunizierte, aufgegriffen und den Deutschen von Bayern, die damals vorgenanntem Herrn Racek gegen die Klattauer zu Hilfe kamen, für ein großes Geschenk ausgeliefert.[43] Da er aber der Kommunion beiderlei Gestalt für das gemeine Volk keinesfalls abschwören wollte, obgleich diese Deutschen ihn dazu drängten, wurde er unter mannigfaltigen Beschimpfungen, Lästerungen und Schmähungen mit Stricken, die durch seine von Schwertern durchbohrten Hände durchgezogen waren, an einen Baum gefesselt, mit einem Haufen Zaunlatten und mit Stroh ringsum zugepackt und von Feuerflammen verzehrt.

Ebenso in denselben Tagen, nämlich des Monats November, kamen die Kuttenberger zur Stadt Kouřim,[44] nahmen einige der Schöffen und die Ältesten dieser Stadt, Förderer der Kelchkommunion, zusammen mit dem von ehedem König Wenzel daselbst präsentierten Pfarrer, nämlich dem Magister Johannes genannt Chodek, und mit Priestern gefangen, luden sie gefesselt auf Wagen und brachten sie nach Kuttenberg. Als diese zur Nachtzeit in der Stadt ankamen, beschimpfte sie das Volk der Kuttenberger mit verschiedenen Lästerungen und Verketzerungen, sie warfen sogar mit brennenden Fackeln nach ihnen und übergaben sie einer harten Gefangenschaft, wobei man sie mit Fesseln und eisernen Ketten zusammenschnürte.

(25) Prager Gesandtschaft zu König Sigismund nach Brünn

Ebenso im selben Jahre zum Fest der Geburt Christi kamen fast alle Barone des Königreiches Böhmen und der Markgrafschaft Mähren, auch die königlichen Städte und die Burggrafen der königlichen Burgen und alle anderen Offizialen des Königreichs auf Geheiß des Königs von Ungarn, Sigismund, in der Stadt Brünn zusammen, während der vorgenannte König daselbst zu diesem Zeitpunkt mit vielen Fürsten, päpstlichen Gesandten und Bischöfen und auch mit Sophie, der Königin von Böhmen, und anderen Magnaten zugegen war. 1419 Dezember 25

Dorthin schickten auch die Prager, die dem König selbst und beinahe der ganzen Christenheit deshalb verhaßt waren, weil sie für die Förderung des Gesetzes Gottes und seiner Wahrheit und namentlich für die Kelchkommunion eiferten und unter der ungerechten Verurteilung durch das Konstanzer Konzil der ehedem Magister Johannes Hus und Jeronimus von Prag, der Männer glückseligen und heiligen Andenkens, litten und dabei sagten, daß die Verurteilung ungerecht sei – diese Prager schickten eine glanzvolle Gesandtschaft, die am Tage des Evangelisten Johannes mit Fanfarenbläsern in die Stadt Brünn einzog, wobei der vorgenannte König Sigismund und zahlreiche Magnaten, geistliche und weltli- 1419 Dezember 27 che, schauten und staunten, und sie wurde in den ihr zugewiesenen Herbergen gastlich aufgenommen. Den Gottesdienst und die Durchführung der Kelchkommunion für das Volk übten sie in den Herbergen durch Priester, die sie von Prag her mitgenommen hatten, natürlich frei aus, wenngleich ein Interdikt oder eine Einstellung der gottesdienstlichen Handlungen durch die Geistlichen in eben dieser Stadt Brünn wegen der Anwesenheit der Prager und des Herrn Čeněk, wie vorweggenommen, verhängt worden war.

Am dritten Tag also kamen die Prager Gesandten dem König vor Augen. Sie beugten vor ihm eine ziemlich geraume Zeit ihre Knie und grüßten ihn von seiten der Prager, indem sie ihn als erblichen König und Herrn anerkannten. Er machte ihnen recht harte Vorwürfe und schickte sie dann mit folgendem Auftrag nach Prag zurück: Daß sie nämlich alle Ketten der Gassen der Stadt zusammen mit den Pflöcken beseitigen und alle und jegliche nach dem Tode König Wenzels von Böhmen gegen die Prager Burg errichteten Befestigungsanlagen zerstören sollten zum Zeichen dafür, daß sie sich seiner Macht und Herrschaft unterwerfen, und daß sie Mönche und Nonnen nicht mehr weiter auf jede nur mögliche Weise quälen, sondern bis zu seiner Ankunft sie ehrenvoll behandeln sollten.

Daselbst aber entsetzte vorgenannter König von Ungarn, Sigismund, alle und jegliche Offizialen des ehedem Königs Wenzel von Böhmen und Burggrafen, die Anhänger der Kelchkommunion und der Prager waren, ihrer Ämter und setzte in ihre Stellen Feinde der Wahrheit und Gotteslästerer ein. Unter diesen trat Janek von Miličín alias von Kostelec, genannt Sádlo,[45] ein Günstling des ehedem Königs Wenzel, auf Geheiß eben dieses Königs Sigismund von Ungarn die Burg Karlstein, in der zahlreiche Schätze durch den ehedem König Wenzel von Böhmen geborgen waren, wo auch die Reichsreliquien aufbewahrt wurden, dem Zdeslav von Buřenice, genannt Tluxa ab;[46] ähnlich übergab er auch andere Burgen, die er in seiner Gewalt hielt, in die Hände eben dieses Königs.

1420 Januar 4 Die Prager Gesandtschaft kehrte also im Jahre des Herrn 1420 am Donnerstag vor Erscheinung des Herrn vom König von Ungarn aus Brünn nach Prag zurück. Sogleich wurden die Ketten der Gassen zusammen mit den Pflöcken beseitigt und die Ketten selbst zum Rathaus gebracht. Überdies wurden auch die gegen die Prager Burg errichteten Befestigungswerke – in der Volkssprache „sruby“[47] – niedergelegt, wobei die Feinde der Wahrheit und namentlich die Deutschen lachten und vor Freude in die Hände klatschten und sagten: „Jene Ketzer, die Hussiten und Wiklefisten, werden schon vergehen und ein Ende finden.“ Deshalb kam große Furcht und Angst über die Anhänger der Wahrheit, als Kanoniker, Pfarrer und die anderen Priester und Mönche und auch gewisse Weltliche, die nach dem Tode König Wenzels aus Angst vor den Hussiten aus der Stadt geflohen waren, mit Freuden nach Prag zurückkehrten. Denn durch Heroldstimmen geschahen in der Stadt Ausrufungen im Namen des Königs und der Schöffen, daß alle und jegliche Flüchtigen frei zurückkehren sollten und daß im übrigen keiner es wagen solle, Priester und Mönche anzuschreien mit den Worten: „w sak, mnisse, w sak! (in den Sack, Mönch, in den Sack!).“ Zu Zeiten König Wenzels war nämlich ein solcher Brauch aufgekommen, daß Erwachsene wie auch Kinder, sobald ein Mönch vorüberging, gleich riefen: „w sak, mnisse, w sak!“[48]

(26) Die Kuttenberger werfen utraquistische Priester und Laien in die Schächte

Ferner: Am Dienstag nach Erscheinung des Herrn oder am neunten Tag des Monats Januar wurde beim Hahnenschrei Magister Johannes Chodek, Pfarrer von Kouřim, mit den übrigen Priestern Jakob, Martin und Leonhard durch die Kuttenberger in den Abgrund der Grube oder in den Tabor genannten Schacht erbärmlich hinabgeworfen, wobei vorgenannter Magister Johannes die Kuttenberger warnte, daß sie für so ungeheure Grausamkeiten, die sie gegen die für die Kelchkommunion eifernden Christgläubigen auf so entsetzliche Weise verübten, und für andere Roheiten angemessene Buße tun sollten, wenn aber nicht, daß sie sich auf eine schwere Rache von Gott gefaßt machen sollten. Diese erfuh- 1420 Januar 9 ren sie nach Ablauf von zwei Jahren in der Tat und zu Recht, wie sich im Folgenden zeigen wird. (42) In derselben Nacht sind auch viele Weltliche wegen der Kelchkommunion durch eben diese Kuttenberger getötet und in die Schächte geworfen worden.

(27) Von den fünf Städten der Zuflucht; Jan Žižka in Pilsen

Ebenso in denselben Zeiten predigten einige taboritische Priester dem Volk die neue Ankunft Christi. Bei dieser Ankunft müßten alle Bösen und Gegner der Wahrheit umkommen und ausgerottet werden, und die Guten sollten lediglich in fünf Städten gerettet werden. Deshalb wollten gewisse Städte, in denen die Kelchkommunion die Freiheit hatte, keine Übereinkunft mit den Gegnern eingehen, und zwar vornehmlich die Stadt Pilsen. Denn die vorgenannten Taboritenpriester betörten im Distrikt Bechyně und auch anderswo in ihren Predigten das Volk erstaunlich dadurch, daß sie viel Irriges und dem christlichen Glauben Gegensätzliches durch falsche Auslegung der Prophetenschriften nach ihren eigenen Köpfen und durch Mißachtung der katholischen Lehrmeinungen der heiligen Lehrer vorbrachten, und
Offb 15,1 sie forderten auf, daß alle und jegliche, die vor dem *Zorn des allmächtigen Gottes* gerettet werden wollten – er werde nach ihrer Meinung in Kampfbereitschaft über den gesamten Erdkreis kommen – sich aus ihren Städten, Burgen, Dörfern und
Gen 14,12, 19,29 Märkten wie *Lot aus Sodom* zu den fünf *Städten der*
Jos 21,36 *Zuflucht* begeben sollten. Deren Namen sind folgende: Pil-
vgl. Mal 3,20 sen, die von ihnen selbst *Stadt der Sonne* genannt wurde, Saaz, Laun, Schlan und Klattau.[49] Der allmächtige Gott will nämlich die ganze Welt vernichten, ausgenommen nur diejenigen, die zu den vorgenannten fünf Städten fliehen würden. Zur Bekräftigung dieser Ansicht führten sie – allerdings falsch und irrig verstandene – Prophetenstellen an.[50] Überdies schrieben sie Briefe über das Königreich Böhmen hin, die den vorausgeschickten Gegenstand zum Inhalt hatten. Auf Grund ihrer nichtigen Lehrmeinungen, wie wenn diese die Wahrheit sagten, verkauften viele der Einfältigen, die

nach dem Apostel wohl *den Eifer* hatten, *aber nicht* mit *Einsicht* sich zufrieden gaben, ihre Güter sogar um einen geringen Preis, strömten aus den verschiedenen Distrikten des Königreichs Böhmen und der Markgrafschaft Mähren mit Frauen und Kindern bei ihnen zusammen und *warfen das Geld vor die Füße* eben dieser Priester hin. Röm 10,2 vgl. Apg 4,34f

Während dies, wie vorausgeschickt, vor sich ging, kamen viele Eiferer für die Kelchkommunion und vornehmlich Herr Břeněk von Švihov, Herr Valkun von Adlar[51] und auch Jan Žižka, der Gesindemann des ehedem Königs Wenzel von Böhmen, mit ihrer sicheren Begleitmannschaft von Prag aus in der Stadt Pilsen zusammen und schlossen sich nach Vertreibung der Gegner der Wahrheit in eben dieser Stadt gegen Königin Sophie sowie die Barone und die übrigen Königlichen ein, wobei sie mit denselben als mit Feinden Gottes und seines Gesetzes unter keinen Umständen einen Waffenstillstand eingehen wollten. Auf Anstiften der Priester also und vornehmlich des Wenzel, genannt Koranda, der zu dieser Zeit unter ihnen der führende Kopf (capitalis) war, hat man die Klöster eben dieser Stadt, Kirchen und gewisse Höfe in der Nähe der Stadt zerstört und in Trümmer gelegt. Herr Bohuslav Schwanberg aber, der sie an einem Tag angreifen wollte, wurde mit seinen Leuten aus dem Kampffeld vertrieben nicht ohne Verluste seiner Leute und zugleich ihrer Vernichtung.

Deshalb schickten Königin Sophie von Böhmen sowie Barone und Beamte des Königreichs ein nicht geringes Kriegsvolk zur Belagerung der Stadt Pilsen, und während sich die Mannschaften so ringsherum in den Bollwerken lagerten, kämpften sie oft gegeneinander, wobei sie sich abwechselnd an Händen und Füßen verstümmelten.

Ebenso in denselben Tagen schrieb König Sigismund von Ungarn Briefe über das ganze Königreich Böhmen hin, wobei er in diesen Briefen allen Baronen und vornehmlich den Amtsleuten des Königreichs, nämlich dem Hofmeister (magistro curie), dem Oberstburggrafen des Königreichs, den Burggrafen der königlichen Burgen, den Bürgermeistern, Schöffen und Richtern der Städte auftrug, sie sollten Wiklefisten und Hussiten und solche, die die Kelchkommunion ausübten, unter allen Umständen abwehren, verfolgen und nach Möglichkeit ausrotten.[52]

(28) Eroberung der Stadt Ústí und des Berges Hradiště

Während sich dies so zutrug, nahm ein gewisser Taboritenpriester, genannt Vanček, zusammen mit einem gewissen Glöckner Hromada – sie waren die ersten Erfinder und Organisatoren (ordinatores) der Bergwallfahrten – den Jan von Bydlín und Jan, genannt Smolín, sowie eine bestimmte Anzahl von Taboritenbrüdern und -bauern hinzu und hielten sich einige Tage und Nächte zur Zeit der Fastnacht zwecks Einnahme der Stadt Ústí[53] in den Wäldern versteckt. Unter Mithilfe ihrer Brüder im Inneren der Stadt nahmen sie diese
1420 Februar 21 am Mittwoch zu Beginn der Fastenzeit – es war der 21. Tag des Monats Februar – vor Tagesanbruch ein, während die Leute nach dem Tanzen und anderen für diese Zeit üblichen Vergnügungen betrunken in Schlaf versunken lagen und gleichsam sorglos schliefen. Und sogleich nahmen sie die Feinde der Wahrheit, Weltliche und Geistliche, gefangen, wobei einige von ihnen über die Stadtmauern flohen, andere aber vertrieben sie aus der Stadt und rissen deren Hab und Gut an sich. Zu dieser Stadt strömten von Tag zu Tag die Anhänger der Kelchkommunion aus der Umgebung zusammen.

Weiter: Nach Ablauf einiger Tage schlossen die vorgenannten Taboritenbrüder die Burg Hradiště[54] der Herren von Ústí, wo einst eine feste Stadt lag, deren Mauern bis dahin noch standen, mit einem Wall ein. Innerhalb kurzer Zeit nahmen sie die Burg ein, rissen sie an sich und übergaben sie Herrn Prokop von Kamenitz, einem Blutsverwandten der vorgenannten Herren, in seine Gewalt. Nach einer gewissen Zeit vernichteten sie die Stadt Ústí im Wirbel des Feuers und begaben sich dann mit Frauen und Kindern zu diesem Berg hinüber, befestigten ihn von einem Tag zum andern, errichteten Wohnhäuser und nannten den Berg Tabor, wobei sie denen in der Umgebung, die nicht ihre Anhänger sein wollten, von Tag zu Tag Schäden zufügten.

(29) Tod des Jan Krása in Breslau – Ankündigung eines Kreuzzuges gegen die tschechischen Utraquisten

Ebenso im selben Jahr am 15. Tag des Monats März wurde in der Stadt Breslau mit Zustimmung des Königs Sigismund von Ungarn, der sich zu dieser Zeit daselbst aufhielt, Jan von Prag, genannt Krása,[55] ein großer Eiferer für die Wahrheit, durch den päpstlichen Legaten Fernando, gewisse Bischöfe, Doktoren und Magister und auch die übrigen Prälaten und Mönche gottlos, ungerecht und niederträchtig zum grausamsten Tod verurteilt, und zwar deshalb, weil er die unten angeführten Artikel nicht festhalten, glauben, bekräftigen, behaupten und billigen wollte: 1420 März 15

Erstens, daß das Konzil von Konstanz rechtmäßig im Heiligen Geist zusammengetreten sei;

ebenso, daß alles, was das vorgenannte Konzil aufgestellt, beschlossen und definiert hat, daß dies gerecht ist, heilig und unter Strafe der Todsünde von allen Christgläubigen festgehalten werden muß, und alles, was es verworfen und verurteilt hat, daß es darin gerecht, heilig und gut gehandelt hat.

Ebenso, daß das vorgenannte Konzil durch die Verurteilung der Magister Johannes Hus und Jeronimus von Prag zu dem so grausamen Tod gerecht gehandelt hat und heilig.

Ebenso, daß es durch Verurteilung der Kommunion beiderlei Gestalt für das Volk katholisch gehandelt hat und heilig. – Diese Artikel sind aber dennoch lügnerisch, irrig, häretisch und gotteslästerlich und stehen im Widerspruch zum Gesetz Gottes und zur evangelischen Wahrheit.

Da vorgenannter Jan Krása diese Artikel nicht billigen wollte, wurde er von den feindseligen und gottlosen Schriftgelehrten und Pharisäern, den Bischöfen nämlich, Doktoren, Magistern und Mönchen zu dem schändlichsten Tod verurteilt, und durch die Folterknechte und Henker sogar von Pferden durch die Stadt gezerrt, wurde er mit verschiedenen Lästerungen und Schmähungen beschimpft und dann im Feuerwirbel verzehrt. Obwohl man ihn unter verschiedenen Warnungen aufgefordert hatte, daß er nach Verlassen der Wahrheit Gottes den Gottlosen in ihrer Bosheit zustimmen

sollte, blieb er fest und standhaft im rechten Glauben und
vgl. 2 Tim 2,3 verharrte im heiligen Vorsatz als ein *guter Streiter* und *Kämpfer des Herrn.* Er betete nämlich für seine Feinde, hielt alle ihre Gotteslästerungen, Verketzerungen, Beschimpfungen und Verhöhnungen und sogar die härtesten Folterqualen nach dem Beispiel seines Meisters und Hirten, des Herrn
Jer 51,40 Jesus, als *ein* für die evangelische Wahrheit *zur Schlachtbank geführtes Lamm* aus. Und als er endlich den Geist ausgehaucht hatte, verdiente er, in guter Erwartung zum Herrn zu wandern und die Palme des Martyriums zu erlangen, was
Röm 1,25 auch uns zu erweisen geruhe der dreieinige und eine Gott, *der gepriesen ist durch alle Ewigkeit.*

1420 März 17 Weiter: Am Sonntag Laetare, nämlich am 17. Tag des März, wurde auf Befehl des päpstlichen Legaten zusammen mit dem zu diesem Zeitpunkt in Breslau anwesenden Sigismund, dem König der Römer und von Ungarn, in den Kirchen während der Predigten gegen die Tschechen, die vornehmlich für die Kelchkommunion eiferten, wie gegen Häretiker und Rebellen der römischen Kirche ein päpstlicher Kreuzzug ausgerufen.[56]

(30) Abkommen zwischen den Königlichen und den Pilsener Taboriten und unentschiedener Kampf bei Sudoměř

Innerhalb dieser Zeit verhandelten die Königlichen unter verschiedenen Vorwänden und Schlichen mit jenen Taboriten, die sich in Pilsen verschanzt hatten, durch Vermittlung verschiedener Personen über ein Abkommen, die aber mit ihnen wie mit Ungläubigen und Häretikern und Gegnern der Wahrheit keine Übereinkunft eingehen wollten. Auf den Rat von seiten gewisser Prager, die man zu ihnen geschickt hatte, gaben sie sich aber trotzdem zufrieden und gingen mit eben diesen Königlichen eine Übereinkunft schließlich unter folgenden Umständen ein, daß erstens in der Stadt selbst die Kelchkommunion Freiheit haben sollte; weiter, daß sie selbst volle Freiheit haben sollten, sich mit ihren Kindern und Frauen nach Hradiště zu begeben. – Auf diese Punkte verpflichteten sich die vorgenannten Königlichen unter gewissen

Strafen, wenn auch freilich mit Arglist. Denn als der Münzmeister von Kuttenberg, genannt Mikeš Divoký,[57] Herr Peter von Sternberg, der Hochmeister des Ordens des heiligen Johannes von Jerusalem aus Strakonitz und die übrigen Königlichen mit einer großen Menge Ritterlicher im Bezirk Písek sich versammelt hatten, teilten sie ihnen heimlich mit, daß sie, sobald die Pilsener und Taboriten von Pilsen abgezogen seien, diese unterwegs mit einer bewaffneten Schar feindlich überfallen und niederwerfen sollten. Das geschah auch. Denn am Tage Mariae Verkündigung, es war der 25. Tag 1420 des Monats März, als Herr Břeněk von Švihov, Valkun von März 25 Adlar und Jan Žižka zusammen mit anderen der Kelchkommunion anhängenden Brüdern, mit ihren Priestern und vornehmlich mit Wenzel Koranda und Markold,[58] die sich, wie oben erwähnt, in der Stadt Pilsen gegen die Königlichen verschanzt hatten, von Pilsen gegen Hradiště zogen, wobei sie die Stadt Pilsen unter den vorerwähnten Bedingungen dem Unterkämmerer des Königreichs, Herrn Wenzel von Leštno, abtraten, griffen die vorgenannten Königlichen diese an einem Fischteich bei Sudoměř mit starker Streitmacht feindlich an.[59] Nachdem der Zusammenstoß erfolgt war und während sich die Taboriten mit ihren Wagen einschlossen, gab es auf beiden Seiten viele Gefallene, viele wurden auch verwundet, unter ihnen wird Herr Břeněk, der die Schlachtreihe anführte, getötet. Als schließlich das Kriegsgetümmel einige Stunden andauerte, wichen die Königlichen gegen Sonnenuntergang vom Kampffeld und hatten dabei einige dreißig Brüder gefangengenommen. Diese führte der Münzmeister gefesselt nach Kuttenberg. Die Brüder aber ließen die Verwundeten in den Dörfern zurück und erreichten dann Hradiště, wobei die Brüder dieses Berges sie freundlich aufnahmen.

(31) Predigten des Johannes von Selau gegen König Sigismund
Flucht der Gegner der Kelchkommunion aus Alt- und Neustadt zur Burg und auf den Vyšehrad

Weiter: In diesen selben Tagen ermutigten Prager Priester und vornehmlich Johannes, ein Prediger des Klosters der hei-

ligen Maria auf dem Sand in der Prager Neustadt, einst ein Mönch in Selau – er predigte zu dieser Zeit über die Offenbarung des heiligen Johannes – in seinen Predigten das Volk, es solle sich dem die Kelchkommunion bekämpfenden König von Ungarn widersetzen, und er wies besonders darauf hin,
Offb 12,3 daß der König der *fuchsrote Drache* sei, von dem in der Offenbarung die Rede ist. Und mit Recht, denn der König selbst gestattete seinen Günstlingen das Tragen eines goldenen Drachens an der Brust zum Zeichen der Gemeinschaft.[60] Darum bekämpfte der vorgenannte Priester Johannes in seinen Predigten an das Volk unmittelbar den König. Ihm strömte eine große Volksmenge zu, wobei sie seine Predigt wegen seiner Rednergabe begierig aufnahm, obgleich er sich in der Lehre der Wissenschaft nicht sehr auszeichnete, und auf Grund seiner und der anderen Prediger Predigt wollten viele Gläubige für die Wahrheit der Kelchkommunion ihren Besitz und ihr Leben einsetzen.

Weiter: In diesen selben Tagen nach Ankündigung des päpstlichen Kreuzzuges in Breslau, wie vorausgeschickt, gegen die für die Kelchkommunion beiderlei Gestalt eifernden Tschechen sprachen alle Prager Feinde der Kelchkommunion und Gegner der Magister heiligen Andenkens Johannes Hus und Jeronimus, Weltliche sowohl wie auch Geistliche, in ihrer Freude: „Man wird schon diese bösen Ketzer verbrennen oder es werden alle mit ihren Kindern und Frauen durch das Schwert des Königs von Ungarn umkommen. Wir wollen also schnell vor ihnen fliehen zu ganz sicheren Plätzen, damit wir nicht zugleich mit ihnen zugrunde gehen." In ihrer Angst also, ihr Leben zusammen mit dem Besitz zu verlieren, begaben sich zur Burg von Prag und zum Vyšehrad sowie zu den stärkeren Vesten der nahen Umgebung unter Zustimmung der Ältesten der Stadt Prag mit ihren Frauen, Kindern, den Wertsachen und wichtigeren Dingen ungefähr die mächtigeren und reicheren Ortsansässigen oder Zugezogenen, von der Prager Altstadt fast zweihundert und von der Neustadt ebenso viele, und zwar vor allem Deutsche, und sie leisteten den Baronen des Königreichs, die die Prager und die Vyšehrader Burg zur Verfügung des Königs Sigismund besetzt hielten, den Treueid, daß sie nach dem Fest des heiligen Georg, wenn der Waffenstillstand erloschen sei, ihnen helfen wollten, die eigentliche Stadt Prag zu erobern, und daß sie schließlich mit Freuden zu ihren eigenen Wohnstätten zurückkehren wollten, wenn die Anhänger der Kommunion beiderlei Gestalt getötet und ausgerottet seien. Aber Gott der Allmächtige, der niemals die auf ihn Hoffenden und für sein hochheiliges Gesetz aufrichtig Eifernden verläßt, er *wandelte* auf wunderbare Weise ihr *Zitherspiel* der Freude *in Trauer und Wehklagen,* wie sich weiter unten zeigen wird. Ijob 30,31

(32) Eid der Prager Utraquisten gegen König Sigismund Einsetzung von Hauptleuten für Alt- und Neustadt Eroberung von Vožice und Sedlec durch die Taboriten

Weiter: Am Mittwoch vor Ostern oder am dritten Tag des Monats April erfuhren die Prager, die für die Kommunion beiderlei Gestalt eiferten, daß König Sigismund von Ungarn für sie und andere Anhänger der Wahrheit nichts Gutes im Schilde führe. Auf Betreiben gewisser Geistlicher, und zwar vornehmlich des Johannes, des Predigers des Klosters der Prager Neustadt Auf dem Sand, versammelten sie sich beim Altstädter Rathaus mit den Priestern und Magistern, die die Kelchkommunion förderten, und verpflichteten sich, die Kelchkommunion gegen jedermann, der sie bekämpfen wolle, zu verteidigen und mit Hab und Gut und Leben bis aufs äußerste zu schützen, und nachdem sie darüber eine bestimmte Niederschrift angefertigt hatten, nahmen sie von den noch vorhandenen Schöffen auch den Treueid entgegen, für die Verteidigung der Wahrheit getreulich einzustehen, setzten vier Hauptleute (capitaneos) in der Altstadt und vier in der Neustadt ein, denen sie sogleich die Schlüssel des Rathauses und der Tore zuwiesen und jedwede Vollmacht erteilten, für alles und jedes einzelne, das sich auf Förderung und Verteidigung der Wahrheit beziehe, Vorsorge zu treffen, es anzuordnen und auszuführen, wobei sie ihnen uneingeschränkt Gehorsam versprachen. Diesen fügten sie vierzig Unterhauptleute (capitaneos inferiores) von der Altstadt und ebenso viele von der Neustadt hinzu. Nachdem

1420 April 3

über all das eine Niederschrift angefertigt und eine öffentliche Urkunde ausgestellt worden war, kehrten sie nach Hause zurück.

1420 April 5 Weiter: Am Karfreitag oder am fünften Tag des Monats April überfielen ungefähr bei Tagesanbruch die Taboriten von Hradiště im Sturmangriff das Städtchen Vožice. Sie nahmen viele königliche Söldner gefangen, während andere auf der Flucht zur Burg waren, einige aber wurden getötet. Darauf vernichteten sie das Städtchen selbst im Wirbel des Feuers, und nachdem sie große Beute vornehmlich an Pferden daselbst gemacht hatten,[61] kehrten sie mit den Gefangenen nach Hradiště zurück und lösten schließlich mit eben diesen Gefangenen ihre kürzlich bei Sudoměř ergriffenen und nach Kuttenberg verschleppten Gefangenen aus.

April 8 Weiter: Am Ostermontag und an den folgenden Tagen, als der Waffenstillstand zwischen den Pragern und den die Prager Burg und den Vyšehrad besetzt haltenden Königlichen noch andauerte, hoben die Prager große und tiefe Gräben aus, die sich rings um den Vyšehrad und den Botičbach[62] bis zum Fluß hinzogen zur Verteidigung der Stadt von der Vyšehradseite her, und sie arbeiteten eifrig mit ihren Frauen, Mädchen und Jungen, wobei die Vyšehrader sie auslachten und sagten: „Diese Gräben da werden euch nichts nützen, wenn ihr euch eurem Erbherrn Sigismund, dem König der Römer und von Ungarn, widersetzen wollt."

Ebenso in diesen selben Tagen: Nachdem sich die Taboriten von Hradiště vier Hauptleute erwählt und eingesetzt hatten, vor denen sie Achtung haben sollten, nämlich: Nikolaus von Hus, Jan Žižka den Einäugigen – einst Hofgesindemann des Königs und (jetzt) außergewöhnlichen Eiferer für das Gesetz Christi, über den weiter unten noch viel zu sagen sein wird –, dazu noch den Zbyněk von Buchov und Chval von Řepice,[63] griffen sie die starke Veste namens Sedlec in der Nähe von Ústí mit starker Macht an, die sie im Sturm einnahmen, auch wenn diejenigen, die darin waren, tapfer Widerstand geleistet hatten, und darauf schlugen sie Herrn Ulrich, den Herrn der Stadt Ústí, einen Ritter, mit Dreschflegeln und warfen ihn schließlich nach Abschlagen der Füße ins Feuer, einige aber töteten sie. Sechs Anführer von ihnen hielten sie zurück und befahlen, daß einer von ihnen, der sein Leben retten wolle, die anderen enthaupte. Und so enthauptete einer von ihnen namens Pinta seine fünf eigenen Leute und schloß sich (dann) den Taboriten an. – In dieser Veste oder dem Bollwerk gab es viele Wertsachen aus der Umgebung in Gold und Silber, in Monstranzen, Kelchen und kostbaren Gewändern zur Aufbewahrung hinterlegt. Das alles schafften die Taboriten hinaus, legten es auf einen Haufen und vernichteten es im Feuerwirbel, die Veste selbst zerstörten sie darüber hinaus und brannten sie völlig nieder.

(33) Čeněk von Wartenberg besetzt die Prager Burg Abschluß der Umwallung des Vyšehrads

Weiter: Am Mittwoch nach Tiburcius oder am 17. Tag des Monats April, als Herr Čeněk von Wartenberg, Oberstburggraf der Prager Burg, vom oft genannten König Sigismund von Ungarn aus Breslau zurückkehrte und erfahren hatte, daß dieser König die Kelchkommunion völlig austilgen wolle, vertrieb er alle Gegner der Kelchkommunion, Geistliche wie auch Weltliche, Edle und Nichtadelige, Frauen, junge Mädchen und Kinder, die mit ihren beinahe unermeßlichen Wertgütern von der Stadt Prag her als Flüchtlinge in der Prager Burg waren, und er besetzte diese Burg mit seinen Leuten, wobei er sich mit der Stadt Prag über die Verteidigung der Wahrheit verständigte, während die Feinde der Wahrheit, vornehmlich die Deutschen, unter Zurücklassung unermeßlicher Güter in der Prager Burg nach Kuttenberg und in benachbarte Städte flohen. Ihre Frauen aber saßen täglich draußen vor der Burg und beweinten mehr das Gold, Silber, das Geld, die Kleinodien und andere Dinge, die ihnen in der Burg verschlossen lagen, als die eigenen Sünden, wobei sie unablässig um die Rückgabe ihrer Sachen flehten. Über sie machten sich die Anhänger der Wahrheit in „Mitleid" lustig, und indem sie sie verlachten, freuten sie sich gleichwie über den Verlust dieser Wertsachen.

1420 April 17

Weiter: Am selben Tag brachte die Prager Gemeinde die Umwallung der Burg des Vyšehrads auf allen Seiten zum Abschluß. Sie hätte sie innerhalb kurzer Zeit eingenommen, wenn sie nicht aus Angst vor Verrat von den Feldern gewichen wäre, und zwar deshalb, weil die auf dem Vyšehrad vorhandenen Königlichen völlig an Lebensmittelmangel litten. Als aber am selben Tag die Gemeinde von den Feldern abzog, haben die Vyšehrader sogleich am nächsten Tag große Beute gemacht und sich daraus stärker verschanzt, und sie fügten den Pragern sehr viele Schäden an Gut und Leben zu.

1420 April 20 Ebenso in denselben Tagen schrieb der vorgenannte Herr Čeněk über das (gesamte) Königreich Böhmen hin sowie in die benachbarten Königreiche, Herzogtümer und Provinzen unter seinem Siegel, unter dem Siegel des Herrn Ulrich von Rosenberg und dem der Prager Beschwerdebriefe gegen den König der Römer und von Ungarn Sigismund, wobei er verschiedene Ursachen und Gründe anführte, weshalb man ihn nicht als Herrn und König von Böhmen annehmen dürfe.[64]

(34) Brandschatzung der Klöster Mühlhausen, Nepomuk und Münchengrätz – Eroberung der Burg Rábí – Zug der Orebiten nach Prag

April 23 Weiter: Am Georgstag hatten die Taboriten von Hradiště eine Menge von Junkern und Landleuten, die für die Kelchkommunion eiferten, gesammelt, legten darauf das Kloster des Prämonstratenserordens Mühlhausen[65] in Trümmer und brannten es nieder.

Ebenso in denselben Tagen verübten die Taboriten auf Betreiben ihrer Priester mit einer Menge von Junkern und Landleuten sowie Frauen, die Anhänger der Kelchkommunion waren, und auch von Knappen *(garcionum)*, die sie Schleuderer *(fundibularios)* oder in der tschechischen Volkssprache *práčata* nannten, wobei diese von Tag zu Tag zunahmen, viele absonderliche und unerhörte und für das gesamte Königreich Böhmen sehr abträgliche Taten vornehmlich in den Bezirken Bechyně und Pilsen, und zwar dadurch, daß sie Kirchen, Klöster und Pfarrhäuser brandschatzten, Burgen und Kastelle oder Bollwerke eroberten und niederbrannten. Unter diesen verbrannten sie das Kloster Nepomuk und erwarben die sehr starke Burg Rábí, in der wegen ihrer Sicherheit durch Geistliche und Weltliche aus der Nachbarschaft viele fast unschätzbare Wertgüter hinsichtlich ihrer Kleinodien in Gold, Silber und Edelsteinen und in Gewändern und Waffen hinterlegt waren. Das alles schafften die Taboriten, ausgenommen nur die Beute an Geld, Waffen und Pferden, hinaus, legten es auf einen Haufen und verbrannten es, und sieben Mönche und Priester, die sie in der vorgenannten Burg ergriffen, verbrannten sie daselbst außerhalb der Burg im Feuer. Auch die Söhne des Burgherren Johannes genannt Krk – sie standen im frühen Mannesalter – nahmen sie gefangen, die der Hauptmann Žižka – er war über die Maßen verwegen und tatkräftig, nach seiner Anordnung wurde das gesamte Heer organisiert, ihm folgten auch alle Landleute, obgleich unbewaffnet, nur mit Dreschflegeln, Stangen, Armbrusten und Hellebarden und hörten bereitwilligst auf ihn – in seine Obhut übernahm. Darauf verwüsteten sie die Burg selbst und brannten sie nieder. Für alle diese Übel waren die taboritischen Priester, die mit dem Leibe Christi voranzogen und in ihren Predigten das Volk zu solchem Tun verführten, die Hauptursache, wie man befürchtet. Nach diesen Geschehnissen außerhalb jeder Ordnung wurde Herr Čeněk zusammen mit den ihm verbundenen Baronen und Edlen auf das schwerste getroffen, indem er es bedauerte, daß er jemals die Prager Burg gegen den Willen König Sigismunds von Ungarn in Besitz genommen hat.

Weiter: Zur selben Zeit, als sich in der Nähe von Königgrätz auf einem Berg bei Třebechovice, den man Oreb nannte,[66] eine große Menge Laien durch Herrn Hynek genannt Krušina von Kumburg[67] und die Priester und vornehmlich durch Ambrosius von Königgrätz versammelt hatte, nahmen sie das sehr starke Kloster Münchengrätz bei Valečov mit Gewalt ein,[68] und nachdem die Güter, die es darin gab, geplündert und das Kloster selbst eingeäschert war, betraten sie zur Unterstützung für die Prager in großer Zahl, während ihre Priester mit dem Leib Christi voranzogen, am Tag des heiligen Sigismund die Stadt Prag und wurden von der Prager Gemeinde in einer Prozession und mit 1420 Mai 1 dem Leib Christi – viel Volk beiderlei Geschlechtes ging ihnen entgegen – ehrenvoll und mit Freuden aufgenommen und bei Sankt Apollinaris für den Schutz der Stadt gegen die Vyšehrader zum Lagern eingewiesen, wobei durch die Gemeinde für ihre Lebensmittel reichlich vorgesorgt war.

Ebenso zur selben Zeit wurde Herr Hynek Krušina von Kumburg durch die Prager zum Hauptmann gewählt, dem in Kriegshandlungen Achtung erwiesen werden sollte.

Ebenso zur gleichen Zeit gegen Anfang der Tage des Monats Mai versammelten sich im Gebiet von Pilsen auf einem Berg die Choden. Ihr Anführer war ein Priester zu Pferde und in Waffen. Auf sie stürzte sich feindlich Herr Bohuslav Schwanberg, ein großer Feind der Kelchkommunion und der Wahrheit, mit seinen Leuten, weil er Kriegsvolk gesammelt hatte, und tötete einige Hundert von ihnen, während die übrigen verwundet wurden. Der Priester jedoch geriet bewaffnet in Gefangenschaft, wurde nach Pilsen gebracht und daselbst von den Gegnern unter Trompetenschall schändlich verbrannt.

(35) Übergabe der Prager Burg an König Sigismund

Ebenso zur selben Zeit, als Herr Čeněk sah, daß die Prager den Vyšehrad nicht erobern konnten, und als er hörte, wie die Taboriten Kirchen, Klöster, Burgen und Dörfer niederbrannten, verhandelte er aus Abscheu darüber heimlich mit seinem Rat, um die Prager Burg in die Gewalt des Königs von Ungarn, Sigismund, auszuliefern und seine Gnade zu finden. Deshalb kamen unter sicherem Geleit zur Prager Burg die Herren Wilhelm Zajíc und Ernst genannt Flaška[69] von seiten des vorgenannten Königs, und man verhandelte mit Herrn Čeněk und der Prager Gemeinde über einen Waffenstillstand, daß nämlich bis zu zwei Wochen ein Waffenstillstand zwischen König und Prager Gemeinde gehalten und in der Zwischenzeit Gespräche über eine friedliche Beilegung geführt werden sollten. Einige von den Prager Priestern befürchteten jedoch eine Täuschung und hetzten deshalb in ihren Predigten das gemeine Volk auf, indem sie sagten, sie sollten dem vorgenannten König von Ungarn keineswegs trauen und mit ihm unter keinen Umständen einen Waffenstillstand eingehen, und da auf solche Weise das Volk gespalten war, konnte die Prager Gemeinde bei ihrer ersten Zusammenkunft keine bestimmte Antwort geben. Und so warteten die vorgenannten, vom König entsandten Herren das Schlußwort der Gemeinde nicht ab, sondern nach geheimer Verhandlung mit Herrn Čeněk über die Abtretung der Prager Burg an den Herrn, den König, wie vorausgesetzt, kehrten sie zum König zurück und legten ihm die geheime Absicht des Herrn Čeněk vor, daß er die Burg abtreten wolle, falls er ihm wegen seines Vorgehens huldvoll Gnade erweisen und das, was er begangen habe, weder ihm noch seinen Kindern für immer anrechnen und daß er die Kelchkommunion auf seinen Gütern bis zu einer endgültigen Erklärung des gesamten Königreichs in vorgenannter Sache der Kelchkommunion nicht behindern wolle. Auf diese Vorschläge hin erklärte der König selbst seine Zustimmung.

Als nun Herr Ernst Flaška am Gotthardstag zusammen 1420
mit anderen vom König zur Prager Burg zurückkehrte, legte Mai 5/6
er daselbst tags darauf Herrn Čeněk und einigen von den Räten und der Prager Gemeinde dar, daß der König von Ungarn, Sigismund, in der Sache der Kelchkommunion volles Gehör schenken, und was sonst noch aus dem Gesetz Gottes aufgezeigt und hergeleitet sei, daß er das nicht behindern, sondern vielmehr fördern wolle. In betreff der Behandlung der Antwort auf diese, wie vorausgesetzt, allerdings unter Verstellung und Trug zustande gekommene Gesandtschaft kam die Gemeinde der Altstadt wie auch der Neustadt Mai 6
am sechsten Tag des Monats Mai im Rathaus zusammen, und die Gemeinde entschied, daß der König einigen von der Gemeinde die Zusicherung geben solle, daß sie in Sicherheit zu ihm hingehen und zurückkehren sowie mit ihm über vorgenannte Sache verhandeln könnten.

Obgleich das noch nicht völlig erledigt war, ließ am
7. Mai ungefähr im Morgengrauen Herr Čeněk den Herrn Mai 7
Wilhelm Zajíc, Wenzel von Leštno und Hlaváč[70] mit Kriegsvolk der Tschechen und Deutschen zur Prager Burg hinein und trat ihnen die Burg ohne Wissen der Prager Gemeinde zur Verfügung des oft genannten Königs von

Ungarn ab. Darüber war das ganze Volk sehr bestürzt und niedergeschlagen, wobei es ihn selbst nicht mehr Herr nannte, sondern den schlimmsten Verräter an König und Gemeinde.

Und sogleich wurde sein Banner oder Vexill, das auf dem Rathausturm gehißt war, zu Boden geworfen und durchlöchert, wie wenn es ohne Geltung wäre, am Schandpfahl aufgesteckt, wobei man ein Käppchen nach dem Aussehen seines Helmes gemalt und unter dieses Vexill gelegt hatte. Dadurch wurde angedeutet, daß er dieser Gemeinde nicht in ehrlicher Treue anhing, sondern unter der Kappe der Falschheit sie betrogen hat. Herr Hynek Krušina von Kumburg hingegen verblieb als ein damals getreuer Freund der Wahrheit mit einigen hundert Reitern bei der Gemeinde in dem Wunsch, soweit es an ihm liege, bis zum Tode für das Gesetz Gottes und ausdrücklich für die Kelchkommunion zusammen mit den Pragern und anderen Gemeinden gegen jedermann, der sie bekämpfe, sich entgegenzustellen.

Am selben Tage nun zur Stunde der Vesper brachen einige Leichtbewaffnete aus der Gemeinde ohne Anführer mit Ungestüm in die Prager Burg ein und gelangten bis zu den ersten Toren und begannen die Zugänge samt den Schranken zu zerschlagen. Als das Herr Čeněk bemerkte, entwich er vor Angst mit wenigen eilig aus der Burg durch ein einziges Tor, wobei einige von seinen Leuten, die ihm folgten, durch die Prager getötet und ihre Waffen und Pferde weggenommen wurden. Da aber im gemeinen Volk keine Ordnung und kein Gehorsam gegen Übergeordnete eingehalten wurde, gaben die Prager unter Verlusten und Verwirrung, wobei es sehr viele Schwerverwundete und einige Gefallene gab, den Sturm auf. Indem sie sich in Strahov niederließen, lagen sie dort einige Tage und versuchten, die Prager Burg einzunehmen. Schließlich haben sie, da sich die Feinde in der Prager Burg verstärkt und in der Hradschinsiedlung *(in Hradczan)*[71] verschanzt hatten, das Kloster in Strahov durch Feuer in Brand gesteckt und viele Bücher und kostbare Priestergewänder im Feuer vernichtet. Darauf betraten sie die Stadt und vernichteten am nächsten Tag das Kreuzherrenkloster am Fuße der Brücke,[72] die Zellen des

Sankt-Thomas-Klosters und viele Häuser auf der Kleinseite *(in Parva parte)* im Schlunde des Feuers. Die Vyšehrader Söldner aber vertrieben die Prager von den Wachen am Botičbach und töteten einige von ihnen. Dann füllten sie die durch die Gemeinde ausgehobenen Gräben mit Erdreich auf und zerstörten eine größere Anzahl Häuser zwischen dem Slavenkloster *(inter Slowan et Wyssegradum)*[73] und dem Vyšehrad durch Feuer. Deshalb bemühten sich die gedemütigten Prager eifrig um einen Waffenstillstand, den sie vorher (wiederholt) zurückwiesen.

Weiter: In diesen Tagen kam Herr Hynek von Goldenstein[74] nach Prag und schloß sich zur Verteidigung des Gesetzes Gottes den Pragern an.

Ebenso in diesen Tagen suchten wiederholt die Prager, nachdem sie das Haus des Herzogs von Sachsen am Fuße der Brücke samt dem Brückenturm mit Bewaffneten gut geschützt hatten, den Burgleuten den freien Abstieg von der Burg her zu behindern. Da sie obendrein das Thomaskloster in ihre Gewalt bekommen hatten und das unmittelbar neben dem Kloster liegende Haus des ehemaligen Unterkämmerers[75] mit Bewaffneten gut geschützt war, verbrannten sie nach und nach fast die gesamte Stadt der Kleinseite zusammen mit der Kirche des heiligen Nikolaus im Feuer, schleppten Getreide, Wein, Bier und andere bewegliche Güter ohne Behinderung zur Altstadt, und während die Gegner der Kelchkommunion eben noch auf der Flucht von der Kleinseite zur Burg waren, begaben sich die Anhänger der Wahrheit mit deren Gütern, die noch übrig waren, (völlig) frei zur Altstadt.

(36) Abordnung der Prager zum König von Ungarn nach Kuttenberg

Aber von dem Zeitpunkt an, da Herr Hynek Krušina von Prag weg auf seine Güter zurückkehrte, hatten die Prager mit den Burgleuten und den Vyšehradern fast täglich vereinzelte Zusammenstöße, und es gab auf beiden Seiten von einem Tag zum andern sehr viele Gefallene, die man unmenschlich getötet hatte, aber nur wenige gerieten in Gefangenschaft.

Da unter solchen Verlusten die Prager zugleich mit den Burgleuten litten, schloß man untereinander einen Waffenstillstand von sechs Tagen ab. Nachdem sie einige Leute zusammen mit Herrn Wenzel von Leštno, damals Unterkämmerer des Königreiches Böhmen, abgeordnet hatten, schickten sie diese in einer Gesandtschaft an den König von Ungarn, der sich zu dieser Zeit mit dem päpstlichen Legaten Fernando, Bischof von Lucca, sowie mit gewissen Fürsten, und zwar vorzüglich aus Schlesien, in Kuttenberg aufhielt, unter sicherem Geleitbrief dieses Königs zum Aushandeln einer Übereinkunft ab.

Während nun die Prager Abgesandten *(ambasiatores)* mit vor dem König gebeugten Knien ihn selbst seitens der Prager Gemeinde gegrüßt und untertänigst angefleht hatten, daß er ihnen die Kelchkommunion zu gestatten geruhe, und indem er in bezug auf alle Ausschreitungen Gnade walten lasse *(parcendo)*, daß er ihr gnädiger Herr sein wolle, und daß sie wünschten, er solle nicht nur bei geöffneten Toren, sondern sogar bei aufgebrochenen Mauern nach Prag kommen, verstieg er sich wie ein zweiter Lucifer in den Hochmut hinein und gab den vor ihm sich allzu verdemütigenden Pragern den Auftrag, sofort alle Straßenketten, die sie vor diesen Ereignissen nach seiner eigenen Anordnung (auf dem Rathaus) hinterlegt hatten, zusammen mit den Waffenrüstungen, Steingeschützen und Schutzwehren von der Altstadt zur Prager Burg und von der Neustadt zur Vyšehrader Burg zu bringen, und er erklärte, wenn er nach Prag komme, werde er ihnen eine, wie er sagte, irgendwie geartete Gnade gewähren.

Als die Gesandten der Prager diese Antwort vernommen hatten, kehrten sie darauf nach Prag zurück und berichteten dies schmerzerfüllt der Gemeinde. Deshalb entrüstete sich die ganze Gemeinde, die über diesen Auftrag des Königs völlig sprachlos war, und sie verpflichtete sich von neuem, im Namen Gottes für die Freiheit der Kelchkommunion bis zum Verlust ihres Besitzes und des Lebens der Macht des Königs sich zu widersetzen. Und nachdem sie sogleich neue Pflöcke in den Straßen der Stadt errichtet hatten, setzten sie noch viel mehr Ketten ein, als es vorher waren, und während sie sich auf allen Seiten verschanzten, schickten die Prager vor die

Versammlung der Taboriten in Hradiště, sie sollten, falls und sofern sie der Wahrheit des Gesetzes Gottes und ihnen dienen wollten, alle anderen Unternehmungen im Stich lassen und es nicht versäumen, mit einer möglichst großen Streitmacht nach Prag zu kommen.

(37) Kampf der Bauern mit den Herren zwischen Ledeč und Burg Lipnice – Ankunft des Taboritenheeres in Prag

Während sich aber um dieselbe Zeit der König von Ungarn in Kuttenberg aufhielt, war eine andere Menge der für die Kelchkommunion eifernden Dörfer zusammen mit den Köhlern auf einem Berg in der Mitte zwischen Ledeč und der Burg Lipnice zur Verteidigung der Wahrheit der Kelchkommunion versammelt,[76] und deshalb befiel die Kuttenberger eine nicht geringe Furcht. Mit guten Worten und Geschenken brachten sie die meisten Köhler dazu, nach Hause zurückzukehren und nach Kuttenberg Kohlen zu bringen. Und weil ihre Versammlung entsprechend kleiner geworden war, machten sie sich mit dem Sakrament des Leibes Christi auf den Weg nach Tabor oder Hradiště zu den Mitbrüdern. Über sie fielen unvorhergesehen in den ebenen Gefilden bewaffnete Mannschaften, die vom König aus Kuttenberg geschickt waren, her, aber die Bauern umzäunten sich mit Wagen und schleuderten Steine und Pfeile von Geschützen und Armbrusten. Wiewohl nun die gut bewaffneten Berittenen gut zwanzig auf einen einzigen Bauern kamen, wagten sie, wie es hieß, unter keinen Umständen auf die unbewaffneten Bauern einzudringen, sondern begannen, weil viele von ihnen verwundet und einige gefallen waren, schamrot den Rückzug nach Kuttenberg. Einer von ihnen aber traf dennoch von der gespannten Armbrust aus Herrn Peter, den Pfarrer von Ledeč, der zu dieser Zeit in der Begleitung war, mit einem Pfeil tödlich in den Kopf, und so kehrten die auseinandergerissenen Laien *wie Schafe ohne ihren Hirten* nach Hause zurück. Mt 9,36 Mk 6,34

Die vorgenannten Taboriten von Hradiště aber stimmten der Bitte der Prager zu und schoben es nicht lange hinaus, mit ihren Priestern, Frauen, Kindern und einer großen

Anzahl von Wagen nach Prag zu kommen, wobei sie jedoch viel Volk zum Schutz des Berges Hradiště in der Nähe von Ústí zur Bewachung und Sicherung zurückgelassen hatten. Als sie sich nun dem Marktflecken Beneschau näherten, zogen sehr viele bewaffnete Reiter und Fußvolk von dort heraus und wollten ihren Einzug in das Städtchen behindern. Sie aber zogen gegen eine andere Seite des Städtchens los und drangen mit großer Gewalt ein, und während fast alle auf die Felder und zu dem daselbst erbauten Kloster flohen, warfen sie Feuer und brannten so das ganze Städtchen mit der Kirche und dem Pfarrhaus nieder, und schließlich stürzten sie sich auf das Kloster selbst und hätten es, wenn nicht das Feuer sie zurückgetrieben hätte, mit Gewalt in Besitz genommen und vielleicht von Grund auf zerstört. Nachdem sie also für diesmal das Kloster aufgegeben hatten, zogen sie weiter in das Dorf Poříčí,[77] durchwateten den Fluß, ließen sich auf den Feldern am Wasser nieder und beabsichtigten zu nächtigen. Als sie jedoch gemerkt hatten, daß in der Nähe die Feinde seien, machten sie Pferde und Wagen fertig und begaben sich ohne Ruhepause eiligst auf den Weg. Die Feinde hingegen stießen in drei großen Keilformationen *(cuneis ordinatis)* mit ihnen feindselig zusammen und umzingelten sie auf allen Seiten. Ihre Hauptleute waren, wie es hieß, Wenzel von Leštno, Peter von Sternberg alias von Konopiště, Janek genannt Svídnický, Pipa Gallicus und Donínský.[78] Die Taboriten also rüsteten sich, obgleich es Nachtzeit war, traten dann mit ihren Waffen, Steingeschützen, Armbrusten, Lanzen, Stangen und Dreschflegeln mit Ungestüm und unter Dröhnen der Dreschflegel den Kampf mit den Feinden an und schlugen sie nach hartem Zusammenstoß mit ihnen durch Gottes Fügung in die Flucht. Nachdem ungefähr zwanzig von den Feinden gefallen und nicht wenige ihrer Lanzen zusammen mit den von einem roten Kreuz gekennzeichneten Wimpeln entrissen waren, eilten die Taboriten in Ruhe nach Prag, ohne daß jemand sie weiter daran hinderte.
1420 Mai 20 Und so zogen sie am 20. des Monats Mai zu vielen Tausenden beiderlei Geschlechtes, wobei ihre Priester mit dem auf Stäben hoch aufgerichteten Sakrament des Leibes Christi dem Volke vorangingen, zur Stunde der Vesper in die Stadt

Prag ein. Diese nahmen die Prager, die ihnen mit Prozessionen des Klerus (aus der Stadt heraus) entgegengingen, mit Freuden auf und versorgten sie von den reichlich vorhandenen Lebensmitteln, an denen sich in den Häusern der Flüchtigen größter Überfluß fand, und zwar besonders an mannigfaltigen und verschiedenen Getränken. Nachdem man also die Frauen im Kloster des heiligen Ambrosius entlassen hatte, lagerten sich die Taboriten selbst mit ihren Wagen und Reitern auf der Insel außerhalb des Poříč-Tores[79] und nahmen dort vorübergehend Aufenthalt, wobei ihre Priester täglich das Wort Gottes predigten und das Volk zum Kampf für das Gesetz Gottes und vor allem für die Kelchkommunion anhielten und dieses mit dem verehrungswürdigen Sakrament des Leibes und Blutes des Herrn Jesus andächtig kommunizierten, damit dieses Volk zum Krieg für Gott immer bereit und gerüstet sei. – – – Die weltlichen Hauptleute der Taboriten aber waren, wie oben erwähnt ist, folgende: Nikolaus von Hus, ein Mann von großer Besonnenheit und Weitsicht, Zbyněk von Buchov, Chval von Řepice und der über alle Maßen kühne und tapfere Jan Žižka der Einäugige.

(38) Die Taboriten in Prag – Niederlage des Herrn Johannes von Michaelsberg – Hilfskräfte aus Saaz, Laun und Schlan erreichen Prag

Weiter: Am 21. Tag des Monats Mai schnitten einige der Taboriten, die in Scharen durch Prag herumzogen, vielen Männern mit Scheren fast mit Gewalt die Bärte ab, und zumal die Oberlippenbärte, die sie *podsebitie* nannten,[80] und obendrein schnitten sie den Mädchen die Zöpfe ab und zerrissen den Frauen die Schleier *(pepla)*. Als sich die Prager und vornehmlich ihre Söldner nicht damit abfanden, verordneten die Hauptleute der Taboriten allen ihren Leuten durch strengen Befehl, daß niemand sich herausnehme, solches weiter zu verüben. 1420 Mai 21

Weiter: Am 22. Mai, als Herr Johannes der Ältere von Michaelsberg, genannt Michalec,[81] zusammen mit anderen, die sich ihm angeschlossen hatten, mit viel Reitervolk und Mai 22 mit Wagen, die mit kostbaren Kleidern, Lebensmitteln und Beilen beladen waren – diese waren vorgesehen, die Straßenketten in Prag zu gegebener Zeit abzuschlagen –, gegen die Prager Burg zur Verstärkung eben dieser Burg dahinzog, brachen die Taboriten von der vorgenannten Insel hervor, durchwateten den Fluß, fielen feindlich über sie her und töteten einige von ihnen, während Herr Michalec mit wenigen und nur mit Mühe und Not zur vorgenannten Burg entkam und andere sich da und dort über das flache Land zerstreuten. Und so hatten die Taboriten ihre Wagen weggenommen und brachten sie mit einigen schwerverwundeten Gefangenen zur vorgenannten Insel. Gleich darauf am selben Tag brannten sie, nachdem sich Leute von Prag ihnen angeschlossen hatten, das Kloster Břevnov nieder,[82] und weil sie neun Mönche nach Prag geführt hatten, übergaben sie diese in Gefangenschaft.

1420 Mai 23 Weiter: Am Donnerstag vor Pfingsten oder am 23. Tag des Monats Mai kamen sie, ein Heer von einigen Tausenden, aus der Gegend von Saaz, Laun und Schlan, deren Hauptleute einige tapfere Dienstleute (clientes) waren, nämlich Záviš der Bärtige (Barbatus-Bradatý), Peter Obrovec und ein älterer von ihren Priestern, Magister Peter genannt Špička, zur Verteidigung des Gesetzes Gottes nach Prag den Pragern zu Hilfe, und zwar mit dem Sakrament des Herrenleibes und mit Wagen und Berittenen sowie mit nicht wenigen Frauen, und sie wurden von den Pragern mit Freude unter Hymnen und Liedern aufgenommen. Auf ihrem Zug nach Prag nahmen sie das Porta Apostolorum genannte Kloster [83] mit Gewalt ein, aber nicht ohne Schaden der eigenen Leute. Diejenigen nämlich, die drinnen zur Verteidigung aufgestellt waren, merkten, daß sie nicht standhalten konnten. Deshalb verlangten sie freien Abzug mit Pferden und Waffen, was die vorgenannten Saazer, Launer und Schlaner ihnen gestatteten. Als sie aber die Güter, die es drinnen gab, hatten fortschaffen wollen, haben einige von ihnen ohne Wissen der Oberen dieses Kloster in Brand gesteckt, und so sind wegen der Gewalt des Feuers viele kostbarste Bücher, verschiedene Ornate und andere Priestergewänder mit Kleinodien[84] und anderen unermeßlichen Gütern, weil man sie nicht hinaustragen konnte, unersetzlich *(dampnose)* und schändlich vom Feuer vernichtet worden. – – – Auf eben diesem Weg nach Prag, wie vorausgeschickt, haben die vorgenannten Saazer, Launer und Schlaner, als sie in der Nähe der Veste Makotřasy vorbeizogen, die Gebäude in Brand gesteckt und große Schäden einem sehr reichen Kaufmann namens Peter Meziříčský zugefügt, weil daselbst viele Güter durch das Feuer vernichtet wurden,[85] wobei auch ein Pfarrer zusammen mit einem zweiten Priester, Herrn Wenzel, ehemals dem Rathauskaplan der Altstadt Prag, in den Flammen umkamen.

Weiter: Am Vigiltag von Pfingsten oder am 25. Tag des Monats Mai rissen taboritische Frauen das Nonnenkloster zur heiligen Katharina in der Prager Neustadt nieder und zerstörten es dadurch, daß sie zunächst die Dächer hinabwarfen.[86] 1420 Mai 25

Ebenso am selben Tag besetzte Herr Wilhelm Zajíc, nachdem er Kriegsvolk von Dienstleuten und Bauern versammelt hatte, den Berg oberhalb der Stadt Schlan und – wodurch er den Schlanern viel Schreckenerregendes einflößte – machte unter einer List kund, daß sich die Stadt Prag dem König von Ungarn auf Gnade unterworfen habe. Deshalb unterwarfen sich die Reicheren der Stadt Schlan dem König und ließen Herrn Wilhelm selbst zur Stadt hinein. Nachdem man die Priester, die Leib und Blut unseres Herrn Jesus Christus dem Volk unter beiderlei Gestalt darreichten, vertrieben hatte, ließen sie Tanz, Würfelspiel und alle anderen öffentlichen Sünden zu.

Ebenso am Pfingstfest wird das Haus des Herrn Zajíc auf der Kleinseite neben dem Tor mit den anliegenden Häusern in Brand gesteckt.[87]

Ebenso in diesen Tagen hoben taboritische Frauen von Saaz, Laun usw., deren Zahl groß war, im Auftrag der Ältesten zusammen mit Prager Frauen vom Slavenkloster bis zum Kloster der heiligen Katharina Gräben aus, wobei starke Wachposten Bewaffneter beim Slavenkloster, dem Karlshof und bei Sankt Apollinaris[88] durch die Prager wegen ihrer Furcht vor den Vyšehradern abgeordnet waren.

(39) König Sigismund kommt zur Neuen Burg und wendet sich weiter nach Altbunzlau

Ebenso um dieselbe Zeit, als der König von Ungarn, Sigismund, von der Ankunft der Taboriten in der Stadt Prag hörte, ritt er von Kuttenberg aus von Burg zu Burg (per castella) und gelangte zur Neuen Burg des seinerzeit Königs Wenzel, seines Bruders, und nachdem er nur die Schätze in Augenschein genommen hatte, zog er ab und errichtete mit den Ungarn, den Kuttenbergern und den mit ihm verbundenen Baronen auf den Wiesen in der Nähe von Litožnice Buden oder Zelte,[89] um dann, sobald er dort ein möglichst größeres Kriegsvolk gesammelt hätte, die Stadt Prag zu erobern. Als er jedoch am gleichen Tage, an dem die Saazer, Launer und Schlaner, wie vorausgeschickt, nach Prag kamen, gehört hatte, daß sie sich vornähmen, mit den Taboriten gegen ihn selbst anzustürmen, entfloh er sofort am nächsten Tag morgens unter Zurücklassen großer Lebensmittelvorräte aus dem Felde und wandte sich mit den Ungarn nach Altbunzlau (ad Antiquam Boleslaviam).[90] Die Kuttenberger hingegen kehrten mit den Geschützen und anderem Kriegsgerät eilig nach Kuttenberg zurück.

(40) Absetzung der Ratsherren in Alt- und Neustadt – Einsetzung neuer, auf die Grundartikel verpflichteter Ratsmitglieder – Vertreibung der Kelchgegner aus Prag

Ebenso in diesen Tagen kamen die Taboriten, Saazer, Launer und Orebiten mit der Prager Gemeinde zusammen, setzten die Ratsherren der Altstadt wie auch der Neustadt, die es zu diesem Zeitpunkt gegeben hatte, ab und setzten neue ein, die mit den Hauptleuten und deren Gemeinden unter Hinzuziehung der Geistlichen einträchtig den Beschluß faßten:

Erstens, daß alle zugleich wie ein einziger Mann gegen den König von Ungarn, Sigismund, oder gegen jeden anderen Menschen stehen sollten, der ein Gegner des Gesetzes Gottes und vor allem der Kelchkommunion sei, und im besonderen, der dieselbe auf jegliche Weise hindern wolle oder aber sie abzuschaffen oder für ungültig zu erklären sich bemühe;

ebenso, daß sie den Klerus zur Einhaltung eines apostolischen Lebens zügeln sollten dadurch, daß sie Simonie, Habsucht, Schenkung und Pomp sowie andere Ordnungswidrigkeiten eben dieses Klerus entsprechend ihrem Können unterbinden, damit sie umso freier das Wort Gottes predigen und andere Werke ihres Standes üben könnten;

ebenso, daß alle Todsünden und vornehmlich die öffentlichen Sünden abgeschafft würden, wie es da sind das lange Herumsitzen in den Schenken an Fest- und besonders an den Sonntagen, Hochmut und übertriebener Aufwand (nimietas) an kostbaren Kleidern, deren Schlitze und Fransen (scisure et czottacio) mit allen anderen Abweichungen und ausgeklügelten Einfällen (adinvencionibus) gegen das Gesetz Gottes. – – – Aus diesen Artikeln wurden gewiß später die vier Hauptartikel, für die sich die Prager mit ihren Anhängern einsetzten, herausgeholt und in eine angemessene Form gebracht, wie sich weiter unten zeigen wird. Darüber wird im Folgenden noch ausführlicher die Rede sein.[91]

Ebenso faßte man den Beschluß, die Gegner des Gesetzes Gottes sorgfältig ausfindig zu machen, über sie Nachforschungen anzustellen und nicht zuzulassen, daß sie in der Stadt blieben. Deshalb besuchten im Auftrag der Ratsherren die Priester der Kirchen in der darauffolgenden Zeit die einzelnen Häuser der Gegner und forderten sie auf, die Messen zu besuchen, die Sünden zu bekennen und unter Strafe des Ausschlusses aus der Stadt sich auf die Kommunion beiderlei Gestalt durch die Tat vorzubereiten. Aus diesem Grunde wurden einige der Gegner beiderlei Geschlechts, die Prag noch nicht verlassen hatten, vielfach beunruhigt, weil sie das, was sie vorher zu lästern pflegten, jetzt anerkennen sollten. Einige von ihnen zogen es darum vor, lieber unter Zurücklassen der Häuser und sicheren Güter aus Prag wegzuziehen als zur Kelchkommunion zu gehen, einige jedoch kamen nur aus der Angst, zeitliche Güter zu verlieren, zur Kelchkommunion, andere aber nahmen die heilsame Unterweisung für das Geschehenlassen der Kommunion beiderlei Gestalt demütig an und bekannten ihre eigene Verführung durch schlechte Priester, und nachdem sie eine Beichte abgelegt hatten, traten sie in großer Ehrfurcht und Andacht zur Kelchkommunion heran. Und damals hieß es auf Grund eines allgemeinen Gerüchtes, daß mehr als siebzig Häuser in der Altstadt und fast ebensoviel in der Neustadt durch den Auszug der Gegner aus Prag verlassen standen, die die Schöffen und andere dafür abgeordnete Amtsleute den Ankömmlingen und anderen zuwiesen, und Getränke, Getreide und Kleinodien sowie andere Güter, die man noch vorfand, verwendeten sie für den Bedarf der Gemeinde und für die Verteidigung der Stadt.

(41) König Sigismund in Melník und Schlan – Laun unterwirft sich dem König – Sigismund kommt auf den Vyšehrad

1420 Mai 27 Ebenso am 27. Mai kam der König von Ungarn, Sigismund, aus Altbunzlau mit den Königinnen, und zwar mit seiner Gemahlin und der seines Bruders und seinerzeit Königs Wenzel nach Mělník[92] und von dort nach Schlan.

Mai 28 Ebenso am 28. Mai – es war der Dienstag nach Urban – nahmen die Prager mit den Taboriten, Saazern und Launern zwecks Erwerbung der Hradschinsiedlung und der Prager Burg den Kampf auf, wobei Taboriten und Prager sich auf dem Pohořelec[93] und Saazer und Launer auf dem Strahov lagerten, damit so die Zufuhr von Lebensmitteln zur Prager Burg von allen Seiten behindert werde.

Mai 30 Weiter: Am 30. Mai wurden in der Stadt Leitmeritz siebzehn Männer der Stadt, die man seit langer Zeit in einem Turm voll Unrat wegen der Kelchkommunion auf das schwerste gefangengehalten hatte, in der unterhalb der Stadt vorbeifließenden Elbe auf Befehl des Königs von Ungarn, Sigismund, ertränkt, und sie erlangten in froher Hoffnung
vgl. Jak 1,12 den *Kranz des Martyriums*.

Ebenso in diesen Tagen rief der König von Ungarn, Sigismund, der sich zu dieser Zeit in Schlan aufhielt, die Leute von Laun auf, sie sollten unter Erlangen seiner königlichen Gnade nicht säumen, nach Schlan zu kommen, um vor seiner Majestät zu erscheinen und künftig zu tun, wie die anderen Städte getan haben. Deshalb unterwarfen sich einige von der Gemeinde abgeordnete Launer, die der Wahrheit heuchlerisch dienten, dem König und ließen ohne Zustimmung der

Gemeinde seine Leute in die Stadt eintreten. Welche Greuel aber jungen Mädchen und verheirateten Frauen, Gotteslästerungen dem Sakrament des Leibes und Blutes unseres Herrn Jesus Christus und welche Verfolgungen den unter beiden Gestalten Kommunizierenden damals daselbst durch die gottlosen Leute des vorgenannten Königs von Ungarn, Sigismund, zugefügt wurden, das niederzuschreiben ist abscheulich und abwegig.

In denselben Tagen ließ der päpstliche Legat Fernando, Bischof von Lucca, der sich zusammen mit dem Erzbischof Konrad von Prag in Schlan aufhielt, den großen, auf dem Altar errichteten Kasten des Leibes Christi abtragen und schärfte ein, das Volk nur unter einer Gestalt zu kommunizieren, ja man berichtet sogar, daß er das durch hussitische Priester konsekrierte Sakrament des Leibes und Blutes des Herrn Jesus Christus verbrannt hat und einen Priester, der die Kelchkommunion nicht eidlich verleugnen wollte, verbrennen ließ wie der schlimmste Antichrist.

Ebenso in denselben Tagen ritt König Sigismund mit seinen Leuten von Schlan über Burg Pürglitz und erreichte Žebrák. Und auf Točník mit wenigen (seiner Begleitung) zur Besichtigung der durch den Tod seines Bruders, des seinerzeit Königs Wenzel, hinterlassenen Schätze zugelassen, macht er sich eilig auf den Weg nach Karlstein[94] und darauf nach Königsaal, von dort aber kam er dadurch, daß er in einer Kreisbewegung Prag umging, zur Neuen Burg, von wo er mit seinen Leuten zum Vyšehrad geleitet wurde, wobei ihm der Klerus mit Heiligenreliquien entgegenkam. Und während er dort für eine bestimmte Zeit eine Pause machte, ließ er rings um Königsaal, wohin er seine Leute zu verlegen beabsichtigte, nach Einberufen des Landvolkes Gräben anlegen.

(42) Hungersnot der Prager Burgbesatzung – Verbrennung von Mönchen aus Břevnov und Königsaal – Lebensmitteltransport zur Prager Burg

Ebenso zur selben Zeit litten die Deutschen aus der Lausitz und andere Kriegsleute, die die Prager Burg und die

Hradschinsiedlung bewachten, während Prager und Taboriten ihnen die Lebensmittelzufuhr behinderten, so sehr unter großem Hunger, daß sie gezwungen wurden, vor Hunger Pferdefleisch und Blätter von Weinreben zu essen. Einige aber von ihnen, und zwar vor allem Tschechen, stiegen, wenn sich eine günstige Gelegenheit gefunden hatte, von der Burg hinab und suchten Zuflucht in der Stadt Prag, andere schnitten die Adern der Pferde vorn durch und trieben diese, damit sie nicht in der Burg verendeten, hinunter, daß sie niemandem von den Pragern und Taboriten zum Nutzen dienen könnten, und wenn nicht die Königlichen vom Vyšehrad ihnen einmal Brot und andere notwendige Dinge verschafft hätten, wobei die Wache der Prager von der Bruska[95] verjagt worden war, hätten sie selbst fliehen oder die Burg in die Hände der Prager übergeben müssen. Von den auf dem Pohořelec errichteten Kriegsmaschinen wurden durch die Prager und Taboriten den Häusern in der Hradschinsiedlung damals sehr viele Schäden zugefügt, aber die Leute von der Burg und von der Hradschinsiedlung haben diese Maschinen, indem sie aus Geschützen mit Pfeilen schossen (sagittantes), zunichte gemacht.

1420 Juni 6 Weiter: Am Fronleichnamsfest oder am 6. Juni verbrannten die Taboriten zwei Mönche von Břevnov, die der Kelchkommunion nicht zustimmen wollten, zusammen mit einem Priester und einem in der Nähe der Hradschinsiedlung gefangengenommenen Deutschen im Feuer.

Juni 12 Ebenso am 12. Juni verbrannten die Taboriten, die immer noch in den Feldern lagen, rings an den Mauern der Hradschinsiedlung vier Mönche von Königsaal, wie es hieß, die der Kelchkommunion und zum Ablegen des Kapuzenhabits (ad capparum deposicionem) unter keinen Umständen ihnen zustimmen wollten.

Am selben Tage kam gegen Abend der König von Ungarn mit vielen Tausenden von Berittenen und mit Wagen, die mit Verpflegung und allem anderen Nötigen beladen waren, das zur Ablieferung für die Prager Burg und die anderen bestimmt war, die sich in der Hradschinsiedlung befanden. Als das die Taboriten mit den Pragern, Saazern und Launern merkten, beeilten sie sich, in wohlgegliederten

Verbänden und mit geordneten Wagen dem König entgegenzuziehen. Inzwischen aber reichte man den Burgleuten Brote und andere Nahrungsmittel sowie Pulver für die Büchsen *(pulveres pixidum)*, und es wurden einige hundert Pferde wegen des Futtermangels zum Heer des Königs geführt. Und nachdem dies so geschehen war, begann der König mit seinen Leuten umzukehren, woher er gekommen war. Ihn verfolgten die Taboriten zusammen mit denen, die sich ihnen angeschlossen hatten, mit Dreschflegeln, Armbrusten und anderen Abwehrwaffen und ließen ihn nicht friedlich abziehen. Deshalb machte eine Schwadron der Königlichen kehrt, und nach einem Zusammenstoß fielen auf beiden Seiten zahlreiche Kriegsleute, so daß man über dreißig an der gleichen Stelle begraben hat, wobei mehr auf seiten des Königs verwundet waren, auf Wagen abgefahren und dann bei irgendeiner Kirche bestattet wurden.

(43) Prager und Taboriten rücken von Burg und Hradschinsiedlung ab – Ausweisung der Kelchgegner aus der Stadt

Ebenso am 14. Juni, als die Prager mit den Taboriten und 1420
den anderen rings um die Hradschinsiedlung und die Prager Juni 14
Burg Lagernden bemerkten, daß die Burgbesatzung an Lebensmitteln bereits unabhängig sei und daß es ihnen schwerfalle, auf allen Seiten abzuwehren, damit keine Lebensmittel zur Burg gebracht würden, zogen sie aus den Feldern ab und steckten das Kloster der heiligen Anna[96] und das Kloster des heiligen Thomas sowie das Haus des seinerzeit Unterkämmerers[75] mit mehreren anderen Häusern an, während sich die Taboriten zur Neustadt begaben, und nach einer Verhandlung mit den Pragern wählten sie zwölf Hauptleute: vier nämlich von der Altstadt, vier von der Neustadt und vier aus den Taboriten und den anderen Zugezogenen, daß diese zwölf die Schlüssel von Toren und Türmen in ihrer Gewalt haben und das, was zum Krieg gehöre, anordnen und lenken sollten. Und daselbst faßte man den Beschluß, daß Ehefrauen, deren Männer aus der Stadt gegangen, und ähnlicherweise Söhne und Töchter, deren Eltern weggezogen

seien, die Alt- wie auch die Neustadt verlassen sollten wegen des Verdachts auf verräterische Handlungen, wenn nicht über deren Zuverlässigkeit genügend Sicherheit bestünde.

Ebenso wurde nach einer zweiten stattgefundenen Verhandlung der Prager mit den Taboriten und allen anderen Zugezogenen einmütig der Beschluß gefaßt, daß Einheimische wie auch Zugereiste alles, was zum Gesetz Gottes und zur Wahrheit selbst gehört, getreulich fördern und verteidigen sollten durch Abbau der öffentlichen Todsünden bei sich selbst und in der Stadt, daß sie die Gegner der Wahrheit nicht begünstigen dürften und daß zur Bewachung der Tore und Türme der Stadt die Zugezogenen sich mit den Pragern zusammenschließen sollten; darüber hinaus, daß die vorgenannten Hauptleute alle Sorgfalt auf das, was das allgemeine Wohl und die Verteidigung der Wahrheit betreffe, anwenden und in den vorausgeschickten Punkten zuverlässig handeln sollten. Darüber wurden insgesamt und im einzelnen Urkunden der Niederschriften *(litere proscripcionum)* sowohl seitens der Einheimischen wie der Zugezogenen ausgefertigt.

Als dies, wie vorausgeschickt, abgefaßt und geordnet war, begaben sich die Taboriten mit Pferden und Wagen in die Altstadt und belegten die königlichen Häuser[97] und andere, die von ihren rechtmäßigen Hauswirten verlassen waren, und fügten von Tag zu Tag den Gebäuden große Schäden zu. Die taboritischen Frauen jedoch blieben im Kloster des heiligen Ambrosius in der Neustadt, wobei sie Mauerwerk der Gebäude eben dieses Klosters aufbrachen. Und damals wurden unter gemeinsamer Zustimmung all derer, die sich, so wie vorher gezeigt, zusammengeschlossen hatten, aus den Einheimischen und Zugezogenen bestimmte Personen ausgewählt, die sorgfältig nachforschen sollten, wenn welche der Prager noch nicht unter beiderlei Gestalt am Leib des Herrn und am Blut Anteil genommen hätten, daß alle solche, welchen Standes oder Geschlechtes sie auch seien, aus der Stadt herausgebracht werden sollten. Die so Erwählten saßen nun fast täglich im Rathaus zusammen und riefen alle die vor, die man ihnen angezeigt und verdächtigt hatte, und diejenigen aus ihnen, von denen man wußte, daß sie, wie vorher erwähnt, noch nicht teilnahmen, die wurden unter dem Wimpel oder Banner des Herrn Čeněk, das auf dem Schandpfahl gehißt war, durch Herolde aus der Stadt herausgeführt. Ihre Häuser und ihren Besitz riß die Gemeinde an sich. Einige, besonders die Deutschen, obwohl sie bereits zur Wahrheit gekommen und unter beiden Gestalten kommuniziert hatten oder zu kommunizieren versprachen, wurden, weil einige von ihnen dennoch ihre Speisekammern angefüllt hatten, zum Verlassen der Stadt getrieben. --- Aus dem freiwilligen oder unfreiwilligen Abzug der Hauswirte vieler Häuser wurden daher verschiedene Getränke, Getreide und alles andere zum Lebensunterhalt Gehörende, das für die Ankunft des Königs der Ungarn und anderer Gäste aus Gewinnsucht nach Prag geschafft worden war, zurückgelassen. Die Prager Gemeinde stellte das zum Gebrauch der Taboriten und der anderen Zugezogenen zur Verfügung, und es wurde festgesetzt, die verschiedenen Getränke für wenig Geld auszuschenken. Denn eine Pinte Malwasier (*malwasie una pinta*)[98] wurde für drei Groschen ausgeschenkt, französischer Wein *(vinum gallicum)* für zwölf Pfennige, österreichischer *(australicum)* für vier Pfennige und Landwein für zwei Pfennige und auch gutes Altbier *(cervisia antiqua)* für einen Pfennig. Deshalb wurden einige Brüder und Schwestern, wenn sie zuviel getrunken hatten, berauscht wegen der für sie ungewohnten Getränke, von denen sie unmäßig Gebrauch machten.

Weiter: Am 21. Tag des Monats Juni wurden im Garten 1420 Juni 21
des Erzbischofs[99] durch die Prager Gemeinde und die Taboriten die Bäume umgelegt oder gefällt, damit sich daselbst Feinde nicht versteckt halten konnten. Und am selben Tage wurde das Nonnenkloster zur heiligen Magdalena[100] mit einer größeren Zahl von Häuschen (domunculis) auf der Kleinseite durch dieselben Leute im Feuer niedergebrannt.

(44) Ulrich von Rosenberg belagert zusammen mit Österreichern erfolglos Tabor – Verbot der Kelchkommunion auf seinen Gütern

Weiter: Am 23. Tag des Monats Juni, nämlich am Vigil- Juni 23
tag des heiligen Johannes des Täufers, schloß Herr Ulrich

von Rosenberg, bis dahin ein Freund der Wahrheit, auf Geheiß, wie man glaubt, des Königs von Ungarn, Sigismund, den Berg Hradiště nahe bei Ústí, den die Taboriten besaßen, mit seinem zahlreichen Reiter- und Fußvolk machtvoll ein, wobei sich Krajíř mit Deutschen besonders aus Österreich ihm angeschlossen hatte,[101] und er hoffte, die Besitzer dieses Berges, deren Zahl zu dieser Zeit nicht groß war, zu bezwingen, damit seine eigenen Güter nicht durch sie auf Beutezügen und durch Feuerbrände verwüstet würden. Er hatte nämlich in seinem Heer Priester, die das Sakrament des Herrenleibes in einem Zelt aussetzten und die Hofleute mit dem Sakrament des Leibes und Blutes des Herrn unter beiden Gestalten, nämlich des Brotes und Weines, kommunizierten. Es ereignete sich aber, daß er, als er zur Begegnung mit dem vorgenannten König mit nur wenigen zur Burg Žebrák ritt, daselbst von Furcht eingeschüchtert, der Kommunion beiderlei Gestalt, wie man glaubt, abschwor und vom päpstlichen Legaten Fernando, dem Bischof von Lucca, die Absolution empfing zusammen mit gewissen Baronen und Edelherren des Königreichs zum großen Ärgernis der meisten Freunde eben dieser Wahrheit und zur Gefahr und zum Schaden seiner Seele. Und als er so zu seinem Heere zurückkam, ließ er das Altarsakrament wegstellen und verbot im übrigen allen seinen Leuten streng, unter beiderlei Gestalt zu kommunizieren, wobei er den Wankelmut seines unredlichen Geistes offenbarte, den die Lähmung seiner Füße andeutete.

Die göttliche Rache blieb darum nicht aus. Denn Nikolaus von Hus, einer von den vier Hauptleuten der Taboriten, erfuhr von der Bedrückung der Brüder und Schwestern auf
1420 dem Berg Hradiště. Mit allen anderen Taboriten in Prag
Juni 25 ging er sogleich am 25. Juni zu nächtlicher Stunde von Prag weg, wobei er ungefähr dreihundertfünfzig Reiter zur Hilfe und Unterstützung seiner Brüder und Schwestern mitgenom-
Juni 30 men hatte. Und als er am 30. Juni, nämlich am Sonntag nach Sankt Peter, sich dem Berg Hradiště mit dem recht bescheidenen Kriegsvolk beim Morgengrauen mit Wissen der Brüder näherte, stiegen sogleich die Taboritenbrüder unter lautem Geschrei vom Berg herab und stürzten sich mit dem vorgenannten Nikolaus von Hus ungestüm auf ihre Feinde,

die, weil Gott der Herr ihnen Furcht einjagte, erschrocken nach kurzem Widerstand den Rücken kehrten und unter Zurücklassen vieler Güter flohen, wobei dem nicht entgegenstand, daß mehr als zwanzig von ihnen auf einen einzigen von den Taboriten kamen. Die Taboriten verfolgten sie und streckten viele von ihnen nieder, andere aber verwundeten sie, den Rest nahmen sie gefangen. Und so dankten sie Gott dem Herrn für den gegen die Feinde überlassenen Sieg und nahmen große Beute mit in Gold und Silber, in Geld, Waffen, Trinkbechern, silberbeschlagenen Gürteln, kostbaren Gewändern, Geschützen, Zelten und nicht unbedeutenden Mengen an Getränken und Lebensmitteln, und in ungeheuerer Freude stiegen sie den Berg Hradiště hinauf und teilten jedem einzelnen im Verhältnis zur Notwendigkeit von den Beutegütern zu. Auch eine von den Feinden im Stich gelassene Kriegsmaschine trugen sie hinauf, während eine zweite zerstört war.

Der Herr von Rosenberg nun, der tief gedemütigt war und sich an den Taboriten rächen wollte, ließ alle Priester, die auf seinen Gütern das Volk unter beiderlei Gestalt kommunizierten, gefangennehmen und in die Türme seiner Burgen werfen, nämlich von Přiběnice, Choustník, der Helfenburg, von Krumau, Rosenberg und Gratzen,[102] wobei er sich darum bemühte, sie zum Abschwören der Kommunion beiderlei Gestalt zu bewegen, was er aber dennoch unter keinen Umständen erreichte, weil Gott sie in ihrer Standhaftigkeit für diese Wahrheit bewahrte, auch wenn er im Laufe der Zeit zwei von ihnen auf der Helfenburg zu Tode gequält hat,[103] während er die übrigen mit dem *Brot der Drangsal* 1 Kön 22,27
und mit dem *Wasser der Angst* bis fast zu einem halben Jahr als tyrannischer Verfolger der erkannten Wahrheit sättigte. Ihm genügte auch das nicht zur Befriedigung seiner Tyrannei, sondern in Anhäufung von Bösem auf Böses suspendierte er auf seinen Gütern die hochheilige Kommunion des Kelches für das Volk, weshalb er, wie sich im Folgenden zeigen wird, viele Verluste an seinen Gütern durch das Volk der Taboriten erlitt, die seine Güter vielfach und verschiedentlich verwüsteten und überfielen.

(45) Die Hussiten bemächtigen sich der Stadt Königgrätz

Ebenso zur selben Zeit überdachten gründlich der edelgeborene Herr Aleš von Vřešť'ov, ein nicht unbedeutender Eiferer für die Wahrheit und das Gesetz Christi, Beneš von Mokrovousy und Jiřík von Chvalkovice, Anhänger der Kommunion beider Gestalten und der anderen Wahrheiten,[104] daß in der Stadt Königgrätz und in ihrer Umgebung den Anhängern der Wahrheit beiderlei Geschlechts durch Mönche und Priester, die sich dem Gesetz Gottes widersetzten, schwerste Unterdrückungen zugefügt und die Gläubigen zum Abschwören der Wahrheiten grausam angetrieben würden. Sie empfanden auch herzlich Mitleid wegen der schamlosen Gewalttaten an Frauen und Mädchen, die ihnen durch die Feinde der Wahrheit – sowohl durch Einheimische des Königreichs wie durch Fremde – gewaltsam angetan wurden, und so versammelten sie aus der Nachbarschaft durch Eingebung Gottes, wie man hofft, auf dem hohen und starken Kunětitzer Berg über Pardubitz eine nicht unbedeutende Menge von Bauern und Köhlern, um den vorausgeschickten Übeln entgegenzutreten und um die Wahrheit der Kommunion beiderlei Gestalt freizusetzen. Der Priester Ambrosius von Königgrätz, der vorher durch Königin Sophie und ihre Amtsleute vertrieben worden war und sich zu dieser Zeit in Prag aufhielt, begab sich, ohne daß ihn die Gefahren der Wege hinderten, zu ihnen und predigte daselbst, kommunizierte das Volk mit dem heiligen Leib und Blut Christi unter beiden Gestalten und verwandelte die Stimmung der Traurigen und Weinenden in Freude und Frohsinn. Schließlich aber
1420 ließ er am Dienstag nach Johannes dem Täufer Leitern
Juni 25 bereitstellen unter der Vorspiegelung, er wolle mit Herrn Aleš, Beneš, Jiřík und dem daselbst versammelten Kriegsvolk darangehen, Podlažice[105] zu überfallen.

Als sie nun gegen Abend ihren Weg gegen Podlažice einschlugen, meldeten das Kundschafter der Königgrätzer an ihre Stadt. Darüber deshalb in Sicherheit gewiegt, bewachten sie ihre Stadt in eben dieser Nacht nicht so sorgfältig. Und so lenkte Herr Ambrosius zur Nachtzeit mit dem vorgenannten

Kriegsvolk den Marschweg auf Königgrätz zu, und als sie sich gegen Morgengrauen der Stadt näherten, machten sie sich mit den Leitern an die Mauern heran, und weil nur wenige Widerstand leisteten und alle anderen verblüfft waren, nahmen sie in kurzer Zeit die Stadtmauern ein. Endlich aber, während einige von den Ortsinsassen zur Burg, die übrigen auf die Türme flohen, wurden sie, als es schon hellichter Tag war – es war der 26. Juni –, Besitzer der Stadt zur 1420 Juni 26
großen Freude und zum Jubel für die Freunde und Anhänger der Wahrheit. Als man nun einige Gegner der Wahrheit ergriffen hatte und diejenigen, die zur Burg und den Türmen geflohen waren, sich ergaben, führten sie diese aus der Stadt heraus und erwählten zur Sicherung der Stadt für die Freunde und Anhänger des Gesetzes Gottes als Hauptleute vorgenannten Herrn Aleš, Beneš und Jiřík. Sie teilten auch den Besitz der aus der Stadt herausgeführten Gegner untereinander auf, wobei sie deren Häuser denen zuteilten, die im Einhalten des Gesetzes Christi bewährt gewesen waren, und sie bewachten die Stadt Tag und Nacht mit größerer Sorgfalt.

Als das der König gehört hatte, wurde er sehr beunruhigt und auch seine Anhänger. Schnell also begeben sich die Barone des Königreichs mit einem auserlesenen Kriegsvolk *(cum gente elegantissima)* der Böhmen und Mährer von mehr als zehntausend auf Geheiß des Königs zur Einschließung von Königgrätz und lassen sich in Entfernung etwa einer Meile von der Stadt in den Feldern nieder, weil sie wegen der Gefahr nicht wagten, näher heranzugehen. Und indem sie einen Brief ersinnen, daß die Stadt Prag mit dem König für eine bestimmte Zeit einen Waffenstillstand eingegangen sei, forderten sie auf, die Königgrätzer sollten dasselbe tun. Und so schlossen die getäuschten Königgrätzer mit den Königlichen einen Waffenstillstand für so lange, wie sie von den Pragern keine Antwort hätten. Als aber deren Falschheit erkannt war, widerriefen sie den vorgenannten heimtückischen Waffenstillstand und bewachten umso sorgfältiger und aufmerksamer die Stadt und sicherten sie auch durch Lebensmittel.

(46) König Sigismund kommt auf die Prager Burg – Jan Žižka besetzt den Veitsberg

1420 Juni 30 Weiter: Am 30. Juni – es war der darauffolgende Sonntag nach dem Apostel Petrus – näherte sich der König von Ungarn, Sigismund, mit einem starken Heer der Böhmen wie auch vieler und verschiedener fremder Völkerschaften der Burg von Prag. Nach der Feier der Messe wurde er also vom Klerus zusammen mit einigen Mächtigeren in einer Prozession unter Geläute der großen Glocken mit Hymnen und Liedern feierlich in die Prager Burg aufgenommen, während sein Heer in der Ebene der zwischen der Bruska-Höhe, Ovenec und dem Tiergarten gelegenen Felder[106] Zelte und Buden aufschlug zur Eroberung Prags als einer wegen der Kommunion des heiligen Kelches und anderer evangelischer Wahrheiten häretischen Stadt. Auf diesem Platz der Felder strömten von einem Tag zum andern viele und verschiedene Völkerschaften wegen des päpstlichen Kreuzzuges, zu dem gegen die besonders für die Kelchkommunion eifernden Tschechen unrechtmäßig aufgerufen war, aus den verschiedenen Königreichen, Herzogtümern, Landschaften und Gebieten der Welt zusammen zur Eroberung der berühmten und prächtigen Stadt Prag und somit zur Aufhebung und Vernichtung der Kelchkommunion durch solche, die dadurch Nachlaß von Strafe und Schuld zu erlangen hofften, was ihnen die Geistlichen – freilich fälschlicherweise – versprachen, indem sie vielfach zur Vernichtung der gläubigen Tschechen beiderlei Geschlechts ermunterten.

In diesem Heer also, dessen Zahl über mehr als um die hundertfünfzigtausend Bewaffnete hinausging, waren nämlich Erzbischöfe, Bischöfe, der Patriarch von Aquileja, verschiedene Doktoren und die anderen geistlichen Prälaten, Herzöge und weltliche Fürsten, etwa vierzig an der Zahl, Markgrafen, Grafen, viele Barone und Edle, Ritter, Dienstleute (clientes), Bürger verschiedener Städte und Bauern, und sie nahmen die ganze Ebene der vorgenannten Felder ein und richteten ihre aufwendigen Zelte oder Buden nach Ähnlichkeit dreier großer Städte aus. Dort gab es von den verschiedenen Nationen Leute, Stämme und Sprachen: Böhmen und

Mährer, Ungarn und Kroaten, Dalmatiner und Bulgaren, Walachen und Szekler, Hunnen, Jasen, Ruthenen, Leute von Rača, Slawonier, Preußen, Serben, Thüringer, Steiermärker, Meißener, Bayern, Sachsen, Österreicher, Franken, Franzosen, Engländer, Brabanter, Westfalen, Holländer, Schweizer, Lausitzer, Schwaben, Kärntner, Aragonesen, Spanier, Polen, Deutsche vom Rhein und andere in sehr großer Zahl.[107]

Diese standen also täglich auf der Höhe des Berges über dem Fluß gegenüber dem Kloster des heiligen Kreuzes und der Kirche des heiligen Valentin[108] und heulten wie Hunde auf die Stadt hin: „Ha, ha! Hus, Hus! Katzer, Katzer!" – Und wenn zufällig ein Tscheche in ihre Hände fiel, den verbrannten sie unverzüglich, falls er nicht schnell von Tschechen, die mit ihnen im Feld lagen, befreit wurde, ohne jedes Erbarmen wie einen Häretiker, auch wenn er niemals unter beiden Gestalten kommuniziert hatte. Öfter verübten sie auch kriegerische Vorgeplänkel mit den Pragern Auf dem Sande unterhalb der Bruskahöhe[109] und im erzbischöflichen Garten und erlitten große und merkliche Verluste an Gütern und zugleich an Menschenleben. Viele Male nämlich jagten fünf oder zehn von den Pragern, die nur eine Joppe trugen (iopulis induti), eine große Zahl Bewaffneter in die Flucht, wenn sie mit eisenbeschlagenen Dreschflegeln über die mit besten Waffen Ausgerüsteten herfielen und oft viele zu Tode niederstreckten. Schließlich konnten sie weder die Hindernisse der Mühlen gegenüber dem Kloster des heiligen Kreuzes durchbrechen noch die Mühlen niederbrennen, auch wenn sie es öfter versucht hatten, sondern immer kehrten sie entweder geschlagen oder, weil sie nichts erreichten, verstört zurück.

Weiter: Als nun der König von Ungarn, Sigismund, die Felder so machtvoll, wie vorausgeschickt, mit Einheimischen und Fremden gegen die Stadt Prag hielt und die Absicht verfolgte, den Berg nahe bei dem Galgen namens Witkowa Hora – Veitsberg[110] – mit seinen Kriegsleuten zu befestigen, um wie durch eine dritte Burg Prag so einzuschließen, daß für die Stadt Prag kein freier Zufahrtsweg für Lebensmittel mehr offenstand, sah dies Jan Žižka, der Hauptmann der Taboriten, voraus, und ohne Aufschub ließ er sogleich auf dem genannten Berg zwei Bollwerke in der Art von Stuben *(in modum stubarum)* errichten, um die herum er einen kleinen Graben ausheben und sie dann mit einer Mauer aus Erde und Steinen einschließen ließ. --- Durch dieses Bollwerk brachte der allmächtige Herr auf wunderbare Weise der Stadt Prag die Rettung, und zwar so, weil die an derselben Stelle geschlagenen Feinde nicht mehr so feindlich in die Stadt einzudringen versuchten, wie sich weiter unten zeigen wird.

(47) Verbrennung des Pfarrers Wenzel von Arnoštovice und des Pfarrers Vojtěch von Chelčice

1420 Juli 6 Weiter: Am Samstag nach Prokop, nämlich am 6. Juli, ritt der Herzog von Österreich mit einem starken Heer über Miličín gegen Prag zum Heere König Sigismunds, wobei etwa sechzig Berittene nach Arnoštovice abbogen. Sie nahmen den Ortspfarrer dieser Kirche, Herrn Wenzel, einen bei Gott und den Menschen beliebten Mann, zusammen mit seinem Vikar auf den Verrat einiger tschechischer Priester hin wegen der Kelchkommunion beiderlei Gestalt gefangen, setzten beide auf ein einziges Pferd und schleppten sie zum Heer des Herzogs in das Dorf Bystřice,[111] holten sie vom Pferd herunter und führten sie als hartnäckige Häretiker vor den Herzog, und vom Herzog führten sie die Verängstigten fast die ganze Nacht hin und her zum Bischof und umgekehrt wie von Kaiphas zu Pilatus und drohten ihnen das Feuer an, sie sollten der vorgenannten Kommunion beiderlei Gestalt abschwören und bereuen, sonst würden sie im Feuer verbrannt. Ihnen antwortete Herr Wenzel demütig und sagte: „Das ist das Evangelium, die Praxis der Urkirche und steht hier in eurem geschriebenen Meßbuch. Tilgt diese Schriftstelle aus oder verschlingt dieses Evangelium!“[112] – Und einer von den Kriegsknechten, der dabeistand und einen eisernen Handschuh über die Hand gezogen hatte, scheute sich nicht, vorgenannten Herrn Wenzel ins Gesicht zu schlagen, und zwar so, daß sogleich aus seiner Nase das Blut heftig hervorquoll. Und nachdem sie ihn und seine Gefährten vielfach gequält hatten, legten sie sich zum Schlafen hin.

Und als der Morgen angebrochen war, nämlich am Tag

des Herrn, legten sie eben diesen Herrn Wenzel mit seinem
Vikar und drei alten Bauern sowie vier in der Wahrheit stand-
haften Kindern, davon eines von sieben, das andere von acht,
ein anderes von zehn und das letzte von elf Jahren, zusammen
auf einen Holzhaufen oberhalb des Fischteiches im vorge-
nannten Dorf, daß sie fast sitzen konnten. Die Umstehenden
forderten sie auf, wenn sie am Leben bleiben wollten, daß sie
noch abschwören sollten. Auf solche Worte hin sagte Herr
Wenzel als *ein getreuer Hirte seiner Schafe:* „Fern sei von uns, vgl. Joh 10,11
wozu ihr ratet! Doch wir wollen nicht einen Tod, vielmehr
sogar hundert solche Todesarten, wenn es möglich wäre, auf
uns nehmen, als die so klare Wahrheit des Evangeliums ver-
leugnen!“ – Und sogleich steckten die Folterknechte Feuer
unter den Holzhaufen und zündeten ihn an, und die Kinder,
die wie junge Knappen in den Armen des Herrn Wenzel saßen
und, von ihm umschlungen, Gott ein Loblied sangen, hauch-
ten schnell ihr Leben aus, die anderen langsamer, so daß als
letzter Herr Wenzel seinen Geist Gott übergab und mit dem
Märtyrerkranz, wie es frommer Glaube ist, gekrönt wurde. –
Wir Erbärmlichen also, was tun wir? Es erheben sich Unge-
lehrte, Bauern und Kinder und reißen den Himmel durch den
Kranz des Martyriums an sich, wir jedoch, die wir in den
Verlockungen (in deliciis) leben, nähern uns täglich der Hölle,
von der uns entreißen wolle, *der lebt und herrscht,* Gott, *der* Offb. 11,15
gepriesen ist in Ewigkeit. Röm 1,15

Ebenso zur selben Zeit: Vojtěch, der Pfarrer im Dorf
Chelčice, das bei der Stadt Vodňany liegt,[113] fürchtete Gott
und stimmte deshalb keinen Abweichungen von der Kelch-
kommunion zu, auch wenn er sich über die Brandschatzun-
gen und Morde der Taboriten entsetzte. Er wurde von
Hrzek, einem Dienstmann aus Tuřov desselben Gebietes,
allein wegen der Kelchkommunion ergriffen, zusammen mit
einem anderen Priester in die Stadt Budweis gebracht, und
beide wurden der Bürgerschaft als Häretiker übergeben und
sofort in einen Turm geworfen. Und als sie nach etwa drei
Wochen nicht abschwören wollten, hat man sie draußen vor
der Stadt verbrannt. – Ehre sei Dir, o Herr, der Du *bis ans* Mt 10,22
Ende auszuhalten denen gewährst, die Dich fürchten und vor
keinerlei Arten der Folterqualen zurückschrecken.

(48) Der Kampf auf dem Veitsberg

1420 Juli 13 Weiter: Am 13. Juli, nämlich am Tage Margarete, kam aus dem Heer ein Haufen Bewaffneter (cumulus armatorum) auf das Spitalsfeld,[114] und sie griffen die Stadt an, um zu erproben, wie sich die Prager zur Verteidigung anstellen würden, und als sie sich der Stadt näherten, rannte ihnen beim Läuten der Rathausglocke die Menge der Prager entgegen. Diese griffen ohne Einhalten einer Ordnung und ohne abzuwarten gegen den Willen der Hauptleute, obgleich sie in der Minderheit waren, die Überzahl der Berittenen feindlich an. Und als sie sich gleichzeitig in einen Kampf einließen und die Prager die Stärke der Feinde sahen, flohen sie, nachdem sie einige getötet und eine größere Anzahl verwundet hatten. Und da von der Stadt her eine Volksmenge angekommen war, wichen in diesem Augenblick die Feinde und zogen sich über die Moldau zurück, woher sie gekommen waren. Aus ihrer Zahl töteten vier Bauern einen einzigen Ritter, und als sie um die Waffen stritten, rannten einige aus seiner Gruppe (de ipsius societate) eilig heran, verwundeten diese vier sofort an derselben Stelle tödlich und verschwanden wieder.

Juli 14 Ebenso am folgenden Tag, nämlich am Sonntag gleich nach Margarete, etwa zur Stunde der Vesper stand das gesamte Heer des Königs bereit, daß welche von ihnen zu mehreren Tausenden das von Žižka auf dem Berg neben dem Galgen errichtete hölzerne Bollwerk im Sturm angreifen und erobern sollten, und wenn das geschehen sei, daß die übrigen Heerhaufen gemäß Einteilung der Hauptleute an drei Stellen in die Stadt Prag eindringen sollten, und zwar von der Prager Burg aus die Tschechen gegen das Haus des Herzogs von Sachsen mit sechzehntausend, vom Vyšehrad sollte man gegen die Neustadt und vom Spitalsfeld her gegen die Altstadt vorstoßen. Als diese Maßnahmen so getroffen wurden, rückten viele Tausende von Reitern gegen das Spitalsfeld vor, während der König auf der anderen Seite der Moldau auf dem Feld mit drei großen Heerhaufen wartete, um den Ausgang des Unternehmens zu sehen. Die von Meißen aber erstiegen mit ihren eigenen Leuten und den sieben- oder achttausend mit ihnen Verbündeten – sie waren alle beritten – den Berg und griffen im Sturm und unter Trompetenschall das vorerwähnte hölzerne Bollwerk an, wobei sie einen Graben und den Turm eines Weinbergs einnahmen. Und als sie die aus Erde und Steinen errichtete Mauer erklimmen wollten, leisteten zwei Frauen mit nur einem Mädchen und mit ungefähr sechsundzwanzig Männern, die zu dieser Zeit im Bollwerk zurückgeblieben waren, mit Steinen und Lanzen mannhaft Widerstand und suchten abzuwehren, denn sie hatten weder Pfeile noch Büchsenpulver. Eine von den vorgenannten Frauen gab sich Mühe, auch wenn sie ohne Waffen war, den Mut der Männer zu besiegen, denn sie wollte ihren Fuß von ihrem Platz nicht zurückziehen. „Vor dem Antichrist", sagte sie, „darf ein gläubiger Christ nicht weichen!" – Und indem sie solcherweise begeistert kämpfte, wurde sie getötet und hauchte ihren Geist aus. Auch Žižka selbst wäre beim Herankommen hingestreckt worden, hätten ihn nicht seine eigenen Leute mit Dreschflegeln aus den Händen des Feindes entrissen. Und als schon fast die gesamte Stadt vor dem Untergang bangte, mit den Kindern Gebete und Tränen verströmte und allein auf Rettung vom Himmel harrte, kam inzwischen ein Priester mit dem Sakrament des Leibes Christi heran und hinter ihm etwa fünfzig Pfeilschützen und sonst noch unbewaffnete Bauern mit Dreschflegeln. Und als die Feinde das Sakrament erblickt und den Klang des Glöckchens sowie das laute Geschrei des Volkes gehört hatten, machten sie, von aufkommender Angst überwältigt, kehrt, indem sie schnell davoneilten und einer den anderen im Lauf zu überholen suchte. Da sie in solchem Sturmlauf sich nicht halten konnten, stürzten viele vom hohen Felsen herab und brachen sich das Genick, und sehr viele wurden durch die Verfolger getötet, so daß innerhalb einer Stunde fast dreihundert erschlagen waren und andere zu Tode verwundet und fortgeschafft wurden.

Auf dieses Geschehen hin kehrte der König in aller Stille voll Zorn, Mißstimmung, Trauer und Schmerz zu den Zelten zurück. Die Prager jedoch beugten im Spitalsfeld ihre Knie und dankten Gott. *Te Deum laudamus – Dich Gott loben wir* – ließen sie mit lauten Stimmen widerhallen, weil Gott nicht durch ihre Stärke, sondern auf wunderbare Weise in

wenigen ihnen den Sieg über die Feinde gegeben hat. Und so unter Hymnen und Liedern jauchzend, zogen sie in die Stadt ein, und der Zitherklang von Trauer der Frauen, Mädchen und Kinder, die die Feinde der Wahrheit alle erbarmungslos als hartnäckige Häretiker und Kinder von Häretikern grausam zu töten sich vornahmen, er wandelte sich zur Freude des Jubels und Frohlockens, und sie lobpreisten die Barmher-
Lk 1,74 zigkeit Gottes, *der* sie *aus den Händen* grausamer *Feinde* machtvoll *befreit hat.* Die Kinder aber liefen am nächsten Tag und darauf an den folgenden Tagen in allen Gassen umher und sangen ein neues, von dem Priester Čapek in der Volkssprache verfaßtes Lied:[115]

Lied Kinder, singet Gott ein Lied!
Ihm laßt Ehre, Lob uns bringen
Samt den Alten!

Denn Deutsche, Meißener, Ungarn,
Schwaben, auch die Österreicher,
Flüchtige Tschechen

Wiederholung Schlug Er und erschreckte sie,
Vertrieb sie vor den kleinen Kindern,

zweite Wiederholung diesen dahin, jenen dorthin
Zur Freude Seiner lieben Freunde.

Lieber Vater, nimm den Lobpreis
Von treuen Tschechen!

Rühmen Gott wir frohgestimmt!
So zu tun heißt uns die Schrift!

Darauf am Montag nach dem vom Himmel gesandten Sieg über die Feinde betrat Koranda, ein Priester von eigenwilligem und fanatischen Sinn, unter Hinzunahme von Schwestern aus Pilsen vermessen zu Pferde die Kirche des heiligen Michael in der Altstadt zusammen mit Frauen der Taboriten, und ohne Ehrfurcht vor dem auf dem Altar ausgesetzten Sakrament des Leibes Christi befahl er, alle Sitzbänke, und zwar der Priester wie auch des gemeinen Volkes, zu zerschlagen, wobei er hinzufügte, daß sie für die Schutzwehr und Befestigung des neuen auf dem Veitsberg errichteten Bollwerks geeignet seien. Aber das Ende der Untat belehrte, daß er nicht zur Befestigung des Kastells, sondern zur Erfüllung seines bösen und verkehrten Willens und aus Mißgunst des Hasses, den er gegen die vorgenannte Kirche und ihre Diener in seinem Innern hegte, jenes skandalöse Werk verübt hat, weil nur sehr wenige Bretter auf den Berg geschafft, hingegen fast alle beim heiligen Ambrosius von den Taboritenschwestern verbrannt wurden.

Ebenso nach dem oben genannten wundervollen Sieg über die Feinde rief sogleich am nächsten Tag der Hauptmann Žižka eine große Menge von Frauen, Mädchen und Laien aus Prag zusammen und befestigte auf das stärkste das öfter erwähnte Bollwerk mit einer größeren Anzahl von breiteren und tieferen Gräben sowie mit Mauern und vielen Blockhäusern aus Holz, wie man tatsächlich sehen kann. Diesen Berg und Ort nannten einige nach dem Namen des Urhebers Žižkaberg, andere Bogisstie – Kampfplatz – wegen der Niederlage der Deutschen an dieser Stelle, doch die dritten nannten ihn – und zwar mit mehr Berechtigung – „Kelchberg“ oder einfach „Kelch“ deshalb, weil dort die Feinde des Kelches hingestreckt wurden von denen, die, gestützt auf die göttliche Hilfe, für den Kelch kämpften. Diese trugen zur Kenntlichmachung ihrer eigenen Leute einen roten oder weißen Kelch an ihren Kleidern und Waffen sowie an ihrem Banner.

Weiter: Als die Deutschen und die Fremden sahen, daß sie von Landvolk so schmählich niedergeworfen worden waren, gaben sie die Schuld den Tschechen, die mit ihnen zusammen waren, und sagten, sie seien von ihnen schändlich verraten worden. Und wenn nicht der König dagegen eingeschritten wäre, hätten sie sich am selben Tag gegenseitig umgebracht. Und als Rache für ihre gefallenen Kameraden brannten sie sogleich am nächsten Tag rundherum Dörfer und befestigte Plätze nieder, wobei sie Frauen mit kleinen Kindern, die sie rauben konnten, unmenschlich wie die Heiden ins Feuer warfen zur ewigen Höllenstrafe für sich, falls sie nicht dafür gebüßt haben, und zur großen Freude und zum ewigen Lohn für die Verbrannten.

(49) Verhandlung zwischen den Pragern und ihren Gegnern – Verlangen einer öffentlichen Anhörung der Vier Prager Artikel

Weiter: Nach der vorgenannten unerwarteten Niederlage der Deutschen hatte die Stadt Prag vor dem häufigen Ansturm der Feinde Ruhe, und die Deutschen riefen nicht mehr „Hus! Hus! Katzer! Katzer!", sondern friedlich überlegten sie Tag für Tag, wie sie das Land Böhmen verlassen und in ihre Heimat zurückgehen könnten. Dies erwogen die auf seiten des Königs stehenden Barone des Königreiches und unterhielten deshalb von der einen Seite der Brücke her mit den Pragern zahlreiche Verhandlungen mit dem Wunsch, die Stadt solle einen Waffenstillstand mit dem König annehmen, damit sie den fremden Heeren in Ehren entkommen könne und nicht das ganze Land vernichtet werde. Zu diesen Vorschlägen sagten die Unterhändler der Stadt, sie könnten ohne Zustimmung der anderen Städte, mit denen sie verbündet seien, keinerlei Übereinkunft eingehen, doch bäten sie, daß sie um ihrer und des gesamten Königreichs Ehre willen beim König eine für die Magister und Priester öffentliche Audienz bekämen, damit sie in vier Sprachen, in Tschechisch, Deutsch, Ungarisch und Latein, offen die Wahrheiten der vier Artikel, für die sich die Prager mit ihren Anhängern gegen den König einsetzten, klar und unverhohlen nach der Schrift dem ganzen Heere darlegen, ihre eigene Rechtschaffenheit vor aller Welt darstellen, die schwere und üble Nachrede des gesamten Königreichs aus den Herzen der Feinde herausreißen und, falls es notwendig sei, den Doktoren des Königs auf alle ihre Einwände antworten könnten. Diese, wie vorerwähnt, von dem Legaten und den Baronen wenn auch mit Brief und Siegel versprochene Audienz konnte die Stadt zwar erlangen, aber die Barone suchten Ausflüchte und sagten, es sei nicht im Einklang, für die zur Burg hinaufgehenden Magister in der Stadt Herzöge als Geiseln vor Augen zu stellen, sondern der Stadt solle es genügen, an deren Stelle Barone und Ritter anzunehmen. Und obgleich die Prager Gemeinde ihre Zustimmung dazu gegeben hatte, machten die Barone über die vorgenannte Audienz weiterhin keine

Vereinbarung mehr. Deshalb schickten die Prager Magister nach Zusammenstellung der vier Artikel samt ihren Beweisgründen diese Artikel in Latein, Deutsch und Tschechisch zum Heer in der hier nachfolgenden Form.[116]

(50) Die Vier Prager Artikel

Wir, Bürgermeister, Ratsherren und Schöffen sowie die gesamte Gemeinde der Stadt Prag, der Hauptstadt des Königreiches Böhmen, bestimmen in unserem und der anderen Getreuen dieses Königreiches Namen usw. Allen Christgläubigen sei kund, daß die Gläubigen im Königreich Böhmen für die unten niedergeschriebenen Artikel – sei es mit dem Tod, sei es im Leben – soweit es ihnen möglich ist, einstehen und mit Gottes Hilfe einzustehen sich vornehmen:

Erstens: Daß das Wort Gottes über das Königreich Böhmen hin frei und ohne Behinderung von den Priestern des Herrn ordnungsgemäß gepredigt und verkündet werde nach dem Ausspruch des Heilandes im letzten Kapitel des Markus: *Gehet hin in alle Welt und prediget das Evangelium* Mk 16,15
aller Kreatur. – Und im letzten Kapitel des Matthäus. – Denn Mt 28,19f
nach dem Apostel *ist das Wort des Herrn nicht gebunden,* 2 Tim 2,9
sondern ihm zufolge muß man beten, *daß Gottes Wort laufe* 2 Thess 3,1
und gepriesen werde überall, wie gesagt wird im zweiten Brief an die Thessalonicher, Kapitel 3. Und *niemand darf* in 1 Kor 14,39
der Kirche Gottes *gehindert werden, in Sprachen zu reden,* wie im ersten Brief an die Korinther, Kapitel 14 gesagt wird.

Zweitens: Daß das Sakrament der göttlichen Eucharistie unter beiderlei Gestalt, nämlich des Brotes und des Weines, allen Christgläubigen, die durch keine Todsünde indisponiert sind, frei dargereicht werde nach dem Ausspruch und der Einsetzung des Heilandes, der gesagt hat: *Nehmet und* Mt 26,26
esset, das ist mein Leib und *trinket alle daraus, das ist mein* Mt 26,27f
Blut des Neuen Testaments, das für viele vergossen werden wird; bei Matthäus im 26. Kapitel, Markus im 14. und Lukas Mk 14,22;24
im 22. Kapitel, wo den Aposteln auch das Gebot gegeben Lk 22,19f
wird, wenn es heißt: *Das tut.* – Die Glossa interlinearis:[117]
Nehmet hin und gebet anderen zu meinem Gedächtnis. – Joh 6,53ff
Und bei Johannes im sechsten Kapitel verpflichtet der Hei-

land alle Gläubigen zum Empfang dieses Sakraments, wenn
Joh 6,53–56 er sagt: *Wahrlich, wahrlich ich sage euch: Werdet ihr nicht
essen das Fleisch des Menschensohnes und trinken sein Blut,
so habt ihr kein Leben in euch. Wer mein Fleisch isset und
trinket mein Blut, der hat das ewige Leben. – Denn mein
Fleisch ist wahrhaft eine Speise und mein Blut ist wahrhaft
ein Trank. Wer mein Fleisch isset und trinket mein Blut, der
bleibt in mir und ich in ihm.* – Ähnlich der Apostel im ersten
1 Kor 11,28 Brief an die Korinther, Kapitel 11: *Der Mensch prüfe aber
sich selbst, und also esse er von diesem Brot und trinke von
diesem Kelch.* – Und auf dasselbe bezieht sich der Kanon des
PL 187,1736 Papstes Gelasius[118] in *De consecratione – Über die Konsekra-*
PL 59,141 *tion* –, Distinctio II: *Wir haben jedoch erfahren, daß einige
nach Empfang nur des Anteils des heiligen Leibes sich vom
Kelch des heiligen Blutes fernhalten. Diese sind ohne Zweifel
– ich weiß nicht, in welchen Irrtum verstrickt, von dem sie
sich belehren lassen. Entweder sollen sie die Sakramente
vollständig empfangen, oder man soll sie von den vollständi-
gen fernhalten, weil eine Teilung ein und desselben Myste-
riums nicht ohne großes Sakrileg aufkommen kann.* – Und
PL 187,1359 das Konzil von Karthago; und es wird belegt (ponitur) im
Mansi 3,957 Kanon (sic!) 26, quaestio 6 *Is qui (der, welcher).* –

Und der Kanon des heiligen Gregor[119] in der Osterhomi-
PL 187,1769 lie, und er steht unter *De consecratione*, distinctio II *Quid sit
(was ist).* – Und der Kanon des heiligen Augustinus in dersel-
PL 187,1748 ben Distinctio *Dum frangitur (wenn man / das Brot / bricht).*

PL 187,1746 Und durch den Kanon desselben *Quia passus (weil er
gelitten hat).* Und durch den Kanon des heiligen Hieronymus
auf den Propheten Sophonias, und er steht unter Causa I,
PL 187,520 Quaestio 1 *Sacerdotes (die Priester).*

Und dasselbe lehrt der heilige Dionysius im Buch *De
PL 122,1088A ecclesiastica hierarchia (Von der kirchlichen Hierarchie)* im
PG 3,443A Kapitel über die Eucharistie.[120]

PL 3,883AB Und der Martyrer Cyprianus im 37. Brief *De lapsis (von
den Abgefallenen).*[121]

Und der heilige Ambrosius im Buch *De sacramentis – Von
PL 187,1738 den Sakramenten* – und wird belegt unter *De consecratione –
Über die Konsekration* –, Distinctio II dieses Sakraments.

4 Mose 23,24 Und Orignes in der Homilie 16 auf das Buch *Numeri.*
PG 12,701

Und Augustinus im ersten Buch über das *Symbol* und derselbe in einer *Fastenpredigt.*[122]

Und Ambrosius[123] in seinem Hymnus *Exultet iam angelica* etc. (*turba caelorum*) – *frohlocken möge schon der Engel Chor des Himmels* –. Und im Buch der *Tripartita Historia* –
der *Geschichte in drei Teilen* –.[124] Und Beda[125] in der Homi- Joh 1,29
lie auf *Johannes, Kapitel 1.* PL 94,75

Und Papst Leo[126] in der *Fastenpredigt,* die beginnt *Predi-*
caturus vobis – wenn ich im Begriffe bin, euch zu predigen. PL 54,275

Und Fulgencius *De divinis officiis – Von den Gottesdiensten* – im Buch, dessen Prolog so (beginnt): *Ea, que per anni circulum – Das, was im Kreislauf des Jahres* –.[127]

Und Remigius[128] über den ersten Korintherbrief, Kapitel 1 Kor 10,16
10: *Calix, cui benedicimus – der Kelch, den wir segnen* –. PL 117,564

Und Thomas[129] *super Quattuor – Über die vier (Senten-* Opera omnia
zen) –, quaestio 48. – Und derselbe in *Teil III, quaestio 76* (1980) 478ff Opera Omnia
und *quaestio 73 im 2. Artikel* und *quaestio 82 im 3. Artikel.* Bd. 12 (1906)

Und Innozenz[130] in seinem Buch über die Sakramente. – 180f; 139,262f PL 217,851f
Und derselbe in seiner *Summa* im 39. Kapitel.

Und Paschasius[131] im Buch von den Sakramenten im 10., PL 120,1303
16. und 20. Kapitel. 1324,1330f

Und Lyra[132] auf das erste Buch der Sprichwörter, Kapitel Spr 9,5
9: *Kommt, esset mein Brot.* – Derselbe auf den ersten Korintherbrief, Kapitel 9.

Und Wilhelm von Montluçon[133] in seinem *Sacramentale.*

Und Albert der Große[134] in seinem Traktat von der Feier der Messe. – Wir überlassen wegen der (gebotenen) Kürze deren Schriften und Zeugnisse dem Leser.

Drittens: Daß die weltliche Grundherrschaft über Reichtum und zeitliche Güter, die der Klerus entgegen dem Gebot Christi zum Nachteil seines Dienstes und zum Schaden des weltlichen Armes in Anspruch nimmt, von ihm weggenommen und ihm entzogen werde und daß dieser Klerus zur evangelischen Lebensregel und zum apostolischen Leben, wie Christus mit seinen Aposteln lebte, zurückgeführt werde nach dem Ausspruch des Heilandes, der bei Matthäus im
10. Kapitel sagt: *Und er rief seine zwölf Jünger zu sich.* – Mt 10,1
Diese sandte er, gebot ihnen und sprach: Ihr sollt nicht Gold Mt 10,5
noch Silber noch Erz in euren Gürteln haben. – Und bei Mt 10,9

Mt 20,25f Matthäus im 20. Kapitel: *Die weltlichen Fürsten herrschen*
und die Oberherren haben Gewalt. So soll es nicht sein unter
Lk 22,25f *euch.* – Und bei Lukas im 20. (sic!) Kapitel: *Die weltlichen*
Könige herrschen, und die Gewaltigen heißt man gnädige
Herren. Ihr aber nicht also! Sondern der Größte unter euch
soll sein wie der Jüngste, und der Vornehmste wie ein Die-
Mk 10,42–44 *ner.* – Und dasselbe steht bei Markus im 10. Kapitel. – Und
zum selben sagt der erste Petrusbrief im 5. Kapitel: *(Weidet*
1 Petr 5,2f *die Herde Christi ... von Herzensgrund) nicht als die übers*
Volk herrschen, sondern werdet Vorbilder der Herde. – Ähn-
1 Tim 6,8 lich der erste Timotheusbrief im 6. Kapitel: *Wenn wir aber*
Nahrung und Kleider haben, so lasset uns genügen. – Und im
1 Kor 4,16 ersten Korintherbrief im vierten Kapitel wird gesagt: *Seid*
meine Nachfolger, Brüder, wie ich Nachahmer Christi bin. –
Phil 3,17 Und an die Philipper im 3. Kapitel: *Folget mir, liebe Brüder,*
und sehet auf die, die also wandeln, wie ihr uns habt zum
Apg 3,6 *Vorbilde.* – Das Vorbild der Apostel ist dieses: *Silber und*
Gold habe ich nicht, wie es in der Apostelgeschichte im
Num 18,20 3. Kapitel heißt. Dazu Buch Numeri im 18. Kapitel: *Und der*
Herr sprach zu Aaron: Du sollst in ihrem Lande nichts besit-
zen, auch kein Teil unter ihnen haben; denn ich bin dein Teil
4 Mose 26,62 *und dein Erbgut unter den Kindern Israel.* – Numeri im
26. Kapitel;

5 Mose 10,9; 12,12; 14,27; 18,1f Deuteronomium im 10., 12., 14. und 18. Kapitel;

Jos 13,14 Josue im 13. Kapitel;

1 Chr 6 1 Paralipomenon im 6. Kapitel;

Jos 14,3; 18,7; 21,3,8 Josue im 14., 18. und 21. Kapitel.

Ez 44,28 Ezechiel im 44. Kapitel, wo es heißt: *Aber das Erbteil,*
das sie haben sollen, das will ich selbst sein. Darum sollt ihr
ihnen kein eigen Land geben in Israel; denn ich bin ihr Erb-
teil. – Zum selben heißt es im ersten Timotheusbrief im letz-
1 Tim 6,11 ten Kapitel: *Aber du, Gottesmensch, fliehe solches!* Das
heißt, reich zu werden und auf Gewinn bedacht zu sein. An
PL 114,632A der Stelle sagt die *Glossa ordinaria:*[135] *Nichts ist so abwegig*
und verderblich, als wenn ein Mann der Kirche, vor allem,
wenn er einen hohen Rang einnimmt, nach Reichtum dieser
Welt strebt, weil er nicht nur sich selbst, sondern auch allen
anderen schadet, denen er ein entgegengesetztes Beispiel gibt.
– Deswegen heißt es: *Fliehe solches!* –

Und auf dasselbe bezieht sich: Hieronymus, Augustinus (PL 187,881; 883; 886ff; 884) und Ambrosius. Und es steht im 12. Kanon (sic!) in der ersten Quaestio im Kapitel *Die Kleriker* und in den folgenden Kapiteln. Und von den Extravaganten im 3. Buch unter (Friedberg II 533) dem Titel *De vita et honestate clericorum – Vom Leben und Ansehen der Kleriker* im Kapitel *Fraternitatem (tuam) – Deine brüderliche Liebe.*[136] Und Bernhard an Eugenius[137] (PL 182,748) und noch sehr viele andere Schriftzeugnisse.

Viertens: Daß alle Todsünden und im besonderen alle öffentlichen Sünden und andere vom Gesetz Gottes abweichende Unordnungen in jeglichem Stand ordnungsgemäß und vernünftig durch jene, die es angeht, verhindert und zunichte gemacht werden. *Diejenigen, die solches betreiben,* (Röm 1,32) *verdienen den Tod, und zwar nicht nur, die das tun, sondern auch diejenigen, die Gefallen haben an denen, die so handeln,* wie es im Volke sind: Unzucht, Völlerei, Diebstahl, Mord, Lüge, Meineid, überflüssige, listenreiche und abergläubische Künste, geldgierige Gewerbe, Zinsen und alle anderen solchem ähnliche Laster. Im Klerus aber sind es simonistische Häresien und Geldeintreibungen von Taufe, Firmung, Beichte, für das Sakrament der Eucharistie, für das heilige Öl, von Eheschließung, von den dreißig gebührenpflichtigen Messen *(a triginta missis taxatis)*[138] und von anderen eingekauften oder ausgehandelten *(a missis emptis aut forisatis)* Messen oder von Messen für Verstorbene, für Gebete und Jahrgedächtnisse und so fort aus anderen Anlässen, von Predigten, Begräbnissen und Glockengeläute, für die Weihen von Kirchen, Altären und Kapellen, für Praebenden[139] und Pfründen, für Stellungen im Prälatenrang *(pro prelaciis)*, für Würden und persönliche Rangstufen *(personatibus)*, für Pallien[140] und für Kauf und Verkauf von Ablässen, und es sind noch andere zahllose Häresien, die aus solchen Mißbräuchen entstehen und die Kirche Christi beflecken, und die gottlosen und ungehörigen Sitten, wie es die schamlosen Konkubinate sind mit der unheiligen Nachkommenschaft von Söhnen und Töchtern und andere unzüchtige Handlungen, Zorn, Zwist, Streit, nichtige Vorladungen vor Gericht und willkürliche Quälereien und Ausbeutungen der einfachen Leute, habgierige Zinseneintreibungen, Erhebungen von Opfergaben und zahllose Täuschungen einfältiger Leute durch falsche Versprechungen. In bezug auf alles das und jedes einzelne für sich wird jeder gläubige Diener Christi und wahre Sohn seiner Mutter Kirche gehalten, es bei sich und bei anderen zu verfolgen und wie den Teufel selbst zu hassen und zu verwünschen, wobei aber in allem Ordnung und Stand seiner Berufung gewahrt bleiben. Wenn daher jemand über diese unsere fromme und heilige Absicht hinaus uns irgendwelche schamlosen und gottlosen Laster andichtet, soll er wie ein falscher und ungerechter Zeuge von den Christgläubigen angesehen werden, da es nichts anderes in unserem Herzen gibt, als mit allen Kräften und mit unserem ganzen Können dem Herrn Jesus Christus zu gefallen und sein Gesetz, seine Gebote und diese vier katholischen Punkte treu auszuführen und zu erfüllen.

Und gegen dieses ganze verhaßte Böse sowie gegen jeden, der uns darum bekämpft und im Widerspruch zu Gott uns von solcher Art Vorsatz abbringen will und in der Verteidigung der evangelischen Wahrheit verfolgt – jedermann ist pflichtschuldig an sie gebunden –, wird es, da gemäß der evangelischen Berufung auch uns die Gewalt des weltlichen Armes überlassen ist, nötig sein, gegen einen solchen wie gegen einen Tyrannen und den grausamen Antichrist bis aufs äußerste Widerstand zu leisten. Und wenn durch jemanden aus unserer zahlreichen Anhängerschaft etwas Verkehrtes und Ärgerniserregendes geschehen sein sollte, während es unsere Absicht ist, jegliche Sünde auszulöschen, beteuern wir, daß dies ganz und gar außerhalb unseres Wollens geschieht. Sollte es aber den Anschein haben, es werde einer Person oder einer Kirche ein Schaden an Besitz oder an Leib und Leben von uns zugefügt, so entschuldigt uns darin entweder ein unausweichlicher Notstand oder eine günstige Schutzmaßnahme für das Gesetz und für uns selbst gegen tyrannische Gewalt. Wir beteuern jedoch, falls sich bei jemandem von uns auch nur irgendeine Form des Bösen zeigen sollte, daß wir uns in all dem aufs äußerste bereitwillig zur Belehrung durch die Heilige Schrift erweisen werden. – Gegeben im Jahre des Herrn 1421.

(51) Geheime Königskrönung Sigismunds auf der Prager Burg – Entnahme von Kirchenschätzen für Soldzahlung

Weiter: Am 19. Tag des Monats Juli gerieten die Zelte der Feinde in Brand, und weil ein starker Wind wehte, sind die meisten zusammen mit ihrer Ausstattung verbrannt.

Weiter: Am Tage der heiligen Magdalena drangen die 1420 Juli 22
Taboriten, weil sie die unschuldige und grausame Verbrennung von Tschechen durch die Deutschen bedachten, in das Rathaus ein und verlangten, daß ihnen Gefangene zum Verbrennen ausgeliefert würden. Da ihnen die Ratsherren nicht widerstehen konnten, übergaben sie, wenn auch widerwillig, die Gefangenen, weil diese zur Wahrheit gekommen waren. Aus deren Zahl verbrannten sie in Fässern sechzehn draußen vor der Stadt vor den Augen der Deutschen, wobei nur ein Mönch, der versprochen hatte, das Volk der Getreuen unter beiden Gestalten zu kommunizieren, am Leben blieb.

Weiter: Am 28. Tag des Monats Juli, dem Sonntag näm- Juli 28
lich nach Jacobus, wurde zur zwölften Stunde König Sigismund in der Prager Burg, obgleich nicht alle Barone und auch nicht die Prager Schöffen anwesend waren, zum König von Böhmen gekrönt, und er machte daselbst viele zu neuen Rittern, auch wenn sie vorher beinahe auf keine Kriegstat für das gemeine Wohl hinweisen konnten. Und so wurden sie vom einfachen Volk nicht echte, sondern gemalte Ritter genannt.

Ebenso am gleichen Tag der unseligen Krönung und am folgenden nahm König Sigismund Kopf- und Armreliquiare sowie Monstranzen und alle anderen Kleinodien aus Gold und Silber der Prager Kirche und des Georgsklosters[141] an sich, ließ sie zerschlagen und verteilte sie als Sold, wobei er versprach, einen besseren zu zahlen, wofern Gott dem Königreich Frieden und Ruhe gegeben habe. Wessen Sünde ist also größer: die Sünde derer, die Bilder aus Holz, oder derer, die solche aus Silber zertrümmert haben? Ebenso am
30. Tag des Juli – es war der dritte Tag nach der Königskrö- Juli 30
nung – zog das gesamte Heer nach Verbrennung der Zelte aus dem Felde ab, wobei sie König Sigismund als Beschützer von Häretikern und Betrüger beschimpften.

Weiter: Nach dem völligen Abzug des königlichen Heeres aus den Feldern besetzten die Prager ohne Furcht die stadtnahen Kastelle und zwangen Widerstrebende, es mit ihnen zu halten. Auch brachten sie Beute an Kühen, Schweinen und anderen Wertstücken ohne Anstoß zum Unterhalt in die Stadt. Nachdem aber der König die Burg von Prag und die des Vyšehrads zur Verteidigung bestimmt hatte – deshalb wurden von dort die Frauen vertrieben, die aus Prag geflohen waren und dabei hofften, sich daselbst zu retten und in Ehren nach Hause zurückkehren zu können –, begab er sich nach Kuttenberg, machte dort Aufenthalt, führte zahlreiche Einberufungen der Barone durch und ordnete zur Verteidigung des Landes an und bestimmte, in allen Gebieten des Königreichs Böhmen einen Landfrieden[142] zu halten.

(52) Die Taboriten legen den Pragern zwölf Artikel zur Annahme vor

1420 August 5 Weiter: Am 5. August überreichten die taboritischen Priester mit ihren Hauptleuten der Prager Gemeinde zwölf unten niedergeschriebene Artikel mit dem Wunsch, daß die vorgenannte Gemeinde ihnen zustimme, sie einhalte und verteidige; andernfalls wollten sie nicht mit ihnen in Prag verbleiben. Diesen Artikeln stimmte die Neustadt, ohne daß man mit den Magistern eine ausgereifte Überlegung gehalten hatte, sogleich zu, die Altstadt jedoch verlangte, daß man über den Inhalt der Artikel mit den Magistern berate, was auch geschah. Denn Magister Englisch[143] nahm in Gegenwart der Ratsherren und Ältesten von der Gemeinde jeden im einzelnen durch, auf welchem Weg und in welcher Weise er mit Gott zugelassen oder nicht zugelassen werden könne, und zwar ohne Verletzung des Gewissens aller aus der Gemeinde. Die Artikel aber sind folgende:

Wir, die Gemeinde der Taboriten und die gesamte Gemeinde der Zugezogenen, überreichen euch, der Prager Gemeinde, die unten niedergeschriebenen Artikel usw.

1 Zuerst, daß das zwischen uns und euch niedergeschriebene Protokoll in seiner Gesamtheit von beiden Seiten gehalten und beobachtet werde.

2 Ebenso, daß die Artikel, denen die Hauptleute, Ratsherren und die Gemeinde zugestimmt haben und die schon längst durch die Prediger und Ausrufer öffentlich verkündet worden sind, unter den angekündigten Strafen eingehalten und beachtet werden.

3 Ebenso, daß offenkundige Sünder, Ehebrecher und Ehebrecherinnen, Hurer und Huren, Verführer und Verführerinnen, Raufbolde und Dirnen, offenkundige oder verborgene Müßiggänger oder Müßiggängerinnen, Räuber und alle Feinde Gottes, Gotteslästerer und Ehrabschneider gleich welchen Ranges und welchen Standes nicht ohne Strafe geduldet werden dürfen.

4 Ebenso, daß Trinkgelage in Schenken gleich welchen Getränkes oder bei aufgestellten Tischen (vor den Häusern) nicht stattfinden dürfen unter festgesetzten Strafen.

5 Ebenso, daß man nicht aufwendige Kleider trage und auch nicht zu tragen gestatte, die im Widerspruch zu Gott dem Herrn allzu kostbar sind wie zum Beispiel purpurne, verbrämte, buntgestickte, silbergewirkte, gefranste, ausgeschnittene Kleider, silberne Gürtel, Kappen und jegliche Zierde und Eleganz, die für den Hochmut bestimmt ist.

6 Ebenso, daß im Handwerk und auf dem Markt vorgesehen werde, daß keine Täuschungen, kein Bestehlen, Wucherzinsen, keine Schwüre, eitle Gaukeleien (inutilitates et vanitates), Listen und irgendwelche Betrügereien geschehen, und zwar unter angemessener Strafe.

7 Ebenso, daß die heidnischen und deutschen Rechte, die nicht im Einklang mit dem Gesetz Gottes sind, aufgehoben und daß das Ganze (totum) nach göttlichem Recht regiert, gerichtet und bestimmt werde.[144]

8 Ebenso, daß die Priester als beispielgebend auf sich achten (serventur) gemäß göttlicher Ordnung und Nachahmung der Propheten und Apostel.

9 Ebenso, daß die Magister regelrecht wie auch andere gläubige Christen dem göttlichen Recht unterworfen werden und ihre Eintragungen nach dem Willen Gottes ausrichten und im Rathaus hinterlegen, damit diese nach dem Gesetz Gottes geprüft werden.

10 Ebenso, daß man alle Zinszahlungen an die Priester dem allgemeinen Wohl zuwende und Pfandverleiher (usurarios) auf Häuser, Kaufläden oder sonst, wo immer sie sind, bekämpfe und daß alle anderen wucherhaften Eintragungen aufgehoben werden und daß die Priester aus dem Glauben heraus auf sich achten.

11 Ebenso, daß man Feinde der Wahrheit Gottes von sich abweise und Flüchtige und Gebannte nicht aufnehme, und zwar deshalb, weil sie Gott und ihnen nicht die Treue gehalten haben, so daß ähnlicherweise auch ihnen nicht geglaubt werde auf irgendeinen Gunsterweis hin.

12 Ebenso, daß man die häretischen Klöster zerstöre und abbreche, (gleichermaßen) nicht notwendige Kirchen und Altäre, Bilder – die offen (aufgestellten) und die heimlich verwahrten –, prachtglitzernde Ornate, goldene und silberne Kelche und die ganze unchristliche Saat und götzendienerische und simonistische Falschheit, die nicht von Gott, dem himmlischen Vater ist.

Darum, liebe Brüder, haben wir uns mit unserer Habe, mit Besitz, Leib und Leben auf dieses Ziel hin zur Verfügung gestellt im Wunsch, den göttlichen Willen zu erfüllen, weil schon viele Brüder, die zu uns gehörten, in den unterschriebenen Wahrheiten ihr Blut vergossen und ihre Leiber preisgegeben haben, und wir haben auch mit Gottes Hilfe unter keinen Umständen die Absicht, jene Wahrheiten zu verlassen, und dasselbe wünschen wir für euch, und wir helfen und trachten danach, zu helfen, solange wir ausharren und am Leben sind, wenn ihr euch nicht selbst vernachlässigt in den davor niedergeschriebenen Punkten.

(53) Zerstörung von Klöstern – Absetzung der alten Ratsherren und Einsetzung neuer – Abzug der Taboriten aus Prag

Weiter: Nach diesen zwölf von den Taboriten veröffentlichten Artikeln gingen sie gleich am nächsten Tag daran, das Kreuzherrenkloster Zderas und darauf am vierten Tag das Kloster des heiligen Clemens[145] zu zerstören. Am Tag des

heiligen Laurentius aber überfielen die Taboriten mit den 1420
Pragern unter Führung Korandas und der gewissen anderen August 10
Priester ohne Gegenwehr feindlich Königsaal, und nachdem sie Gegenstände weggeschleppt und das Kloster in Brand gesteckt hatten, kehrten sie mit vielen Getreideladungen und unter Jubelliedern singend zurück, wobei die Priester mit ihren Waffenträgern und einigen Laien in ihren Kapuzen Teilstücke der Bilder und zerbrochenen Bildtafeln trugen. Und trunken vom Klosterwein, wurde ungefähr zur ersten Nachtstunde auf Antrieb der Priester sowohl in der Altstadt wie auch in der Neustadt zum Sturm geläutet, und unbesonnen drangen sie gegen den Vyšehrad vor, um ihn zu erobern, wo sie jedoch nach Anzünden einer Hütte einen beachtlichen Verlust zur selben Stunde von den Feinden erlitten und durch Steine zurückgeschlagen wurden.

Weiter: Ungeachtet aller vorgenannten Ereignisse, die alle nach dem Willen der Taboriten geschahen, spiegelten diese zum zweiten Mal vor, abzuziehen. Deshalb kündigten
die Priester am 18. August, dem Sonntag nach Mariae Him- August 18
melfahrt, auf Drängen einiger von der Gemeinde auf der Kanzel eine Versammlung am selben Tag nach dem Mittagessen auf dem Rathaus an zur Behandlung schwieriger Punkte, von denen aber den Gemeindeältesten nichts bekannt war. Als diese zustande gekommen war, nahm Herr Johannes, der Prediger Auf dem Sande, mit Einverständnis der angestifteten Gemeinde das Siegel der Altstadt den Ratsherren ab und überreichte es dem neuen Bürgermeister und den durch ihn und die Gemeinde gewählten Ratsherren. Und nachdem so ordnungswidrig der alte Rat abgesetzt war, bestand der neue durch ihn eingesetzte Rat eine Zeitlang. Diese Veränderung der Ratsherren geschah aber, weil die abgesetzten Ratsherren in vielen Punkten den Taboriten nicht zustimmen wollten. Und deshalb wählten die den Taboriten gewogenen Priester anstelle der abgesetzten Ratsherren fast nur solche, die den Taboriten zustimmten zu dem Zweck, damit die Taboriten, wenn sie die Ratsherren auf ihrer Seite hätten, von Prag nicht abzögen, wie sie denn unter den früheren Ratsherren nicht bleiben wollten. Obgleich dies kein Hinderungsgrund mehr war, zogen die Taboriten den-

1420 noch am fünften Tag nach der Wahl der neuen Ratsherren
August 22 ihrer Partei, nämlich am 22. August, von Prag ab, wobei sie keinen anderen Grund für den Abzug hatten als den, weil die Magister auf Grund von Schriftstellen sich ihren Riten widersetzten.

August 23 Weiter: Am Vortag des heiligen Bartholomaeus besetzten einige aus der Gemeinschaft der Taboriten den Berg Blaník bei Vlašim,[146] und hätte man sie nicht schnell zurückgeschlagen, dann hätten sie in demselben Gebiet unermeßliche Schäden zugefügt.

(54) Von den Taboriten

Und da des öfteren Erwähnung der Taboriten geschah, wird es für die Nachkommen nützlich sein, deren Riten, Ursprung und Sitten zu beschreiben, denn wiewohl sie sich Eiferer für das Gesetz Gottes nannten, sind einige aus ihrer Zahl in mehrfache Irrtümer gefallen.[147] Demnach war der Ursprung und zufällige Grund ihres Zusammenkommens die Kommunion unter beiderlei Gestalt im Gebiet von Bechyně. Da nämlich die vorgenannte Kommunion in vielen Teilen Böhmens und Mährens durch treue Priester bekanntgemacht wurde ungeachtet des Starrsinns des feindlichen Klerus, die nämlich alle so Kommunizierenden als Häretiker anprangerten, nahm nichts desto weniger von Tag zu Tag die hochheilige Kommunion des Leibes und Blutes im Volk auf wunderbare Weise zu, weil man wußte, daß diese die evangelische
1419 Wahrheit sei. Deshalb geschah es im Jahre des Herrn 1419, daß Priester mit ihren Vikaren in der Nähe der Burg Bechyně die so Kommunizierenden härter angriffen, indem sie diese mit einer bewaffneten Schar als Irrende und Häretiker aus den Kirchen trieben. Aus diesem Grunde stiegen die Priester mit dem ihnen verbundenen Volk einen hohen, in einer weiten Hochebene abgeflachten Berg hinauf, und auf seiner Höhe spannten sie ein Zelt von leinenen Tuchstücken nach Art einer Kapelle aus, worin sie den Gottesdienst feierten und das daselbst zusammenströmende Volk ohne Behinderung jener heiligen Kommunion mit dem verehrungswürdigen Sakrament der Eucharistie auf das ehrfürchtigste

erquickten. Nach ihrer Beendigung und nach Ablegen der Leinentücher kehrten sie nach Hause zurück und belegten den Berg mit dem Namen Tabor.[148] Diejenigen, die zu diesem Berg kamen, nannte man Taboriten. Als dies den anliegenden Städten, Marktflecken und Dörfern zu Ohren kam, führten die ringsum benachbarten priesterlichen Mitbrüder an einem bestimmten vereinbarten Festtag das ihnen verbundene Volk mit dem verehrungswürdigen Sakrament des Leibes Christi und mit schallenden Stimmen an den Berg Tabor zur Befestigung der Wahrheit daselbst, wie sie sagten, und zur Stärkung und zum Trost der daselbst lebenden Brüder und Schwestern. Den so Heranziehenden eilten vom Tabor her die Brüder und Schwestern mit dem verehrungswürdigen Altarsakrament zu einem überschwenglichen Empfang der Ankommenden entgegen.

Die Bergwallfahrer (venientes in montem) freilich verbrachten den ganzen Tag nicht in Ausgelassenheit, sondern in dem, was das Seelenheil betrifft. Ihre Priester erfüllten nämlich dort einen dreifachen Dienst, denn die gelehrteren und wortgewandteren predigten vom frühen Morgen an dem in Gruppen eingeteilten Volk – getrennt für sich den Männern und getrennt den Frauen und Kindern – das Wort Gottes und vor allem das, was den Hochmut, die Habsucht und den Zustand des Klerus betraf, und zwar abwechselnd ohne jegliche Furcht, während andere in dieser Zeit ununterbrochen zur Entgegennahme der Ohrenbeichte (ad auricularem confessionem) sich niederließen, die dritten kommunizierten nach Beendigung des Gottesdienstes von Tagesanbruch bis zum Mittag das Volk unter beiderlei Gestalt, nämlich des Leibes und Blutes Christi, so daß am Tage Maria Magdalena 1419?
zweiundvierzigtausend und etliche hundert und einige zwanzig Männer, Frauen und Kinder, die so kommunizierten, von den Priestern errechnet wurden. Juli 22

Nachdem dies alles so, wie vorausgeschickt, vollbracht war, gingen sie zur Stärkung des Körpers zu den Plätzen, die daselbst auf dem Berg vielfältig vorbereitet waren, und hielten zugleich in brüderlicher Liebe ein Festmahl nicht zur Lust oder Trunkenheit, nicht zum Leichtsinn und zur Zügellosigkeit, sondern zu einem größeren und stärkeren Dienst für

Gott. Und daselbst nannten sich alle Brüder und Schwestern, und sie teilten – der Reichere mit dem Armen – die Lebensmittel, die man vorbereitet hatte. Dort war nichts erlaubt zu trinken, wovon man trunken werden konnte. Dort hatte auch kein Reigentanz, kein Würfelspiel, kein Spiel mit Kugeln oder sonst einer anderen Leichtfertigkeit – ich sage nicht für die Älteren, sondern auch für die Kleinen – einen Platz der Nachsicht. Dort konnte man schließlich keine Streitigkeiten, keine Diebereien, keine Pfeifen klingender (Weisen) oder Zithermelodien finden, so wie es bis jetzt bei Kirchenweihfesten gewöhnlich zuging, sondern nach dem
Apg 4,32 Brauch der Apostel *waren alle ein Herz und ein Wille,* wobei sie nichts anderes betrieben, als was zum Heil der Seelen und zur Rückführung des Klerus zum ursprünglichen Zustand, nämlich dem der Urkirche, gehörte. Als daher, wie gesagt, die mäßige Stärkung des Körpers beendet war, standen die Priester mit dem Volk auf, um Gott Dank zu sagen, und mit der verehrungswürdigen Eucharistie gingen sie in einer Prozession um den Berg Tabor herum, wobei die Mädchen dem Sakrament vorauszogen und die Männer und Frauen in ihren Gruppen folgten, und sie erhoben die Stimmen und frohlockten in Liedern, so wie es förderlich zu sein schien. Nach Beendigung dieser Prozession verabschiedeten sie sich gegen-
Spr 4,27 seitig, *bogen* mit ihren Priestern *weder nach rechts noch nach links ab,* um nicht Getreidehalme zu zertreten, und kamen dorthin, woher sie ausgezogen waren.

Es geschah aber, als sich das oben Gesagte in weiter entfernte Gebiete verbreitet hatte, begann die Zahl der Hinzukommenden von Tag zu Tag merklich zuzunehmen. Denn sie pflegten nicht nur von Písek, Vodňany, von Netolice, Heřmaň und Ústí, von Janovice, Sedlčany und von Pilsen dorthin zu kommen, sondern von Prag, Taus, Königgrätz und auch von zahlreichen Orten Mährens[149] strömten sie zu Fuß und zu Pferde auf dem Tabor zusammen, einige aus großem Eifer für die Frömmigkeit, um dort nach Hören des Wortes Gottes zu kommunizieren, andere, um eine so große Volksmenge zu sehen, und einige, um die beobachteten Tatsachen zu schmälern und den auf die Wahrheit Eifersüchtigen mitzuteilen.

Als man daher aus den einzelnen Gebieten auf dem Tabor so zusammenströmte, begannen König Wenzel und einige gegen die Wahrheit feindlich gesinnte Barone dies ernst zu nehmen, weil sie fürchteten, daß eine so große Volksmenge, wie das Gerücht ging, einen König und einen Erzbischof zur Verteidigung des Gesetzes Gottes wählen und so auf ihre Güter als die ihrer Feinde mit Gewalt, der zu widerstehen man nicht imstande sei, einfallen und sie verwüsten könnte. Aus diesem Grunde geboten einige von den Edlen ihren Untertanen unter Strafe der Enthauptung und des Verlustes der Güter, es nicht mehr weiterhin zu wagen, am Berg Tabor zusammenzukommen. Aber solcher Art Gebot beachteten die Landleute mit ihren Frauen überhaupt nicht und versäumten es unter keinen Umständen, lieber unter Zurücklassen alles dessen, was sie besessen hatten, an bestimmten Festtagen zum Berge Tabor zu kommen, weil sie angelockt und angezogen waren, wie der Magnet das Eisen anzieht. Als Grund dafür sagten die erfahrenen Astrologen, es gehöre zu diesem Jahre ein besonderer Einfluß des Himmels und der Gestirne, des Saturn mit den übrigen Planeten, die die Gesinnung des gemeinen Volkes dazu geneigt machten, um solcherweise davonzulaufen und gegen ihre Obrigkeit zu rebellieren.

Als solches, wie vorausgeschickt, geschah und sehr viele
der Edlen und der gemeinen Leute beiderlei Geschlechtes
nach Verlassen der *Eitelkeiten* sich um das Gesetz Gottes Koh 1,2
Mühe gaben, *säte der* Teufel, der dem Heil des Menschenge- Mt 13,25
schlechtes *Feind* ist, durch einige falsche Priesterbrüder *dem reinen Weizen* des Gesetzes Gottes *verschiedenes Unkraut* von Irrlehren und Häresien *darüber*, so daß sich zu erfüllen scheint, was im ersten Timotheusbrief im vierten Kapitel
geschrieben steht: *Der Geist aber sagt deutlich, daß in den* 1 Tim 4,1f
letzten Zeiten werden etliche von dem Glauben abfallen und anhangen den verführerischen Geistern und Lehren der Teu-
fel durch die, so in Gleisnerei Lügen reden. Denn *da zu jener* Ri 17,6
Zeit kein König und kein Fürst *in Israel war,* zu dem die Untertanen Vertrauen hatten, *tat jeder* in Israel, *was ihm richtig schien,* und so haben sehr viele Priester der Taboriten, die einen großen Zustrom des Volkes und eine große

Anhängerschaft hatten, nachdem sie die Lehrsätze der heiligen Lehrer Ambrosius, Hieronymus, Augustinus, Gregor und aller anderen von der Kirche anerkannten Lehrer verlassen und erbärmliche Auslegungen (glossulis) nach ihren eigenen Einfällen erarbeitet hatten, das Alte und das Neue Testament umgedeutet, und sie vermischten viel Falsches und Irriges mit dem Wahren, wodurch sie leicht die Herzen der Einfältigen zu ihren Meinungen hinwenden konnten. Grundlage jedoch für alles Böse, das nachträglich folgte, war ein falsches Verständnis der Schrift. Es pflegten nämlich ihre Direktoren und Lehrer zu sagen, es sei nicht nötig, sich nach den Lehrmeinungen der Schrifterklärungen der Lehrer zu richten, die einfache Menschen gewesen sind, da doch Christus, Gott und Mensch, im Neuen Testament alles hinreichend ausgedrückt hat, was für jeden Menschen auf seinem Lebensweg zum Heil notwendig ist und auf welche Art das Alte Testament das Neue und umgekehrt das Neue das Alte Testament auslegt. Auf einer solchen Grundlage scheuten sie sich daher nicht, dem Volk die unten niedergeschriebenen Artikel zu verkünden.

(55) Artikel der Taboritenpriester

1 Erstens: Daß keine Schriften oder Aussprüche welcher Lehrer auch immer von den Gläubigen beizubehalten sind oder nach katholischer Weise geglaubt werden müssen außer denen, die im Kanon der Bibel ausdrücklich (explicite) enthalten sind, weil alle Bücher solcher (Lehrer) Ränke des Antichrist sind und somit verworfen, vernichtet oder verbrannt werden müssen.

2 Weiter: Jeder Mensch ist darin, daß er in den freien Künsten studiert oder (akademische) Grade in diesen annimmt, eitel und ein Heide, und er sündigt somit gegen das Evangelium unseres Herrn Jesus Christus.

3 Weiter: Keine Dekrete der heiligen Väter oder Einrichtungen der Älteren, keinerlei Ritus oder von Menschen erfundene Überlieferung brauchen beibehalten zu werden, sondern alles so Geartete muß abgeschafft und vernichtet werden gleichwie Überlieferungen des Antichrist, zumal

Christus und seine Apostel an keiner Stelle im Neuen Testament ausgedrückt haben, daß solches geschieht.

4 Weiter: Aus dem Vorgenannten schlossen sie auf das Folgende, daß kein Chrisma oder heiliges Öl oder Taufwasser aufbewahrt oder geweiht werden soll. Ähnlich dürfen kein Kelch, kein Corporale,[150] kein Ornat und so fort von anderem, was in der Kirche gewöhnlich geschieht, beschworen, gesegnet oder geweiht werden. Ähnlich dürfen keine kanonischen Stundengebete gesprochen werden, es darf nicht der Meßritus im Ornat und in den Zeichen[151] sowie nach der seit langem von der Kirche festgelegten Ordnung und auch nicht der Kirchengesang beibehalten werden, sondern sie sind vielmehr als menschliche Überlieferungen und Hindernisse für das Gesetz Gottes zu verwerfen und zu vernichten.

5 Weiter: Die neugeborenen Kinder brauchen nicht mit Abschwörungen (exorcismis) und mit den bei der Taufe gewohnten Paten in dem dazu geweihten und aufbewahrten Wasser getauft zu werden, sondern man kann sie in jedem frischen Wasser, und wo immer es gefällt, taufen.

6 Weiter: Alle Meß- und Chorgesangbücher, ähnlich auch die Reise-Gebetbücher (libri viatici) und die Bücher für das Stundengebet, alle Ornate oder Meßgewänder oder auch andere für die Gottesdienste besonderen Kleidungsstücke, Monstranzen und Kelche oder goldene oder silberne Gürtel und jedes buntgewebte, gesprenkelte oder sonst auf beliebige Art bestickte Gewand – alles das muß vernichtet oder verbrannt werden, und eher ist es den Landleuten erlaubt, in den genannten heiligen Kleidungsstücken einherzugehen und Joppen (ioppas) und Ärmel daraus zu machen als den Priestern, darin die Gottesdienste zu halten.

7 Weiter: Ohrenbeichten brauchen nicht besorgt oder beachtet zu werden, und die Sünder, sogar Verbrecher, sind nicht dazu verpflichtet, sondern es genügt, Gott allein im Geiste zu bekennen.

8 Weiter: Auch die Fasten der vierzig Tage, der Quatembertage,[152] an Vigiltagen sowie anderes, das von Menschen oder durch Gewohnheit eingeführt wurde, braucht von den Gläubigen nicht gehalten zu werden, sondern jeder möge an jenen Tagen nach dem Wollen seines Beliebens (pro

velle sui beneplaciti) essen, was er hat oder was ihm bekömmlicher erscheinen wird.

9 Weiter: Mit Ausnahme des Sonntags braucht kein anderer Festtag auf Grund irgendeiner Verpflichtung von den Gläubigen gefeiert zu werden.

10 Weiter: Jeder Priester, der mit der Tonsur und im Ornat oder in einem Rochett Gottesdienst hält oder die Messe im gewohnten Ritus feiert, ist von den Gläubigen wie
Offb 17,1; 4 jene *Hure,* von der in der Geheimen Offenbarung geschrieben steht, zu verachten, doch die Messe soll nach dem Vorbild Christi und der Apostel mit Bärten und ohne Tonsur in einem allgemein üblichen Gewand und ohne Altar, wo immer es sich trifft, gefeiert werden, und das Sakrament der Eucharistie soll wegen der Dabeistehenden mit lauter Stimme vollzogen werden, und es braucht nicht erhoben und auch nicht für den nächsten Tag aufbewahrt zu werden.

11 Weiter: Evangelische Priester können die ihnen nach Art eines Almosens für dauernd von Laien überlassenen oder zugewiesenen Pfarrhöfe nicht erlaubterweise bewohnen, und sie können auch nicht zeitliche Güter innehaben, weil das bürgerliche Recht von ihnen völlig entzogen und weggenommen ist, und man darf von solchen Inhabern nicht die Sakramente empfangen, auch wenn sie anerkennen, daß ihnen das Recht auf solchen Besitz unstatthaft ist.

12 Weiter: Man braucht nicht an einen Reinigungsort für die Seelen der Gläubigen nach ihrem leiblichen Tod zu glauben oder daran festzuhalten, und es ist töricht und nichtig, für die verstorbenen Gläubigen zu beten oder irgendwelche Werke der Frömmigkeit zu üben.

13 Weiter: Unsere Anrufungen oder Bitten, sowohl die im Geiste wie auch solche mit Worten, an die Heiligen, die im himmlischen Vaterland sind, um irgendwelche Hilfe schmecken nach Häresie oder Götzendienst.

14 Weiter: Man darf kein Bild und auch nicht irgendeine Nachbildung von dem, was im Himmel und auf Erden ist, unter Strafe des Götzendienstes besitzen, sondern jedes derartige Bild ist wie ein Götzenbild zu vernichten und zu verbrennen, weil geschrieben steht im zwanzigsten Kapitel
2 Mose 20,4 des Buches Exodus: *Du sollst dir kein Bildnis noch irgend ein Gleichnis machen.*

(56) Verheerende Auswirkungen der taboritischen Lehre im Leben der Kirche

Aus den vorgenannten, an das Volk im Jahre des Herrn 1420 ärgerniserregend und zum üblen Ruf des gesamten Königreichs starrsinnig veröffentlichten Artikeln erstand in Klerus und Volk, die sich zur Verteidigung des Gesetzes Gottes in Liebe und gütlich geeinigt hatten, ein neuer und großer Streit und Riß. Denn Führer und Priester der Taboriten, die der Lehrmeinung vorgenannter Artikel folgten, begannen den gesamten kirchlichen Ritus und die Einrichtungen der heiligen Väter zur Ausübung des Gottesdienstes, insoweit Christus und seine Apostel sie nicht als Vorbild hingestellt haben und auch nicht geschehen ließen, als für das Seelenheil unnütz zu verwerfen und zu verfluchen sowie alle ihre Befolger zu verwirren und sie auf vielfache Weise zu behindern, wobei sie sich darauf beriefen, was in der Offenbarung im letzten Kapitel geschrieben steht: *So jemand dazusetzt, so* Offb 22,18 *wird Gott zusetzen auf ihn die Plagen, die in diesem Buch geschrieben stehen* usw., und zwar deshalb, weil Christus im Neuen Testament alles das hinreichend überliefert hat, was jedem Gläubigen zum Heil genügt. Wozu also Einrichtungen von Menschen und Zeremonien, die im Gesetz nicht ausgedrückt sind, für die Gläubigen beobachten, zumal wenn Christus den Schriftgelehrten und Pharisäern gesagt hat: *Ihr habt Gottes Gebot um eurer Überlieferung willen außer* Mt 15,6 *Kraft gesetzt.* Und ebenso setzen heute diejenigen, die mit den Schriftgelehrten und Pharisäern menschliche Traditionen festhalten, Gottes Gebot außer Kraft. Und die in der Offenbarung ausgedrückten *Plagen* müßten am Ende über sie Offb 15,6f kommen, wenn sie nicht von den Traditionen abließen und 16,1ff sie aufgäben.

Deshalb gingen die Priester der Taboriten, die vor den menschlichen Überlieferungen flohen, mit Bart und an der Tonsur unrasiert in grauer Kleidung einher, und ohne die kanonischen Stunden gebetet zu haben, vollzogen sie ohne Ornat, Corporale und Kelch unter freiem Himmel oder in Häusern die göttlichen Geheimnisse nicht auf einem geweihten Altar, sondern auf einem mit irgendeinem Leinentuch

bedeckten Tisch, und sie beachteten nicht den Meßritus im Sprechen der Bittgebete (in dicendo collectas) mit dem Kanon, sondern sogleich beugte einer von allen Priestern zusammen mit den Brüdern die Knie, sie berührten mit dem Haupt die Erde, erhoben ihren Rücken, beteten das Herrengebet, und während dann der aufstand, der das Altarsakrament vollziehen sollte, sprach er mit lauter und vernehmbarer Stimme in der Volkssprache nicht mehr als die Konsekrationsworte über den Hostien und dem Wein. Und so vollzog er in Hostien, die nicht nach dem Vorbild der Kirche rund, sondern eingeschnitten oder mit den Händen gebrochen waren, den Leib Christi und das kostbare Blut des Herrn von Wein nicht in einem Kelch, sondern in jedem beliebigen Becher aus Zinn, Eisen, Ton oder Holz. Wenn das vollbracht war, stärkte er darauf die dabeistehenden Priester und das gemeine Volk mit dem Sakrament der Eucharistie. Und diese Art des Messefeierns beobachteten in Prag und außerhalb alle Priester der Taboriten, wobei sie die Kirchen mieden und sagten, so hätten Christus und seine Apostel in der Urkirche ihre Messen gefeiert. Deshalb seien alle anderen, die Christus nicht folgten und anders, als er selbst das Beispiel gegeben hat, handelten, dadurch daß sie in kostbaren
Offb 17,1ff Ornaten Gottesdienst feierten, *jene Hure,* von der in der Offenbarung die Rede ist. – Sie sprachen aber mit lauter Stimme und in der Volkssprache die Konsekrationsworte, damit das Volk wisse, daß er das Sakrament vollzogen hat und daß sie nicht zweifelten, daß es beim Empfang der wahre Leib Christi und sein kostbares Blut ist.

Die Magister jedoch mit den Priestern, die zu dieser Zeit in Prag geblieben waren und entgegengesetzt den Taboriten handelten, legten zwar jeden Mißbrauch und überflüssigen Prunk der Prachtgewänder ab, beobachteten aber die Riten der Kirchen in den kirchlichen Gottesdiensten und ließen nicht nach, diejenigen, die sie nicht beachteten, öffentlich zu tadeln, zumal solche Riten, die nicht gegen die Heilige Schrift sind und das Gesetz Gottes nicht hindern, sondern es vielmehr fördern und unterstützen. Und indem sie somit in einfachen Ornaten und Kelchen aus Zinn das Altarsakrament vollzogen, reichten sie es dem Volk. Aus dieser Zwietracht freilich und dem Streit des Prager Klerus mit den Taboriten war das Volk, das mit ihm im Gesetze Gottes einer Meinung war, schädlicherweise geteilt, und zwar so, daß einige bei der Meßfeier die Art der Taboriten, andere die der Prager guthießen und nur von denen, die sie lobten, und nicht von anderen das Sakrament der Eucharistie verlangten. Aus diesem Grunde wollten einige zu uns gehörende Prager Schwestern, die Beginen heißen, von ihren Priestern, die in Prunk Gottesdienst feierten, das Sakrament der Kommunion nicht empfangen, wenn sie nicht vorher die Gewänder, die sie *Plachta* – Planen – nannten, ablegten, denn andernfalls wollten sie den Offizianten hindern, wie es leider bei Sankt Peter auf dem Poříč geschah, wo die Frauen auf Geheiß ihrer Männer die Priester nicht im Ornat Gottesdienst feiern ließen, jedoch die Magister und die Prediger, die den kirchlichen Ritus zu beobachten rieten und mit der Heiligen Schrift verteidigten, schmähten und sie Heuchler und Verführer nannten und wie reißende Hunde sie töten oder aus der Stadt Prag hinausjagen wollten. Diese vermessene Übertretung der Taboriten also war der Anfang des ganzen Übels sowohl zum üblen Ruf wie auch zum Ärgernis für das gesamte Königreich und die Christenheit und zum großen Anstoß all derer, die nach dem Gebot Christi das Herrenmahl beobachten wollten, so daß viele von unseren Leuten deswegen von der erkannten Wahrheit schmählich abwichen.

Zum ersten nämlich verbreitete sich allgemein über das Königreich und die auswärtigen Länder das erstaunliche Gerücht, daß im Königreich Böhmen Schuster und Schneider die göttlichen Geheimnisse vollzögen,[153] und zwar deshalb, weil es keinen Unterschied zwischen einem Laien und einem Priester gab, zumal Bärtige und solche ohne Tonsur in ihren eigenen Kleidern die Meßfeier begingen; zum zweiten, weil die Priester der Taboriten dazu rieten, alle Kleinodien der Kirche und die Prunkgewänder zu vernichten und zu verbrennen, um auf solche Weise diejenigen, die eine Beachtung ihrer Riten von sich wiesen, gewollt oder ungewollt geneigt zu machen. Deshalb entrissen sie, das Saturnische Geschlecht, die deren Riten guthießen, Reise-Gebetbücher, Missale und Chorgesangbücher der Kirchen zusammen mit den

Kelchen und Monstranzen gewaltsam aus den Kirchen oder Pfarrhäusern der Pfarrer und zerschnitten die Bücher oder verbrannten sie oder gaben ein Buch, das sechs oder acht Schock wert war, für ein halbes Schock oder für zwanzig Groschen oder noch billiger dem, der es kaufen wollte, Kelche aber mit Monstranzen oder anderen silbernen Kleinodien der Kirche zerschlugen sie und verkauften den Goldschmieden das Lot für fünf Groschen, die Reliquien der Heiligen nahmen sie aus den Monstranzen und Altären heraus und warfen sie achtlos in die Winkel. Ebenso beseitigten sie aus dem gleichen Starrsinn heraus die für den Gottesdienst bestimmten heiligen Gewänder, aus Meßgewändern und Ornaten ließen sie Joppen oder Ärmel für die Joppen, aus den Corporalen und Alben Hemden oder ein anderes Alltagskleid wie Hosen zum großen Ärgernis für sich anfertigen. Und so waren Landleute unter den Bauernkitteln (sub togis) mit einem königlichen Gewand bekleidet, worin aber die Väter nicht einherzugehen gewagt hätten.

Weiter: Da die vorgenannten Priester es vermieden, in Kirchen und auf einem geweihten Altar das Sakrament zu vollziehen mit der Behauptung, daß die Kirchen und Altäre nicht Gott, sondern vielmehr dem Teufel und den Götzen zu eigen seien, weil sie nicht umsonst für Gott, sondern für den Mammon der Sünde und nicht zur Ehre Gottes, sondern irgendeines Heiligen simonistisch geweiht seien, daß sie deshalb mit Recht zerstört werden müßten, brachen sie somit Kirchen, wo sie es konnten, ab und verbrannten sie oder beschädigten sie sonst ganz nach Belieben, die mit Stiftungen ausgestatteten Altäre (altaria dotata) stürzten sie um oder schlugen ihre Ecken ab und machten sie für den Gottesdienst unbrauchbar.

(57) Vernichtung von Klöstern

Ebenso predigten sie in ähnlicher Weise, daß die Mönchsklöster Räuberhöhlen seien und gegen das Gesetz Christi schädlicherweise gestiftet, insofern Christus seinen Jüngern und durch sie allen Priestern auftrug, sich nicht einzuschließen, sondern in die ganze Welt zu gehen und zu predigen und *zu taufen im Namen des Vaters und des Sohnes und des heiligen Geistes.* Und deshalb seien alle Klöster, die gestifteten wie auch die der Bettelmönche, von den Gläubigen zu zerstören und abzubrechen, damit Mönche und Brüder *in alle Welt gehen und das Evangelium predigen.* Auf Grund dieser frevlerischen Schlußfolgerung wurden die unten genannten Klöster innerhalb der Zeitspanne eines Jahres und danach zerstört und niedergebrannt, deren Namen nach ihrer Reihenfolge verzeichnet werden.

Mt 28,19

Mk 16,15

Klöster der mit Stiftungen ausgestatteten Mönche:

die Kartause
Strahov
Břevnov
Pede pontis – (das Marienkloster der Johanniter) am Brückenfuß[154]
Zderas
St. Ambrosius
Aula Regia – Königsaal –
Corona – Goldenkron –[155]
Mühlhausen/Milevsko
Nepomuk
Insula – Ostrov –[156]
Porta apostolorum – Postelberg/Postoloprty –
Selau/Želiv[157]
Gredis Monachorum – Münchengrätz/Mnichovo Hradiště –
Kladrau/Kladruby[158]
Sedlec[159]
Opatovice [160]
Vilémov
Hradiště

Klöster der Bettelmönche:

St. Thomas
St. Clemens
in Botiecz in Viridi – Am Botičbach Auf der Wiese/ Na Botiči Na trávníčku[161]
in Saaz zwei
in Pilsen zwei

in Laun zwei
in Königgrätz zwei
in Ústí zwei
in Písek eines
in Klattau/Klatovy eines
in Turnau eines
in Colonia – Kolin – eines
in Nimburg/Nymburk eines

Nonnenklöster:
in Louňovice[162]
zwischen Laun und Saaz
St. Katharina in Prag
St. Anna auf der Prager Kleinseite
St. Maria Magdalena
Chotieschau/Chotěšov[163]
Doxan/Doksany[164]

Das also sind die mit Stiftungen ausgestatteten und zerstörten Mönchs- und Nonnenklöster. König Sigismund fügte alle deren Landgüter mit ihren Zinszahlungen seinen Burgen im Königreich hinzu oder übergab sie den Baronen für Dienstleistungen und für ihre Hilfe gegen die Prager. Alle Prager Nonnen aber, die in ihrer Stadt verblieben, bestimmten die Taboriten dazu, bei Sankt Anna in der Altstadt[165] unter für sie gegenseitiger Verpflegung und Versorgung mit Getränken und im kirchlichen Ritus beisammenzubleiben, und sie nötigten sie unter Strafe der Vertreibung und des Abbruchs der Klöster zur Kommunion beiderlei Gestalt. Obgleich sie zunächst widerstrebten, traten sie später dennoch ohne getrieben zu sein und ohne Zwang im Gastmahl mit Christus öfter andächtig zum Herrenmahl heran. Zwei von ihnen schlossen, unzufrieden, obwohl sie den Schleier trugen, und uneigendenk ihres Keuschheitsversprechens, dennoch eine Ehe, ja vielmehr ein ehebrecherisches Verhältnis mit Männern. – Das Kloster zum Heiligen Geist [166] aber schenkten sie den Deutschen, damit sie dort das Wort Gottes in ihrer Sprache hörten. Doch in den Klöstern des heiligen Franciscus und bei Sankt Jakob[167] stellten sie Büchsen und Kriegsmaschinen samt Kriegswaffen her, und aus den Kelchen und Monstranzen schlugen sie die Geldmünze, um eine Möglichkeit zu haben, sich gegen die Feinde des Wortes Gottes erfolgreich verteidigen zu können. Als jedoch das Geld zu Ende ging, verschenkten sie an die Söldner anstelle ihres Soldes auch Kleider der Flüchtigen und kostbare Ornate.

(58) Weitere Folgen aus der Lehre der Taboriten

Weiter: Das heilige Chrisma und das Öl für die Kranken sowie das Wasser der Taufe und der Weihwasserbesprengung vergossen sie als unnütze Erfindungen von Menschen auf den Boden, die Gefäße jedoch, die Vorgenanntes enthielten, zerbrachen sie oder verrichteten ihre Notdurft hinein, und sie salbten niemanden nach der Taufe mit Chrisma und auch keinen der Kranken mit dem Öl der letzten Ölung, sondern sie tauften in fließendem Wasser, oder woher immer man es auch brachte, nach Entlassung der Paten und Aufgeben des kirchlichen Ritus, wobei sie nicht mehr sagten als:
„Peter" oder „Johannes, *ich taufe dich im Namen des Vaters* Mt 28,19
und des Sohnes und des Heiligen Geistes", und sogleich kommunizierten sie das getaufte Kind, auch wenn es wie immer noch so indisponiert war, ohne Salbung mit Chrisma unter beiderlei Gestalt.

Ebenso tadelten sie, daß die Ohrenbeichte *(confessionem auricularem)* einem Priester gegenüber geschehen solle, und sie sagten, betreffs der läßlichen Sünden genüge es, allein vor Gott zu bekennen, betreffs der Todsünden aber müsse öffentlich vor den Brüdern und Schwestern ein Bekenntnis abgelegt werden, und wenn einer gegen jemanden der Brüder und Schwestern gesündigt habe, daß demselben vor allen durch Bitten um Gnade wieder Versöhnung zuteil werde, und darauf werden mit zu Boden gebeugten Knien für einen, der so bekennt, die Brüder und Schwestern inständig bitten müssen, und erst dann werde er nach dem Spruch der Priester eine seiner Schuld angemessene Buße empfangen.

Ebenso leugneten sie mit den Waldensern, daß es nach diesem Leben einen Reinigungsort der Seelen gebe, wobei sie behaupteten, es gebe nur zwei Wege, den zur Hölle und den zum himmlischen Reich, und zwar deshalb, weil die in einer

Todsünde Hinabsteigenden über den Weg zur Hölle zur ewigen Verdammnis geführt würden, während diejenigen, die läßliche Sünden haben, diese prüfe Gott hier auf dem Weg vor dem Todestag mit Drangsalen oder welchen Schmerzensqualen auch immer und reinige sie hinreichend so, daß er nach diesem Leben keinen Grund hat, was er noch weiter in ihnen bessern solle, sondern sogleich, wenn die Seelen solcher sich vom Leib gelöst haben, gehen sie in die ewige Ruhe ein. Es ist deshalb unnütz, für die Verstorbenen zu beten, Messen zu lesen oder Vigilien zu singen, sondern (so sagten sie), daß alles das der habgierige Klerus erdichtet hat, um mit seinen Messen und Gebeten simonistisches Geld zu erjagen.

Ebenso gingen sie in ihren täglichen Predigten an das Volk sehr hart gegen Standbilder aller Art, sowohl des gekreuzigten Christus wie auch der Heiligen, vor, daß sie diese wie taube und stumme Götzenbilder durch Hinauswerfen aus den Kirchen außerhalb dieser zerbrachen oder im Schlunde des Feuers vernichteten, und zwar deshalb, weil im 20. Kapitel des Buches Exodus geschrieben steht: *Ich bin der*
2 Mose 20,2–4 *Herr, dein Gott, der ich dich aus Ägyptenland, aus dem Diensthause, geführt habe. Du sollst keine anderen Götter . . . haben. Du sollst dir kein Bildnis noch irgendein Gleichnis machen, weder des, das oben im Himmel, noch des, das unten auf Erden ist,* usw. – Deshalb zerschlugen nicht nur die Taboriten, sondern mit ihnen auch sehr viele Prager die Bilder aller Kirchen, an welchem Ort auch immer man sie finden konnte, zerschnitten und verbrannten sie oder ließen sie, nachdem sie ihnen die Augen herausgerissen und die Nasen abgeschlagen hatten, als häßliche Scheusale zur großen Schande und zum Ärgernis zurück, wobei sie gotteslästerlich sagten: „Wenn du Gott oder sein Heiliger bist, dann verteidige dich, und wir werden dir glauben." Die an den Wänden gemalten Bilder jedoch verstümmelten sie mit Lanzen oder Messern oder bewarfen sie mit Lehm und entstellten sie schändlich. Zu dieser Zeit sind kostbarste Altartafeln vor dem Rathaus zerschlagen und bei Sankt Ambrosius durch die Taboriten verbrannt worden. Damals hatte man kein geschnitztes Bild in den Kirchen, sondern in allen Kirchen entstand auf dem Hochaltar aus Steinen ein

Gehäuse, in das der Leib Christi und die Monstranz zur Anbetung den Gläubigen hingestellt wurde.

Ebenso lehnten sie entsprechend derselben irrig verstandenen Grundlage die Fürsprache der Heiligen ab und sagten: „Was sollen Petrus oder Paulus oder wer auch immer jeder andere der Heiligen? Waren sie nicht Menschen wie auch wir und wurden gerettet einzig und allein durch die Hilfe Gottes und durch seine Anrufung ohne die Anrufung oder Fürbitte von Heiligen?“ Und so fasteten sie wie auch immer keines einzigen Heiligen Vigilien außer denen eines Christusfestes und sie wollten außer dem Herrentag sonst kein Fest feiern, weil alles das nicht Gott, sondern weil Menschen es eingesetzt haben. Deshalb verschlangen sie am Freitag und an den Quatember- sowie den Vigiltagen der Heiligen Fleischspeisen zum Ärgernis und zum Fall vieler, ohne einen Tag zu fasten, außer wenn ihre Priester ihnen zu fasten vorschrieben. Dann durfte man an einem solchen Tag überhaupt weder essen noch trinken, wobei einige bis zum Abend und andere bis zum nächsten Tag sich der Nahrung enthielten. Von ihnen ließen sich einige Frauen vermessen zweimal am Tage, nämlich anstatt der Abendmahlzeit und des Frühstücks, mit dem Sakrament der Eucharistie stärken. Auch Kindern und Säuglingen gaben sie nicht zu essen und ließen sie zur Erhaltung des Körpers nicht an den Brüsten saugen nach dem Beispiel des Fastens der Niniviten, außer wenn sie vorher reichlich Tränen vergossen hatten und heulten.

Ebenso sagten sie, weil sie die Fürsprache der Heiligen leugneten, daß alle Kirchen und Altäre, die nicht allein Gott, sondern dem Titel irgendeines Heiligen geweiht waren, verflucht und simonistisch seien und daher mit den Häusern der Pfarrer abgebrochen und verbrannt werden müßten, da die Apostel weder in solcher Weise Kirchen geweiht haben noch prächtige eigene Häuser, Zehntzahlungen und Schenkungen für die Kirchen hatten, sondern sich über die Welt zerstreuten und mit einem Almosen zufrieden, Gottes Wort getreu predigten. Deshalb verbrannten sie zahllose Kirchen des Königreichs mit den Pfarrhäusern oder zerstörten sie sonst irgendwie, damit die Pfarrer und ihre Vikare nach Verlassen ihrer eigenen Schafe mit ihnen herumzögen, und sie verhinderten es, von dotierten Priestern[168] die Sakramente zu empfangen. Und es geschah, daß auf viele Meilen hin, wo die Taboriten die Macht hatten, keine einzige Kirche stand, die einen daselbst residierenden Pfarrverwalter (rectorem residentem) hatte, sondern alle sind aus Furcht geflohen. Und so schieden viele ohne Wegzehrung und ohne Taufwasser aus dem Leben.

Ebenso schätzten sie die heiligen in der Kirche anerkannten Lehrer, die in ihren Schriften die kirchlichen Riten gutheißen, gering ein, und sie verwarfen sie mit den Worten: „Was haben Augustinus und was Hieronymus und die anderen der Kirche genützt? Ja, sie haben dadurch, daß sie in ihren Schriften die Zeremonien billigten, viel mehr geschadet, als sie der Kirche Gottes nützten", und (so sagten sie) daß Hieronymus die Bibel abgeschwächt (diminute) übersetzt habe. – Ähnlich schmähten sie in ihren Predigten die Prager Magister, welche die von den heiligen Vätern überlieferten kirchlichen Riten und Übungen verteidigten, mit den Worten: „Wozu haben wir diese mistři fistři (scharfsinnigen Magister),[169] zumal sie nur allein in menschlicher Weisheit ihre Tage zur Verwirrung zubringen?"

Und deshalb wandelten sie vieler Herzen um in Haß gegen die Magister.

(59) Chiliastische Artikel einiger Taboritenpriester

Ebenso fügten sie, nicht zufrieden mit diesen Übeln, die den einst gefeierten Namen des Königreiches Böhmen befleckten, den früheren Übeln auch noch die schlimmsten hinzu, indem sie die Schriften der Propheten und die Evangelien nach ihrem eigenen törichten Sinn verdrehten und dem Volk verkündeten, daß das Reich Christi jetzt in unseren Tagen erneuert werde.[170] Dabei stellten sie viele und verschiedene Artikel auf, von denen einige häretisch sind, andere irrig und die Mehrzahl davon ärgerniserregend. Deren vornehmlicher Urheber, Verkünder und Verteidiger war ein gewisser junger Priester aus Mähren von hoher Bildung (elegantis ingenii) und von einem über die Maßen umfassenden Gedächtnis, Martin, genannt *Loquis* (Sprachgewaltiger) nach *loqui* (sprechen), weil er nicht Aussprüche der Lehrer, sondern das, was seine eigenen Gedanken waren, unerschrocken aussprach.[171] Seine vordersten Helfer waren Magister Johannes Jičín, Markold, Bakkalar in den Künsten, Koranda und die anderen früher genannten Priester der Taboriten. Und sie alle hatten hohe Achtung vor einem gewissen Wenzel, einem Schankwirt in Prag, der, allen voran in der Bibel bewandert, das Neue Testament durch das Alte auslegte und umgekehrt. – Es waren aber die unten niedergeschriebenen Punkte, die sie öffentlich lehrten.

1 Erstens, daß schon in der Vollendung des gegenwärtigen Zeitalters Christus *heimlich kommen wird wie ein Dieb*, 2 Petr 3,10
um in der neuen Ankunft sein Reich zu erneuern, worum wir beten: *Dein Reich komme*. Und in dieser Ankunft wird es Mt 6,10
nicht *eine Zeit* der Gnade geben, sondern *der Rache und* Jer 51,6
Vergeltung in Feuer und Schwert, und zwar so, daß alle Geg- Sir 18,24
ner des Gesetzes Christi durch *die letzten sieben Plagen* Offb 15,1; 6f 16
zugrunde gehen müssen, zu deren Ausführung die Gläubigen aufzurufen sind.

2 Weiter: In dieser Zeit der Rache ist Christus nachzuahmen nicht in seiner Milde und in seinem Erbarmen über die Sünder, sondern *im Eifer und Zorn* und *in gerechter Ver-* Ez 36,6 Hebr 2,2
geltung.

3 Weiter: In dieser Zeit der Rache ist jeder Gläubige, auch ein Priester oder wie immer auch sonst ein Geistlicher verflucht, der sein leibhaftiges Schwert vom Blut der Feinde des Gesetzes Christi fernhält, sondern er *muß seine Hände in* Ps 57,11 Vulgata
ihrem Blut waschen und heiligen.

4 Weiter: Wer immer in dieser Zeit der Rache das Wort Christi predigen hören wird, worin er sagt: *alsdann, wer in* Mk 13,14
Judäa ist, der fliehe auf die Berge; – und nicht aus Städten, Dörfern und Burgen zu den leibhaftigen Bergen hinausgeht, wo sich gerade die Taboriten oder ihre Brüder versammeln, der begeht eine Todsünde wider das Gebot Christi, und er wird in seiner Sünde den Tod finden, weil jetzt niemand vor den Plagen des Herrn gerettet werden kann, wenn er nicht zu den Gläubigen auf die Berge kommt.

5 Weiter: In dieser Zeit der Rache müssen alle Städte, Dörfer und Burgen verwüstet, zerstört und verbrannt wer-

den, weil nicht mehr weder Gott der Herr noch sonst jemand in sie eintreten wird.

6 Weiter (sagten sie), daß die Taboritenbrüder in dieser Zeit der Rache die Engel sind, die geschickt wurden, um
die Gläubigen aus allen Städten, Dörfern und Burgen auf die
1 Mose 19,15f Berge hinauszuführen wie den *Lot von Sodom* und daß die
Mt 24,28 Brüder mit ihren Anhängern jener Leib sind, bei dem sich,
Lk 17,37 wo immer er auch sein wird, auch *die Adler sammeln werden.* Von ihnen heißt es auch: *Jeder Ort, auf den euer Fuß*
5 Mose 11,24 *tritt, ist euer und wird es sein.* Sie nämlich sind das von Gott über die ganze Welt geschickte Heer zur Beseitigung aller Ärgernisse vom Reiche Christi, das die streitende Kirche ist, zur Vertreibung der Bösen aus der Mitte der Gerechten und zur Ausübung der Rache und der Plagen über die Nationen der Feinde des Gesetzes Christi und ihre Städte, Dörfer und Bollwerke.

7 Ebenso (sagten sie), daß in dieser Zeit der Rache in der gesamten Christenheit nur fünf leibhaftige Städte verbleiben werden,[172] zu denen die Gläubigen fliehen und dort gerettet werden müssen, während alle anderen wie Sodom untergegangen und zerstört sein werden.

8 Weiter: Der eine oder andere Teil von Ehegatten kann und muß, wenn der andere nicht einverstanden ist, ihn selbst wie auch die Kinder und alle anderen verlassen und auf die vorgenannten Berge oder in die genannten fünf Städte flüchten.

9 Ebenso (sagten sie), daß alle zeitlichen Güter der Feinde des Gesetzes Christi durch die vorgenannten Gläubigen beseitigt, weggenommen und verwüstet, zerstört und verbrannt werden müssen.

10 Weiter: Am Ende dieser Vollendung der Welt wird Christus vom Himmel herabsteigen und sichtbar in eigener Person kommen, und man wird ihn mit irdischen Augen
sehen, wie er das Reich in dieser Welt übernimmt, und er
vgl. Jes 25,6 wird *ein* großes *Gastmahl halten*[173] und das *Hochzeitsmahl*
Offb 19,9 *des Lammes* als *Hochzeit seiner Braut,* der Kirche, hier auf
21,9 den leibhaftigen Bergen. Und Christus, der König, *wird ein-*
Mt 22,11; 13 *treten, um die sich Lagernden zu besehen, und er wird alle,*
die keine hochzeitlichen Gewänder haben, in die äußerste

Finsternis hinauswerfen. Und wie zur Zeit Noes *alle außer-* 1 Mose 7,23
halb der Arche vom Wasser der Sintflut verschlungen wur-
den, so werden dann alle Bösen, die außerhalb der Berge
sind, in einem einzigen Augenblick verschlungen werden,
und so wird er alle Ärgernisse aus seinem Reich hinauswer-
fen.

11 Weiter: In dieser zweiten Ankunft Christi werden
vor dem *Tage des Gerichts* die Könige und Fürsten und alle Mt 11,22
Prälaten der Kirchen aufhören, und es wird in dem so wie-
derhergestellten Reich *keinen Zins* (tributum) *und keinen* Jes 14,4
Zinseintreiber (exactor) geben, weil die Söhne Gottes *ihre* Jos 10,24
Füße auf die Hälse der Könige setzen werden, und alle
Königreiche unter dem Himmel werden ihnen gegeben wer-
den; – im siebenten Kapitel (sic!) der Weisheit. Und so wer- vgl. Weish 6,3–9
den die Auserwählten weiter keine Verfolgung erleiden, son-
dern sie werden Vergeltung heimzahlen.

12 Weiter: In diesem erneuerten Reich wird es keine
Sünde geben, kein Ärgernis, kein Greuel, keine Lüge, denn
alle werden auserwählte Söhne Gottes sein, alle Leiden Chri-
sti und seiner Glieder werden aufhören.

13 Weiter: In der Kirche oder im erneuerten Reich wer-
den die Frauen ihre Kinder ohne Schmerzen und ohne Erb-
sünde gebären; – im 66. Kapitel (sic!) des Jesaja: *Sie werden*
gebären ohne Schrecken. Und im ersten Johannesbrief im Jes 65,23
5. Kapitel. Ebenso werden die in diesem Reich geborenen vgl. 1 Joh 5,18
Kinder niemals sterben, wenn sie von diesem Reich sind,
weil *der Tod* darüber hinaus *nicht mehr sein wird;* – in der Offb 21,4
Offenbarung im 21. Kapitel.

14 Weiter: Der Ruhm dieses so erneuerten Reiches wird
in diesem Leben vor der Auferstehung der Toten größer sein
als der Ruhm der Urkirche.

15 Weiter: *Die Sonne des* menschlichen *Verstandes* Weish 5,6
wird den Menschen in diesem erneuerten Reich nicht leuch-
ten, weil *nicht jeder seinen Nächsten belehren wird,* sondern Jer 31,34
sie werden alle von Gott gelehrt sein. Joh 6,45

16 Weiter: Völlig im Widerspruch zum Glauben sagten
sie, daß das so vollkommene Gesetz der Gnade[174] von dem
Zeitpunkt an, da es keine andere Weisung für den Menschen
geben wird, auf diesem (irdischen) Weg und im erneuerten

Reich ungültig werden und aufhören wird in bezug auf Wirksamkeit und Ausführung.

vgl. 1 Kor 11,18ff
17 Ebenso wird die Anordnung des Paulus betreffs des Zusammenkommens in der Kirche nach der Erneuerung (post reformacionem) nicht erfüllt werden, und man braucht sie auch nicht auszuführen, weil es keine Kirchen (templa) mehr geben wird; – im 21. Kapitel der Offenbarung, *denn*
Offb 21,22
der Herr, der allmächtige Gott, ist ihr Tempel. So wie nämlich Glaube und Hoffnung untergehen werden, ebenso auch die Kirchen.

Mt 24,30
18 Weiter: In dieser sichtbaren Ankunft wird Christus
Lk 9,26
auf den Wolken des Himmels und *in großer Herrlichkeit mit*
1 Thes 4,16
seinen Engeln kommen, und *alle, die in Christus gestorben sind, werden als erste* im Leibe *auferstehen* und mit ihm
1 Petr 4,5
kommen zu richten die Lebenden und die Toten. Darauf *werden alle* Auserwählten, *die* zu dieser Zeit noch *als Lebende zurückgelassen sind,* von den Enden der Erde im
1 Thes 4,17
Leibe *zugleich mit jenen auf den Wolken Christus entgegen in die Luft entrückt werden,* wie der Apostel sagt. – Und sie sagten, dies geschehe schnell innerhalb weniger Jahre, in denen noch einige von uns, die zurückbleiben, als Lebende die Heiligen Gottes sehen werden, wie sie auferstehen, und unter diesen den Magister Johannes Hus, weil der Herr diese Zeit der Rache dadurch, daß er das Weltenende beschleu-
Mt 24,22
nigt, *um der Auserwählten willen abkürzen wird.*

19 Weiter: Diese Auserwählten, die so zurückbleiben werden als Lebende, werden in den Zustand der Unschuld Adams im Paradies und wie Enoch und Elias[175] zurückgeführt, und sie werden ohne jeden Hunger und Durst und ohne eine andere, eine geistige wie leibliche Pein sein. Diese werden auch in einer heiligen Ehe und auf einem unbefleckten Ehelager körperlich hier auf Erden, und zwar auf den
Jes 65,23
Bergen, Söhne und Enkel zeugen *ohne jeden* Schmerz und *Schrecken* und ohne jegliche Erbsünde. Dann wird auch die
Mt 3,11
Taufe mit Wasser nicht nötig sein, denn *sie werden im Heiligen Geist getauft werden,* und es wird dort auch das sichtbare Sakrament der Eucharistie nicht geben, weil sie sich auf
1 Kor 11,24
die neue Weise der Engel sättigen werden nicht *zum Gedächtnis an das Leiden Christi,* sondern an seinen Sieg.

(60) Biblische Beweisführung der chiliastischen Artikel

Weiter: Für die Wahrheit vorstehender Artikel führten sie Stellen der Heiligen Schrift an, die sie nach ihrem eigenen Sinn deuteten. Ich habe dafür gesorgt, einen kleinen Teil davon für die Nachkommen zusammenzutragen, damit allen offenkundig sei, auf welche Weise törichte Köpfe einfache Leute verführt haben.[176]

Ich setze *als erstes* voraus, daß die folgenden Aussprüche,
deren erster in der Offenbarung im zehnten Kapitel geschrie-
ben steht, nämlich der, daß *in den Tagen (der Stimme) des* Offb 10,7
siebenten Engels, wenn er posaunen wird, soll vollendet wer-
den das Geheimnis Gottes, wie er hat verkündigt seinen
Knechten, den Propheten; – und der zweite Ausspruch bei
Daniel im 22. (sic!) Kapitel: *Wenn die Zerstreuung des heili-* Dan 12,7
gen Volkes ein Ende hat, soll solches geschehen – wahr sind.

Ich setze *zweitens* voraus: Von dem Zeitpunkt an, da sich alle vom Heiligen Geist durch die Propheten vorausgesagten Leiden Christi erfüllt haben werden, in dem Augenblick und nicht vorher werden im ganzen Hause allgemein die nachfolgenden prophezeiten Herrlichkeiten erscheinen.

Drittens, daß die Worte des Alten und Neuen Testaments sowie die Worte der Propheten und der heiligen Apostel, so wie sie niedergelegt sind und wie sie lauten, wahr sind und für wahr angeführt werden können.

Viertens, daß den göttlichen Worten nichts hinzugefügt und ihnen auch nichts weggenommen werden darf.

Nach Aufstellung dieser Voraussetzungen habe ich in fol-
gender Weise Stellung bezogen, die Grundlage fast aller mei-
ner Predigten ist: Schon jetzt in der Vollendung des Zeital-
ters kommt Christus an dem Tag, der *der Tag des Herrn* Joel 3,4
heißt, um nach Bezwingung *des widerspenstigen Hauses*[177] Apg 2,20 Ez 2,5
darin das Ende zu bereiten und durch Wiederherstellung der
Kirche diese *zum Lobpreis auf der Erde zu machen,* er Zef 3,19
kommt, um das Reich in dieser Welt zu übernehmen, *alle*
Ärgernisse und alle, die Unrecht tun, daraus zu vertreiben Mt 13,41
und nicht in dieses hineinzulassen *irgendein Gemeines und* Offb 21,27
das da Greuel tut und Lüge.

Unter *Ende* verstehe ich jenes, das Christus vorausgesagt

Mt 24,1–31 hat bei Matthäus im 24. Kapitel, von dem Matthäus Erwäh-
Mt 13,49f nung macht im 13. Kapitel und von dem Jesaja im 10. Kapi-
Jes 10,23 V tel so spricht: *Denn das Ende und seine Verkürzung wird*
Gott, der Herr der Heerscharen, verhängen. Dieses erläutert
Jer 30,11 Jeremias: *Denn ich will mit allen Heiden ein Ende machen,*
dahin ich dich zerstreut habe; aber mit dir will ich nicht ein
Ende machen; züchtigen aber will ich dich im Gericht (in
iudicio V), *daß du dich nicht für unschuldig haltest;* – bei
Jes 1,28 V Jeremias im 30. Kapitel. – *Da sie Gott verlassen haben, wer-*
den sie umkommen; – bei Jesaja im 1. Kapitel. Gleichwohl
werden bei einigen nur die Sünden ein Ende nehmen, und sie
werden aus Heidenvölkern zu Heiligen werden. Deshalb
Jes 30,27 steht geschrieben: *Seine Zunge ist wie ein verzehrend Feuer;*
– bei Jesaja im dritten (sic!) Kapitel. – *Er wird die Abtrünni-*
Jes 1,28 V *gen und Sünder zerschmettern;* – bei Jesaja im ersten Kapitel.
Zef 3,19 – *Siehe, ich werde alle umbringen, die dich bedrängen;* – bei
Sophonias im dritten Kapitel.

Zeitalter (seculum) nehme ich (in dem Sinn), wie es z. B.
der Apostel im Hebräerbrief im neunten Kapitel annimmt,
Hebr 9,26 wenn er so sagt: *Jetzt aber in der Vollendung der Zeiten.*
Indem er andeutet, daß es eine Mehrzahl von Zeitaltern
gebe, sagt er, daß einige schon vergangen sind. – Und wie es
z. B. auch Matthäus im 12. Kapitel annimmt, wenn er sagt:
Mt 12,32 *Eine Sünde wider den Heiligen Geist wird nicht vergeben*
werden in diesem Weltzeitalter (in hoc seculo), dessen Ende
Mt 13,40–43 Matthäus im zwölften (sic!) Kapitel voraussagt: *So,* sagt er,
Mt 13,40 *wird es in der Vollendung des Weltzeitalters* (seculi)
sein. Und indem er ankündigt, daß es ein anderes geben
wird, fügt er hinzu: *Auch nicht im zukünftigen.* – Und wie-
derum eine andere Stelle, wenn es bei Lukas im 20. Kapitel
Lk 20,35 heißt: *Jene aber, die für würdig befunden werden jenes Welt-*
zeitalters. Er sagt nicht *des künftigen,* sondern *jenes* usw.
Und indem sie so definieren, setzen sie eine größere Zahl von
Zeitaltern an, wobei sie einen Unterschied beibehalten zwi-
schen Zeitalter und Welt (inter seculum et mundum). Wenn
nämlich eine deutlich erkennbare Veränderung in den Men-
schen stattfindet, dann endet ein Zeitalter. Vollendung eines
Zeitalters nenne ich also die Veränderung der Guten zu
einem Besseren und die Austilgung der Bösen, weil geschrie-

ben steht: *Denn ich will mit allen Heiden ein Ende machen,* Jer 30,11
aber mit dir will ich nicht ein Ende machen; – bei Jeremias
im 30. Kapitel.

Tag des Herrn nenne ich den *Tag der Rache*, über den Joel 3,4
Jesaja im 63. Kapitel (sagt): *Der Tag der Rache aber in mei-* Apg 2,20
nem Herzen kommt als Jahr meiner Vergeltung.[178] – Und im Jes 63,4 V
61. Kapitel: *Der Heilige Geist hat mich gesandt, ein Jahr der* Jes 61,1f
Gnade zu verkündigen und einen Tag der Rache. – Darüber
steht auch bei Lukas im vierten Kapitel geschrieben. – *Dieser* Lk 4,19
Tag, wie ein Dieb in der Nacht, so wird er kommen; – im 1 Thess 5,2
ersten Thessalonicherbrief im fünften Kapitel. – *Und er wird*
durchs Feuer offenbar werden; – im ersten Korintherbrief im 1 Kor 3,13
dritten Kapitel. – Wie freilich der Abfall vorausgehen wird,
das hat der Apostel im zweiten Thessalonicherbrief im zwei- 2 Thess 2,3
ten Kapitel vorausgesagt, wovon auch Zacharias im Sach 14,1f
14. Kapitel spricht.

An diesem Tag kommt *„der, der da kommt"*, Christus; – Hab 2,3
bei Habakuk im zweiten Kapitel; und der *„Er ist gekommen,* Lk 7,34
ißt und trinkt, und er wird ein Fresser und Weinsäufer
genannt" – bei Lukas im siebenten Kapitel. Da er *auf makel-* Ps 100,2 V
losem Wege kommt, *frohlocken die Frommen und Gottes* Ps 149,5 V
Lobpreis ist in ihrem Mund; – im hundertsten (sic!) Psalm. –
Und *ein Lobgesang ist ihnen* im 150. Psalm *wie die Stimme* Jes 30,29 V
eines heiligen Festes, und sie freuen sich von Herzen, wie
wenn einer mit Flötenspiel geht (zum Berge des Herrn; nicht
im Text); – bei Jesaja im dritten (sic!) Kapitel und im
100. Psalm. – Und sie begreifen (das Wort): *Am Ende der* Jer 23,20 V
Tage werdet ihr die Pläne des Herrn klar erkennen; – bei Jer 30,24
Jeremias im 23. und im 30. Kapitel, denn *das Buch ist schon* Jes 29,11
versiegelt worden; – bei Jesaja im 29. und bei Daniel im Dan 12,4; 9
12. Kapitel. Beim *Lösen der sieben Siegel* – Johannes – ist es Offb 5,5
aufgeschlagen. Denn der schon kommende Christus wird in 6,1; 8,1ff
Unschuld inmitten seines Hauses wandeln, und er tut Werke
der Barmherzigkeit. Dennoch fällt er aber auch gerechte
Urteile gegen jeden, *der anklopft,* dadurch daß er den Bösen Mt 7,7
nicht kennt, weil er, ohne zu wissen, dem Bösen zu öffnen,
zu ihnen so spricht: *Ich kenne euch nicht;* – bei Matthäus im Mt 25,12
25. Kapitel. – Schon verfolgt er die Priester, die den Näch-
sten heimlich verleumdet haben. Schon beginnt er, mit dem

Jes 44,25 stolzen Auge eines Magisters nicht das Brot der *Weisheit* zu
essen, das er *zurückweist und deren Wissen er zur Torheit*
1 Kor 1,19f *macht;* – bei Jesaja im 44. Kapitel und im ersten Korinther-
brief im ersten Kapitel. Und dem ungesättigten Herzen der
Geizigen verweigert er auch seine Sakramente. Die Unbe-
fleckten, d. h. die Priester, die besitzlos sind und jeglichen
Staub von Begierde abgeschüttelt haben, sitzen zusammen
mit Gott und dienen Christus schon jetzt. Schon schickt er
sich an, den, der hochmütig ist, aus dem Hause zu stoßen,
schon kann er den, der verkehrte Worte seiner Sündhaftig-
keit spricht, mit den gültigen Aussprüchen der Schrift (aucto-
Jes 54,17 V ritatibus scripture) nicht lenken, weil *ein Gefäß, das gegen*
dich gebildet ist, sich nicht wird lenken lassen; – bei Jesaja
im 54. Kapitel. Was bleibt also noch übrig, als daß er *am*
Ps 100,8 V *Morgen die Sünder vertilgt und alle Übeltäter aus der Stadt*
Jes 17,14 V *Gottes ausrottet.* – *Das ist der Anteil unserer Räuber und das*
Los derer, die uns das unsere nehmen; – bei Jesaja im
17. Kapitel.

Ps 100,1 Im hundertsten Psalm, nämlich: „*Von Gnade und Recht*
will ich singen, Herr", werden die Zeichen dieser Ankunft
Ps 100,2 V niedergelegt, wo es heißt: *Ich will dir lobsingen und darauf*
achten; wann kommst du zu mir auf makellosem Weg? –
Schon lobsingen auch die Kinder, und einige erkennen die
Jes 30,27f V Geheimnisse des Verborgenen. *Es kommt nämlich der Name*
des Herrn aus der Ferne mit flammendem Zorn, der schwer
zu ertragen ist, seine Lippen sind voll Grimm und seine
Zunge wie ein verzehrend Feuer, sein Atem wie ein reißender
Sturzbach, der bis an die Mitte des Halses reicht, um die
Völker zu vernichten und den Zaum des Irrtums – das heißt
also, die Ketzerbestimmungen –, *der in den Kinnbacken der*
Jes 34,2 V *Völker war;* – bei Jesaja im 30. Kapitel. *Denn der Herr ist*
erzürnt über alle Völker, und sein Zorn auf alle ihre Bosheit
hat sie getötet und zum Schlachten überantwortet; – bei
Jes 33,10–12 V Jesaja im 38. (sic!) Kapitel. *Denn nun will ich mich aufma-*
chen, spricht der Herr, nun will ich mich emporrichten, nun
will ich mich erheben. Ihr werdet mit Stroh schwanger
gehen, ihr werdet Stoppeln gebären. Euer Atem wird euch
wie Feuer verzehren, und die Völker werden sein wie Asche
nach dem Brand, wie eingesammelte Dornen werden sie im

Feuer verbrannt werden. – Und deshalb *sind die Sünder zu Sion zerknirscht, ein Zittern packte die Heuchler* – bei Jesaja im 33. Kapitel –, *die ein ungehorsames Haus sind;* – bei Ezechiel im dritten Kapitel. Denn es kommt *der wilde Krieger, und er springt mitten in das der Ausrottung geweihte Land,* und in einem einzigen Augenblick wird das vornehmlich gerühmte Geschlecht (preclara nacio) zugrunde gehen, das heißt, der himmlische Stand der Priester wird schnell und plötzlich vernichtet werden; – im Buch der Weisheit im 18. Kapitel – und *der Himmel wird mit großem Krachen zergehen* – im zweiten Petrusbrief im dritten Kapitel –, und *Himmel und Erde werden beben;* – bei Joel im dritten Kapitel.

Jes 33,14 V
Ez 3,9
Weish 18,15
2 Petr 3,10
Joel 3,16

Was das *Lob auf die Kirche* betrifft, so achte ich auf folgendes: Erstens, daß sie gesammelt werden wird; zweitens, daß sie gereinigt wird; drittens, sie wird um ein Vielfaches an Umfang zunehmen; viertens, ihr wird der Friede geschenkt werden (pacificabitur); fünftens, sie wird an Herrlichkeit als gleichwertig mit den Urchristen eingesetzt werden; sechstens, daß sie von größerer Herrlichkeit sein wird, als sie jemals war. Daß solches für die Kirche von Gott dem Herrn alle Heiligen im Gebet erbitten möchten, dazu fordert er durch Jesaja so auf: *Ihr, die ihr euch auf Gott besinnt, schweiget nicht; laßt auch Gott keine Ruhe, bis er Jerusalem wieder aufbaut und es als Lobpreis auf die Erde setzt;* – bei Jesaja im 62. Kapitel. Auf was für eine Erde, das erklärt Sophonias, wenn er sagt: *Ich will sie (die Tochter Sion) zu Lob und Ehre machen in allen Landen, darin man sie verachtet;* – bei Sophonias im dritten Kapitel.

Jes 62,6f V
Zef 3,19

Von der *Sammlung der Kirche* und ihrer *Einheit.* – *Und ich habe noch andere Schafe,* sagt Christus, *die sind nicht aus diesem Stalle; und dieselben muß ich herführen, und sie werden meine Stimme hören;* – bei Johannes im zehnten Kapitel. – *Und er wird senden seine Engel (mit hellen Posaunen), und sie werden sammeln seine Auserwählten von den vier Winden;* – bei Matthäus im 24. Kapitel. – *Siehe, ich will sie sammeln aus allen Landen, dahin ich sie verstoßen habe durch meinen Zorn, Grimm und große Ungnade, und will sie wiederum an diesen Ort bringen, daß sie sollen sicher woh-*

Joh 10,16
Mt 24,31
Jer 32,37–41

nen, und sie sollen mein Volk sein, so will ich ihr Gott sein, und ich will ihnen ein einziges Herz und einen einzigen Weg geben, daß sie mich fürchten sollen ihr Leben lang, und es wird ihnen und ihren Kindern nach ihnen wohlergehen, und ich will einen ewigen Bund mit ihnen machen – wenn du das liest, vermerke es wohl –, *und ich will nicht ablassen, ihnen Gutes zu tun, und will ihnen meine Furcht ins Herz geben, daß sie nicht von mir weichen, und soll meine Lust sein, daß ich ihnen Gutes tue; und ich will sie in diesem Lande pflan-*
Jes 52,8 *zen treulich;* – bei Jeremias im 32. Kapitel –, und *von Auge zu Auge werden sie schauen, wenn der Herr die Gefangenschaft Sions gewendet hat* – bei Jesaja im 22. (sic!) Kapitel –,
Jer 16,14 denn *siehe, es werden die Tage kommen, daß man nicht mehr sagen wird: So wahr der Herr lebt, der die Kinder Israel aus Ägyptenland geführt hat, sondern: So wahr der Herr lebt, der die Kinder Israel geführt hat aus allen Ländern;* – bei Jeremias im 16., 23. und 31. Kapitel. – Denn
Ez 36,23f *wenn ich mich auch erzeige, daß ich heilig sei, will ich euch aus allen Landen holen* – bei Ezechiel im 36. Kapitel.

Diese Zusammenscharung und Sammlung sind ganz gewiß im Kommen, weil auch Christus sie vorausgesagt hat. In diesen Versammelten wird sich alles nach dem guten Sinn des Heiligen Geistes erfüllen, was im Ausspruch des Jeremias berührt ist, der in Wahrheit in Erfüllung gehen muß und der zeigt, daß beim Weggang der Väter noch jetzt die Söhne an ihre Stelle treten werden, jedoch immer wenn man das
5 Mose 30,4 gemäß dem Plan des Heiligen Geistes begreift: *Gott wird die Seinen sammeln, auch wenn sie bis an der Himmel Ende verstoßen wären;* – im Deuteronomium im 20. (sic!) Kapitel.

Von Reinigung und Läuterung der Kirche

Mt 3,12 *Christus wird nämlich seine Tenne fegen* – bei Matthäus
Joh 15,2 im dritten Kapitel – und *eine jegliche Rebe, die in Christus Frucht bringt, wird der Vater* – wenn die schlechten Reben weggenommen werden – *reinigen, daß sie mehr Frucht bringe;* – bei Johannes im 15. Kapitel. – Siehe, das berührt auch noch ein Verdienst, weil der Weinberg, wenn bei der Ankunft des Herrn die Bösen ein schlimmes Ende finden werden, denen überlassen wird, die Frucht bringen. Denn die

Auserwählten *werden mit reinem Wasser besprengt und von* Ez 36,25
aller Unreinigkeit rein werden; – bei Ezechiel im 36. Kapitel.
Und *im Glauben erprobt, wie wenn im Feuer Gold bewährt* 1 Petr 1,7
wird, werden sie rein erscheinen *am Tage der Offenbarung;*
– im ersten Petrusbrief im ersten Kapitel. Denn *die Söhne* Mal 3,3f
Levi werden gereinigt werden, und er wird sie läutern wie Gold und Silber, und deshalb werden sie rein sein und Speiseopfer darbringen in Gerechtigkeit, und dann wird das Opfer Judas' und Jerusalems Gott gefallen wie vormals und vor langen Jahren. – Und wiederum bringt er verdienstvolle
Werke, es heißt wieder: *Ich will meine Hand wider dich keh-* Jes 1,25–28 V
ren und deine Schlacken aufs lauterste ausschmelzen, all dein Zinn werde ich entfernen. Und ich werde wieder deine Richter einsetzen, wie sie früher waren, und deine Ratsherren wie in alter Zeit. Dann wird man dich nennen die Stadt der Gerechtigkeit, die treue Stadt Sion. Durch Recht wird Sion erlöst werden, und man wird es in Gerechtigkeit zurückführen. Er wird die Abtrünnigen und Sünder zugleich vernichten, und die ihn, den Herrn, verlassen haben, werden
umkommen; – bei Jesaja im 1. Kapitel. – *Und siehe, ich* Zef 3,19
werde alle umbringen, die dich unterdrückt haben; – bei Sophonias im dritten Kapitel.

Vom *Wachstum der Kirche.* – *Wenn die Reben gereinigt* Joh 15,2
sind, werden sie nämlich mehr Frucht bringen; – bei Johan-
nes im 15. Kapitel. – Und *der Hochzeitssaal wird sich mit* Mt 22,10
Hochzeitsgästen füllen – bei Matthäus im 22. Kapitel –, weil Lahme und Taube, die an jenem Tag die Stimme des Herrn hören, zusammenströmen werden. Deshalb heißt es bei Jere-
mias im 31. Kapitel: *Siehe, ich will sie aus dem Lande des* Jer 31,8f V
Nordwinds bringen und sammle sie von den Enden der Erde, unter ihnen Blinde und Lahme, Schwangere und Wöchnerinnen, als große Gemeinde kehren sie hierher zurück, weinend werden sie kommen und betend, ich (aber) werde sie über Wasserbäche auf den rechten Weg geleiten; – bei Jeremias im
31. Kapitel. – *Denn die Kinder der Unfruchtbarkeit werden* Jes 49,20f V
sagen: Mir ist der Platz hier zu eng, schaffe mir Raum, wo ich wohnen kann. Ihre Mutter wird in ihrem Herzen sprechen: Wer hat mir diese geboren? Ich war unfruchtbar und kinderlos, vertrieben und in Gefangenschaft. Wer wird diese

aufziehen? Ich, die Verlassene und Einsame? Und wo werden
vgl. 54,1f *diese sein?* – bei Jesaja im 49. und 60. (sic!) Kapitel. – *Denn*
5 Mos 30,5 *wenn der Herr, dein Gott, die Söhne in das Land, das ihre Väter besessen haben, zurückführt, dann wird er sie segnen und zahlreicher machen, als ihre Väter waren;* – im Deuteronomium im 30. Kapitel.

vgl. Mt 8,26 *Vom Frieden der Kirche. – Wenn Jesus sich erhebt, wird er den Winden und dem Meere gebieten, und es wird eine große Stille sein an jenem Tage;* – bei Matthäus im achten Kapitel. – Die Auserwählten werden Frieden haben mit Gott, weil er ihnen nicht mehr zürnen wird, wie geschrieben steht:
Jes 54,8f V *Ich habe mein Angesicht im Augenblick des Zornes ein wenig vor dir verborgen; aber mit ewiger Gnade will ich mich dein erbarmen, spricht der Herr, dein Erlöser. Wie in den Tagen des Noe soll mir dies sein, dem ich geschworen habe, daß ich die Wasser der Sintflut nicht mehr über die Länder führen will, ebenso habe ich geschworen, dir nicht zu zürnen und dich nicht zu schelten.* – Und weiter unten:
Jes 54,10 V *Meine Barmherzigkeit wird nicht von dir weichen, der Bund meines Friedens wird nicht wanken,* sie werden mit den Menschen Frieden haben. Denn Könige werden ihnen die-
Jes 60,12 nen, *und ein Volk, das ihnen nicht untertan ist, wird zugrunde gehen;* – bei Jesaja im 60. Kapitel. – *Der Unter-*
Jes 14,4 V *drücker wird verschwinden, der Zins wird ein Ende haben;* – bei Jesaja im 14. Kapitel. Sie werden von den Weiten dieser
Jes 32,7 V Welt nicht behindert werden wie jetzt, denn *die so bösen Gefäße des Betrügers – der Pläne ausheckt* (cogitaciones concinnat), *um die Friedfertigen in der Rede der Lüge zu verderben, wenn der Arme Recht sprechen wird;* bei Jesaja im 32. Kapitel –, sie wird es nicht geben. Schon werden sie (die
Jes 54,17 Armen) endlich *jede Zunge, die sich ihnen widersetzt, im Gericht verdammen;* – bei Jesaja im 54. Kapitel. Denn *aus*
Zef 3,11f V *ihrer Mitte werden die Großsprecher des Hochmuts* (magniloqui superbie) *entfernt werden, und es wird unter ihnen das arme Volk übrig bleiben* – bei Sophonias im dritten Kapitel.
Jes 60,17 V – *Ich will*, spricht der Herr, *als deine Heimsuchung den Frieden einsetzen;* – bei Jesaja im 60. Kapitel. Denn die letzten
Lk 1,79 Heiligen sind *die Füße, die auf den Weg des Friedens zu*
Ps 147,14 *lenken sind;* – bei Lukas im ersten Kapitel. *Als ihre Grenze*

hat Gott den Frieden gesetzt; – im 147. Psalm. Diesen Füßen
wird nichts als Schemel gesetzt werden, die sich bekleiden
werden mit Schuhwerk, das den Früheren versagt wurde,
sich über Edom hinauszustrecken, mit dem der verschwende-
rische Sohn *(filius prodigus)* bekleidet wurde, als er zum Lk 15,22
Vater kam. Deshalb heißt es: *Ich will die Fülle des Friedens* Jes 54,13 V
setzen deinen Söhnen; – bei Jesaja im 54. Kapitel.

Vom gleichen Ruhm mit den Ersten. – Denn die *Tage der*
Heiligen werden erneuert werden wie am Anfang; – im letz- Klgl 5,21 V
ten Kapitel der Klagelieder. Und die Heiligen *werden erben*
wie im Anfang; – im Ecclesiasticus im 36. Kapitel. Und *sie* Sir 36,13
werden sein, wie sie gewesen sind, weil sie nicht verstoßen
worden waren – bei Zacharias im 10. Kapitel. – *Sie werden* Sach 10,6
zu ihren Ländereien zurückkehren; – bei Jeremias im Jer 23,3
23. Kapitel. *Sie werden ausgesät werden und werden wach-* Ez 36,11
sen und Berge bewohnen wie im Anfang; – bei Ezechiel im
36. Kapitel. *Sie werden sich wieder aufbauen und mit Pauken* Jer 31,4
schmücken, und sie werden ausziehen im Reigen der Fröhli-
chen; – bei Jeremias im 31. Kapitel und Zacharias im
10. Kapitel. Denn *diese letzten haben nur während einer* Mt 20,12
Stunde gearbeitet, und sie wurden denen gleichgesetzt, die
die Last des Tages und der Hitze trugen; – bei Matthäus im
20. Kapitel.

Von der größeren Herrlichkeit des letzten Hauses

Wenn aus dem Reiche Christi alle Ärgernisse und *diejeni-* Mt 13,41
gen, die da unrecht tun, vertrieben sind, worauf dann *der*
Tag anbrechen und der Morgenstern in den Herzen aufgehen 2 Petr 1,19
wird, dann *werden die Gerechten leuchten wie die Sonne;* – Mt 13,43
bei Matthäus im 13. Kapitel. *Es wird ihnen nicht mehr die* Jes 60,19
Sonne der menschlichen Vernunft scheinen – bei Jesaja im
60. Kapitel –, sondern sie selbst werden zum *Licht der Hei-* Jes 49,6
den sein; – bei Jesaja im 49. Kapitel. Schon werden sie sich
freuen, wenn sie sehen *die Rache (videntes vindictam),* ja Lk 18,7
wenn sie sogar *Rache nehmen (vindictam facientes);* – bei
Lukas im 19. (sic!) Kapitel. Denn diejenigen, die die Kirche
42 Monate mit den Füßen getreten haben – in der Offenba- Offb 11,2
rung im elften Kapitel –, werden den Füßen, d. h. den letzten
Heiligen zum Ärgernis gereichen. Welchen die Apostel *als*

1 Kor 4,13; 9 *ein Auswurf (peripsema) berüchtigt waren und wie für den*
Jes 60,14 *Tod bestimmt,* deren *Söhne werden kommen und tief*
gebückt vor den Spuren der Füße niederfallen; – bei Jesaja
Jes 62,7 im 60. Kapitel. Denn schon *werden sie eingesetzt* und wer-
den *zum Lobe* gereichen *auf Erden;* – bei Jesaja im 62. Kapi-
Zef 3,19 tel, und zwar *im Lande, wo sie Schmach erlitten (in terra*
confusionis sue) – bei Sophonias im dritten Kapitel. – Schon
Joh 16,20 *wird sich* ihre *Trauer in Freude verwandeln* – bei Johannes
im 16. Kapitel.

Dies alles in Verbindung mit dem Vorausgehenden zeigt
Hag 2,9 die *Herrlichkeit des letzten Hauses, die bei weitem größer ist*
als die des ersten; – bei Haggäus im zweiten Kapitel –, und es
Ez 36,11 zeigt an, daß die Auserwählten künftig *mit größeren Gaben*
beschenkt werden, als wie sie von Anfang an hatten; – bei
Ezechiel im 36. Kapitel. Und dies alles wird geschehen in
Wahrheit von da an, wenn alle Leiden Christi vollendet sind.
Das zeigt der Apostel an, wenn er in einem Gleichnis so
spricht – im ersten Korintherbrief im dreizehnten (sic!) Kapi-
1 Kor 12,21 tel: *Es kann das Haupt nicht sagen zu den Füßen* usw. bis zur
1 Kor 12,26 der Stelle: *Und so ein Glied wird herrlich gehalten, so freuen*
sich alle Glieder mit. – Der Sinn dieses Gleichnisses, so
behaupte ich fest, ist auch der, daß es eben den Körper
vgl. 1 Kor 6,2ff meint, in dem es auch Rangstufen gibt und worin die, welche
weniger gelten, zum Gericht eingesetzt werden sollen. Und
wem in einem solchen Körper Ehre gebührt, dem soll sie
auch gegeben werden. Dennoch versteht er dies auch von
jenen letzten Heiligen, wenn er die Füße nennt, die auch
diese Erde zum Erbe erhalten sollen, weshalb geschrieben
1 Mos 17,8 steht: *Und ich will dir und deinem Samen geben das Land,*
darin du ein Fremdling bist, das ganze Land Kanaan zu ewi-
gem Besitz und will ihr Gott sein – in der Genesis im
27. (sic!) Kapitel, und ebenso bei Daniel im siebenten Kapi-
Dan 7,27 tel: *Das Reich, das unter dem gesamten Himmel ist, soll dem*
Volk der Heiligen gegeben werden.

(61) Von den Schäden im Königreich Böhmen

Durch die also vorausgeschickten irrigen, häretischen und ärgerniserregenden Lehren hatten sich deshalb die Her-

zen vieler Leute, nicht nur der Taboriten, sondern auch der
Prager und besonders zahlreicher Schwestern, die wir
gewöhnlich Beginen nennen, anstecken lassen. Die so Ange-
steckten, die fast völlig jegliche Gerechtigkeit, Demut und
Barmherzigkeit abgelegt und die Geduld vergessen hatten,
stürzten sich nicht wie Menschen, die mit dem Gebrauch der
Vernunft ausgestattet sind, sondern wie unvernünftige wilde
Tiere, reißende Hunde und brüllende Löwen ungestüm auf
alle, die obengenannten Sätzen nicht zustimmen wollten, und
peinigten sie mit Beraubung, Feuer oder verschiedenen ent-
ehrenden Strafen, so daß das einst ruhmreiche Königreich
Böhmen allen Nationen *zum Schauspiel* und für immer *zum* Hebr 10,33
Sprichwort preisgegeben wurde. Denn niemals vorher *hat ein* Ez 14,8 1 Kor 2,9
*Auge gesehen und ein Ohr gehört und ist in ein Menschen-
herz gedrungen,* was und welcherart Untaten nach den
unheilvollen Lehren geschahen und ausgeführt wurden durch
Einwohner des Volkes von Böhmen, die zu sagen pflegten,
daß sie für die Freiheit des Gesetzes Gottes gegen alle Diener
des Antichrist die Waffen erhoben hätten. Und so verfolgten
sie alle, die den vorgenannten phantastischen Lehren nicht
zustimmten oder ihnen widersprachen, auf vielgestaltige
Weise, wobei sie Arme ausplünderten und Untergebene jäm-
merlich und unbarmherzig peinigten, nicht Kleriker, nicht
Mönche, nicht Nonnen, nicht fromme Personen, nicht Kir-
chen und auch nicht Häuser schonten, sondern alles, was
unter Aufgeben der Gottesfurcht die Hände der Taboriten
ergreifen konnte, zerrissen, zertrümmerten, verbrannten oder
vernichteten sie. Es gibt keinen Federkiel, der so viele und so
verbrecherische Taten beschreiben könnte und *wie Ungeheu-
erliches* (quanta) *damals der Feind böswillig verübt hat* Ps 73,3
gegen die heilige Kirche. Es erstarkten die Feinde der Kirche,
es wurden ermutigt, *die unrecht tun,* und in freier Willkür –
wehe – der Unmenschlichkeit quälten und verfolgten sie die
Christen des Herrn und *das auserwählte Geschlecht (popu-
lum acquisicionis)* mit Feuer, Schwert und Dreschflegeln wie
die Schergen Neros. Ach, wieviel Städte, Marktflecken, Dör-
fer und Burgen hat zusammen mit den Bewohnern der Feuer-
schlund verzehrt! Auch König Sigismund, der offene Verfol-
ger der Wahrheit, auf der einen und noch grausamer die

Taboriten auf der anderen Seite haben durch Anzünden von Feuerbränden das edle und fruchtbare Land Böhmen beinahe bis auf den Grund und Boden vernichtet dadurch, daß sie nicht nur Kirchen und Klöster, sondern sogar Menschen, Laien wie auch Geistliche, unmenschlich verbrannten.

Nach der gewaltsamen Einnahme der Stadt Prachatitz an der bayerischen Grenze erschlug nämlich eine blutbefleckte Schar der Taboriten auf den Straßen grausam mit Dreschflegeln und mit dem Schwert 135 Menschen wie Schweine und schloß 85 in der Sakristei der Kirche ein, steckte Fässer und Stroh an und verbrannte sie ohne jedes Erbarmen ungeachtet dessen, daß sie mit gebeugten Knien auf der Erde und mit gefalteten, zum Himmel erhobenen Händen herzerweichend flehten, den Armen Zeit zum Bußetun zu geben, und daß sie alles tun wollten, was auch immer sie befehlen würden.[179]

Dasselbe geschah den Deutschen in Bistritz/Bystřice.[180] – Die Stadt Vodňany aber erlebte, daß ihre treuen Priester, die die Leute unter beiderlei Gestalt im Sakrament gestärkt hatten, von den Folterknechten in einen brennenden Kalkofen geworfen und verbrannt wurden. Auch als die Burg Říčany eingenommen war und man elf Priester ergriffen hatte, die versprachen, den Glauben der Taboriten anzunehmen, schlossen sie diese in der Stube eines Bauern ein und machten sie im Feuerbrand zu Asche.[181]

Ähnlich ging es zu, als die Burg Přiběnice durch Anordnung des Priesters Koranda eingenommen war. Sie ergriffen daselbst den Mönch Hermann, Bischof von Nikopolis, der fast alle Priester der Taboriten auf (Burg) Lipnitz geweiht hat, und ertränkten ihn mit zwei anderen Priestern im Wasser des Flusses,[182] und es konnte den Bischof nicht retten, daß er unter Tränen weinend bat, sie sollten sein Leben schonen, denn er wolle, soviel sie wünschten, zu Priestern weihen und sich ihrer Gemeinschaft anschließen und dabei alle ihre Lehren festhalten. Aber die Taboriten hatten taube Ohren. Sie sagten, die Zeit sei nämlich gemäß den vorerwähnten häretischen Schlußfolgerungen eine so große Zeit der Rache, und so gebe es keine Schonung und sie vollbrächten kein Werk der Barmherzigkeit für geistliche wie auch für weltliche Gegner des Gesetzes Gottes, sondern sie rotteten alle aus dem erneuerten Reich Christi als Feinde Gottes unmenschlich aus.

Aber auch ihre Priester waren nicht frei von diesem unerhörten Verbrechen, von denen einige für ihre anderen Brüder einem unschuldigen Tod zustimmten, andere aber, die im Brustpanzer mit Köcher und Lanze wie Ritter zu Pferde einherritten, töteten mit *Schwert und Feuer* solche, die ihnen Sir 39,35f
nicht zustimmten, wobei sie sagten, man müsse nach dem Schriftwort *die Hände im Blute des Sünders waschen,* und Ps 57,11
wenn daher jemand zehn oder zwanzig töte, könne er durch das Waschen der Hände im Blute der Getöteten sofort ohne jede Beichte zur heiligen Kommunion herangehen, denn je mehr Feinde des Gesetzes Gottes jemand töte, einen desto größeren Lohn müsse er bei Gott erwarten zusammen mit der *Krone (des Lebens).* Deshalb müßten die Leute, das ein- Offb 2,10
fache und *blinde* Volk, wenn es *blinden Führern folge,* fürch- Mt 15,14 Lk 6,39
ten, *in die Grube* der ewigen Verdammnis *zu fallen,* ohne jemals herauszukommen. Auf Grund vorerwähnter Aufrufe übten sie nämlich eine alle wilden Waldtiere übersteigende unerhörte tyrannische Grausamkeit auf ihren verkehrten Wanderzügen (in viis contrariis). Und oft hat man sie gesehen, wie sie noch blutige Hände hatten und das Sakrament des Altars – hoffentlich nicht *zum Gericht – aßen und tranken.* Und es befiel eine nicht geringe Angst vor den Tabori- vgl. 1 Kor 11,29
ten die Bewohner des Königreiches, weil sie nicht wußten, was sie tun oder welcher Partei sie angehören sollten. Und es geschah, daß viele, ebenso Edelleute wie Landvolk, nachdem sie alles verlassen hatten, sich den Taboriten anschlossen, die einen, weil sie ihrem Gesetz mit Eifer anhingen, das sie durch falsche Schriftauslegung sich zu eigen machten, andere unter dem Zwang der Angst und manche, um zu rauben und *Diener des ungerechten Mammons zu werden.* Einige riefen Lk 16,9
sogar die Nachbarn zusammen und sagten: „Räumt eure Häuser von hier von meinem Anwesen weg, denn ich will es sofort niederbrennen und zum Berg Tabor oder zu den *fünf* vgl. Anm. 172
Städten fliehen, um meine Seele zu retten.“ Und nach Anzünden des eigenen Hauses wurde bisweilen aus dem vorgenannten Brand das ganze Dorf eingeäschert. Und man hörte das Wehklagen der Armen, denn die Frauen saßen mit den

kleinen Kindern da und weinten und hatten nichts zu trinken oder zu essen oder das Haupt zur Ruhe zu legen. Wer dieses Elend gesehen hätte, außer wenn er ein Herz von Stein hatte, der hätte sich keinesfalls von Tränen enthalten können, und er hätte dabei sagen müssen: Dies ist nicht das Gesetz Got-
Mt 25,35 tes, das *den Nackten zu bekleiden, den Hungernden zu speisen und den Dürstenden zu tränken* vorschrieb, sondern das
vgl. Mt 25,41f Gesetz des *Teufels,* das den Bekleideten durch Beraubung entblößt, dem Hungernden und Dürstenden Brot und Getränk durch Verbrennen aufzehrt.

Es gab auch noch eine andere sehr böse Gewohnheit der Taboriten: Damit ihre Zahl sich nicht vermindere, sondern wachse, nahmen sie alle Pfarrer und Priester, die rings um ihre Pfarrkirchen ihre Schafe getreu mit dem Wort und dem Sakrament beiderlei Gestalt weideten, gewaltsam von ihren Pfarreien oder Kirchen gefangen, wobei sie während des Gottesdienstes die Gewänder des Ornates an ihnen zerrissen, und sie schleppten sie gefesselt auf die Burganlage von Tabor, damit so das seine treuen Priester entbehrende Volk dazu angetrieben würde, schneller zu ihnen zu kommen. Und Furcht erfaßte alle im Lande residierenden Priester, die den Irrlehren der Taboriten nicht zustimmen wollten. Deshalb flohen die treuen Pfarrer und Priester, die das Volk unter beiderlei Gestalt kommunizierten, nach Prag, die untreuen aber und Gegner der obengenannten Kommunion nach Kuttenberg, Leitmeritz, Kouřim, Nimburg, Kolin, (Böhmisch) Brod, Budweis und die anderen befestigten Städte, deren Bürger mit ihren Gotteslästerungen nicht einverstanden waren. Deshalb gab es in Budweis soviel Zugezogene, daß man, wenn nur die Priester und Mönche der Gemeinde einen Groschen zur Verteidigung der Stadt beisteuerten, zehneinhalb Schock Groschen erhielt. – Auch von Prag zogen alle Gegner der heiligen Kommunion, die Doktoren der Theologie, des Rechtes oder der Medizin und die Magister der Künste wie auch Prälaten, Pfarrer, Priester und Mönche in ähnlicher Weise mit den Gegnern ab, während als einziger nur der Pfarrer von Sankt Michael, nämlich Magister Christian,[183] und ein einziger Prälat, der Kanonikus von Sankt Apollinaris, Herr Petrus, zurückblieben, weshalb auch die nach Prag hinzugekommenen Priester die Kirchen aller Pfarrer in Besitz nahmen.

Im Lande aber sah man über viele Meilen hin keinen Priester, der dem Volk die Sakramente spendete. Die Taboriten freilich zogen zu Pferde und zu Fuß mit ihren Priestern im Königreich umher und verbrannten da und dort ihre Gegner, die ihren Lehrmeinungen (sentenciis) nicht zustimmten, und zwar die Leiber zusammen mit dem Besitz, und sie eroberten im Sturm und innerhalb einer kurzen Zeitspanne, auch wenn sie fast uneinnehmbar waren, ihre Burgen und festen Plätze, worüber ausführlich weiter unten die Rede ist. Dabei ging ihnen immer ein Priester mit dem verehrungswürdigen Sakrament des Leibes Christi – dieser in einer hölzernen Monstranz auf einem ausgestreckten Stab – voran. Diese Priester trieben zusammen mit den anderen Priestern bewaffnete Landedelleute (clientes armatos) und Bauern in ihren Kitteln (rusticos togatos) zu Schaukämpfen an und sagten dazu, daß der Herr ihnen *den* ganzen *Ort ausliefern werde,* vgl. 5 Mose 1,36
auf den ihr Fuß getreten ist, denn es stehe geschrieben im Psalm: *Es ist noch ein kleines, so ist der Gottlose nimmer;* Ps 36,10f
und wenn du nach seiner Stätte sehen wirst, wird er weg sein. Aber die Friedfertigen (mansueti) *werden das Land erben und Lust haben in großem Frieden.* – Als ihre friedfertigen Brüder bezeichneten sie die Bauern, die grausamer waren als jedes wilde Waldtier, die die Menschen ohne jedes Erbarmen wie Hunde mit Freuden töteten, wobei sie behaupteten, daß sie in deren Ausrottung von der Erde den Willen Gottes ausführten und daß sie die Engel Gottes und die wahren Streiter Christi seien, die gesandt worden seien, um das Unrecht an Christus und den heiligen Märtyrern zu rächen. Und so sei *die Spreu vom Weizen mit der Wurfschaufel* des Dreschflegels zu trennen und *von der Tenne,* Lk 3,17
nämlich von der Kirche Christi, hinauszuwerfen und zu vernichten. – Und wenn einer aus ihren Brüdern von den Gegnern getötet worden war, bestatteten sie ihn sofort überall an jeder Stelle mit Freuden, wobei sie sagten, er sei in der Streitsache Gottes von hinnen geschieden und gelange nach diesem Leben ohne einen Reinigungsort, den sie leugneten, in den Himmel, und er werde zusammen mit den anderen

Brüdern bald mit Christus wiederkommen, um die Feinde des
Lk 3,17 Gesetzes Gottes zu richten und *seine Tenne zu reinigen.*[184]

(62) Verhandlungen König Sigismunds mit den Pragern

Der König Sigismund aber, der zu dieser Zeit kein Kriegsvolk hatte, zog gleichsam wie ohne (ersichtlichen) Sinn herum nach Kuttenberg, Tschaslau, Kolin, Nimburg, Leitmeritz und in die anderen Städte, die ihn als König aufgenommen hatten, wobei er bald zu dieser, bald zu einer anderen Stadt ritt und die Königinnen, seine eigene Frau und die seines verstorbenen Bruders Wenzel, mit sich führte und sich über die Prager beschwerte, daß sie eine ruhige, sichere und friedenstiftende Audienz, die er bereit sei anzusetzen, nicht annehmen wollten, sondern Gelegenheiten suchten, einen anderen als König anzunehmen, während sie ihn selbst seines Erbes berauben wollten. Deshalb schrieb er an den Papst und an alle Fürsten Briefe, sie sollten ihm Hilfe erweisen gegen die Häretiker und die Usurpatoren und Eindringlinge (occupatores et invasores) in sein Königtum, weil sie gegen ihn stark seien. Außerdem ermunterte er die Barone des Königreiches Böhmen und von Mähren, den Pragern Briefe zu schreiben, sie sollten die Annahme einer ruhigen und friedenstiftenden Audienz, die der König gestatten und (dabei) ihnen selbst Sicherheit garantieren wolle, nicht ablehnen und in der Zwischenzeit auch nicht für beide Seiten den Abschluß eines Waffenstillstandes.

Und obgleich die Prager Magister zur Durchführung einer Audienz immer bereit gewesen waren, die zu gewähren der König bis dahin abschlug, wollten die Prager, weil sie eine List des Königs fürchteten, die Audienz, um die sie sich vorher beharrlich bemüht hatten, dennoch nicht annehmen, und zwar deshalb, weil sie von glaubwürdigen Leuten erfahren hatten, daß der Legat des Papstes dem König geraten hatte, er solle den Pragern viel versprechen, aber nichts halten – da zur Einhaltung der Treue gegenüber Häretikern niemand verpflichtet sei –, und[185] er werde bei Einhaltung eines Waffenstillstandes mit den Pragern und ihren Anhängern bis zur Mitte der Fastenzeit in der Zwischenzeit auch Kriegsvolk sammeln und so alle feindlich angreifen und aus dem Lande der Lebenden ausrotten können. Da dies den Pragern nicht verborgen blieb, führten sie einen Briefwechsel mit den Magistern und den Baronen und suchten dabei zu erreichen, daß sie sich (vermittelnd) einschalten sollten, damit der König seinen Prälaten, Doktoren und Magistern den Auftrag gebe, den Magistern und der Prager Gemeinde anstatt einer Audienz völlig zuverlässige Schriftstellen (solidas scripturas) gegen die Vier Artikel zu erbringen, so wie die Prager Magister ihnen die vorgenannten mit Vernunftgründen und Schriftstellen gut abgestützten Vier Artikel angezeigt, ja sogar auch dem gesamten Heer des Königs offen zugeschickt hätten. – Auf die Antwort darauf warten wir noch bis heute.

(63) Die Lehre vom Verbleib von Brot und Wein im Altarsakrament

Weiter: In dieser Zeit konnte *der Teufel,* der nicht schläft Mt 13,39
und der die Freiheit der Straflosigkeit sah, jede Lehrmeinung, wie es einer wollte, *aussäen.* Deshalb trat eine noch schädlichere und seit langem verborgene Irrlehre als eine in einen Mantel gehüllte Häresie in der Öffentlichkeit auf, die eine völlige Auflösung der christlichen Religion bedeutete, daß nämlich unter der Gestalt von Brot und Wein, wenn diese durch den Priester rechtmäßig konsekriert wurden, nicht der wahre Leib und auch nicht sein Blut seien, sondern es sind nach der Konsekration des Priesters lediglich Brot und gesegneter Wein, die zur Erinnerung an das Leiden Christi von den Gläubigen gegessen und getrunken werden sollen, und zwar deshalb, weil beim letzten Abendmahl Christus Jesus,
unser Herr und Gott, *nach Aufnehmen des Brotes dankte,* es Lk 22,19
segnete, *brach und dabei sprach: Das ist mein Leib, der für euch ausgeliefert werden wird.* Dort bezeichnete er durch das Wort *das (hoc)* nicht das Brot und auch nicht seinen Leib unter der Gestalt des Brotes, sondern indem er mit dem Finger auf seinen Leib, der vor den Jüngern stand und der bis jetzt noch sterblich war, zeigte, sprach er *Das ist mein Leib,* weil dieser für die Erlösung aller ausgeliefert werden sollte.
Und als er hinzufügte: *Nehmet hin und teilet unter euch,* gab Lk 22,17

er ihnen Brot, das er gesegnet hatte, damit sie, so oft sie in ähnlicher Weise Brot segneten und nähmen, dies zur Erinnerung an ihn täten. In gleicher Weise phantasierten sie (sompniantes) vom Kelch, daß er mit dem Wort *dieser (hic*/Kelch) das am Kreuzesholz zu vergießende Blut anzeige und nicht den Wein und auch nicht das Blut unter der Gestalt des Weines, weil es dort, wie sie sagten, nicht enthalten sei.

Auf Grund dieser verblendeten häretischen und der ganzen Schrift widersprechenden nichtsnutzigen Lehre ließen sich sehr viele Männer wie auch Frauen bedauernswerterweise anstecken, zumal in den Gebieten von Saaz, Pilsen und Prag, die früher in großer Ehrfurcht und Ergriffenheit und unter Vergießen von Tränen fast täglich das Sakrament der Eucharistie empfangen haben. Nach dieser verderblichen Lehre jedoch liefen sie ohne jede Ehrfurcht und Ergriffenheit wie zu einer irdischen Speise hin und sagten dem Priester: „Gib mir das Sakrament!" Man verstand darunter heiliges Brot und heiligen Wein und nicht den Leib und das Blut Christi. – Und wenn der Priester sagte: „Wünschest du, daß ich dir den Leib Christi gebe hier unter der Gestalt des Brotes und sein Blut unter der Gestalt des Weines?" bewegte man jetzt das Haupt und sagte: „Du hörst doch, was ich verlange; das Altarsakrament natürlich!" – Und sie wollten keine Kniebeugen und auch keine Zeichen der Ehrfurcht und Anbetung machen, wie sie es früher vor dem Sakrament und vor Christus und vor dem wahren Gott, der im Sakrament wahrhaftig enthalten ist, zu tun gewohnt waren. Und aus diesem Grund schlugen einige von ihnen, wenn sie sahen, daß während der Messe das Sakrament des Brotes und Weines emporgehoben oder in der Monstranz auf Altären ausgesetzt oder aber in einer Prozession vorbeigetragen werde, die Augen zu Boden, sie verzogen das Gesicht in Falten, und manche spuckten aus und äußerten dabei ihren Unwillen gegen die gläubigen Menschen, die vor dem verehrungswürdigen Sakrament ihre Knie beugten und so ihren Gott im Sakrament verehrend anbeteten. Und was noch schlimmer war als ihre gesamte Bosheit: Wo und wann sie es konnten, warfen sie aus den Monstranzen und Pyxiden (Speisekelchen) die konsekrierten Hostien heraus, damit man sie nicht verehre.

Zu solchen gehörte Sigismund, ein Landedelmann in der Nähe von Hrádek mit dem Sitz auf Řepany,[186] zusammen mit einer größeren Zahl von Junkern wie auch von Landleuten beiderlei Geschlechtes, die keine gesunde Lehre der Magister annehmen wollten, sondern schmähend und wie ohne Vernunft verübten sie Torheiten und sagten, alle Magister und Priester, die behaupten, daß unter den Gestalten von Brot und Wein der wahre Leib und das Blut Christi seien, die seien Betrüger und Verführer, und kein Gläubiger dürfe ihnen gläubiges Vertrauen (creditivam fidem) entgegenbringen. Der Ursprung aber und die Wurzel dieser verfluchten Häresie gelangten zum Königreich Böhmen von einigen Pikarden, die im Jahre 1418 mit Frauen und Kindern – ungefähr vierzig Männer – nach Prag kamen und sagten, sie seien durch ihre Prälaten vertrieben worden wegen des Gesetzes Gottes.[187] Und da sie gehört hatten, daß es im Königreich Böhmen die größte Freiheit der evangelischen Wahrheit gebe, deshalb, so sagten sie, seien sie in das Königreich gekommen. Aus diesem Grunde wurden sie von den Pragern mit Freuden aufgenommen und mit Lebensmitteln versorgt. Diese besuchte auch die Königin mit Hofleuten des Königs öfter in ihren Unterkünften, um sie zu trösten, und sie kam mit anderen Reichen ihren Bedürfnissen barmherzig zu Hilfe. Selten jedoch besuchten sie die Gottesdienste, und man hat sie auch nicht gesehen, unter beiderlei Gestalt in sakramentaler Weise zu kommunizieren, und sie hatten auch keinen eigenen Priester bei sich, sondern nur einen lateinisch gebildeten Mann (quendam virum latinum), der ihnen in ihrer Heimatsprache (in eorum linguagio) Bücher vorlas. Und so blieben sie *unter dem Schafspelz* als *reißende Wölfe* verborgen. Mt 7,15
Als nämlich der vorgenannte einheimische Junker Sigismund mit Zulassung Gottes seine Irrlehre in die Öffentlichkeit trug und sie hartnäckig verteidigte, fand man, daß er zusammen mit anderen von den vorgenannten Pikarden zu dieser Irrlehre und Häresie verführt worden war. Und obgleich einige Pikarden in Prag starben, andere aus Furcht wegzogen – man weiß nicht, wohin sie gelangt sind –, hinterließen sie so dennoch ihren ansteckenden Samen den Tschechen, die bis heute in die vorerwähnte Häresie verstrickt

befunden werden. Gott gebe es mit seiner Gnade, sie so schnell wie möglich von unseren Türschwellen mit der Wurzel auszurotten.

(64) Belagerung des Vyšehrad durch die Prager

Ebenso im selben Jahr wie oben, nämlich im laufenden
1420 August 22 Jahr 1420, zogen die Taboriten am 22. August von Prag ab,[188] wobei sie unzählige Schäden auf den weltlichen und geistlichen Gütern, zumal auf der Domäne des Herrn von Rosenberg, verübten. Die Prager, die zu dieser Zeit der Hilfe anderer gleichsam beraubt waren, zogen ganz allein mit ihren Söldnern am Sonntag nach Kreuzerhöhung – es war
September 15 der 15. September – einen Wall rings um die Burg Vyšehrad und stellten sich mit ihren Zelten und Hütten, die in der Volkssprache Buden heißen, um die Kirche des heiligen Pancratius auf,[189] und indem sie verhinderten, daß Lebensmittel auf den Vyšehrad gebracht wurden, aber die Straße zur Stadt hin freihielten, sicherten sie diesen Platz und konnten ruhig schlafen. Auf der anderen Seite, nämlich der Stadtseite, stell-
vgl. Anm 161 ten sie hinter dem Chor der (seligen) Jungfrau am Botič zwei Maschinen, sogenannte *praky* (Schleudern), auf, die aber dennoch der umsichtige Vyšehrader Büchsenmeister von der Rundkapelle der heiligen Margarete aus mit Pfeilschüssen gegen den Botič zerstörte. Aber durch eine große Büchse, die sie nach Durchbrechung der Mauer im Kirchlein „Auf der Wiese" (*in Viridi*) aufgestellt hatten, fügten sie den Vyšehradern viele Schäden zu. Nachdem sie dies so angeordnet hatten, schickten sie Briefe nach den Herren Hynek Krušina, Viktorin Boček und nach den Taboriten ab, daß sie nicht säumen sollten, zur Eroberung der Burg Vyšehrad nach Prag zu Hilfe zu kommen. Und es geschah, daß die genannten Barone Krušina mit seinem Bruder und Viktorin[190] Boček mit den Orebiten nicht zögerten, nach Prag zu kommen, während die Taboriten keineswegs kamen.

Ebenso zur selben Zeit, da die Prager den Vyšehrad bela-
September 27 gerten, am Freitag vor Wenzel, töteten sie von der Prager Burg her aus einer großen Büchse mit einem Schlag einen Mann und fünf Frauen auf dem Altstädter Ring (*in circulo*

Antique civitatis),[191] unter denen eine Frau schwanger war. Ihr Knabe, der aus dem Mutterleib hinausgedrückt wurde, war noch am Leben und wurde getauft.

(65) Unterbrechung der Lebensmittelzufuhr für die königliche Besatzung des Vyšehrad

Jenen vorgenannten Herrn, den Herrn Krušina, wählten die Prager zum Hauptmann. Er zusammen mit Herrn Boček und mit ihren Junkern, sie lagerten mit ihren Zelten, wenn man im Tale der Weinberge von Psáře her gegen Sankt Pancratius zu hinaufsteigt. Die Prager beiderlei Geschlechts besuchten diese täglich mit dem in einer Monstranz auf einem Holzstab aufgesteckten Sakrament des Leibes Christi, und sie verschanzten sie aufs beste durch Gräben, angefangen von Sankt Pancratius und hinab zu den Zelten der Herren bis zum Bächlein von Psáře und zum Herrn Záviš, die mit einigen Leuten von Laun und Saaz den Platz unterhalb des Berges von Sankt Karl hinab besetzt hielten.[192] Und so waren die Vyšehrader allseitig von einem Wall eingeschlossen, weil man ihnen über keine Straße, weder auf Wagen noch durch Fußgänger über Land Lebensmittel heranschaffen konnte. Darüber nicht wenig erschrocken, schickten sie zu König Sigismund, damit er sie mit Lebensmitteln versorge, weil sie an diesen schnell Mangel hätten und nicht gut versorgt seien. Dieser König versprach ihnen freilich in seinem Hochmut, Lebensmittel im Überfluß zu geben und die Prager aus dem Felde zu vertreiben, tatsächlich aber tat er fünf Wochen hindurch trotzdem beinahe nichts für die Verteidigung, weshalb sie fast drei Wochen lang gezwungen wurden, Pferdefleisch zu essen. Am Tag des heiligen Francis- 1420
cus verbrannte er jedoch im Gebiet von Boleslav mit seinen Oktober 4
Ungarn 24 Dörfer einschließlich einer großen Zahl von Frauen und Kindern in unmenschlicher Weise zur Abschrekkung, und erst am zehnten Oktober hielt er einige Saazer Oktober 10
Wagen in der Nähe von Saaz fest und beschlagnahmte sie, doch gleich am vierzehnten Tag, als er sich Saaz näherte, Oktober 14
erlitt er nach *Gottes gerechtem Urteil* an seinen Ungarn Tob 3,2
schmählich einen denkwürdigen Verlust. Und mit dem Scha-

den kehrte er über Laun und Schlan nach Leitmeritz zurück und war immer wieder durch vielfache Nachrichten heimgesucht, daß er nicht zögern solle, seinen Söldnern auf dem Vyšehrad mit Lebensmitteln zu Hilfe zu kommen, weil sie nichts mehr anderes als das Fleisch ihrer Pferde zu essen hätten. Mit diesen Pferden nun sättigten sie anstelle von Wild beinahe während dreier Wochen ihren hungrigen Magen, indem sie das Wohlwollen des Königs höher schätzten als die Gesundheit des eigenen Körpers, und sie baten zu wiederholten Malen inständig darum, er solle Hilfe bringen, andernfalls müßten sie von der Burg mit Schmach abziehen. Er jedoch antwortete wie vorher, sie sollten noch eine Weile aushalten, da er um Kriegsvolk geschickt habe und überhaupt ihnen innerhalb einer kurzen Zeitspanne, ob es den Pragern gefalle oder nicht, auf dem Wasser der Moldau bei der Insel unterhalb des Vyšehrads[193] ausreichende Lebensmittel in Menge heranschaffen wolle. Und nachdem er also zahlreiche Schiffe in Leitmeritz beschlagnahmt und diese auf Wagen verladen hatte, kam er mit seinem Kriegsvolk in froher Stimmung nach Beraun *(Veronam)*,[194] traf Anordnungen und stellte zahlreiche mit Lebensmitteln beladene Wagen in Reihen auf. Dies blieb jedoch den Pragern keineswegs verborgen. Sofort versperrten sie den Fluß Moldau mit eisenbeschlagenen Balken und mit Ketten oberhalb der Insel unter dem Vyšehrad in solcher Weise, daß kein Schiff ohne eine offene Stelle frei talwärts fahren konnte, und außerdem befestigten sie den Platz der Insel, indem sie darauf zwei Stuben errichteten, die in der Volkssprache *sruby* heißen. An beiden Enden der Insel machten sie aus Verklammerungen von Holzstämmen etwas Ähnliches wie eine Brücke, über die jeder, der vom Slavenkloster herkam, bis auf die Insel hinübergehen konnte und dann weiter über das Wasser der Moldau bis nach Podol unterhalb des Vyšehrads. Und von dort an hoben sie bis zum heiligen Pancratius Gräben[195] aus, so daß sie gleichsam wie mit Netzen den Vyšehrad ringsum einschlossen und alle Zugänge zu ihm, Straßen und Fußsteige versperrten und daß kein sicherer Zugang zu diesem Ort oder ein Rückzug offen blieb.

Ebenso zur selben Zeit kam von seiten der Taboriten

Nikolaus von Hus mit dreißig oder vierzig Pferden den Pragern zu Hilfe, dem sie die vorgenannte Insel unterhalb des Vyšehrads zur Bewachung anvertrauten.

(66) Erfolglose Vermittlung Königgrätzer Adeliger zwischen König Sigismund und den Pragern

Ebenso beinahe zur selben Zeit faßte die Gemeinde der Adeligen und Junker von Königgrätz, die abwechselnd zusammenkamen, den Beschluß, sich als Vermittler zwischen dem König und den Pragern einzuschalten, damit das Königreich nicht so schändlich verwüstet werde. Und sie erwählten aus ihrem Kreis kluge Männer, Ritterliche und Junker, die in sorgfältigem Bemühen den König und auch die Prager aufsuchten und vom König wünschten, daß er den Pragern die lang herbeigesehnte sichere und ruhige Audienz über die Vier Artikel gewähre. Diese gottgewirkte und für das gesamte Königreich nützliche Audienz zu gewähren, lehnte er jedoch ab und verweigerte sie, es sei denn, daß die Prager zuvor aus den Feldern abzögen, in denen sie seine Burg, den Vyšehrad, mit einem Wall eingeschlossen haben.

Und als die vorgenannten Gesandten oder Boten der Königgrätzer Gemeinde nach Prag gekommen und der Gemeinde die Absicht des Königs dargelegt und dabei völlig eingesehen hatten, daß dieser Weg und die Vorstellung des Königs keineswegs einen Fortschritt werde haben können, überlegten sie also unter sich und schickten dann mit Zustimmung der Prager Gemeinde einen eigenen Boten mit einem Brief an den König nach Beraun ab. Dieser Brief enthielt in seinem Wortlaut *(materia)* folgende Meinung, daß die Prager endgültig bei dem Entschluß verblieben, der König selbst solle eine sichere und ruhige Audienz zulassen und in der Zwischenzeit anordnen, zu ihren Gunsten in der Person der Königgrätzer Gemeinde zu treuen Händen vom Vyšehrad zu weichen. Und wenn man in dieser Audienz, in der die Magister der Stadt Prag mit der Gegenpartei kraft zuverlässiger Schriftbelege gestritten haben werden, durch kluge und einsichtige Leute, denen man glaubhaftes Vertrauen werde entgegenbringen müssen, gefunden haben sollte, daß die Prager Magister in ihren Vier Artikeln Recht haben, solle der König von da an ihre Tätigkeit nicht behindern, sondern fördern und verteidigen, und zwar durch feste Bestätigung einer Bürgschaft zur Einhaltung dieser Verpflichtung *(hoc ipsum ad tenendum bene firmando caucionem)*, und im Gegenzug solle er den Vyšehrad wieder in seinen Besitz nehmen. Sollte jedoch die Gegenpartei gegen die Vier Artikel besser einleuchtende Schriftstellen anführen können, würden von da an die Magister mit den Pragern von ihren Lehren der Artikel zurücktreten und mit dem König den Weg der Wahrheit einhalten müssen.

Als dies und mehrere andere Beweggründe für Frieden und Verständigung der Bote dem König nach Beraun überbracht hatte, brach dieser nach Lesen des Briefes, von rasender Wut gepackt, in Verwünschungen gegen die Königgrätzer aus und beschimpfte vielfach den Boten, und wenn die Dabeistehenden nicht dazwischengekommen wären, hätte er vielleicht seinen Kopf verloren, und der König sagte: „Eher will ich ihnen auf ihre Schnäbel die Notdurft verrichten *(stercorisabo prius ad eorum rostra)* als vom Vyšehrad weichen! Sie selbst, diese Bauern, sollen mir von der Stadt Königgrätz weichen, die sie durch Betrug erworben haben!“ Und so wie der Bote hinausging, so kehrte er mit leeren Händen und mit Verwünschungen nach Prag zurück.

1420 Oktober 20 Weiter: Am zwanzigsten Tag des Oktober, als der König merkte, daß ihm sowohl auf der Fluß- wie auch auf der Landseite die Wege überall zum Hinaufschaffen von Lebensmitteln auf den Vyšehrad völlig versperrt waren, entließ er die Schiffe und ritt von Karlstein mit den Lebensmitteln durch das Bergland gegenüber dem Vyšehrad zur Prager Burg und ließ zahlreiche Dörfer mit dem Dorf Zlíchov[196] und die Keltern in den Weinbergen verbrennen, damit die Vyšehrader Söldner beim Anblick des Feuers, das er kräftig zum Lodern gebracht hat, in baldiger Erwartung ihrer endgültigen Erlösung Mut fassen könnten. Zur selben Zeit haben erschreckte Söldner Kněževes und eine weitere Veste gegen Beraun zu dem König abgetreten, der die Söldner mit einem Priester, den er in Kněževes fand,[197] im Feuerbrand wegraffte und die Bauern bis nach Beraun bringen ließ. Er selbst aber gelangte zu Pferde von der Prager Burg nach Mělník und darauf nach Nimburg und weiter so nach Kuttenberg und Tschaslau und schickte von da und dort welche los für eine Aufstellung bewaffneten Kriegsvolkes.

(67) Vertrag zwischen der Vyšehrader Besatzung und den Pragern

Ebenso zur selben Zeit, als Johannes Všembera[198] und die übrigen Hauptleute der Burg Vyšehrad einsahen, daß der König es zu lang hinauszog, Lebensmittel auf den Vyšehrad zu schaffen und daß schon sehr viele vom Hunger fast ausgezehrt waren, weil sie auch kein Pferdefleisch mehr hatten, bleich wie Tote einhergingen, andere vor Hunger starben, machten sie am Tage von Simon und Judas mit Herrn Hynek Krušina und den übrigen Baronen und Hauptleuten des Prager Heeres einen freundschaftlichen Vertrag auf halbem Weg vom Vyšehrad zu Sankt Pankraz. Während dieser Vertragsverhandlung zeigte sich die einzigartige und wunderbare Erscheinung eines Regenbogens. Als nämlich einige Magister der freien Künste und Bakkalare auf dem Gipfel des *Kavčí hora*[199] genannten Berges oberhalb der Moldau saßen und ein gutes Ende der glücklichen Verhandlung abwarteten, und wie sie so gegenseitig über verschiedene Gesprächstoffe diskutierten, erschien in der Luft ein vorher von uns niemals gesehener Regenbogen, dessen eine Kegelspitze oder der Anfang fast unterhalb unserer Füße im Flusse Moldau war, und sein Bogen dehnte sich über die Stadt Prag hin und reichte mit der zweiten Kegelspitze bis zum Heer, das rund um die Kirche des heiligen Pancratius auf das Ende der Verhandlung wartete, so daß nur der Zwischenraum, der sich von der Kirche bis zum genannten Berg erstreckt, den Kreisbogen nicht schloß, was kaum ein Viertel des Kreisbogens aus der gekrümmten Erscheinung des Regenbogens war. Und während verschiedene Anwesende über diese Erscheinung des Regenbogens verschiedene Urteile abgaben, verblieben wir alle scherzhaft dabei, daß diese runde und wunderbare Erscheinung des Regenbogens die baldige Einnahme der Burg Vyšehrad durch die Prager bedeute, so wie

1420 Oktober 28

es auch geschah und wie sich im folgenden zeigen wird. Denn in dieser Verhandlung wurde nach Gottes Willen von beiden Seiten als Ergebnis abgeschlossen: Falls der König bis
1420 November 1 zur fünfzehnten[200] Stunde des Freitags – es war der Tag Allerheiligen – nicht ausreichende Lebensmittel gegeben haben sollte, müßten von da an die Besitzer der Burg unter Treue und Ehre zu Gunsten der Prager von der Burg Vyšehrad weichen. Über diese Vereinbarung wurde ihrerseits ein Schreiben abgefaßt, dessen Inhalt in diesem Wortlaut folgt:

Wir, Jan Boskovec mit dem Sitz auf Brandeis, Hauptmann, A. B. C. D. etc.,[201] und die ganze Gemeinde der Ritter und alle anderen, die also auf dem Vyšehrad dermaßen eingeschlossen sind, bekennen mit diesem Schreiben allen, wer auch immer es sehen oder vorlesen hören wird, daß wir eine solche Vereinbarung getroffen haben und kraft dieses Schreibens treffen mit den edelgeborenen Herren Hynek genannt Krušina von Lichtenburg, Viktorin von Kunstadt anderweitig von Poděbrad, Hynek von Goldenstein anderweitig von Waldstein, Prokop von Ústí, Jan von Lichtenburg und mit dem hochgeehrten Junker Mikuláš von Hus sowie mit den bedachtsamen Bürgermeistern, Ratsherren und Gemeinden der Prager Großen und der Neuen Stadt und mit der gesamten ritterlichen und sonst jeglichen Gemeinde, die vor dem Vyšehrad lag und also vor uns oder sonst wo auch immer rund um den Vyšehrad liegt und uns bedrängt: Sollte es sein, daß wir, die wir auf dem Vyšehrad eingeschlossen sind, von jetzt an bis zum nächsten Donnerstag, und zwar den ganzen Tag, ersichtlich mit ritterlicher Gewalt und durch reichliche Lieferung von Lebensmitteln nicht gerettet sind *(retováni)*, wobei wir das als Rettung *(za retunk)* nicht ansehen, auch wenn wenigstens bis zu zwanzig oder dreißig Sack Lebensmittel gereicht würden, dann also haben wir, Jan Boskovec, A. B. C. etc., und die anderen alle oben Genannten versprochen und versprechen es im guten christlichen Glauben unter Verlust unserer Ehre und des Glaubens, ohne alle böse Arglist und alle anderen Ausflüchte und Kunstgriffe *(beze..dóvtipuov)* sogleich am Freitag morgen zu Beginn der fünfzehnten Stunde ohne Behinderung und ohne jeglichen Widerstand die obengenannte Burg, die Vyšehrad heißt, in der wir eingeschlossen sind, dem Herrn Hynek Krušina und den anderen oben angeführten Herren und Gemeinden wirksam abzutreten und sie in ihre Macht zu übergeben mit allen Geschützen, Schießpulver und Geschossen außer unseren eigenen Handgewehren (*kromě ručnic*). Und in diesem Ausmaß versprechen wir, den christlichen Waffenstillstand mit ihnen allen durch unseren guten Glauben zu halten, indem wir bis zu dieser oben genannten fünfzehnten Stunde aus unseren Gräben nicht hinausgehen, ausgenommen es würde König Sigismund mit seiner Macht gegen sie heranrücken, dann würden wir meinen, ihm von der anderen Seite behilflich zu sein. Wenn wir das aber nicht tun und ihnen diese Burg, auf der wir eingeschlossen sind, bis zu dieser Stunde tatsächlich nicht ausliefern, dann entledigen wir uns mit diesem Schreiben selbst unserer Ehre und unseres Glaubens und sagen uns davon los, und wir wollen, daß uns und jedem von uns für alle Ewigkeit von niemandem mehr geglaubt werde, sondern daß wir für solche gehalten würden, die keine Ehre und keinen Glauben haben. Dem zum Zeugnis haben wir oben Genannte für uns und für die gesamte ritterliche Gemeinde und die andere, die mit uns eingeschlossen ist, unsere eigenen Siegel mit unserem guten Wissen *(vědomím)* freiwillig und ohne Zwang angehängt.

Dies ist gegeben in unserer Belagerung auf dem Vyšehrad im Jahre seit der Geburt des göttlichen Sohnes 1420 Montag, den Tag der heiligen Simon und Judas, der Apostel des Herrn Jesus Christus.

Weiter: Da dem Nikolaus von Hus die vorgenannte Übereinkunft mißfiel, die aber dennoch ein Anfang alles Guten war, wich er mit seinen Taboriten von der Insel in die Stadt Prag zurück, hatte sich aber durch Bitten erweichen lassen und begab sich mit seinen Leuten zum heiligen Pancratius, weil Herr Hynek von Goldenstein die vorgenannte Insel bewachte.

(68) Wahl des Nikolaus von Pilgram zum Bischof der Taboriten – Kämpfe mit Žižka – Eintreibung der Zinsabgaben in Tabor

Ebenso im laufenden Jahr des Herrn 1420 im September,[202] als das Volk der Taboriten in Hradiště nicht ohne Oberhaupt *(esse acephalum)* und ohne ein geistliches Haupt sein wollte, wählte es einmütig den Nikolaus von Pilgram (Mikuláše z Pelhřimova), einen Priester und Bakkalar in den Künsten, zu seinem Bischof oder Senior,[203] damit alle ihre Priester vor ihm Achtung hätten und keiner das Wort Gottes predige außer mit dem Einverständnis dieses Bischofs und damit er das Geld der Gemeinde entsprechend dem Bedürfnis eines jeden Bruders, so wie es ihm richtig scheine, mit den übrigen Priestern getreulich aufteile.

Ebenso im selben Jahr nahm Žižka mit dem Taboritenvolk zum zweiten Mal Vodňany mit Hilfe gewisser Leute aus der Stadt ein, die den Abweichungen der Taboriten von der Ordnung nicht zustimmen wollte. Und nachdem man zwei Priester mit 28 Bürgern ergriffen hatte, wurden sie ungeachtet der Kommunion beiderlei Gestalt, an der sie festhielten, alle zusammen unmenschlich verbrannt. Ebenso im selben Jahr wurde auch die Stadt Soběslav[204] durch den Einfall der Taboriten niedergebrannt, aus deren Zahl jedoch viele von den Bürgern verwundet oder getötet wurden.

Ebenso im gleichen Jahr erwarb die Macht des Herrn Ulrich von Rosenberg durch Verrat der Bürger Kamenitz,[205] und während die Taboriten auf die Burg flohen, zündete seine Streitmacht die Stadt an und verbrannte sie, weil er, Herr von Rosenberg, von den Taboriten nicht abschätzbare Schäden durch Brandschatzung und Plündern der Dörfer ertragen mußte.

1420 Oktober 10 Ebenso am Donnerstag nach Dionysius näherte sich der König mit bewaffnetem Kriegsvolk Saaz, um es anzugreifen, und als er in die Vorstadt der Bürgerstadt eingedrungen war, erlitt er eine vielfache Niederlage an seinen Leuten und wich mit Schande zurück.

Oktober 12 Ebenso am Samstag nach Dionysius hatten das Kriegsvolk des Herrn Ulrich von Rosenberg, Schwanberg und die anderen Barone im Gebiet von Pilsen zusammen mit dem Propst von Chotieschau einen feindlichen Zusammenstoß mit Žižka und seinen Taboriten bei der Burg Bor bei Horažd'ovice.[206] Und auf beiden Seiten, doch mehr auf seiten der Herren, gab es Gefallene, Verwundete und Gefangene, während Žižka das Feld behauptete.

Ebenso im selben Jahr: Ungeachtet, daß während der Sommerzeit die Taboritenpriester öffentlich gelehrt hatten, daß Bauern und Zinspflichtige nicht mehr daran gebunden seien, ihren Herren Zinszahlungen oder andere Abgaben jeglicher Art zu leisten, und zwar deshalb, weil in diesem erneuerten Reich *jeder Unterdrücker verschwinden wird,* fordert- Jes 14,4
derten sie um das Gallusfest dennoch von allen Bauern und 1420 Oktober 16
denen, die sich bei ihnen eingetragen hatten, sehr streng alle Zinszahlungen ein, die sie ihren Herren zu geben schuldeten.

(69) Niederlage König Sigismunds am Vyšehrad

Weiter: Am Vigiltag von Allerheiligen kam der König zur Oktober 31
Neuen Burg zum Mittagessen zusammen mit seinem Heer, fürchtete aber, noch am gleichen Tag auf die Prager loszuschlagen, weil er ein größeres Kriegsvolk der Barone von Mähren erwartete. Diese kamen abends ähnlich zur Neuen Burg und ruhten daselbst im Wald während der Nacht in den Waffen, damit so alle am folgenden Tag bereit seien, die Prager samt allen, die ihnen Hilfe leisteten, aus dem Feld zu schlagen. Und der König schickte in derselben Nacht ein Handschreiben (cartulam) an die Söldner der Prager Burg, daß sie am folgenden Tag morgens in ihren Waffen bereit stünden, darauf von der Burg herabstiegen und den Turm oder das Haus des Herzogs von Sachsen angriffen und nach Möglichkeit anzündeten, weil er selbst zur gleichen Stunde mit der Menge der Kriegsvölker, die ihm am Abend zu Hilfe kam, die Prager aus dem Felde schlagen wolle. Gott aber, der *den Hoffärtigen widersteht, aber den Demütigen Gnade gibt,* Jak 4,6
lieferte den Boten mit dem Schreiben in die Hände der Prager aus, die, weil aus dem Inhalt des Schreibens vorgewarnt, die ganze Absicht des Königs erfuhren. Deshalb ordneten die Hauptleute der Prager wachsam ihr gesamtes Volk und teil-

ten es ein, wo am Morgen ein jeder mit seiner Gruppe *(cum sibi iunctis)* stehen und denselben Platz vor dem Ansturm der Feinde umsichtig verteidigen müsse.

Und es geschah, daß der König, als schon die fünfzehnte Stunde verstrichen war, mit seinem Heer von sechzehn- bis zwanzigtausend gut Ausgerüsteten von der Neuen Burg kam und sich dem Ort des Prager Heeres näherte. Und als er auf der Kuppe der Anhöhe oben auf der Straße bergab gegen Sankt Pancratius stand, wich er ein wenig zur Seite, schwang sein aus der Scheide gezogenes Schwert in der Luft und gab dadurch den Vyšehradern das Zeichen, daß auch sie vom Vyšehrad herausgehen und gegen die Prager feindlich vorstoßen sollten, weil er selbst mit dem zahlreichen Kriegsvolk, das man vom Vyšehrad aus sehen konnte, zum Sturm auf die vorgenannten Prager bereit sei. Aber weil der König die festgesetzte Stunde, so wie es in der Urkunde geschrieben steht, nach Gottes Willen verpaßt hatte, deshalb ließen die Hauptleute der Vyšehrader Burg, die die Tore besetzt hielten, niemanden vom Vyšehrad zum Sturm auf die Prager hinausgehen, obgleich viele, zumal die Deutschen, es gewollt hatten. Und als die Edelleute des königlichen Heeres sahen, daß die Vyšehrader nicht die Absicht hatten, dem König zu helfen, und daß sich die Prager in besten Gräben verschanzt hatten, rieten sie dem König, er solle darauf verzichten, die Prager anzugreifen, falls er einen schweren Schaden für sein Heer vermeiden wolle. Ihnen sagte er: „Das sei fern! Ich muß nämlich unbedingt heute mit diesen Bauern kämpfen!“ – Ihn sprach Herr Heinrich von Plumlov[207] freundlich an und sagte: „Ihr möget wissen, daß Ihr, Herr König, heute einen großen Verlust erleiden und mit Schmach weichen werdet. Ich nämlich“, sagte er, „fürchte die Dreschflegel der Bauern sehr!“ – Darauf der König zu ihm: „Ich weiß“, sagte er, „daß Ihr Mährer Angst habt und mir nicht treu seid!“ – Und er, der vorgenannte Herr Heinrich nämlich, stieg zusammen mit den anderen Baronen von Mähren sogleich vom Pferd, und sie sagten: „Siehe, wir sind schon bereit zu gehen, wohin Du befiehlst, und wir werden dort sein, wo Du, König, nicht sein wirst!“ – Und gleich darauf zeigte ihnen der König einen Platz, der gefährlicher war als alle insgesamt, daß sie an der unteren Seite, nämlich rings um Sümpfe und Weiher, herangehen sollten, um die Prager mannhaft anzugreifen. Den Ungarn aber an der oberen Seite gab er den Befehl, auf der Straße *(per stratam)* hinunterzugehen und an jener Seite das Heer der Prager zu bekämpfen. Und als die so Geordneten auf beiden Seiten mannhaft auf die Prager in den Gräben eindrangen, waren diese verblüfft, wandten sich zunächst zur Flucht und sammelten sich zu einem dichten Haufen rings um die Kirche des heiligen Pancratius. Sobald das Herr Krušina sah, schrie er mit kraftvoller Stimme und sagte: „Ihr guten Brüder, kehret im Gegenteil um und seid heute tapfere Streiter im Krieg für Christus, denn es geht nicht um unseren Krieg, sondern um den für Gott! Ihr werdet nämlich erleben, daß der Herrgott *(dominus deus)* alle unsere und Gottes Feinde in unsere Hände ausliefern wird."

Er hatte seine Rede noch nicht richtig beendet, da rief ein zweiter laut: „Sie fliehen, die Feinde, sie fliehen!" Als man das vernommen hatte, rannten alle mit Ungestüm, jagten die Feinde von den Gräben fort und wandten sie zur Flucht. Die Prager mit ihren Edelleuten verfolgten diese und streckten einige im Morast, andere in den Fischweihern und sehr viele, die über die Weinberge und Felder von da und dort auf der Flucht waren, auf das grausamste nieder in den Tod, die Bauern mit Dreschflegeln, wobei sie keine Gefangenen machten, obgleich sie versprachen, Gefangenschaft und das Gesetz Gottes bis zum Tod zu bewahren, die Edelleute jedoch, die mit ritterlichen Waffen aufs tapferste kämpften, nahmen gefangen, wen sie nur konnten, oder entrissen sie unter großer Gefahr für sich selbst den Dreschflegeln der Brüder, und zwar so, daß Herr Heinrich von Plumlov tödlich verwundet und gefangen zum Friedhof von Sankt Pancratius gebracht wurde, dort beichtete, unter beiderlei Gestalt zu kommunizieren verlangte und darauf verschied. Heinrich Lefl[208] aber, der ähnlich in einem Zelt lag, beichtete und empfing die Kommunion unter beiden Gestalten und beendete darauf sein Leben, so daß nur wenige von den Baronen des Landes Mähren, die die Kommunion beiderlei Gestalt bekämpften, am Leben blieben. Dort wurden Herr Heinrich von Plumlov, damals oberster Landeshauptmann von Mähren, der gemäß seinem Versprechen[209] mit zweitausend seiner Leute zum König gekommen war, dort[210] Jaroslav von Veselí, Wok von Holstein, Hynek von Malenovice, Albrecht von Chotěnov, Wilhelm genannt Zajíc von Židlochovice, Peter von Sternberg anderweitig von Konopiště, Racek von Riesenberg, Wenzel von Klučov, Heinrich Lefl, Herr auf Bechyně, Aleš Krk Soběšín, Janek der Sekretär, – diese wurden mit zahlreichen anderen Baronen und Rittern der Länder Böhmen und Mähren wie Schweine grausam erschlagen und sofort aller Waffen und Kleider bis auf die Beinkleider *(femoralia)* entblößt. Wer, wenn nicht einer, der grausamer war als ein Heide, hätte im Vorbeigehen über die Felder und Weinberge und angesichts der stärksten Leiber der Toten nicht Mitleid empfunden? Wer, wenn nicht ein Tscheche ohne jedes Mitgefühl *(nisi insane mentis Boemus),* hätte so feingebildete *(elegantes)* und stattliche Kriegsmänner und Jünglinge mit Lockenhaar und von schöner Gestalt ohne bittere Wehklage des Herzens ansehen können? Zumal die meisten unbestattet in den Weinbergen und auf den Feldern liegengelassen wurden auf Befehl der Priester, damit sie den Wölfen, Hunden und Vögeln des Himmels zum Fraße und den Augenzeugen *(videntibus)* zum Schrecken seien! Dennoch haben einige Gläubige und Fromme sie zur Nachtzeit in den Gräbern bestattet. Und man hat in der Zahl der Gefallenen an die vierhundert gut ausgerüstete Mann gezählt, abzüglich der Verwundeten, die in Brod[211] und unterwegs gestorben sind, so daß man gemeinhin davon sprach, daß vom Heer des Königs ungefähr fünfhundert gefallen seien, vom Prager Heer dagegen, so hieß es, seien kaum dreißig in derselben Schlacht getötet worden, unter denen von größerem Ansehen Ješek war, der Sohn des Goldschmieds Ješek; er, der zusammen mit Krušina, Boček und Nikolaus Hus sowie zahlreichen anderen tapfer kämpfte, sie haben den Gürtel eines Ritters verdient. Und es gab am selben Tag einen starken und sehr kalten Wind, der mehr den Rittern in ihrer Rüstung als den Fußsoldaten in ihren Bauernkitteln schadete. Es erschien auch eine Säule in der Luft, die wie ein Regenbogen gefärbt war und bei der sich die meisten, als sie sie anblickten, wunderten, was sie bedeute.

Ebenso zur Zeit des Kampfes stiegen die Söldner von der Prager Burg herab und suchten das Sächsische Haus anzugreifen, doch als sie sahen, daß sie mit dem Angriff nichts erreichen würden, kehrten sie, nachdem sie auf der Kleinseite einige Häuser angesteckt hatten, zur Burg zurück, von der sie herabgestiegen waren.

Ebenso zur Zeit des Kampfes, als der König, wie gesagt, auf der Kuppe der Anhöhe stand und den beklagenswerten Untergang seiner Leute sah, ergriff er in Angst mit seinem Gefolge die Flucht und wich unter Tränen zurück, und nachdem man die Verwundeten auf Wagen geladen hatte, gelangte er, ohne die Neue Burg aufzusuchen, auf direktem Weg eilig nach Brod. Dort bestattete er einen ungarischen Edelmann und kehrte dann unter Wehklagen nach Kuttenberg zurück. Dennoch wollte er den Tod seiner zahlreichen Leute bemänteln und sagte deshalb, es seien mehr von den Pragern als von seinem Heer gefallen. Deshalb setzten an jenem und am folgenden Tag er und seine Gemahlin, die Königin, auf ihre Häupter einen grünen Kranz *(crinale viride)* ins Haar,[212] wobei sie Freude über die getöteten Feinde vortäuschten, die sie im Herzen nicht hatten.

(70) Plünderung und Zerstörung des Vyšehrads durch die Prager

Ebenso am Tag Allerheiligen wichen die Königlichen gemäß dem Inhalt der Urkunde zugunsten der Prager vom Vyšehrad. Die Prager geleiteten diese nach Überlassen von Wagen mit ihren Habseligkeiten fröhlich bis Kouřim und einige bis zur Neuen Burg, wobei sie ihnen dankten, daß sie das gegebene Wort gehalten haben. Und sogleich am selben Tag nach dem Mittagessen, als das gemeine Volk gewaltsam in den Vyšehrad eindrang, stürzten sie sich in die Kirchen, zerschlugen Bilder, Altäre, Orgeln, Chorgestühl und die anderen Schmuckstücke der Kirche unter großem Lärm und rissen sie auseinander. Am Samstag aber nach dem Allerheiligenfest stiegen Arme und Reiche hinauf zum Vyšehrad, beschädigten erbärmlich die Häuser der Kanoniker mit den Kirchen und der Mauer gegen die Stadt zu und schleppten

1420 November 1

November 2

während des ganzen Tages in die Stadt, was jeder mitnehmen konnte, so daß die Menge der Fortschaffenden so war, wie es zur Zeit des Zeigens der Reliquien zu geschehen pflegte, als das Volk den Vyšehrad hinauf- und herabstieg. Und so demolierten sie nach und nach und immer mehr, daß sie auch die dort erbaute Königsburg nicht verschonten, sondern sie fast ganz zerstörten.

1420 November 3 Weiter: Am Sonntag nach dem Fest Allerheiligen veranstaltete fast die gesamte Prager Gemeinde mit dem doppelten Sakrament des Leibes Christi eine feierliche Prozession unter Beteiligung der Männer und Frauen. Die Männer folgten nämlich in ihrer Gruppe ihrem Priester, der den Leib Christi unter dem zum Empfang König Sigismunds bereitgestellten Himmel trug,[213] die Frauen aber folgten den Männern und ihrem eigenen Priester, der unter dem für die Königin vorbereiteten Himmel ebenfalls den Leib Christi trug. Und als sie an die Stelle kamen, wo sie den Sieg über ihre Feinde errangen, dankten sie Gott und kehrten unter Singen des Hymnus *Te Deum laudamus* zurück.

November 5 Weiter: Am Dienstag nach dem Fest Allerheiligen begann der König dem Herrn Viktorin Boček, der es mit den Pragern hielt, und dessen anderem Bruder Hynek von Poděbrad, der auf seiten des Königs stand, sowie dem Ritter Puška ihre Dörfer unmenschlich niederzubrennen und die Armen auszuplündern.[214] Als das der jüngere Boček sah, nahm er vom König die Entlassung und schloß sich zur Verteidigung der Wahrheit den Pragern an, und er, der vorher ein Verfolger der Kommunion beiderlei Gestalt war, wurde ihr entschiedener Verteidiger und Förderer. Ihm fügten die Ungarn von Nimburg durch Niederbrennen der Dörfer unzählbare Schäden zu, die nicht nur plünderten, sondern Mädchen und Frauen vergewaltigten und sie schließlich töteten.

Weiter: Der König, der fürchtete, daß die Prager Burg, wenn sie keine Lebensmittel habe, ebenso wie auch der
November 9 Vyšehrad von den Pragern belagert werde, ließ am Samstag vor Martin durch Ausplünderung von Dörfern und Marktflecken reichlich Lebensmittel heranführen, wofür er nicht den Segen, sondern den Fluch der Armen erhielt und schmähliche Beschimpfung.

(71) Žižka in Prachatitz

Ebenso im Jahre des Herrn wie oben, nämlich im laufenden Jahr 1420 am Dienstag nach Martin – es war der 1420
12. November –, erlitten die Taboriten, die zu dieser Zeit November 12
Písek besaßen, Angriffe ihrer Nachbarn, der Leute von Prachatitz, die diese gegen solche führten, die das Gesetz Gottes hielten. Denn nach Brandschatzung (der Stadt) und teilweise Einreißen der Stadtmauer, was *zuvor* von den Taboriten April 1420
geschehen war, die dort hinkamen, dann jedoch von dort wieder abzogen, kehrten einige von den Gegnern in die Stadt zurück, die damals, beunruhigt vor dem Anblick der Taboriten, geflohen waren. Und diese begannen, nachdem sie irgendwie die Häuser ausgebessert und die Mauer völlig wiederhergestellt hatten, alle, die unter beiderlei Gestalt kommunizierten, grausam zu verfolgen, indem sie einige gefangennahmen und zum Abschwören trieben und andere nach Übernahme ihres Besitzes aus der Stadt verjagten und, was noch schlimmer war, zwei oder drei Eiferer für das Gesetz Gottes unschuldig verbrannten, unter denen ein Kleriker war, Andreas von Výrov, einst Glöckner der Kirche von Prachatitz, den sie von der Feldarbeit holten und wegen Zertrümmerung von Bildern im Feuerschlund vernichteten.

Deshalb schlug Žižka, der Hauptmann der Taboriten, am obengenannten Tag mit den Brüdern und Schwestern unter Voranziehen des Sakraments des Leibes Christi den Weg nach Prachatitz ein, um die Stadt anzugreifen. Die Bürger, die das vorher wußten, verschlossen die Tore und stiegen zur Verteidigung auf die Mauern. Als Žižka ankam, sprach er die Leute zunächst gütlich an und sagte: „Öffnet das Lor und laßt uns mit dem verehrungswürdigen Sakrament des Leibes Christi und mit den Priestern friedlich in die Stadt einziehen, und wir versprechen, euch keine Schäden, weder an Leib und Leben noch an Hab und Gut zuzufügen." – Jene aber sagten beinahe gotteslästerlich: „Wir brauchen euren Leib Christi und eure Priester nicht, denn wir haben den Leib Christi und Priester, die für uns gültige Amtsgewalt *(presbiteros pro nobis valentes)* besitzen." Als Žižka das gehört hatte, sagte er mit erhobener Stimme: „Ich schwöre heute bei Gott: Wenn ich euch mit Gewalt in meine Hände bekomme, werde ich keinen leben lassen, sondern ich werde den Befehl geben, alle, wieviel ihr auch sein werdet, umzubringen." – Und sogleich nickte er den Brüdern zu, von allen Seiten über die Stadt herzufallen. Diese stellten sofort an zahlreichen Stellen Leitern an die Mauer und drangen gewaltsam über die Mauern ein, und zwar deshalb, weil die Bogenschützen und Schleuderer der Taboriten auf allen Seiten die Bürger, die die Mauer mit Büchsen, Pech und Steinen verteidigten, daran hinderten, über die Mauerzinnen hinauszuschauen. Als nun die Taboriten an einigen Stellen auf die Mauer stiegen, streckten sie einige auf der Mauer mit Dreschflegeln nieder, andere verfolgten sie auf der Flucht und streckten sie wie Kälber in allen Gassen nieder. Und durch das geöffnete Stadttor führten sie den Leib Christi mit den übrigen Brüdern und Schwestern unter Gesang hinein. Diese verteilten sich über alle Häuser und nahmen Hab und Gut weg. Die Männer, die sie da und dort versteckt fanden, haben sie bei Schonung der Frauen und Kinder grausam getötet oder als Gefangene zu Žižka geführt. Sie alle, ausgenommen ungefähr sieben Anhänger der Wahrheit, befahl Žižka in der Sakristei der Kirche einzuschließen, und als die genannte Sakristei mit fünfundachtzig Männern vollgestopft war, wobei sie sehr gedrängt standen, gab der vorgenannte Žižka den Befehl, alle zu verbrennen, ungeachtet daß sie die gefalteten Hände zum Himmel erhoben und um der Gottesliebe willen baten, ihr Leben zu schonen, damit sie ihre Sünden bereuen und ihnen folgen und nach all ihrem Willen handeln könnten. Auf diese von Tränen begleiteten Bitten der Männer warfen die Taboriten, wie taub abgestumpft, Pechfässer, nachdem sie Stroh angezündet hatten, über die Häupter der in der Sakristei Eingeschlossenen und löschten so mit Rauch und Feuer alle aus. Nachher, als das Dach der Sakristei eingebrochen war, bedeckten sie diese gleichsam wie in einem Grab mit Steinen, um dort zu verwesen. Von den fast zweihundertdreißig Getöteten, die auf den Straßen lagen, bestatteten sie einige, und andere warfen sie in den Brunnen eines Bürgers. Und nachdem sie alle Frauen mit den Kindern vertrieben hatten, nahmen sie allein die Stadt in

Besitz, wobei sie sich mit Gräben verschanzten, die durch ihre Hände sorgfältig ausgeführt waren.

(72) Manifest der Prager an die böhmischen Herren

Nach dem Sieg am Vyšehrad schrieben die Prager folgenden Brief und richteten ihn an die Barone von Böhmen, der in diesem Wortlaut folgt:[215]

Der Wunsch alles Guten für euch, liebe Freunde!

Wir erheben bei euch Klage gegen Sigmund von Ungarn, obgleich es sich gebührt, zu sagen den König, der, uneingedenk seiner Herkunft, das Vorbild der Güte und Milde aller seiner Vorfahren von sich stieß und sich einer unerhörten Grausamkeit ergeben hat, die er der Krone des Königreiches Böhmen zu erkennen gibt durch Brandschatzung, schändliche Vergewaltigung von Mädchen und Frauen, Mord an Erwachsenen und Kindern und durch jede beliebig andere Widerrechtlichkeit, und dies auch noch, indem er letztendlich und arglistig unter Verteidigung der römischen Kirche durch Zuhilfenahme des in der christlichen Ordnung niemals begründeten, vom Papst widerrechtlich ihm gegen uns erlassenen Kreuzes anordnet, auf welche Weise er durch schändlichste Verachtung und seinerseits unbegründete Beschimpfung vor der ganzen Welt wegen Ketzerei die tschechische Zunge ausrotten und Fremdländische in diesem Lande zu Ansehen bringen und mit ihnen die Städte der vertriebenen Tschechen besiedeln könne, wie er das offenkundig den Tag Allerheiligen vor dem Vyšehrad gezeigt hat, indem er Herren, Ritter und Edelknappen tschechischer Zunge als Verräter beschimpfte, sie vorschickte, und weil er sie nicht retten wollte oder es nicht wagte, obgleich er es konnte, mehr als fünfhundert der Angesehensten um ihr Leben gebracht hat, deren Verführung wir guten Glaubens mit Bedauern beklagen als von Tschechen, die uns blutsverwandt sind und die unter seiner Anführung zur Schwächung unserer tschechischen Zunge geschlagen worden sind. Deutsche und Ungarn, grausamste Feinde unserer Zunge, verschont er, und zwar, indem er sie vor den Tschechen bevorzugt (und) stets auf dieses Ziel hinarbeitet, damit die Tschechen, wenn sie sich selbst gegenseitig hinmorden, geschwächt seien und solcherweise leichter dadurch mit Hilfe der Deutschen und Ungarn in Erschöpfung ausgerottet würden, wie man das lauthals aus dem verfluchten Mund dieses Königs gehört hat, als er sagte, er wolle das Land Ungarn dafür hingeben, wenn es im Lande Böhmen keinen Tschechen mehr gäbe.

Deshalb, liebe Freunde, ermahnen wir euch noch einmal aus Liebe und Mitleid: Wenn ihr selbst über euch und über eure angeborene Zunge euch erbarmt, die dieser Tyrann *(ukrutník)* in schändlicher Ehrabschneidung zu verwehren *(ostaviti)* und auszurotten gedenkt, dann sollt ihr, ohne ihm weiterhin und seiner Grausamkeit zu eurer Schande und schließlich zu eurem Untergang behilflich zu sein, euch neben uns darum bemühen, daß das Gesetz Gottes in allen heilbringenden und durch die heilige Schrift begründeten Wahrheiten Freiheit habe ohne Unterdrückung. Dafür nämlich setzt sich dieser König mit seinen Helfershelfern ein, indem er uns von unserer Rettung abtrünnig machen *(otraziti)* und zu seinem in Konstanz verkündeten ketzerischen Glauben hinführen und zur Verdammnis bringen will, und er hat keine Nachricht und auch keinerlei oftmals von ihm erbetene Anhörung uns gewähren wollen.

Und für den Fall, daß ihr immer noch ihm geneigt sein wolltet, obgleich ihr seine augenfälligen Grausamkeiten und den maßlosen und widerrechtlichen Ruin dieses Landes seht, dann also würden wir annehmen, daß auch ihr nach der Ausrottung der tschechischen Zunge trachtet, und wir müßten uns so vor euch in acht nehmen mit Gottes Hilfe wie vor
1420 offenen Feinden Gottes und unserer Zunge. – Gegeben am
November 5 Dienstag nach Allerheiligen.

(73) Eroberung der Burg Přiběnice durch die Taboriten

November 13 Weiter: Im selben Jahre am Mittwoch nach Martin:

Als der Priester Koranda, Hauptmann der Taboriten, ja sogar der Wortführende *(capitosus)*, unter dem sicheren Geleitbrief des Heinrich genannt Lefl, des Burgherrn von
September 8 Bechyně, nach dem Fest Mariae Geburt mit einigen Brüdern

von Tabor gegen Bechyně ritt, wurde er von Gesindeleuten des Herrn von Rosenberg gefangengenommen und festgehalten, nach Příběnice, einer Burg des vorgenannten Herrn von Rosenberg, gebracht und in den Turm derselben Burg geworfen. Nachdem er von diesem Turm einen Mauerklotz herausgebrochen und an die Mauer Bretter gelehnt hatte, gelangte er selbst mit einigen von den Seinen eines Tages bis zum Balkonumgang *(ad pavimentum;* altčech. Übers. *pavlač)* der Wachposten. Nach Fesseln der Wachposten zog er alle gefangenen Brüder aus dem Turm heraus und schickte die Wachposten an deren Stelle hinein, wobei jedoch ein einziger bat, entlassen zu werden, denn er wolle alles tun, was er befehle. Und als er schwur, verschwiegen überhaupt niemandem von ihrem Ausbruch etwas aufzudecken, sondern sogleich nach Hradiště zu gehen und die Tatsachen so, wie er sie erlebt habe, zu erzählen, damit sie unverzüglich sich beeilten, ihnen zu Hilfe zu kommen, weil sie die Burg ohne Falle einnehmen könnten, geschah es, daß die Taboriten nach Gefangennahme des Boten, damit er für die Wahrheit belohnt oder für eine falsche Aussage bestraft werde, sich alle erhoben und schnell zur Burg Příběnice gelangten.

Als Koranda und die Seinen vom Turm aus diese kommen sahen, riefen sie mit lauter Stimme: „Tabor, los, Tabor!“ – Der Kastellan aber und seine aufgeschreckten Leute laufen zu den Waffen und wollen eilig den Turm besteigen, können es aber nicht, und man läßt sie auch nicht zur Verteidigung des Tores hinkommen, weil man vom Turm aus Steine hinabwarf. Deshalb gehen die Taboriten wagemutig an die Umfriedung heran, treiben die Verteidiger zurück, nehmen das Burgtor ein und dringen mit Lärm in die Burg vor. Als das die Gesindeleute, erschreckt und völlig überrumpelt, sahen, ließen sie die Verteidigungswerke im Stich, einige von ihnen sprangen über die Mauern, andere wurden gefangen genommen. Das sahen die Leute, die auf der anderen Flußseite die zweite Burg[216] des Herrn von Rosenberg bewachten. Nachdem sie alles in der Burg zurückgelassen hatten, flohen sie im Laufschritt unverzüglich, wohin jeder laufen konnte. Und so errangen die Taboriten auf wunderbare Weise am gleichen Tag zwei fast uneinnehmbare Burgen des Herrn von Rosenberg, wobei ein Mann namens Kuncz zu Tode kam.

In diesen Burgen fand man zahllose Wertsachen von Kleinodien, Bechern, goldenen und silbernen Gürteln, Halsketten, Perlen oder Margariten, Kelchen, Monstranzen, eine Infel mit dem Abtsstab[217] von Mühlhausen, Bücher und Ornate sowie an kostbaren Gewändern viele Zobel- und Marderpelze. Das alles hatten die Nachbarn, Geistliche wie auch Weltliche, herangeschafft, um es daselbst aufzubewahren, und dort, wo sie glaubten, daß die vorgenannten Gegenstände in Sicherheit seien, haben sie alles verloren. Den
vgl. Anm 182 Herrn Hermann aber, Mönch und Titularbischof der Kirche von Nikopolis, nahmen sie auf der größeren Burg mit zwei Priestern gefangen. Dieser Bischof war nämlich Pfarrer in Miličín gewesen, der durch den Herrn von Rosenberg auf Drängen des Herrn Čeněk präsentiert worden war, und zwar deshalb, weil ihn Herr Čeněk lange auf Lipnice für die Weihe der Priester vom Jahre des Herrn 1417 festhielt, die der Erzbischof nicht weihen wollte. Man hat ihn im Fluß, der unterhalb der Burg vorbeifließt, unmenschlich ertränkt ungeachtet dessen, daß er der Erteiler (collator) der heiligen Weihen vieler den Taboriten anhängender Priester gewesen war und inständig flehte, sie sollten ihn am Leben lassen, weil er noch mehr, wieviel sie wollten, zu Priestern weihen und alle ihre Punkte, wenn er belehrt sei, festhalten wolle. Und da der Bischof, weil er lange schwamm, nicht ertränkt werden konnte, ans Ufer kam und ausruhte, drängten die Taboriten, die nach dem unschuldigen Blut dürsteten, heran, stießen ihn vom Ufer und verletzten ihn mit Steinen am Kopf. Und so hauchte er seinen Geist aus, sank auf den Grund und ließ den Taboriten unzählige Sünden zurück.

(74) Prager Gesandtschaft an den König von Polen – Absetzung der taboritenfreundlichen Ratsherren

1420 November 14 Weiter: Am Donnerstag nach Martin versammelte sich die Prager Gemeinde mit Krušina, Boček und Hynek, Herren und Baronen des Königreichs, und sie kamen zu dem Schluß, daß eine glanzvollere Gesandtschaft, als man vorher geschickt hatte, zum König von Polen zwecks Übernahme des Königreichs und zur Verteidigung des Gesetzes Gottes ausgeschickt werde.[218] Diese Gesandtschaft wollte Nikolaus von Hus verhindern, und er sagte deshalb, es sei niemals der Wille der Taboriten gewesen, einen anderen als einen Einheimischen aus dem Königreich (*regnicolam*) zum König zu wählen. Und als durch das Siegel der Taboriten, das Žižka mit den Pragern und anderen Gemeinden unter einhelliger Zustimmung an die darüber verfaßte Urkunde aufgedrückt hatte, für die Aussendung der Gesandtschaft an den König von Polen von Herrn Hynek die Bestätigung erbracht war, konnte Nikolaus von Hus die vorgenannte Gesandtschaft nicht weiter verhindern, aber er grollte schweigend.

Und es wurde in derselben Gemeinde wegen der Taboriten, die häufig zu dem Neuen weiter Neues hinzugefügt hatten, einträchtig der Schluß gezogen, daß keiner künftighin versuchen dürfe, irgendwelche Neuerungen im Volk auszusäen, wenn er es nicht vorher gut verstehe, solche Neuerungen in Schriftstellen zu fundieren oder mit unfehlbarer Vernunft einsichtig zu beweisen, und daß er selbige Neuerung auch nicht veröffentlichen dürfe, wenn er sie nicht vorher vier von der Gemeinde abgeordneten Magistern vorlege. Wenn diese ihm die Zustimmung zu ihrer Veröffentlichung beim Volk gegeben haben, solle er von da an dieselbe vor dem Volk veröffentlichen, anders aber nicht. – Ebenso faßten sie zweitens den Beschluß, daß alle Prager Priester den bis dahin bei der Meßfeier beibehaltenen Ritus, nämlich mit Ornat und Kelch, lediglich unter Ablegung alles Überflüssigen und des Prunkes beobachten sollten.

Da diese und zahlreiche andere Schlußfolgerungen dem Nikolaus Hus und den Taboriten mißfielen, kehrte der vorgenannte Nikolaus, der Hauptmann der Taboriten, am Sonntag nach Martin zu seinen Brüdern zurück, die die Burg 1420
Popovice[219] mit einem Wall eingeschlossen hatten. Als diese November 17
eingenommen war, rückten sie vor die Veste Leštno des Herrn Wenzel, des vor allen (anderen) bevorzugten Ratgebers König Sigismunds, und waren darum bemüht, sie einzunehmen. Da jedoch sogleich am Tage Elisabeth nach Abzug November 19
des vorgenannten Nikolaus Hus aus Prag die Gemeinde der

Prager Altstadt, die zusammengetreten war, nach Absetzung der die Taboriten begünstigenden Ratsherrn neue wählte und einige von den (früher) Abgesetzten wieder in die Ratsherrenwürde einsetzte, nörgelten einige Prager, die von der Gemeinschaft der Taboriten waren, im stillen an dieser Absetzung der Ratsherren. Als die Neustadt dieses Ereignis sah, berief sie ähnlicherweise die Gemeinde ein, und nach Absetzung ihrer Ratsherren wählten sie einträchtig andere in die Stellungen der früheren. Sobald diese Neuheit zu den Ohren der Taboriten gedrungen war, die die Veste Leštno belagerten, waren sie beunruhigt und überlegten, wie sie die Ehre ihrer so plötzlich abgesetzten Ratsherren wiederherstellen könnten. Deshalb nahmen sie einerseits mit jenen von Leštno für eine bestimmte Zeit einen Waffenstillstand an, und andererseits eilten sie von dort zur Burg Říčany in der Nähe von Prag, die genug stark für eine Eroberung ist. Von dieser Burg aus wurde nicht nur die Prager Straße behindert, sondern es wurden auch sehr viele Räubereien verübt. Sie schickten ihre Gesandten als Boten zu den Pragern, sie sollten sich vorbereiten und nicht unterlassen, mit ihrem Volk zur Eroberung vorgenannter Burg Říčany zu kommen, wobei sie das, wie vorausgesetzt wird, mit Bedacht taten, und damit sie, wenn sie beiderseitig zusammenkämen, die Gelegenheit aufgriffen, nach Prag zu gelangen, um das zu verbessern, was ihnen an den Pragern mißfiel.

Als nun Herr Krušina, damals Hauptmann der Prager Gemeinde, eingesehen hatte, daß die Prager unter Wahrung ihrer Ehre bewaffnete Mannschaften zur Unterstützung der Taboriten losschicken müßten, legte er den Dienst des Hauptmannsranges für die Prager nieder *(officium capitaneatus Pragensibus resignavit)* und kehrte am Tage Elisabeth nach Hause zurück, wobei er zum Vorwand genommen hatte, daß die Feinde auf seine Güter einfallen wollten, obgleich dennoch, wie man glaubt, der Grund seines Rücktritts war, weil er als Edelmann nicht mit den Taboriten einen Feldzug auf sich nehmen wollte, damit es nicht den Anschein habe, daß er ihre Brandschatzungen, Morde und die übrigen Gesetzlosigkeiten billige. Die Prager jedoch, die ihren Versprechungen und dem Drängen der Taboriten

1420 November 19

genüge tun wollten, machten sich am Sonntag – es war der Vigiltag der heiligen Katharina – mit einigen ihrer Söldner, mit Berittenen und mit Fußvolk sowie mit Wagen und auch mit einigen Priestern, die das Sakrament des Leibes Christi trugen, eilig auf den Weg von Prag nach Říčany. Und als sie auf dem angewiesenen Ort angekommen waren und die Priester der Prager begonnen hatten, im Ornat Gottesdienst zu halten, liefen einige aus der Zahl der Taboriten, Brüder und Schwestern, heran und stürzten sich auf den Priester: „Wozu hast du diese Tücher? Leg' sie ab und passe dich beim Messefeiern Christus und seinen Aposteln an, sonst werden wir dir alle deine Prunkgewänder zerreißen!" Als jedoch auf beiden Seiten die Ältesten dazwischentraten, beruhigten sie die Parteien, und zwar, daß weder die Taboriten die Prager noch umgekehrt die Prager die Taboriten in den Riten der Messe hindern oder schmähen sollten, weil sie über alles das, sobald sie nach Prag gekommen seien, mit Einverständnis der Parteien im Interesse eines beiderseitigen ruhigen Friedens das in der Mitte liegende Gute herausfinden wollten.

1420 November 24

Nach Beruhigung der Parteien kam daher Nikolaus von Hus, von allen Taboriten beim Verhandeln der Schlauere, als er hörte, daß Herr Krušina und Boček sich von den Pragern getrennt hätten, vom Heer aus mit einigen Priestern aus ihrer Gemeinschaft zu Pferde nach Prag und legte den Ratsherren und der Gemeinde auseinander: Die Brüder der Taboriten wünschen, die Prager sollten auch ihnen die Eintragung einhalten, unter der sie sich verpflichtet hatten, daß für die Bewachung des Rathauses und der Türme ebenso viele von den Taboriten sein müßten, wie von den Pragern abgeordnet seien, sonst würden die Taboritenbrüder Buße einfordern und sich vielleicht aus dem Feld zurückziehen. Dabei beabsichtigte Nikolaus wohlbedacht, dadurch den mit den Taboriten sympathisierenden Teil zu stärken, und zwar, wie vorausgeschickt, auf Anstiften einiger abgesetzter Ratsherren hin. Da jedoch der Mensch denkt, Gott aber nach dem Walten seines Willens lenkt, antworteten die Ratsherren nach Abhaltung eines vernünftigen Rates mit der Gemeinde dem Nikolaus Hus ungefähr mit folgenden oder ähnlichen Worten: „Bruder Nikolaus, du weißt gut, daß wir diesmal durch ein Geschenk Gottes die Stärke unserer Feinde nicht in der Nähe verspüren, weshalb es für uns nötig wäre, zusammen mit den Brüdern für die Bewachung der Mauertürme vorzusorgen. Deshalb besteht für uns keine Notwendigkeit für eine so große Bewachung, die ihr mit den Brüdern verlangt, aber wenn es nötig sein sollte, sind wir bereit, nicht nur über die Türme, sondern sogar über die eigenen Häuser den Brüdern nachzugeben. Deshalb verlangt die Gemeinde", sagten sie, „daß ihr für jetzt so etwas nicht versucht, weil der Inhalt der Urkunde damit nicht in Einklang zu sein scheint." – Mit solchen friedlichen Worten besiegten sie den schlauen Fuchs, der nach der Enttäuschung seiner Absicht zum Heer zurückkehrte, wobei er nicht weniger nachdachte, wie die Absicht seines verkehrten Willens einen Erfolg erlangen könnte.

(75) Bündnis zwischen einigen Herren und den Pragern zur Verteidigung der Vier Artikel – Eroberung der Burg Říčany durch die Taboriten

1420 November 29 Ebenso zur selben Zeit, am Vortag nämlich des heiligen Andreas, kamen Ulrich genannt Vavák von Neuhaus und von Janovice Peter und Purkardt, Barone des Königreiches Böhmen, nach Prag zusammen mit Peter genannt Zmrzlík, vormals Münzmeister König Wenzels,[220] und einigten sich mit den Pragern über die Verteidigung der öfter genannten Vier Artikel, wobei sie den Streit bedauerten, der zwischen Taboriten und Pragern wegen verschiedener Abweichungen der Priester bestand. Denn die Magister auf der einen und die Taboriten auf der anderen Seite legten ihnen ihre Auffassungen vor, die sie einhielten und einzuhalten die Absicht hätten, falls sie nicht besser unterrichtet seien. Deshalb drängten die genannten Edelleute die Parteien eifrig, (einander) anzuhören und zu einem Vergleich zu kommen.

Und da zur selben Zeit die Burg Říčany sah, daß sie nicht standhalten könne und sich deshalb den Pragern unterwarf, jedoch unter der Bedingung, daß alle Personen, die in der Burg seien, Männer und Frauen, am Leben blieben und daß sie friedlich mit leichten Sachen, nämlich ihrer Alltagskleidung, ungehindert abziehen könnten, wurde aus diesem

Grund bis zur Ankunft der Taboriten von Říčany in Prag die Audienz hinausgeschoben. – Als demnach, wie vorausgeschickt, zwei Hauptleute des Heeres der Burg versprachen, sie wollten ihnen einhalten, was sie wünschten, drangen am Barbaratag, als die Burg offen war, die von der Gemeinde 1420 Dezember 4
Abgeordneten ein, mit denen einige Taboriten, die dazu nicht ausgewählt waren, wegen der Beute, wie vorausgesetzt, gewaltsam eintraten. Und als die aus dem Truppenkeil (ex cuneo) abgeordneten Ältesten den Frauen sagten, sie sollten alle ihre Kleider anlegen und von der Burg abziehen, ohne einen Raub der Kleider zu befürchten, und als sie daher mehr Röcke angezogen hatten und von der Burg abwärts stiegen, ergriffen die Schwestern der Taboriten, die auf sie warteten, alle, zogen ihnen die besseren Kleider aus und beließen ihnen die billigeren, und indem sie mit den Händen alle ihre geheimen Verstecke *(secreciora loca)* abtasteten, suchten sie nach Wertsachen und fanden sie, nicht nur Geldmünzen in Gold und Silber, sondern auf dem Kopf Stirnbänder und unter den Kleidern silberne Gürtel, mit denen sie sich umgürtet hatten *(in cinctura)*. Das alles nahmen die Schwestern weg und forderten die Frauen auf, nachdem sie ihnen die Sachen abgenommen hatten, sie sollten sich ihrer Gemeinschaft anschließen und dabei das Gesetz Gottes halten. – Žižka hingegen gab zur gleichen Zeit den Befehl, neun in der Burg aufgefundene Priester von dort hinauszuführen, die er seinen Schleuderern zum Verbrennen auslieferte. Sie haben ungeachtet des Versprechens, das die Prager zum Schutz der Personen gegeben hatten, alle in der Stube eines Bauern verbrannt, obwohl sie schrien und baten, daß man ihnen, wenn sie Buße täten, Zeit ließe und sie in ihren Riten unterweise, denn sie wollten alles tun, was ihnen durch die Taboritenpriester auferlegt sei. So wurden also elf Priester, nämlich diese neun mit zwei früheren, darunter der Pfarrer von Maletice, genannt der Prophet, bei der Burg Říčany von den Taboriten unmenschlich verbrannt. Den Burgherrn namens Diviš jedoch brachten sie mit seinem Sohn als Gefangene am Nikolaustag, als Dezember 6
das gesamte Heer nach Prag kam, in das Prager Rathaus, während die vorgenannte Burg noch nicht zerstört, sondern gut bewacht war.

(76) Versammlung beider Prager Gemeinden bei St. Ambrosius – Tod des Nikolaus von Hus – Versammlung der Priester von Prag und der Taboritenpriester im Hause des Herrn Peter Zmrzlík

Ebenso gleich am dritten Tag nach Ankunft der Tabori-
1420 Dezember 8 ten, nämlich am Sonntag nach Nikolaus, wurde die Gemeinde beider Städte, der Neustadt wie der Altstadt, nach dem Mittagessen zum heiligen Ambrosius einberufen, damit die vorgenannten Edelleute und Barone, die dort mit den Taboriten zusammenkamen, hören konnten, was es sei, das die Parteien entzweie. Und da Nikolaus von Hus mit den übrigen hoffte, daß in demselben Termin der größere Teil der Prager Gemeinde auf seiner Seite stehe, ordneten die Ratsherren, die (das) im voraus wußten, öffentlich an, daß die Gemeinden mit ihren Ältesten beim heiligen Ambrosius getrennt stehen und niemand sich einer anderen als der eigenen Gemeinde anschließen dürfe, und so standen getrennt für sich die Gemeinde der Altstadt, getrennt für sich die der Neustadt und getrennt für sich die der Taboriten. Es wurde auch unter Strafe hinzugefügt, daß bei diesem Termin keine Frau, kein Priester, welcher Partei auch immer, dabeisein und sich auch nicht unter die anderen mischen dürfe, und zwar deshalb, damit nicht durch Einflüsterungen der Priester und durch Geschrei der Frauen größere Streitigkeiten entstünden. Mit Gottes Willen wurden also die Taboriten in ihrer Absicht enttäuscht, weil sie keinen Riß in der Gemeinde verursachen konnten, den sie erhofften, und deshalb kehrten sie, nachdem man (nur) Unbedeutendes vorgelegt und angehört hatte, zu den eigenen Herbergen friedlich zurück.

Dezember 10 Ebenso am Dienstag nach Nikolaus ordnete der edle Herr Ulrich von Neuhaus mit den ihm verbundenen Edelherren und unter Zustimmung beider Parteien mit den Ratsherren an, daß alle Prager Priester mit den taboritischen Priestern zur festgesetzten Stunde nach dem Mittagessen zum Karlskolleg[221] zusammenkommen sollten zwecks Vorlage der Artikel und zur Anhörung der Partei der Magister mit den Taboritenpriestern. Und aus diesem Grunde luden auch die

Ratsherren zum vorerwähnten Tag Nikolaus Hus und Žižka mit einigen Älteren zu einem mit dem Bürgermeister im Rathaus zu veranstaltenden Essen ein, um weitere Freundschaft zu schließen und zu bewahren. Nikolaus Hus lehnte es ab, zu diesem Essen zu kommen, weil er Verdacht schöpfte, daß man ihm im Rathaus den Tod bereitet habe, und deshalb stieg er am gleichen Tag aufs Pferd und ritt mit einigen ihm verbundenen Taboriten von Prag weg in bitterer Gesinnung und im Gedanken, den Pragern schaden zu wollen, wo er es könne. Und als er zum Bächlein von Psáře gekommen war, stürzte sein Pferd, das vor einigen Wagen nicht ausweichen wollte, in eine Grube und brach so seinem Reiter, nämlich dem Nikolaus Hus, ein Bein mitten durch. Obwohl er, wie man rühmte, geschworen hatte, daß er nicht mehr nach Prag kommen wolle, wurde er umgekehrt wieder nach Prag gebracht, und zwar zur ärztlichen Versorgung. Und nachdem die Beinfraktur *(fractura pedis)* irgendwie eingerenkt war, verfiel er in ein sehr schweres Keuchen der Brust *(asma pectoris gravissimum incidit)*, woran er am Abend der Geburt Christi im Hause des Herrn von Rosenberg, das er sich in Anbetracht von Příběnice angeeignet hatte,[222] den letzten Tag beschloß. Seinen Tod beweinten in Trauer einige von den Pragern, die die Sinnesart der Taboriten übernommen hatten, während andere sich freuten. Unermeßliche Danksagungen ließen sie Gott laut erschallen, weil er geruhte, sie von einem listenreichen Menschen barmherzig zu befreien, der nicht Frieden in Liebe suchte, sondern vielmehr sich auf seine Klugheit stützte und dabei unablässig Zwietracht, Haß und Spaltung zwischen den Parteien stiftete. Žižka hingegen mit einigen von den Seinen hatte keine Angst, am vorgenannten Dienstag nach Nikolaus im Rathaus mit dem Bürgermeister zu speisen.

1420 Dezember 24

Und nach dem Mittagessen, als die Magister und die Prager Priester im Karlskolleg warteten, wollten die Taboritenpriester unter keinen Umständen zum Kolleg kommen, sondern anderswohin, wo immer es den Ratsherren angebracht erschienen wäre. Damit also der vorher angesetzte Termin wegen ihres abweichenden Willens nicht aufgelöst werde, gaben sie, Herr Ulrich Vavák mit Žižka und den anderen

Unterhändlern, den Auftrag, daß sie, seit man nicht die Absicht habe, im Kolleg zusammenzutreffen, dennoch sofort im Hause des Petrus, genannt Zmrzlík, vormals des Münzmeisters – dieses Haus steht gegenüber dem Chor des Klosters St. Jakob –, zusammenkommen sollten. Dort also erschienen die Edelherren und die Hauptleute der Taboriten mit den Magistern und den aus beiden Parteien versammelten Priestern, um nach Anhören der Parteien eine irgendwie geartete Einigung *(concordiam)* im Einklang mit Gott zu finden, damit nicht ein so gutes Beginnen wegen der Wortgefechte der Priester und bei Spaltung des Volkes verhindert werde. Dort also, im großen beheizten Raum *(in estuario magno)*, der mit dem Klerus und den Weltlichen angefüllt war, wollten die Barone, daß eine Aussprache über die Feier der Messe im Ornat stattfinde. Ihnen antwortete der Rektor: „Wir haben hier gewisse für das gesamte Königreich schädliche Artikel. Deshalb gefalle es, zuerst diese anzuhören und dann über die laufenden Sachfragen zu sprechen." Und sogleich überreichte Magister Prokop, der damals der Rektor der Universität war,[223] ein Schriftstück mit über siebzig Artikeln dem Magister Peter von Mladoniowitz, dem damaligen Prediger bei Sankt Michael,[224] damit er dasselbe mit hoher und verständlicher Stimme den Zuhörern vorlese und deutlich spreche. Peter nahm dieses Schriftstück und begann, auf einer Bank stehend, die unten niedergeschriebenen Artikel in Latein und darauf in der Volkssprache der Reihe nach bis zum Ende vorzulesen, ohne daß ihn jemand hinderte. Die Abschrift dieser Artikel folgt in dieser Form:[225]

(77) Die Taboritenartikel

1 Erstens, daß schon jetzt im gegenwärtigen Jahr – es ist das Jahr Eintausendvierhundertundzwanzig – das Ende der Welt anbrechen wird und da ist, d. h. die Ausrottung aller Bösen. – Das ist eine Irrlehre.

Jes 34,8 2 Weiter: Daß schon jetzt *die Tage der Rache* sind und
Lk 21,22 *das Jahr der Vergeltung*, in dem alle Sünder der Welt und die Feinde des Gesetzes Gottes auf solche Weise, daß keiner übrig bleibt, umkommen werden und umkommen müssen

durch *Feuer* und *Schwert* und die *sieben letzten Plagen,* die im Buch Ecclesiasticus im 39. Kapitel genannt sind, nämlich durch *Feuer, Schwert, Hunger, durch die Zähne der wilden Tiere, Skorpione* und *Schlangen, Hagelschlag* und den (schwarzen) *Tod.* – Das ist eine für den christlichen Glauben unerträgliche Irrlehre. Sir 39,35f Offb 15,1

3 Ebenso: Daß es schon in gegenwärtiger *Zeit der Rache* in bezug auf Gott keine *Zeit* der Gnade und *des Erbarmens* gibt und daß demnach den bösen Menschen und Feinden des Gesetzes Christi keine Werke der Barmherzigkeit[226] erwiesen werden dürfen. – Das ist eine hartnäckige Häresie. Jer 51,6 Jdt 8,13

4 Ebenso, daß schon in gegenwärtiger *Zeit der Rache* Christus in seinem Erweisen von Milde, Langmut und Erbarmen nicht gegenüber den Feinden des Gesetzes Christi nachgeahmt werden darf und daß man ihm (darin) nicht nachfolgen soll, sondern nur im Eifer, in Zorn, Grausamkeit und *gerechter Vergeltung* – das ist eine Häresie als Ergebnis von Hartnäckigkeit. Hebr 2,2

5 Ebenso, daß in dieser Zeit der Rache jeder Gläubige verflucht ist, der sein Schwert fernhält vom Blut der Feinde des Gesetzes Christi, das in der Einzelperson *(in propria persona)* körperlich vergossen werden muß, daß hingegen jeder Gläubige seine *Hände im Blut der Feinde* Christi *waschen muß,* darum, weil jeder *selig* ist, *der an der elenden Tochter die Vergeltung üben wird, die sie selbst uns angetan hat* – das ist Häresie und tyrannische Grausamkeit. Ps 57,11 Ps 136,8

6 Ebenso, daß jeder Priester Christi in der Zeit dieser Rache erlaubterweise vom allgemeinen Gesetz her von sich aus kämpfen, durchbohren, Sünder verwunden und mit dem irdischen Schwert oder einem anderen Kriegsgerät töten kann und muß, – das ist eine Häresie.

7 Ebenso, daß, solange noch die streitende Kirche andauert, schon in der *Zeit dieser Rache* lange vor dem *Tag des* End*gerichtes* alle Städte, Dörfer, Burgen und alle Gebäude zerstört und verbrannt werden müssen wie *Sodom,* darum, weil der Herr in sie nicht eintreten wird und auch kein Guter – das ist eine Irrlehre einer nie gesehenen und unerhörten Grausamkeit. Mt 10,15 vgl. Gen 19,24

8 Ebenso, daß in dieser Christenheit, solange noch die streitende Kirche andauert, in der vorgenannten Plage nur fünf irdische Städte bestehen bleiben werden, zu denen die Gläubigen *zur Zeit der Rache* zu fliehen gehalten sind, weil sie außerhalb jener fünf ihr Heil keineswegs werden erlangen können – das ist eine Irrlehre und Lüge falscher Propheten.

9 Ebenso, daß schon jetzt in diesem Jahr der *Rache* die Stadt Prag durch die Gläubigen zerstört und *verbrannt*
vgl. Offb 18,2; *werden* muß *wie Babylon* – das ist unerträgliche Ungerech-
8; 10 tigkeit voll von Unterdrückungen der Gerechten und ein Schaden für die Gläubigen.

10 Ebenso, daß schon in dieser *Zeit der Rache* keiner gerettet und vor den Plagen des Herrn bewahrt werden kann außer in der Ansammlung leibhaftiger Berge und *in den*
Jes 2,21 *Höhlen von Felsen*, wo die Gläubigen schon versammelt sind – das ist eine Irrlehre.

11 Ebenso, daß bereits in dieser *Zeit der Rache* jeder, wer immer das Wort Christi lesen oder es predigen hören
Mt 24,16 wird, worin er sagte: „*Dann sollen diejenigen, die in Judaea sind, zu den Bergen fliehen*", und er nicht aus den Städten, Dörfern oder Burgen zu den leibhaftigen Bergen, wo die gläubigen Brüder schon versammelt sind, hinausgeht, eine Todsünde gegen das Gebot Christi begeht und mit den solcher Art Städten, Dörfern oder Burgen durch die Plage des Herrn gestraft werden und umkommen wird – das ist eine Irrlehre.

12 Ebenso, daß nur jene auf den vorgenannten Bergen
Mt 24,28 versammelten Gläubigen jener *Leib, bei dem sich wo auch immer die Adler sammeln werden,* und die von Gott über die ganze Erde ausgesandten Heerscharen sind – sie sollen alle Plagen der oben genannten Rache ausführen, Vergeltung üben an den Völkern und ihre Städte, Dörfer und befestigten Plätze zerstören und verbrennen –, die *jede* ihnen *Wider-*
Jes 54,17 *stand leistende Zunge im Gericht richten werden* – das ist eine Irrlehre.

13 Ebenso, daß jeder, gleich ob Herr, Landedelmann, Bürger oder Bauer, der von den oben genannten Gläubigen an jene vier durch sie gefaßten Beschlüsse erinnert wurde, nämlich an die Freisetzung jeder Wahrheit, zweitens an die

Förderung des Gesetzes Gottes, drittens an die Sorge um das menschliche Heil, viertens an die Bekämpfung der Sünden entsprechend ihrer Art, und der sich durch seine persönliche Gegenwart ihnen nicht anschließt, daß jeder derartige als der
Satan und *der Drache* von ihnen zerrieben oder getötet und Offb 12,3
seine Güter entrissen werden sollen – das ist eine Irrlehre.

14 Ebenso, daß alle zeitlichen Güter der Feinde des
Gesetzes Christi in der *Zeit der* gegenwärtigen *Rache* von Jer 51,6
den vorgenannten Gläubigen wie auch immer überfallen und verwüstet werden müssen durch Wegnahme, Brandschatzung oder körperliche Vernichtung – das ist eine Irrlehre.

15 Ebenso, daß alle Bauern und Untertanen, die – auch unter Zwang – den Feinden des Gesetzes Christi jährliche Zinsabgaben leisten, ausgerottet und verflucht und wie die Feinde an ihren Gütern ausgeplündert werden müssen – das ist eine Irrlehre.

16 Ebenso, daß die streitende Kirche, die lange vor der letzten Ankunft Christi bis zum Endgericht dauern wird, schon jetzt durch eine andere Ankunft Christi, die bereits geschehen ist, sich auf das Reich Gottes hin nach dem Stand der Pilgerschaft erneuern wird und erneuert, so nämlich, daß es in ihr keine Sünde geben wird, kein Ärgernis, kein Greuel, keine Lüge und auch keine Makel – das ist eine Häresie als Ergebnis von Hartnäckigkeit.

17 Ebenso: Oben genannte Meinungen auf jenen Text
bei Matthäus im 23. (sic!) und 24. Kapitel über das Ende der Mt 13,40–43
Welt zu gründen und unter Ende der Welt das Ende und den 24,14
Abschluß der gegenwärtigen Zeit oder des gegenwärtigen Jahres zu verstehen, nach dem es ein anderes Zeitalter *(seculum)* geben wird, d. h. eine Zeit und ein Zeitalter *(evum)* von
Menschen, die auf der Pilgerschaft sind und *die glänzen wer-* Mt 13,43
den wie die Sonne fern von ganz und gar jeder Befleckung im oben genannten Reich des Vaters, das so bis zum Ende der Welt dauern wird und nicht zur Vollendung des Zeitalters, vielmehr eben der Welt – das ist eine unbelehrbare Irrlehre.

18 Ebenso, daß im vorgenannten Reich der Menschen auf der Pilgerschaft kein Böser sich körperlich wird unter die Guten mengen können, wenn er nicht vorher seine Bosheit abgelegt hat – das ist eine Irrlehre.

19 Ebenso, daß bereits in der Erneuerung des Reiches
die Auserwählten in ihren Leibern zunächst auferstehen wer-
Offb 20,5 den *in der ersten Auferstehung,* die der zweiten Auferstehung
weit vorausgehen wird – diese wird die allgemeine Auferste-
hung sein –, mit denen Christus, indem er vom Himmel her-
niedersteigt, auf Erden körperlich umherwandeln wird, den
jedes Auge sehen wird und der ein großes Festmahl und ein
Mt 22,11 Abendmahl auf den leibhaftigen Bergen abhalten und *beim*
22,13 *Eintreten, sobald er die zu Tische Liegenden sieht,* die Bösen
in die äußerste Finsternis hinausstoßen wird und alle, die
außerhalb der Berge sind, wie einst die außerhalb der Arche
des Noe in der Sintflut in einem einzigen Augenblick des
Feuers verzehren wird – das ist eine Irrlehre.

Offb 20,5 20 Ebenso, daß innerhalb der *ersten Auferstehung* die-
jenigen, die mit Christus als Lebende in die Lüfte werden
emporgerissen werden, leiblich nicht sterben, sondern mit
Christus auf wahrnehmbare Weise im irdischen Leben auf
Erden leben werden und daß sich an ihnen alles nach dem
Buchstaben erfüllen wird, was der Herr bei Jesaja im
Jes 65,17ff 65. Kapitel sagt: „*Und siehe, ich will einen neuen Himmel*
erschaffen" usw. bis zum Kapitelende. Und in der Offenba-
Offb 21,1ff rung im 21. Kapitel: „*Und ich sah einen neuen Himmel und*
eine neue Erde" bis zum Kapitelende – das ist eine Irrlehre.

21 Ebenso, daß es im oben genannten Reich Christi,
das, wie vorausgeschickt, durch die vorgenannten Plagen
erneuert ist, in den Menschen auf der Pilgerschaft überhaupt
keine Verfolgung geben wird, weil jedes Leiden Christi und
seiner Glieder aufhören wird – das ist eine Häresie.

22 Ebenso, daß im oben genannten Reich der Men-
schen auf der Pilgerschaft, das bis zur allgemeinen Auferste-
Jes 14,4 hung dauern wird, lange vorher *jeder Unterdrücker ein Ende*
nehmen und der Zins ruhen wird und daß jedes Fürstentum
und jede weltliche Herrschaft aufhören wird – ist eine Häre-
sie und eine Täuschung der einfachen Leute.

23 Ebenso, daß es dann den Gläubigen des Reiches
nicht erlaubt ist, einen gläubigen König zur Rache an den
Bösen, zum Lob aber der Guten sich zu erwählen, darum,
weil der Herr allein herrschen und das Reich dem Volk der
Erde ausgeliefert werden wird – das ist eine Irrlehre.

24 Ebenso, daß der Ruhm dieses erneuerten Reiches in dieser Pilgerschaft bis zur allgemeinen Auferstehung größer sein wird, als der Ruhm der Urkirche war – das ist eine Irrlehre.

25 Ebenso, daß dieses Reich der streitenden Kirche, das die letzte Heimstatt *(domus novissima)* vor der allgemeinen Auferstehung ist, mit größeren Gaben ausgestattet werden wird als das erste Haus, d. h. die Urkirche – das ist eine Irrlehre.

26 Ebenso, daß im erneuerten Reich der streitenden Kirche die Sonne der menschlichen Erkenntnis (sol humane intelligencie) den Menschen nicht leuchten wird, d. h., daß nicht ein jeder seinen Nächsten lehren wird, sondern alle werden von Gott gelehrt sein – das ist eine Häresie.

Weish 5,6

Jer 31,34
Jo 6,45

27 Ebenso, daß das geschriebene Gesetz Gottes im erneuerten Reich der streitenden Kirche aufhören und man die geschriebenen Bibeln vernichten wird, weil das Gesetz Christi allen in ihren Herzen aufgeschrieben werden und kein Lehrer nötig sein wird – das ist eine Irrlehre.

28 Ebenso, daß das Gesetz der Gnade in bezug auf seine geschriebenen Sinngehalte in vielen Schritten, die den vorgenannten Meinungen widersprechen, wie z. B. über Verfolgungen, Unrechtstaten an den Gläubigen, Betrügereien, Streitigkeiten, Lügen und Ärgernisse, sein Vollmaß erreichen, ungültig gemacht und aufhören wird, und zwar im so erneuerten Reich der streitenden Kirche – das ist eine Häresie.

29 Ebenso, daß die Frauen im erneuerten Reich der pilgernden Kirche leibliche Söhne und Töchter ohne körperliche Unruhe und ohne Schmerz gebären werden, ist eine Häresie.

30 Ebenso, daß nach der allgemeinen Auferstehung die Menschen noch immer Söhne und Töchter bis zu den Enkeln zeugen werden, ist eine Häresie.

31 Ebenso, daß im Reich der pilgernden Kirche die Frauen ihren Ehemännern ihre Verpflichtung nicht zu erweisen brauchen und auch nicht umgekehrt, ist eine Häresie.

32 Ebenso, daß die Frauen im erneuerten Reich gebären werden ohne körperlichen Samen, ist eine Häresie.

33 Ebenso, daß die Frauen *zur Zeit dieser Rache* erlaubterweise sich von ihren Ehemännern trennen und von ihnen, auch wenn sie gläubig sind und wie auch immer nicht einverstanden, wie auch von ihren Kindern und ihren Hausgemeinschaften zu den leibhaftigen Bergen oder zu den fünf Städten weggehen können – das ist eine Irrlehre.

34 Ebenso, daß bei Erneuerung des Reiches der pilgernden Kirche alle Kirchen, Altäre und Basiliken, die zur Ehre Gottes geweiht sind und außer auf Christus den Titel auf den Namen eines Heiligen führen, als sakrilegisch oder simonistisch bis auf den Grund des ersten Steines abzubrechen, niederzubrennen oder sonstwie zu zerstören sind, ist eine Irrlehre, die ohne einen Nutzen nach Ärgernis für die ganze Welt schmeckt.

35 Ebenso, daß alle Häuser der Priester gleichwie häretisch und (von der Pest) angesteckt von den gläubigen Priestern nicht bewohnt und nicht aufgesucht werden dürfen, sondern zerstört werden müssen, ist eine Irrlehre.

36 Ebenso, daß die evangelischen Priester keine für sie zum Lebensunterhalt und für Kleidung notwendigen zeitlichen Güter nach evangelischer Weise besitzen können, obschon nach dem bürgerlichen Recht, das ihnen (jedoch) völlig entzogen und weggenommen ist, und daß man von ihnen nicht die Sakramente empfangen darf[227] – das ist eine törichte Irrlehre.

37 Ebenso, daß geschmückte Kleider, die von der Urkirche unter Ausschluß der Sünde für die heiligen Messen eingeführt und bestimmt wurden, häretische Kleider und Gewänder sind und deshalb für Joppen der Laien *(in ioppas laycorum)* und andere ungehörige Gebrauchsmöglichkeiten verwendet werden sollen, das ist eine törichte und geschmacklose Irrlehre.

38 Ebenso, daß alle, die – obschon unter Ausschluß von allem Überflüssigem und von eitler Pracht – die Messen in Ornaten und mit Tonsuren feiern, aufgeputzte Dirnen sind, ist eine Irrlehre.

39 Ebenso, daß alle, die die heiligen Messen unter Ausschluß der Sünde nach dem in der Urkirche gewohnten Ritus und Kleiderornat feiern, keine Priester sind, sondern Heuch-

ler und daß sie vergeblich beten und man ihre Messen nicht hören soll – das ist eine Häresie.

40 Ebenso: Das Feiern von Messen unter freiem Himmel und in Häusern und Zelten, das Verändern des Ritus der Urkirche ohne äußerste Notwendigkeit und das vorsätzliche Mißachten von Kirchen, zu denen man zu gegebener Zeit gehen kann, ist eine abergläubische Irrlehre.

41 Ebenso, daß kein Priester in welcher Todsünde auch immer von Gott die Gewalt *(auctoritatem)* hat, (die Wandlung der Opfergaben) zu bewirken oder zu taufen.

42 Ebenso, daß Judas beim letzten Abendmahl das Sakrament der Eucharistie des Leibes und Blutes Christi nicht empfing und daß er auch nicht die Vollmacht erhielt, (die Wandlung) zu bewirken, ist eine Häresie.

43 Ebenso: Das verehrungswürdige Sakrament der Eucharistie derer, die es so in der Todsünde vollziehen, ungläubig wegzuwerfen oder auf den Erdboden zu streuen und die Gefäße wegzunehmen, oder daß Laien das Sakrament mit seinen Gefäßen verächtlich an sich drücken – das ist gottlose und ärgerniserregende Häresie.

44 Ebenso, daß im Sakrament der Eucharistie des Brotes und Weines der wahre Gott und Mensch nicht wesentlich, sakramental und gegenwärtig ist – das ist eine Häresie.

45 Ebenso, daß im Sakrament der Eucharistie der wahre Gott und Mensch nicht in der Form göttlicher Verehrung *(cultu latrie)* angebetet werden darf, ist Häresie.

46 Ebenso, daß vor dem Sakrament der Eucharistie die Knie nicht gebeugt und auch keine anderen Zeichen göttlicher Verehrung *(nec alia signa latrie)* Gott dargebracht werden dürfen – das ist Häresie.

47 Ebenso: Zu glauben, daß weder im Sakrament des Leibes Christi unter der Gestalt des Brotes noch unter der Gestalt des Weines Christus ganz ist in seinem eigenen Leib und Blut, ist Häresie.

48 Ebenso, daß es nicht erlaubt und auch nicht förderlich ist, das Sakrament der Eucharistie für den Gebrauch der Gläubigen oder für die Feier eines Gottesdienstes *(pro cultu divino frequentando)* bis auf den nächsten Tag aufzubewahren, ist eine Irrlehre.

49 Ebenso, daß es niemals erlaubt ist, das Sakrament der Eucharistie nach dem Ritus der Urkirche während der heiligen Messe emporzuheben, ist eine Irrlehre.

50 Ebenso, daß in jeder beliebigen Speise Leib und Blut Christi in sakramentaler Weise so gut wie im Sakrament genommen wird, wenn nur der Mensch in der Gnade ist – das ist eine Irrlehre.

51 Ebenso, daß es in keiner Pfarrei an welchem einzelnen Tag auch immer erlaubt oder förderlich sei, jemals mehr Messen zu feiern als nur eine einzige, ist eine Irrlehre.

52 Ebenso, daß es ein und demselben Laien erlaubt sei, das Sakrament der Eucharistie an einem einzigen Tag zu nehmen, so oft es ihm beliebt, ist eine Irrlehre gegen die (kirchliche) Bestimmung *(contra statutum)*.

53 Ebenso, daß von den Gläubigen nichts gehalten und geglaubt werden muß, außer was im Kanon der Bibel ausdrücklich und klar entfaltet *(explicite)* enthalten ist – das ist eine Häresie.

54 Ebenso: Zu glauben und zu halten, daß das Sakrament der Eucharistie oder der Taufe zusammen mit den anderen Sakramenten in der pilgernden Kirche nicht Bestand haben müssen, bis am Ende Christus kommt, ist eine Irrlehre.

55 Ebenso, daß alle menschlichen Überlieferungen und kirchlichen Übungen, wie lobenswert und nützlich auch
Mt 3,12 immer sie sind, *wie Spreu vom Weizen* einfach *beseitigt und vernichtet werden* sollen, ist Häresie.

56 Ebenso, daß die Dekrete der gesamten Kirche und der heiligen Väter als vom Heiligen Geist (inspirierte) Satzungen, wie rechtmäßig auch immer sie sind, nicht beachtet zu werden brauchen, weil man sich mit den in den Evangelien ausgesprochenen Befolgungen *(observacionibus)* zufriedengeben muß, ist eine Irrlehre.

57 Ebenso, daß die Schriften, Lehren und Bibelauslegungen *(postillaciones)* der heiligen Lehrer in Wissenschaft und Leben, die von der Urkirche gutgeheißen wurden, wie die des Dionysius, Origenes, Cyprian, Chrysostomus, Hieronymus, Augustinus, Gregor und anderer von den Gläubigen nicht gelesen und gelernt und auch nicht zur Stärkung des

Schriftsinns angeführt zu werden brauchen, ist eine blinde, ungelehrte und unwissende Irrlehre.

58 Ebenso, daß alle Wahrheiten in der Philosophie und in den (freien) Künsten, auch wenn sie für das Gesetz Christi förderlich sind, in keiner Weise jemals übernommen oder studiert werden dürfen, ist eine Irrlehre.

59 Ebenso, daß man das Taufwasser niemals weihen oder segnen und in der Kirche als geweihtes Wasser aufbewahren darf, ist eine Irrlehre.

60 Ebenso, daß die Säuglinge nicht mit den Taufpaten und den seit der Urkirche gewohnten Befragungen und Antworten getauft werden dürfen, während es zweckmäßig geschehen kann, ist eine Irrlehre.

61 Ebenso: Zu sagen, daß Ohrenbeichten von den Gläubigen in keiner Weise jemals zu erwägen und auch nicht zu beachten sind, ist eine Irrlehre.

62 Ebenso, daß den Bußfertigen und Beichtenden niemals körperliches Fasten, Geißelung des Körpers und andere Werke der Genugtuung wie Gebete, Almosen und Tränen auferlegt werden dürfen, sondern nur: *Geh' hin und sündige* Joh 8,11
nicht mehr – das ist eine Irrlehre.

63 Ebenso, daß man heiliges Öl zum Salben der Kranken und Getauften niemals in der Kirche Gottes haben und aufbewahren darf, ist eine Irrlehre.

64 Ebenso, daß es irgendwelchen Priestern auch immer, nicht Bischöfen, nach ihrem eigenen Willen und Belieben erlaubt ist, für sich und von sich aus einen Bischof zu weihen, ist eine törichte Irrlehre.

65 Ebenso, daß von uns auf der Pilgerschaft kein Heiliger im himmlischen Vaterland um irgendeine ihm irgendwie jemals geschuldete Fürsprache gebeten oder angefleht werden darf, ist eine Irrlehre.

66 Ebenso, daß die Heiligen im Himmel den Menschen auf der Pilgerschaft nicht durch ihre Gebete oder andere Hilfeleistungen helfen, ist eine geschmacklose Irrlehre.

67 Ebenso, daß die vierzigtägigen Fasten der Urkirche, das Fasten der Quatembertage, des Freitags usw. von den Gläubigen nicht beachtet werden müssen, sondern daß jeder nach seinem Wollen *(pro velle suo)* an jenen Tagen essen

möge, was auch immer gefällt und wie oft es gefällt, ist eine Irrlehre.

68 Ebenso, daß, ausgenommen der Sonntag, kein anderes Fest auf Grund einer Schuldpflicht der Urkirche von den Gläubigen gefeiert werden darf, ist eine Irrlehre.

69 Ebenso, daß nach diesem Leben der vom Körper weichenden Seelen das Fegefeuer *(ignis purgatorius)* nicht geglaubt oder irgendwie angesetzt werden darf, ist eine Irrlehre.

70 Ebenso, daß Fürbitten, Gebete und Almosen, weil unerlaubt, für keine verstorbenen Gläubigen unter keinen Umständen dargebracht werden dürfen, ist eine Irrlehre.

71 Ebenso, daß Hymnen, Lobpreisungen und Gesänge, die von der Urkirche hervorgegangen sind, in den Kirchen während des Gottesdienstes von den Gläubigen nicht vorgetragen werden dürfen, ist eine Irrlehre.

72 Ebenso: Keinem Christen ist es erlaubt, in irgend-
vgl. 1 Mos 9,4 einer Weise ersticktes Fleisch oder Speisen mit dem Blut eines Tieres zu essen – das ist eine Irrlehre.

(78) Verteidigung der Artikel durch die Taboritenpriester

Als daher die vorgenannten Artikel beendet waren, schloß Magister Peter, der die Artikel vorgelesen hatte, folgende Worte an: „Ihr alle sollt wissen, daß wir mit diesen Artikeln niemanden, der sie halte, namentlich beschuldigen, sondern daß man jeden Bruder oder Priester fliehe, der dieselben zu Lehrsätzen machen und hartnäckig verteidigen wolle, weil jeder davon entweder häretisch, irrig oder ärgerniserregend ist.“ – Darauf sagte der Bruder und Landedelmann Chval: „Ich halte alle jene Artikel.“ Der Landedelmann Roháč[228] jedoch brach in folgende Worte aus: „In Konstanz hat man uns vierzig häretische Artikel auferlegt, und ihr legt uns mehr als siebzig auf!“ – Darauf schloß als Antwort Magister Peter wie oben an, doch der Bruder und Priester Martin, genannt Loquis, sprach: „Abgesehen von wenigem, das darin giftig ist, halten wir alle jene Artikel.“ – Eben das sagte auch ihr Bischof und Bruder Nikolaus. Die Magister jedoch sagten: „Wir sind bereit, wann immer es gefallen wird, die Falschheit der jetzt verlesenen Artikel mit Vernunftgründen und den heiligen Schriften in den Schullektionen öffentlich zu beweisen, wenn sich jemand zu ihrer Verteidigung entgegenstellen wollte." – Darauf verlangte im Namen aller Taboriten Martin Loquis eine Abschrift der Artikel. Man antwortete ihnen, daß man ihnen die Abschrift geben werde, wenn jemand die Artikel zu halten und zu verteidigen wünsche.

Nach diesem Wortwechsel sprach Nikolaus, Bakkalar der Künste, Priester der Taboriten und von ihnen erwählter Bischof, der auf einer Bank stand und in der Hand einen kleinen Sexternus[229] hielt, folgende oder ähnliche Worte: „Ihr habt bereits die Magister gehört, möget ihr also auch uns hören! Wir sind zu diesem Termin gekommen in der Annahme, daß man nur über den Ritus der Messe sprechen wolle, ob es besser sei, im Ornat oder ohne Ornat das Herrenmahl zu vollbringen und dem Volk zu reichen. Und die Magister haben viele Artikel gegen uns vorgebracht, von denen wir hoffen, daß sie wahr sind, nur abzüglich von dem, was darin giftig ist. Doch unter Auslassung dessen sagen wir zum gegenwärtigen Zeitpunkt und halten dafür, daß die Taboritenpriester besser dadurch handeln, daß sie das Herrenmahl ohne die Gewänder der Kirche vollbringen und dem Volk darreichen, als die Prager, wenn sie dasselbe in den Ornaten tun. Und zum Beweis setze ich Folgendes voraus, erstens" – so sagte er – „daß unser Heiland in dem, was zur christlichen Regel gehört, die untrüglichste, sicherste und am wenigsten gefährliche Regel darstellt, (nämlich) ihn nachzuahmen, und im vorliegenden Fall nenne ich den menschlichen Ritus nicht den Ritus Christi und der Apostel, sondern den Ritus und die Überlieferung der Päpste, die weit vom Leben Christi abweichen und in denen bei Erkalten der Liebe die Sünde über alle Maßen überhand nahm. Denn Christus und seine Apostel haben in den Kleidern, in denen sie gemeinsam einhergingen, ohne Ritus und ohne die jetzt von den Priestern beibehaltene Ausstattung das heilige Mahl segensreich weit besser beachtet, als es jetzt von den Priestern beachtet wird. Dieser Ritus ist erst nach vielen Hunderten von Jahren zum ersten Mal eingeführt worden. Abschlie-

ßend sagen wir also, daß der Ritus, den wir beim Herrenmahl beobachten, von Christus und seinen Aposteln als Vor-
Mt 26,26–28 bild geübt wurde, wie aus Matthäus – dem sechsundzwanzigsten Kapitel – hervorgeht. Und es ist für uns das sicherste, jenen zu beobachten, den Christus zum Vorbild gemacht und gehalten hat und den seine Apostel nicht verändert haben. Ebenso sagen wir, daß der Ritus, den die Prager Priester beim Herrenmahl beobachten, ein nach menschlicher Überlieferung eingeführter Ritus ist, der von Christus und seinen Aposteln nicht zum Vorbild gemacht wurde und der im ganzen Gesetz, nicht im neuen und auch nicht im alten, niedergelegt ist. Diejenigen, die diesen Ritus wie das Evangelium beobachten und über das Gesetz hinaus hochpreisen, müssen fürchten, daß sie von der Zahl der Schriftgelehrten und Pha-
Mt 15,3–9 risäer sind, die Gott vergeblich ehren. Darüber bei Matthäus
23,13–33 im 15. und 23. Kapitel. Ebenso die heiligen Lehrer" usw. Diesen Punkt ließ Martin Loquis mit den anderen Priestern nicht zu Ende lesen, sondern sie sagten: „Laßt das für jetzt!" –

„Ebenso sagen wir, daß es für die Prager Priester eine große Schuld bedeutet, weil sie gegen Übertreter menschlicher Überlieferungen mehr angehen als gegen die Übertreter des göttlichen Gesetzes. Ebenso haben die Prager Priester noch nicht völlig der konstantinischen und kaiserlichen Schenkung zugunsten der weltlichen Herren entsagt." Als er das, wie vorerwähnt, vorgetragen hatte, sagte er: „Das sind, wie ihr gehört habt, zuverlässige Schriftstellen und unerschütterliche Grundsätze, gegen welche die Magister, obgleich wir es schon längst verlangt haben, bis jetzt keine einzige Schriftstelle beitrugen."

Und sogleich stieg Jacobellus, Bakkalar der Theologie und Prediger in Bethlehem, auf die Bank und hielt einen Sexternus[229] in der Hand, aus dem er eine lange Stelle ablas, die ich mit ähnlichen Worten kurz zusammenfassen möchte. Er stellte also zunächst die Unterscheidung hin, daß es in der Kirche Gottes einiges gibt, das als wesentlich und seinsmäßig zum Glauben gehört und auf das Heil gerichtet ist, wie z. B. die Konsekrationsworte richtig *(rite)* über Brot und Wein zu sprechen, und daß einiges unwesentlich Zusätzliches *(acci-*

dentalia) ist, wie z. B. die Messe im Ornat zu feiern. Das erste darf keiner der Menschen verändern, und er kann es auch nicht. Das zweite aber, nämlich das unwesentlich Zusätzliche, kann nach Ort und Zeit bei Eintreten einer letzten Notlage entfallen, wie z. B. im Ornat Gottesdienst feiern usw., es darf aber nicht weggelassen werden, sondern muß, wenn man es nach Ort und Zeitumständen haben kann, beachtet werden. Und so muß man in gleicher Weise Verständnis haben für alle menschlichen Einrichtungen der heiligen Väter, die nicht gegen das Gesetz Gottes sind und es auch nicht behindern, sondern eher dadurch fördern, daß sie einiges mystisch bezeichnen. Wenn also die Taboritenbrüder Christus in seinem Ritus bei der Konsekration des Herrenmahles nachahmen wollen, dann mögen sie das tun abends nach dem Abendessen und zuerst die Füße derer waschen, die sie kommunizieren wollen. – Und nachdem er solches und anderes mehr vor der versammelten Menge dargelegt hatte, überreichte er den Sexternus Herrn Ulrich von Neuhaus, daß er ihn aufbewahre und auf ähnliche Weise von den Taboriten, wenn sie eine Gegenschrift haben, diese entgegennehme, wobei ihnen ein fester Termin bestimmt wurde, damit sie aus diesem Schriftstück in der laufenden Sache die Wahrheit erkennen könnten. Und nach Beendigung dieser Ausführungen wurde der Gesprächstermin geschlossen.

(79) Prager Gesandtschaft an den König von Polen

Ebenso im laufenden Jahr des Herrn 1420 am 17. Dezember schickten die Prager auf Bitten des jungen Herrn Boček ihr berittenes Volk, Fußvolk und solches, das auf Wagen fuhr, von Prag weg, damit sie mit den Orebitenbrüdern im Königgrätzer Kreis zusammenkämen zum Widerstand gegen den König, der den Edelleuten des Landes Boček und Puška durch Brandschatzung und Güterberaubung schwere Schäden zufügte. Doch auch damit waren die Ungarn nicht zufrieden, sondern schamlos vergewaltigten sie Mädchen und Frauen. Und als die Prager bis Brandeis[230] gekommen waren und Brandeis sich mit einigen festen Plätzen ihnen unterworfen hatte, wurde der strenge Frost noch stärker.

1420 Dezember 17

Deshalb konnten sie sich zu diesem Zeitpunkt nicht mit den
1420 Dezember 23 Orebitenbrüdern treffen. Aus diesem Grunde kehrten sie am Montag nach Thomas in die Stadt Prag zurück.

Dezember 25 Weiter: Am Tage der Geburt Christi im selben Jahr ungefähr zur dritten Nachtstunde begaben sich Herr Hynek von Goldenstein, der Ritter Hlas, der Ratsherr der Altstadt Symon vom Weißen Löwen und mit diesen zusammen die anderen Weltlichen sowie Johannes genannt Kardinal und ebenso Peter Englisch,[231] Geistliche und Magister der Künste, von Prag aus auf den Weg zum König von Polen im Namen aller, die das Gesetz Gottes verteidigten, wobei sie die Absicht hatten, zur Verteidigung des Gesetzes Gottes und zur Annahme der Krone des Königreiches Böhmen zu kommen.

(80) Eroberung und Zerstörung der Neuen Burg durch die Prager

Weiter: Da von der Neuen Burg aus die Straße nach Prag für die Zufuhr von Lebensmitteln behindert wurde, deshalb
Dezember 30 schickten die Prager am vorletzten Tag des Dezember ihr berittenes Kriegsvolk, das Fußvolk und das in den Wagen los, um die Neue Burg zu erobern. Und gleich darauf errichteten sie auf der Höhe des Berges, der in der Volkssprache Hřeben *(Kamm)* heißt, in der Nähe des Burggrabens Buden und Zelte, stellten sie auseinander auf und gruben sich allseitig ringsum zur Abwehr der Feinde ein. Täglich schleuderten sie aus Büchsen und drei Kriegsmaschinen zahllose Steine gegen die Burg, so daß alle Dächer durch die Steine der Maschinen einstürzten, und als sie sich näher heranmachten, stellten sie auf die Gräben eine kleine Maschine auf, von der aus die Práčata *(Schleudern)* die Bollwerke der Verteidiger zerstörten. Weil der Hauptmann, der Ritter Fulsteyn,[232] sah, daß er nicht durchhalten könne, machte er am Tage Pauli
1421 Januar 25 Bekehrung im Jahr des Herrn 1421 mit den Pragern einen Vertrag über eine Vereinbarung. In diesem Vertrag wurde schließlich durch beide Teile Übereinstimmung erzielt und beschlossen, daß vorgenannter Fulsteyn mit allen Personen, die mit ihm in der Burg seien, nach Mitnahme nur ihrer

eigenen Sachen und nicht der dem König gehörenden von der Burg ungehindert nach Kouřim unter Geleit der Prager und in ihren Wagen abziehen müßten. Und gleich am folgenden Tag, nämlich am Sonntag nach Pauli Bekehrung, wurden zwanzig Auserwählte aus dem Heer der Prager in die Neue Burg hineingelassen. Und als man am nächsten Tag, am Montag, vor die Burg Wagen gebracht hatte für den Abtransport des Eigentums der Feinde und ihrer selbst, und als Fulsteyn viele Bücher mit anderen Gegenständen, nicht seinen eigenen, sondern die dem König gehörten, auf dem ihm überlassenen Wagen aufgeladen hatte, stürzte sich das gemeine Volk draußen vor der Burg im Sturm auf den Wagen und raubte alles Aufgeladene, was einer nur ergreifen konnte. Aus diesem Grunde wollte das gemeine und habgierige Volk zum Wegschleppen der Einrichtungsgegenstände auch in die Burg eindringen, und weil man sie nicht hineingelassen hatte, drangen sie durch Untergraben der Mauer ein und kamen zum Gewölbe der Bücher, die sie raubten. Und darauf zogen sie durch alle Gemächer *(commoda)*[233] umher und schleppten weg, was man nicht auflud und was sie in Prag zu einem geringen Preis verkauften. Und hernach, am folgenden Tag, steckten sie die Neue Burg in Brand und rissen sie nach Anwerbung von Werkleuten bis auf die Grundmauern nieder und zerstörten sie.

1421 Januar 26

Januar 28

(81) Predigt des Taboritenpriesters Koranda in der Kirche Maria Schnee

Ebenso im Jahr des Herrn 1421 kam Koranda, ein führender Priester der Taboriten, Anführer und Verwalter, am Freitag nach Beschneidung, bärtig mit einer Gesandtschaft von den Brüdern nach Prag, und weil er vor der Gemeinde keine öffentliche Anhörung der Gesandtschaft erreichen konnte, machte er bekannt, daß er auf dem Sande *(in Arena)* predigen und dort die Willensmeinung der Brüder darlegen wolle. Als es ihm auch dort durch den Magister Martin von Volyně am Predigtstuhl vereitelt worden war,[234] mußte er warten, bis der vorgenannte Magister seine Predigt beendete. Und er stieg auf die Kanzel und erzählte von seinen Behinde-

Januar 3

rungen. Ihn nahmen die Beginen wie einen Engel Gottes auf, wobei sie den Magistern Vorwürfe machten, daß sie den vorgenannten Koranda an seiner Predigt gehindert hätten. Als er dennoch ein zweites Mal eine Ankündigung anschlug, daß er von der Willensmeinung der Brüder sprechen wolle, was sie über die Kleidung der Priester bei der Vollziehung des Herrenmahles dächten, kam eine große Volksmenge zum Sand, um ihn zu hören, der – nach der Erwiderung Peters von Mladoniowitz – diese und ähnliche Worte vortrug:[235] Erstens, daß dies die Willensmeinung der Taboritenbrüder über Kleidung und Ornate bei der Konsekration sei, daß, weil in diesen gefährlichen Zeiten alle von Unfreiheit gelöst werden möchten *(libertari)*, es notwendig ist, auf den Pfaden
Joh 14,6 des *Weges*, des *Lebens* und der *Wahrheit* Christi zu bleiben. Zweitens legte er dar, daß die Taboritenbrüder gegen hochgestellte Leute, die für die Ornate unzutreffende Schriftbelege anführen und die Schriftstellen der Brüder verfälschen, daß sie also gegen jene vorgehen wie gegen solche Ungläubige, die die Schrift verfälschen, wie sie es vorher im Verhältnis zu den Bildern und der Wasserweihe getan haben.

Weiter sagen sie, daß Christus, wahrer Gott und Mensch, ohne die jetzt geläufige Gewohnheit und ohne solche Kleider, wie man sie jetzt gebraucht, seinen Leib und sein Blut in den Dienst gestellt hat, dessen Ritus die Apostel nicht verän-
Mt 26,26–28 Mk 14,22–24 dert haben. Das geht hervor aus Matthäus im 26. Kapitel,
Lk 22,17–20 aus Markus im 14. Kapitel, aus Lukas im 22. Kapitel und aus
Apg 2,42 der Apostelgeschichte im 2. Kapitel. Weiter sagen sie, es sei am sichersten und am wenigsten gefährlich, daß die Priester Christi möglichst eng Christus und seine Apostel bei der Austeilung des Herrenmahles nachahmen und in der Zwischenzeit keinen anderen Ritus annehmen, weil diese Sache nicht endgültig entschieden ist.

Weiter: Wir sagen, daß die Anordnungen der Apostel und Christi keine menschlichen Verordnungen sind. Das geht hervor über Christus, weil Gott Vater für ihn Zeugnis
Mt 17,5 ablegt bei Matthäus im 3. Kapitel (sic!): *Dies ist mein lieber Sohn, an welchem ich Wohlgefallen habe; den sollt ihr*
Joh 2,5 *hören!* – Und daraus, daß die Mutter den Dienern riet: *Was er auch sagt, das tut!* – Und der Apostel an die Römer (sic!):

Wandelt nur würdig dem Evangelium Christi. – Und dann wieder: *Alles, was ihr tut mit Worten oder mit Werken, das tut alles in dem Namen unseres Herrn Jesus Christus!* Weiter: In der Apostelgeschichte im 16. Kapitel übergaben die Apostel als Auftrag, daß ihre Überlieferungen und die der Ältesten bewahrt werden. Deshalb sagt der Apostel an die Römer: *Achtet auf die, die da Zertrennung und Ärgernis anrichten.* – Weiter bei Matthäus im 15. Kapitel: *Vergeblich dienen sie mir, dieweil sie lehren solche Lehren, die nichts denn Menschengebote sind.* Phil 1,27 Kol 3,17 Apg 16,4 Röm 16,17 Mt 15,9

Weiter sagen wir, daß der Ritus, den die modernen Priester *(moderni sacerdotes)* bei der Austeilung des Herrenmahles und bei der Feier der Messe beobachten, weder im alten Gesetz noch im neuen begründet ist. Und es sei sicherer, den Kleiderritus der Priester des alten Gesetzes, die Kälber opferten, zu bewahren als den neulich erfundenen und unbegründeten Ritus, und weil der Prophet dazu sagt: *Soviel der Himmel höher ist denn die Erde, so sind auch meine Wege höher denn eure Wege.* Jes 55,9

Ebenso sagen sie, daß solche, die (die Ornate) hochschätzen, darin beschämt werden, daß sie die Übertreter der Gebote Gottes weniger strafen und beschämen als die Übertreter der neuerfundenen Überlieferungen. – Ebenso sagen sie, daß solche Magister zur Rechtfertigung ihrer unbegründeten Riten behaupten, es gebe einige Gebote von größerer und einige von geringerer Bedeutung, wobei sie hinzufügen: *Wer aber ärgert dieser Geringsten einen* usw. Das vergelten sie uns zur Belohnung für die Arbeit. Und obgleich sie behaupten, daß viele wegen ihrer Ornate und wegen Verletzung der Einrichtungen der Älteren von der Wahrheit abweichen und im besonderen die Herren, so wird geantwortet, daß zur Zeit der Apostel mehr zum Leben gekommen sind wegen der Kommunion und wegen der Predigt als wegen der Ornate, und so geschieht es auch jetzt noch. Mt 18,6

Weiter: Wenn man anführt, warum diejenigen, die die Ornate aufgeben, nicht die Füße (der Gläubigen) waschen und auch nicht nach dem Abendessen Leib und Blut Christi nehmen, wie es Christus getan hat, wird geantwortet, daß jene Riten durch den Apostel mystisch angedeutet wurden

1 Kor 5,8 im Korintherbrief im 5. Kapitel: *Laßt uns das Festmahl feiern mit den ungesäuerten Broten der Lauterkeit und Wahrheit und nicht mit dem Sauerteig der Bosheit und*
Röm 13,14 *Schlechtigkeit.* Die Priester *sollen* also *den Herrn Jesus Chri-*
Lk 1,78 *stus anziehen* und *von Herzen kommende Barmherzigkeit,* nämlich Güte, Milde usw. Damit bekleidet, mögen sie Leib und Blut Christi zum Opfer darbringen. – Wenn sie aber sagen: „Da wir den Ritus aufgeben, werden wir von anderen
Kol 2,16 verurteilt", antwortet der Apostel: *Niemand soll euch verurteilen wegen Speise und Trank.* – Ebenso wenn man sagt, daß diese Gewänder ein Zeichen sind für vieles – was jedoch aus der Schrift keineswegs bewiesen werden kann –, werden wir ihnen antworten: „Wenn alles Zeichenhafte nahegebracht werden soll und weil Dornen Reichtum bezeichnen, Wölfe falsche Propheten, Kälber den geopferten Christus, dann sollen sie sich also das alles an den Hals hängen, wenn sie die Messe feiern wollen. – Oder wir sagen anders: Wir widersprechen nicht, daß man zur Unterscheidung irgendein maßvolles, aber nicht vom Antichrist eingesetztes Zeichen habe oder halte, worin sich diejenigen, die Christus als Opfer darbringen, von den Laien unterscheiden könnten: Indem wir nämlich einwilligen,[236] daß der Gottesdienst von allen in Rochetten *(in superpelliciis)* gefeiert werde."

Die vorgenannten Beiträge faßte er deshalb in einem Buch zusammen[237] und verließ so Prag.

(82) Einnahme der Klöster Chotěschau und Kladrau sowie der Burg Krasíkov durch Žižka

Ebenso im selben Jahr im Monat Januar kam Žižka mit dem Kriegsvolk der Taboriten in das Gebiet von Pilsen und gewann das Nonnenkloster Chotěschau und das Kloster Kladrau, das Mönchen gehörte. Darauf eilte er zur Stadt Mies, anders auch Stříbro, und weil man gehört hatte, daß Schwanberg, ein großer Verfolger der Taboriten, mit nur wenig Kriegsvolk zur Burg Krasíkov[238] gekommen sei, zogen sie sofort von der Stadt Mies ab, kamen bei der sehr starken Burg Krasíkov an und nahmen an nur einem Tag die Höhe des Berges, der in der Volkssprache *Hřeben (Kamm)* heißt, mit Gewalt ein, und am nächsten Tag gewannen sie den Turm mit der Brücke hinzu. Als das der Burgherr Bohuslav Schwanberg sah, daß er nämlich nicht Widerstand leisten könne, und da er befürchtete und wußte, falls die Taboriten mit Gewalt in die vorgenannte Burg eindringen sollten, daß sie dann ihn mit allen seinen Leuten unter keinen Umständen am Leben ließen, bat er also, daß man um den Herrn Peter, genannt Zmrzlík, einst den Münzmeister, schicke, der zu diesem Zeitpunkt das Kloster Kladrau, das sie erworben hatten, besaß, weil er ihm und keinem anderen die Burg abtreten und sich mit seinen Leuten in dessen Gewalt ausliefern wolle. Und so geschah es, daß Schwamberg, als der vorgenannte Herr Peter kam, ihm die Burg abtrat und er mit seinem Gesinde demselben Herrn Peter Gefangenschaft gelobte. Dieser Herr Peter erreichte bei den Taboriten nur unter Schwierigkeiten, daß sie am Leben blieben. Und nachdem das Gesinde unter Bürgschaft entlassen war, ließen sie den Herrn Bohuslav in der Burg unter Bewachung daselbst zurück.

Ebenso zur selben Zeit in den Tagen des Januar überfielen der Bergmeister[239] und der Herr Johannes Městecký mit den Kuttenbergern und den anderen Städten und Landedelleuten in Přelouč[240] einige Taboriten, die dort zu dieser Zeit waren, und nachdem man sehr viele getötet hatte, schleppten sie hundertfünfundzwanzig Gefangene mit dem Priester Valentin nach Kuttenberg, und wenn jemand unterwegs wegen seiner Verwundung nicht gehen konnte, töteten sie ihn mit dem Schwert und ließen ihn auf dem Weg tot zurück.

Ebenso im gleichen Jahr der Geburt des Herrn und im Monat Januar sammelte Hromádka von Jistebnice[241] eine Schar von Bauern, die sich der Sekte der Taboriten anschlossen, und sie nahmen das befestigte Städtchen Chotěboř[242] ein und plünderten es bis zum letzten aus. Und als ein Teil von ihnen zur Beschaffung von Vorräten das Städtchen verlassen hatte, fielen der Münzmeister, Herr Flaška,[243] Herr Johannes Městecký, Herr Půta von Častolovice mit den Kuttenbergern und den anderen Städten und Herren am Tag Mariae Lichtmeß in Chotěboř ein, und weil die Taboriten den Bürgern des Städtchens großen Schaden zugefügt hatten,

1421 Februar 2

wollten deshalb die Bürger sich nicht mit ihnen verteidigen. Als das die Taboriten sahen, lieferten sie sich, weil sie allein nicht Widerstand leisten konnten, den sie bekämpfenden Herren auf Gnade aus. Doch die blutgierigen Kuttenberger töteten über tausend, darunter drei Priester, Hromada (sic!) hingegen brachte man mit zwei Priestern nach Chrudim, und sie wurden in der Mitte auf dem Ring verbrannt.

(83) Drohungen der Taboriten gegen Priester in liturgischer Kleidung – Gefangennahme des Martin Loquis

1421 Januar 20 Ebenso zur selben Zeit am Montag vor Agnes wurde in Soběslav, einer Stadt des Herrn von Rosenberg, von den Taboriten öffentlich angekündigt, daß sie jeden Priester, den sie beim Feiern der Messe im Ornat anträfen, zusammen mit dem Ornat verbrennen wollten. Als das so kundgemacht war, verließen die glaubenstreuen Priester, die die Kommunion unter beiderlei Gestalt reichten und den Taboriten in deren Riten nicht zustimmten, ihre Schafe und Kirche und suchten Zuflucht an Orten, die für sie sicherer waren, und weil so die armen Dorfbauern ihrer Priester entbehrten, mußten sie um die heilige Kommunion bis nach Tabor laufen.[244]

Januar 29 vgl. Anm 171 Ebenso zur selben Zeit am Mittwoch nach Pauli Bekehrung wurde der Bruder und Priester Martin, genannt Loquis, der führende Anstifter aller Irrlehren der Taboriten, von Herrn Ulrich von Neuhaus ergriffen und in einen Turm geworfen, weil er, nicht zufrieden mit den vielen Irrlehren, mit denen er das einfache Volk angesteckt hatte, eine gewisse neue Irrlehre und Häresie über das verehrungswürdige Sakrament ausgespien hat,[245] daß nämlich das gemeine Volk die durch den Priester konsekrierten Hostien von sich aus übernehmen und untereinander teilen solle, weil Christus
Lk 22,17 gesagt hat: *Nehmet hin und teilet unter euch.*

(84) Niederlage der Saazer durch die Bürger von Brüx und Komotau – Žižka besetzt die Vorstadt von Tachau – Belagerung des Klosters Kladrau durch König Sigismund

Ebenso zur selben Zeit, als die Saazer aus ihrer Stadt auf Raub ausgingen, erlitten sie einen großen Verlust an ihren Leuten. Denn Nikolaus, genannt Chudy,[246] zusammen mit den Bürgern von Brüx und Komotau sowie jenem ganzen Distrikt, die sich zu einem allgemeinen Frieden verpflichteten, fielen vereint über die Saazer feindlich her, und nachdem sie viele verwundet hatten, nahmen sie noch mehr gefangen, wobei einige auf beiden Seiten gefallen waren.

Ebenso im selben Jahr der Geburt des Herrn fiel Žižka mit einer Menge Taboriten nach Mariae Lichtmeß in die Vorstadt der Stadt Tachau feindlich ein und nahm sie in Besitz. König Sigismund wurde durch die Bürger von Tachau jedoch in einem Schreiben gemahnt, er solle, falls er die Stadt nicht verlieren wolle, möglichst schnell sich beeilen, ihnen zu Hilfe zu kommen, und deshalb scharte der König von allen Seiten bewaffnetes Kriegsvolk zusammen, rüstete sich zur Verteidigung der vorgenannten Stadt und traf Vorkehrungen dazu. Da Žižka jedoch zu diesem Zeitpunkt die Brüder, weil sie zersplittert waren, (nicht zur Verfügung) hatte, die Vorstadt von Tachau, in der er sich mit seinen Leuten aufhielt, von einigen in Brand gesteckt wurde und ihm deshalb durch das Feuer einige Pferde mit den Wagen verbrannten, deshalb sicherte Žižka auf den Rat anderer, um eine größere Zahl von Brüdern zu bekommen, die Klöster Kladrau und Chotieschau sowie die Burg Krasíkov mit einigen tausend Brüdern und wich dann gegen die Burgstätte Tabor zurück. Als jedoch der König merkte, daß Žižka aus dem Pilsener Kreis abgezogen war, schloß er mit seinem Kriegsvolk das Kloster Kladrau ein und griff es mit Kriegsmaschinen und Büchsen feindlich an. Dennoch erlitt er von den im Kloster Eingeschlossenen größere Verluste als umgekehrt die Eingeschlossenen selbst. Sie riefen schließlich jeden Tag zum Heer des Königs hinüber: „Wo ist der Antichrist, der Ketzerkönig? Macht, daß er losstürmt, um das Kloster zu bekommen!“ –

1421 Februar 2

Während also der vorgenannte König solcherweise mit den ihm anhängenden Städten und Edelherren das Feld behauptete, sandte Žižka zu den Pragern, damit sie ihm irgendein Kriegsvolk schicken möchten, denn es sei seine Absicht, den König als den Antichrist aus dem Feld zu vertreiben. Und die
1421 Februar 6 Prager schickten gern sogleich am Tag Dorothea, nämlich am ersten Donnerstag in der Fastenzeit, Berittene und Fußvolk mit dreihundertundzwanzig Wagen, um mit Žižka zusammenzutreffen in der Absicht, den König aus dem Feld zu schlagen. Und als sie in Dobříš zusammengekommen waren, eilten sie gleichzeitig gegen (die Burg) Žebrák (versus Mendicum), Hořovice und Rokycany samt einer Burg der Mutter des Herrn von Rosenberg mit Namen Wildstein, die sie einnahmen.[247] Und obwohl sie noch fünf Meilen vom König entfernt waren, löste der König sein Heer auf, und ohne es zu wagen, die Feinde abzuwarten, floh er aus dem Feld, und gegen Leitmeritz reitend, kam er dort an und
Februar 26 betrat von dort aus am Mittwoch vor *Salus populi*[248] zusammen mit den Königinnen Kuttenberg. Dort legte er eine Verweilpause ein und zog dann mit den vorgenannten Königinnen hinüber nach Brünn.

Die Taboriten aber – man hatte sie in Rokycany friedlich aufgenommen – zerstörten schändlich das Kloster[249] samt den Altären, plünderten die Einwohner an ihrem Eigentum grausam aus, verbrannten einen von den Priestern, den sie ergriffen hatten, unmenschlich an derselben Stelle, fügten der Stadt sehr viele Schäden zu und begaben sich dann alle gegen
Februar 14 Pilsen. Und am Valentinstag schlossen die Prager mit den Taboriten und den ihnen anhängenden Edelherren die Stadt Pilsen auf allen Seiten mit einer Umwallung ein und nahmen beim ersten Angriff die Vorstadt mit den Mühlen in Besitz. Und es waren zu diesem Zeitpunkt in der Stadt viele Edelleute mit ihren Junkern und mit zahlreichen Priestern, die tapfer die Stadtmauern verteidigten.

Und als nach Ablauf von vier Wochen die Bollwerke der Mauern ihnen durch Büchsen ziemlich zerstört waren, fürchteten sie einen Angriff des Heeres. Unter Zustimmung beider Seiten, nämlich der Prager und der Taboriten mit den ihnen anhängenden Edelleuten auf der einen und der Pilsener mit den Edelleuten samt den Städten Mies, Taus und Tachau und allen übrigen, die es im Landfrieden (in lantfrid) mit ihnen hielten, auf der anderen Seite, schlossen sie einen Waffenstillstand bis zum künftigen neuen Jahr, das heißt also, wenn man schreibe „im Jahre des Herrn 1422“, wobei sie ihn beiderseits mit Brief und Siegeln bekräftigten und folgende Bedingungen hinzufügten, daß die Pilsener samt ihren Anhängern unverzüglich ihre rechtmäßigen Boten zu König Sigismund schicken sollten, der sich zu diesem Zeitpunkt von Kuttenberg nach Brünn begeben hatte, weil er zwecks Vertreibung der Prager aus dem Feld kein Kriegsvolk hatte. Diese Boten sollten mündlich und schriftlich die königliche Majestät bitten, daß sie geruhe, den durch die Prager gegebenen Vier Artikeln beizutreten und dieselben in der Praxis nicht zu behindern und zumal den Pilsenern samt ihren Anhängern huldvoll zu gestatten, zu den vorgenannten Vier Artikeln den Pragern ihre Zustimmung zu geben. Und man fügte hinzu: Falls die königliche Majestät beitrete oder beizutreten gestatte oder sei es, daß sie das nicht tut, dann werden nach Verstreichen des Zeitraums eines Monats vom Abschluß vorgenannter Einigung an die Pilsener mit allen oben genannten Anhängern verpflichtet sein, die vorgenannten Vier Artikel in ihren Städten, Marktflecken und Dörfern nicht zu behindern, sondern Priestern, die von seiten der Prager kämen, die Freiheit der Predigt des Wortes Gottes zu geben, und wenn welche unter beiderlei Gestalt kommunizieren wollten, dürften sie niemanden daran hindern oder jemandem eine Schwierigkeit machen, und zwar bis zu dem vorher festgesetzten Termin, nämlich dem neuen Jahr, unter den im Begleitbrief ausdrücklich genannten Strafen.

Als diese Einigung der beiden Seiten so zustande gekommen war, wurde das Heer abgelöst, und es verlegte das Lager gegen Komotau. Nachdem aber die Pilsener ihre Boten zum König abgeschickt hatten, besserten sie täglich die Stadt und die Mauern mit den Gräben aus, hielten jedoch die geschlossene Vereinbarung nicht ein und ließen keinen Priester von seiten der Wahrheit in ihrer Stadt zur Evangelisierung des Volkes durch das Wort Gottes und zur Darreichung des Sakraments der Eucharistie verbleiben.

(85) Der Anfang eines neuen Tabor in Mähren

Ebenso im selben Jahr, nämlich 1421, im Monat Februar begann in Mähren ein neues Tabor auf einer Insel des Flusses March im Dorf namens Nedakunice in der Nähe von Strážnice. Und diese Taboriten, also Bauern mit einigen Priestern und zugleich mit Landedelleuten, besetzten das Kloster Velehrad und verbrannten (mit anderen Mönchen) als siebenten den Abt samt dem Kloster und sehr vielen Büchern.[250] Als daher der Bischof von Olmütz[251] und die Barone mit den Städten von Mähren fürchteten, daß sie nach Stärkerwerden der Taboriten wie im Königreich Böhmen unerträgliche Schädigungen zu erleiden hätten, nahmen alle zusammen mit Österreichern zur Eroberung der Insel eilig das Kampffeld an, und als sie einen Angriff auf die Insel machten, wurden viele auf seiten der Österreicher und der Bürger von Olmütz niedergestreckt. Während sie darüber stritten, zündeten sie die Buden an und wichen aus dem Feld. Auch die Ungarn versuchten diese Insel zu bekommen, doch als man sie angegriffen hatte, ließen sie davon ab. Und es gab auf dieser Insel blutrünstige Priester, die genauso wie Laien mit Bart und ohne Tonsur die Waffen ergriffen und bei der Feier der Messe den Ritus der Kirche nicht beachteten, sondern in ihren eigenen Kleidern nach dem Sprechen des Vaterunser das Sakrament vollzogen. Ihre Obersten waren zwei, die gegenseitigen Helfershelfer *(complices)* Bedřich und Thomas von Vizovice.[252]

(86) Brief des Taboritenbischofs Nikolaus und des Magisters Jičín über die Pikarden in Tabor

1421 Februar 28 Ebenso im selben Jahr und zur selben Zeit wie oben am letzten Tag des Februar wurde von dem neuerwählten Taboritenbischof Nikolaus und von Jičín, dem Magister der freien Künste, ein Brief nach Prag gebracht, der Nachrichten zum Weinen und für die christliche Religion vormals Unerhörtes enthielt, daß auf ihrem Berg Tabor aus der verkehrten Lehre gewisser Priester und zumal eines gewissen Martin, eines Priesters aus Mähren,[253] mehr als vierhundert Leute

beiderlei Geschlechts von der pikardischen Häresie – von ihr wurde weiter oben Erwähnung gemacht – angesteckt seien, die hartnäckig festhalten, daß im Sakrament des Altares nicht der wahre Leib Christi und sein Blut seien, sondern nur Brot, das, wenn es empfangen wird, nur ein Zeichen für Leib und Blut Christi sei. Und so brauche man vor dem Sakrament auch nicht niederzuknien und auch sonst keine Verehrung darzubringen und es auch nicht für den nächsten Tag aufzubewahren. Deshalb zerbrachen sie alle Monstranzen, in denen der Leib Christi für das Volk ausgesetzt wurde, und wie die Heiden und treulosen Juden[254] warfen sie das Sakrament des Leibes Christi aus den Monstranzen hinaus, verbrannten es und traten es mit Füßen. Dasselbe taten sie aus den Pyxiden, in denen das Sakrament des Leibes Christi, und aus den Kelchen, in denen das Blut Christi aufbewahrt wurde, sie zerschlugen die silbernen Kelche und Monstranzen und verkauften sie, und wenn sie welche zur heiligen Kommunion der Eucharistie gehen sahen, spotteten sie und sprachen: „Laßt ihr noch immer nicht von diesem Schmetterling[255] ab?" Darum baten die Vorgenannten, der Bischof Nikolaus und der Priester Jičín, daß die Magister der freien Künste Jacobellus und Johannes Příbram sie darüber unterrichten möchten, wie man solchen Irrlehren begegnen und Widerstand leisten könne, und sie ermahnten sie, sorgfältig darüber zu wachen, damit das Volk von Prag nicht von derselben Irrlehre angesteckt werde. Deshalb predigten am Sonntag, an dem man Laetare singt – es war der 2. März –, 1421 März 2
auf Anordnung der Magister und Ratsherren alle Prediger in ihren Predigten und machten die vorgenannte ungeheure und für den katholischen Glauben sehr abträgliche Häresie bekannt, wobei sie im Namen der Ratsherren anordneten, daß kein Hauswirt solche Leute in sein Haus aufnehme, sondern wenn welche kämen, daß sie diese bei den Ratsherren anzeigen sollten und sie nicht in Prag verbleiben ließen. Doch ungeachtet des geziemenden Auftrags der Prager Ratsherren wurden in Prag viele Leute beiderlei Geschlechts angesteckt. Aus ihrer Zahl wurde ein gewisser Wenzel, ein Schuster und Prager Bürger, wegen seiner Halsstarrigkeit im selben Jahr nach dem Fest Maria Magdalena verbrannt, wie sich unten zeigen wird. Juli 22

Ebenso haben sich wegen – leider – vorerwähnter Häresie die Brüder, die auf der Burgstätte oder in Tabor wohnten, in zwei Teile gespalten, den pikardischen also und den taboritischen, so daß der taboritische glaubenstreuere Teil über zweihundert Leute beiderlei Geschlechts, die von der pikardischen Häresie angesteckt waren, vom Berg Tabor vertrieb. Diese durchstreiften die Wälder und Berge, und einige von ihnen gerieten in einen solchen Wahnsinn, daß Männer wie auch Frauen die Kleider abwarfen und völlig nackt einhergingen, wobei sie sagten, sie seien im Zustand der Unschuld, und daß die Kleider wegen der Übertretung der Stammeltern angenommen worden seien. Und aus dem selben Wahnsinn heraus glaubten sie nicht zu sündigen, wenn sich der Bruder mit der Schwester körperlich verbinde. Und wenn eine Frau empfangen hatte, sagte sie, sie habe vom Heiligen Geist empfangen. Und es geschah leider noch mehr von ihnen, was der Nachwelt schriftlich zu hinterlassen nicht würdig ist.

1421 April 23 Ebenso nach einiger Zeit, nämlich vor Georg, kam Žižka von Beroun her zu der Burgstätte und verbrannte im Dorf Klokoty[256] fünfzig Menschen beiderlei Geschlechts von der vorgenannten Sekte der Pikarden, in deren Zahl zwei Priester waren und von denen der eine Peter Kániš hieß. Sie alle wollten auf die Ermahnung des vorgenannten Žižka hin von ihren Irrlehren nicht ablassen, sondern fröhlich mit Lachen schritten sie zum Feuerschlund hin und sagten, sie würden heute mit Christus im Himmel herrschen. Und nach dem Abzug Žižkas verbrannten die daselbst anwesenden Brüder fünfundzwanzig von derselben pikardischen Sekte.

Ebenso zur selben Zeit predigte einer von den Pikarden im Umland sehr viele irrige und häretische Artikel, unter denen folgende waren, die von ihm öffentlich gepredigt wurden: Erstens, daß es Häresie ist, vor dem Sakrament des Altares die Knie zu beugen, weil dort nicht der wahre Leib Christi ist, sondern nur Brot und Manna, da Christus mit seinem ganzen Leib in den Himmel aufstieg und hier nichts anderes zurückblieb als Brot und Wein, der konsekriert oder gesegnet ist und der zur Stärkung gegen die geistigen Feinde genommen werden muß. – Weiter: Eine Frau muß für ihren Mann bereit sein, wann und wo immer der Mann es fordert.

Auch in der Kirche wird die Frau gehalten, dem Mann das Geschuldete zu erweisen und dann sogleich zu kommunizieren. – Weiter: Ein zeugungsfähiger Mann kann seine Frau, wenn sie alt oder unfruchtbar ist, entlassen und eine junge heiraten. – Weiter: Das Volk kann sich selbst mit jenem geweihten Brot kommunizieren, wenn es nur durch den Priester gesegnet und zum Altar getragen wird, denn die Hand eines Priesters ist nicht würdiger als die eines jeden guten Laien. – Und so predigte er von zahlreichen anderen irrigen Artikeln.

(87) Eroberung von Komotau und Ausrottung der Einwohnerschaft – Freiwillige Unterwerfung von Laun und Schlan – Eroberung von Beroun

Ebenso im selben laufenden Jahr 1421, nachdem wie oben erwähnt, mit den Pilsnern eine Vereinbarung getroffen war, wurde das gesamte Heer gegen die Stadt Komotau[257] verlegt, die sie am 15. Tag des März, also am Samstag vor *Domine ne longe (laß, Herr, nicht fern sein)* machtvoll belagerten. Und als die Deutschen zwischen den Mauerzinnen hindurch das ankommende Heer verspotteten und es an diesem Tag mit Ungestüm zurückschlugen, machte das Heer sofort am nächsten Tag, und zwar am Sonntag, an dem man in der Kirche Gottes *Domine ne longe (laß, Herr, nicht fern sein)* singt, einen Angriff auf die Stadt, wobei es von jeder Seite gegen Gräben und Mauern vorstürmte. Und ungeachtet dessen, daß die Einwohner der Stadt flüssiges Pech und siedendheißes Wasser ausgossen, nahmen trotzdem die Prager auf der einen und die Taboriten auf der anderen Seite zugleich mit der Burg die Stadt ein. Als sie in diese eindrangen, verübten sie einen großen Raubzug, und zwar so, daß sie ähnliches an Reichtum niemals gefunden haben. Und während sie alle Männer der Stadt mit Schwert und Feuer töteten, ließen sie kaum dreißig am Leben, damit diese die Leichen der Toten bestatteten. Und es wurden von diesen über zweitausend begraben, und zwar fünfzehnhundert abzüglich der sehr zahlreichen Junker, Bürger, Priester und Juden, die man verbrannt hatte. Die feindseligen Frauen der

Ps 21,20

Palmsonntag
März 16
Ps 21,20

Taboriten aber verübten daselbst ein abstoßendes Verbrechen: Frauen und Mädchen, die ihre Männer und Eltern beweinten, führten sie aus der Stadt hinaus und versprachen ihnen, heil davonzukommen. Als sie aus der Stadt herauskamen, beraubten sie diese der Kleider, nahmen ihnen Geld und andere Dinge weg, schlossen sie in eine Weinberghütte ein und töteten sie im Schlund des Feuers, und um den Giftneid ihrer Bosheit noch zu steigern, verschonten sie auch nicht die Schwangeren.

Als daher die Stadt durch die Prager besetzt war, eilte das gesamte Heer gegen Saaz. Viele Burgen und feste Plätze unterwarfen sich ihnen aus Furcht. Die Leute von Laun schickten, da auch sie in Furcht waren, Gesandte nach Saaz und unterwarfen sich samt der Stadt der Oberherrschaft der Prager. Die Prager nahmen diese in Besitz, nachdem sie daselbst solche angesiedelt hatten, die wegen des Gesetzes Gottes vertrieben worden waren. Darauf wandten sie sich gegen Schlan, und als sie auf die Stadt einen Angriff machen wollten, ergaben sich die Bürger der Stadt, und nachdem die Stadt geöffnet war, ließen sie das Heer hinein. Und als daselbst die Besetzung der Stadt durchgeführt war, kehrte das Heer nach dem triumphalen Sieg über die Feinde am
1421 Vigiltag von Ostern nach Prag zurück, wobei es unterwegs
März 22 die guten festen Plätze Makotřasy und Okoř[258] eingenommen hatte.

Ebenso im selben Jahr wie oben am darauffolgenden
März 26 Mittwoch nach Ostern predigte der Taboritenpriester Antoch in, wie vermutet, seinem Wahn auf dem Prager Ring
Offb 13,11 von den *zwei Hörnern des Tieres,* wobei er behauptete, daß eines von diesen Hörnern die Ratsherren der Altstadt seien und das andere die Prager Magister, die mit diesen Hörnern die heilige Wahrheit behindern, weil sie nicht zuließen, ohne Ornate oder Gewänder Gottesdienst zu halten, sondern wollten, daß die Priester die Messe in Ornaten feiern, was eine ausdrückliche Häresie sei, so wie wenn eine Sau fliegt. Deshalb forderte er seine Brüder auf, nicht in Prag zu bleiben und auch nicht für die Prager Helfer zu sein. Die Taboriten, die zu diesem Zeitpunkt in Prag waren, teilten sich daher, und zwar so, daß einige mit dem Hauptmann Žižka in Prag

blieben, andere mit den Priestern abzogen, die den Leib Christi trugen. Ihnen folgte der vorgenannte Žižka nach, strafte die Priester mit sehr vielen Schlägen und ritt am selben Tag mit den Pragern, um Beroun einzuschließen. Sie nahmen es am ersten Tag des April – es war der Dienstag vor Ambrosius – im Sturm ein und warfen dabei den Ritter Koblich mit seinen anderen Gefährten vom Turm. Bauern mit Dreschflegeln haben sie sogleich grausam erschlagen. Und die Pfarrer mit siebenunddreißig anderen Priestern und Mönchen sowie drei Kollegiatmagistern des Karlskollegs samt einem Ritter und einigen Prager Bürgern, die von Prag geflohen waren, verbrannte Žižka mit seiner Begleitung ungeachtet des Geschreis einiger und zumal des Ritters namens Doupovec, daß sie bereuen und der Wahrheit bis zum Tode anhangen wollten.

1421 April 1

Innerhalb jener Zeit kamen die Mělníker unter sicherem Geleitschutz nach Prag und verpflichteten sich schriftlich (*se proscribunt*) zur Einhaltung der Vier Artikel. Es wurde bei ihnen Smiřický als Hauptmann eingesetzt.

(88) Übertritt des Erzbischofs Konrad von Vechta zu den Vier Prager Artikeln – Einnahme von Böhmisch Brod

Ebenso zur selben Zeit kam der Erzbischof Konrad unter sicherem Geleitschutz der Prager nach Prag und verpflichtete sich schriftlich mit ihnen zur Verteidigung der Vier Artikel.[259] Als das geschehen war, sang man unter Glockengeläute in den Kirchen Te Deum Laudamus. Damit waren die Taboriten wenig zufrieden, und zumal ihre Priester sagten: „Die Prager heilen schon wieder das Tier des Antichrist.“

Ebenso im selben Jahr wie oben am Samstag vor Tiburtius – es war der 12. Tag des April – verlegten die Prager ihr April 12
Heer gegen Brod und wandten sich zunächst der Burg des Herrn Michalec namens Toušeň bei Altbunzlau zu, die sich innerhalb von drei Tagen ergab, jedoch so, daß man die Besatzung bei Leib und Leben friedlich abziehen ließ. Und nachdem sie diesen festen Platz gesichert hatten, rückten sie gegen Brod vor, das sie am Mittwoch nach Tiburtius mit April 16
einem Wall einschlossen. Und am folgenden Tag machten sie April 17

ohne jede Ordnung einen Angriff, und obgleich Brod mit Gräben und Verteidigern gut gesichert war, nahmen sie innerhalb des Zeitraums einiger Stunden dennoch die Gräben ein, erstiegen die Mauern und betraten die Stadt, wobei jedoch viele auf seiten der Prager verwundet und getroffen, aber nur wenige getötet wurden. Die Deutschen des Königs von Ungarn hingegen, die als Söldner (im Dienst standen), flohen zur Kirche, nahmen deren Turm ein und verteidigten sich, so gut sie konnten, vermochten aber keinesfalls zu widerstehen. Die Prager, die mit ihren Leuten die Kirche in Brand steckten, verbrannten ungefähr zweihundert Menschen und töteten sehr viele mit Dreschflegeln und mit dem Schwert in den Gassen der Stadt. Unter ihnen waren achtzehn Priester mit dem Pfarrer, die im Feuerschlund und durch das Schwert umkamen samt Nikolaus, genannt Návara oder Čber. Er war ein hervorragender Kathedralschreiber König Wenzels und wurde in einem Faß verbrannt.[260]

1421 April 20 Ebenso zur selben Zeit, nämlich am Sonntag nach Tiburtius – es war der 20. April – betrat ein pikardischer Laie während des Mittagessens die Kirche des heiligen Gallus, ergriff mit der Monstranz das Sakrament des Leibes Christi, warf es auf die Erde, zertrat das Sakrament des Leibes Christi und goß darauf das kostbarste Blut aus dem Kelch. Er wurde sofort ergriffen und gefoltert und schließlich draußen vor der Stadt in einem Faß schnell verbrannt.

(89) Unterwerfung der Städte Kouřim, Tschaslau, Nimburg und Kuttenberg unter die Prager – Tod des Münzmeisters Peter Zmrzlík

Ebenso zur selben Zeit, als die Kouřimer von der so plötzlich erfolgten Einnahme der Stadt Brod und von der Ermordung vieler Bürger und Junker daselbst erfuhren, erschraken sie sehr und schickten darauf ihre eigene Gesandtschaft gegen Brod mit der Vollmacht der Einwohner und ergaben sich Gott und den Pragern und baten, daß man ihnen keine Schäden zufüge, weil es ihre Absicht sei, an ihrer Seite und der des Gesetzes Gottes mit ihrem Besitz und ihrem Leben bis zum Tode beizustehen. Und nach Zustandekommen vorgenannter Einigung der Kouřimer mit den Pragern kamen die Prager am Sonntag nach Kouřim, übernahmen es in Besitz und eilten von da sofort am 22. April gegen Kolín. Und da die Bürger der Stadt keine Hilfe des Königs merkten, nahmen sie die Prager in ihre Stadt auf und unterwarfen sich ihnen mit dem Versprechen, auf seiten des Gesetzes Gottes und der evangelischen Wahrheit bei den Pragern zu bleiben. Einige von den Pragern jedoch zerstörten das Kloster der Bettelmönche und verbrannten daselbst sechs Priester mit dem Pfarrer im Feuerschlund.[261] Als daher die Leute von Tschaslau und Nimburg die vorerwähnten Ereignisse erfuhren, wie die Prager Kolín besetzt hätten, schickten sie ihre Mitbürger dorthin und schlossen mit den Pragern ein Bündnis, wobei sie versprachen, dem König von Ungarn nicht zu gehorchen, das Gesetz Gottes, für das der Krieg geführt werde, von Herzen zu bekennen und Priestern, die es predigen, Unterhalt zu gewähren und sie zu schützen.

Die Kuttenberger jedoch schickten am selben Tag mit ihrem Bergmeister *(cum magistro montium)* und einer Menge Bewaffneter ihr Heer gegen Kolín, um die Prager anzugreifen. Als sie jedoch die Menge des Prager Heeres sowie die Unterwerfung der umliegenden Städte und dazu noch zum Teil einen Bruch der Mauern sahen, kehrten sie nach Kuttenberg zurück und schickten ihre Mitbürger zu den Pragern, um zu bitten, sie sollten dieses Kleinod des Königreichs nicht zerstören, sondern mit diesen Bewohnern gnädig umgehen und ihnen die Freiheit geben, falls welche nicht auf seiten des Gesetzes Gottes und der Prager stehen wollten, daß sie bei Rettung ihres Besitzes und des Lebens frei abziehen könnten. Und es kam daselbst am Donnerstag nach 1421
Georg unter bestimmten Bedingungen eine Vereinbarung mit April 24
den Kuttenbergern zustande, daß sie bis zum Fest der Aufnahme Mariens in den Himmel die Freiheit haben sollten, zu August 15
bleiben und dem Gesetz Gottes, für das die Prager kämpften, beizutreten. Und falls welche nicht beitreten wollten, würden sie bei Rettung ihres Besitzes und des Lebens abziehen können, jedoch so, daß die Männer mit den Frauen, Jungfrauen und Kindern in einer Prozession mit dem verehrungswürdigen Sakrament des Leibes Christi dem Prager Heer entgegen-

kommen und um Vergebung bitten sollten, weil sie viele, die sich zum Gesetz Gottes bekannten, enthauptet und ohne Grund eines Verbrechens in die Schächte geworfen hatten.

1421 April 25 Als dies daher ausgehandelt war, zogen die Kuttenberger am Tag des Evangelisten Marcus – es war ein Freitag – mit dem Klerus und einer Volksmenge beiderlei Geschlechts in der Nähe des Klosters Sedlec[262] den Pragern entgegen, wobei das verehrungswürdige Sakrament des Leibes Christi voranzog. Und als sie sich den Pragern näherten, beugten sie die Knie, und einer bat (stellvertretend) für alle um Vergebung seitens von Gott und den Pragern für sie. Und Herr Johannes, der Priester, richtete eine Ermahnung an sie und erinnerte in seiner Antwort an sie der Reihe nach an das Böse, das sie verübt hatten, und bat, es nicht mehr zu tun, und verkündete den ihnen von Gott und den Pragern gewährten Frieden und die Gnade, wie es verabredet war. Und nach vielen Tränen auf beiden Seiten erhoben sie sogleich ihre Stimmen zum Himmel und sangen abwechselnd Te Deum laudamus, die Kuttenberger einen Vers und die Prager den anderen. Und so kehrten sie mit einem Freudentanz zurück zusammen mit einigen Pragern, die die Besitzergreifung durchführen und die Bergordnung einrichten sollten.

Das Heer der Prager aber nahm die Burg Žleby[263] ein, von der Zmrzlík, und die Lichtenburg, von der nachher Krušina Besitz ergriff. Darauf schlug es den Weg gegen Chrudim ein, um die Stadt zu erobern. Die Kuttenberger jedoch setzten sich mit allen Kräften inständig für den Herrn Peter von Svojšín ein, genannt Zmrzlík, der seinen Sitz auf Orlík hatte, einst der Münzmeister König Wenzels seligen Andenkens, damit ihn als einen frommen und tüchtigen Mann die Prager in jenes Amt einsetzen möchten, und zwar deshalb, daß dann die Kuttenberger, die ihm zugetan waren, dadurch, daß sie recht gewissenhaft die Bergwerksarbeiten ausführten, von Kuttenberg nicht zu weichen brauchten. Sie stimmten daher den Bitten der Kuttenberger zu und schickten um den vorgenannten Herrn Peter Boten aus. Der schwang sich, von den Bitten besiegt, auf sein Pferd, ritt mit seinen Leuten bis Chrudim und kehrte nach Übernahme des Amtes nach Kuttenberg zurück, und so lenkte er sie gütig und wohlwollend.

Dessen ungeachtet wollten sehr viele Bergleute mit den Hauern dennoch unter keinen Umständen dem Gesetz Gottes und der Kommunion beiderlei Gestalt zustimmen und zogen, nachdem sie Wagen beladen hatten, fort. Sie wurden fast auf allen Wegen ihres Besitzes beraubt, und einige kehrten mit abgeschnittenen Nasen wieder zurück. Da aber in Kuttenberg die Beulenpest wütete, kam der vorgenannte Herr Peter, ein Gönner des Klerus und Eiferer für das Gesetz Gottes, im selben Jahr wie oben nach Prag, doch am darauffolgenden 1421
Tag nach Aufnahme Mariens in den Himmel beschloß er August 16
wegen eines am Hals entstandenen Geschwürs *(per apostema)* seinen letzten Tag. Er wurde in der Kirche des heiligen Michael in der Altstadt beigesetzt, seine Seele möge mit den Christgläubigen *im Schoße Abrahams* ruhen. Lk 16,22

(90) Heerfahrt der Prager und der Taboriten nach Ostböhmen

Ebenso im selben Jahr wie oben, nachdem die Besitzergreifung in Kuttenberg stattgefunden hatte, zogen die Prager gegen Chrudim, weil sie auf Žižka mit den Taboriten im Feld warteten. Er kam, nachdem er die Pikarden verbrannt hatte, an dem auf den Tag des Markus folgenden Tag an April 26
und hatte auf seinem Marsch zahlreiche Kirchen verbrannt. Doch am dritten Tag nach Markus, am Sonntag nämlich vor April 27
Vitalis, verhandelten sie mit Herrn Johannes Městecký, dem Hauptmann in Chrudim, daß er die Stadt ohne Blutvergießen in die Hände der Prager geben sollte, und weil sie ergebnislos auseinandergingen, schloß am folgenden Tag, nämlich am April 28
Tag Vitalis, das Prager Heer zusammen mit den Taboriten die Stadt ringförmig ein, wobei sie bis zu den Gräben vorstießen. Als dies der vorgenannte Herr Johannes merkte, daß er nämlich nicht Widerstand leisten könne, ging er eine Vereinbarung ein, demütigte sich vor dem verehrungswürdigen Sakrament des Leibes Christi vor Gott und flehte kniefällig, ihn zu schonen, daß er ein Gegner der Wahrheit gewesen sei. Und in demselben Kreis vernichtete das Volk der Taboriten die Klöster Pardidub, Podlažice, Sezemice[264] und zahlreiche andere Kirchen oder beschädigte sie teilweise.

Weiter: Nachdem man Chrudim eingenommen hatte, bekamen sie in ihre Gewalt die Städte Hohenmaut, Polička, Trautenau und Königinhof mit vielen Burgen, und ähnlich besetzten sie ohne Blutvergießen Leitomischl, weil sich der Bischof auf die Flucht begab.[265]

Und da sie alle diese Ortschaften eingenommen hatten, führten sie das Heer gegen die vor Feinden gut gesicherte und mit bewaffneten Mannschaften auf das beste versorgte Stadt Jaroměř.[266] Als sie nun zu dieser Stadt kamen und sie
1421 mit einem Wall einschlossen, machten sie am Dienstag in
Mai 13 den Pfingsttagen einen Vorstoß gegen sie und nahmen sogleich an eben diesem Tag die Gräben bis hin zu den Mauern ein, freilich nicht ohne einen beachtlichen Verlust an ihren Leuten. Und da die Einwohner der Stadt merkten, daß sie nicht Widerstand leisten könnten, baten sie inständig, daß man sie wenigstens nur mit dem nackten Leben in Frieden abziehen lasse. Und nach Abgabe des Versprechens ließ
Mai 15 man sie am Donnerstag in die Stadt hinein, und sie zogen alle Bürger samt den Frauen bis aufs Hemd *(usque camisias)* aus, und nachdem sie diese aus der Stadt herausgeführt hatten, ertränkten sie den größeren Teil von ihnen, und andere verbrannte das Räubergesindel *(vulgus latronum)* auf den Feldern. Diejenigen Priester nun, die den Vier Artikeln nicht zustimmen wollten, verbrannten sie am folgenden Tag, und zwar einundzwanzig. Nur drei blieben am Leben, die ihre Zustimmung zu den vorgenannten Artikeln abgaben. Der Hauptmann der Stadt aber, Herr Červenohorský, wurde daselbst ergriffen, nach Prag abgeführt und im Rathaus in Gefangenschaft eingeschlossen.

Bei Einnahme dieser Stadt waren mehrere Barone des Königreiches Böhmen zugegen, nämlich Krušina, die beiden Boček, Hynek und Jan, Městecký und Herr Čeněk von Veselí, der mit mehreren hundert Pferden und Fußsoldaten kam. Und daselbst in den Feldern rings um Jaroměř beugte er seine Knie, wobei alle anderen auf beiden Seiten im Angesicht des verehrungswürdigen Altarsakramentes niederknieten, sie verrichteten ein kurzes Gebet der Demut, und darauf erhoben sie sich. Deshalb sprach Herr Johannes, Priester und Leiter *(director)* des Heeres,[267] zu Herrn Čeněk: „Herr

Čeněk, erkennst du hier an, daß du gegen Gott und gegen diese Gemeinde von Prag gesündigt hast, als du von der Prager Burg gewichen bist und sie dabei in die Hände des Königs zurückgabst?" – Er sagte: „Ich erkenne es an." – Und Herr Johannes sprach: „Bittest du, daß Gott der Herr und diese Gemeinde dich verschonen?" – Er sagte: „Ich bitte darum." – Und sogleich vereinbarte Herr Johannes eine endgültige Übereinkunft zwischen Herrn Čeněk samt den mit ihm verbundenen Baronen und der Prager Gemeinde, jedoch so, daß er nach Prag komme und daß man dort abschließend für ihn den Schlußpunkt setze. Und es geschah, daß Herr Čeněk am Fronleichnamsfest nach Prag kam und sich dort mit der Gemeinde völlig aussöhnte, und sein Banner, das auf den Schandpfahl gesetzt war, wurde herabgeholt.

(91) Žižka vor Leitmeritz und in Raudnitz

Ebenso kehrten die Prager von Jaroměř nach Prag zurück, Žižka jedoch, der Taboritenhauptmann, zog mit seinem Volk gegen Leitmeritz, und nach Einnahme eines hölzernen Bollwerks auf einem hohen Berg[268] – er gab dem Festungswerk den Namen „Kelch" – schloß er Leitmeritz mit einem Wall ein. Deshalb kamen die Leitmeritzer unter sicherem Geleit nach Prag, unterwarfen sich den Pragern und baten, sie sollten anordnen, daß Žižka mit seinen Leuten von ihrer Stadt abziehe. Zu ihm schickten die Prager sogleich ihre Mitbürger, er solle von der Behinderung der Stadt ablassen, weil sie sich den Pragern unterworfen habe. Er jedoch kümmerte sich keineswegs darum, sondern machte einen Angriff nicht ohne Verlust an seinen Leuten und wich endlich besiegt zurück.

Darauf ging er nach Raudnitz hinüber,[269] und ungeachtet dessen, daß seine Truppe vom Erzbischof mit dem Lebensnotwendigen versorgt worden war, brach er das Kloster in einem Teil ab und verbrannte das Haus des Propstes, wobei er Bilder nicht schonte und die Kelche samt den Ornaten von dort wegschleppte. Die Prager jedoch ließen sich am 29. Mai in der Stadt Leitmeritz nieder und setzten darin Herrn Hynek von Goldenstein ein.

1421 Mai 11–18 Ebenso zur selben Zeit innerhalb der Pfingstoktav eroberten die Leute von Taus (Domažlice) ein Bollwerk und verbrannten sechzehn Landedelleute, die sie darin gefangengenommen hatten. Nur den Herrn Bohuslav von Riesenberg verschonten sie, und zwar deshalb, weil er vor diesen Ereignissen ein Gefangener der Prager Gemeinde war.

(92) Besetzung der Prager Burg durch die Prager – Druck auf die Nonnen von Sankt Georg zur Annahme der Vier Artikel

Ebenso im selben Jahr wie oben am Samstag vor Urban –
Mai 24 es war der 24. Mai – kam eine Übereinkunft der Stadt Prag zustande mit den Edelherren und Landedelleuten, die die Burg von Prag besetzt hielten, unter einer solchen Formel *(sub tali forma)*, daß vom Sonntag an, nämlich dem Tag des
Mai 25 heiligen Urban, für zwei Wochen von beiden Seiten ein Waffenstillstand eingehalten werde und der eine Teil den anderen nicht behindere, jedoch so, daß keiner von den Pragern ohne Erlaubnis der Burgleute die Burg zu betreten wage, daß aber auch sie selbst den König oder seine Streitmacht nicht hineinlassen dürften, wenn er nicht über dreitausend Mann bei sich habe; für diesen Fall *(tunc)*, wenn die Prager seinen Einzug in die Burg nicht verhindern könnten, werde es für die Burgbesatzung unbeschadet sein, diesen König mit seinen Leuten hineinzulassen ohne Verletzung der Vereinbarung in diesem Punkt. Sollte jedoch der König mit einer solchen Macht, wie vorausgeschickt, nicht ankommen, dann werden sie nach Ablauf von zwei Wochen bei Unversehrtheit ihres Eigentums und Lebens von der Burg weichen müssen. Und falls welche bei Erfüllung der Vier Artikel mit den Pragern zusammenbleiben wollten, werden sie es tun und in Sicherheit bleiben können.[270] Und man fügte hinzu, daß die Bollwerke, die ihnen die Prager entgegengesetzt hatten, umgekehrt von ihnen aufgegeben werden sollen.

Und es geschah, daß nach Ablauf von zwei Wochen, ohne daß eine Streitmacht des Königs zu sehen war, die Pra-
Juni 7 ger am 7. Juni die Burg in Besitz nahmen und diese nach Aufstellung von hundert Wachposten seitens der Altstadt

und hundert von der Neustadt sicherten. Und am folgenden Tag stimmten sie unter Geläut aller Glocken in der Burg und in Prag Te Deum laudamus an. Doch am Dienstag darauf wurden die Meisterbildnisse und die Altartafeln, die sehr fein und wertvoll waren, auf Veranlassung des Priesters Johannes unter Gotteslästerung verbrannt, und unter anderem, damit ihr wahnwitziges Tun mehr offenkundig sei, stellten sie das auf einem Eselchen sitzende Abbild Christi *(imaginem Christi asello insidentem)* auf die Zinnen der Kirche, und nachdem sie sein Antlitz gegen Meißen gerichtet hatten, sprachen sie gotteslästerlich: „Wenn du Christus bist, dann segne Meißen!" Und sogleich stießen sie es von den Zinnen und zerbrachen es in Stücke. Und diese Gotteslästerung und ihre Wahnsinnstat waren mit ein Grund für die große Niederlage der Prager seitens der Meißener bei der Stadt Brüx, wie sich nachher zeigen wird. Und wenn nicht die meisten Barone zusammen mit anderen angesehenen Männern eingeschritten wären, hätte die Räuberbande *(latrona communitas)* die Absicht verwirklicht, die Burg mit der Kirche der Landespatrone niederzureißen.[271] – In dieser Burg hat man zwei große Bombarden mit zahlreichen kleineren und anderen Kriegsmaschinen erbeutet.

Den Nonnen aber des heiligen Georg mit ihrer Äbtissin wurde für einige Zeit eine Frist gewährt, damit sie überlegten, welche den Vier Artikeln der Prager beitreten und bei ihnen verbleiben wollten, und welche, die es nicht wollten, unbeschadet abziehen könnten. Und so geschah es, denn die Äbtissin trat mit den meisten Nonnen den vorgenannten Artikeln bei. Dessen ungeachtet wurden sie jedoch am Samstag vor Johannes dem Täufer aus dem Kloster des heiligen Georg hinabgeführt und bei Sankt Anna in der Altstadt mit den anderen untergebracht. Die unstete Äbtissin aber, die mit einigen anderen nicht bleiben wollte, zog von Prag zu Freunden weg. 1421 Juni 21

Ebenso am Tag des heiligen Urban trat Herr Peter von Chlum, der Burggraf der Königin auf der Burg Lichtenburg, nach vorher getroffenen Bedingungen die Burg dem Herrn Krušina ab, und dieser Burggraf wurde, während er über Jičín zur Burg Bradlec ritt, von Herrn Čeněk gefangen- Mai 25 genommen und auf eben diese Burg gebracht. Mit ihm begann deshalb Herr Čeněk diese Burg zu bestürmen und nahm sie auch ein. Die Burg Žleby jedoch trat man zu dieser Zeit an die Prager ab, die sie dem Herrn Zmrzlík, dem Münzmeister, zuwiesen.[272]

(93) Der Landtag von Tschaslau

1421 Juni 1 Ebenso im selben Jahr wie oben am ersten Tag des Juni kam eine allgemeine Versammlung aller Barone und der Ritterlichen sowie der Gemeinde Böhmens wie auch Mährens in Tschaslau zustande, damit Freunde wie auch Feinde herbeikämen und über Frieden, Gerechtigkeit und Wohl des Königreiches verhandelten, und zwar besonders darüber, was für das Gesetz Gottes förderlich sei. Und es geschah, denn am Juni 3 zweiten Tag nach Marcellus kamen die Barone des Königreiches Böhmen mit vielen Ritterlichen sowie den Pragern und mit den Gemeinden der anderen Städte in der Pfarrkirche von Tschaslau zusammen. Und alle beugten bei Aufforderung der Priester zugleich in Demut ihre Knie und verlangten im Gebet nach der Gabe des Heiligen Geistes. Da jedoch die Barone von Mähren noch nicht gekommen waren, schoben sie nach Darlegung einiger Fälle von Auflösung jeglicher Ordnung *(aliquibus deordinacionibus propositis)* die Endverhandlung bis zur Ankunft der vorgenannten Herren hinaus.

In dieser Versammlung waren nun als die bedeutenderen Herren die nachfolgend Niedergeschriebenen zugegen: Konrad, der Erzbischof von Prag, Ulrich von Rosenberg, Čeněk von Veselí, Ulrich Vavák von Neuhaus, Heinrich von Waldstein, (Jan) Chudoba (von Ralsko), Škopek von Dubá, Heinrich Berka von Dubá, Hynek Krušina, Flaška und noch zahlreiche andere mit ihren Söhnen, deren Namen nicht bekannt sind.[273] – Nach dem zweiten Tag also kamen auch die Barone von Mähren, nämlich ihr Hauptmann (Wilhelm) von Pernstein, Peter von Stražnice und Johannes von Lomnitz,[274] mit zahlreichen anderen, deren Namen auch nicht bekannt sind.

Diese alle mit den Baronen von Böhmen und mit der Gemeinde eben dieses Königreichs öfter Versammelten verhandelten, was zum Frieden gehörte, was zur Gerechtigkeit und was zur Freiheit des Gesetzes Gottes. Und so gaben am siebenten Tag des Juni alle ihre einhellige Zustimmung zu den des öfteren weiter oben erwähnten Vier Artikeln mit dem Versprechen, sie auf ihren Gütern sich frei entfalten zu lassen und sie zu schützen. Über den fünften Artikel jedoch, der bei dieser Gelegenheit aufgestellt wurde, daß sie nämlich König Sigismund von Ungarn nicht zum König von Böhmen haben und sich auch nicht ihm unterwerfen möchten, gab es eine gewisse Meinungsverschiedenheit. Deshalb hatten zunächst die Barone von Mähren mit den Ritterlichen diesem Artikel nicht zustimmen wollen, sondern sie baten um Aufschub, damit sie als ehrenhafte Leute auf ihre Ehre Rücksicht nehmen könnten durch Urlaubnahme *(licenciam captando)* von König Sigismund. Das wurde ihnen gestattet. Die Barone des Königreiches Böhmen fügten jedoch diesem Artikel hinzu, daß sie König Sigismund nicht zum König haben wollten, ausgenommen daß Gott es wolle, und bei dieser Stellungnahme verblieb die dort versammelte Gemeinde der Böhmen *(communitas Boemorum)*, daß sie König Sigismund nicht zum König haben wollten, außer es wolle Gott, daß man ihn zum König habe, dann nämlich sei es nicht ihre Absicht, dem Willen Gottes sich entgegenzustellen. In ähnlicher Weise äußerten sich die Barone des Königreichs Böhmen dahin, daß das, was in dieser Versammlung geschehe, für die um einen König zu den Polen und zu Witold erfolgte Gesandtschaft nicht zu einer Vorentscheidung führen dürfe. – Und als dies alles so erledigt war, wurden zwanzig ausgewählt, aus den Baronen nämlich, den Ritterlichen und den Städten, die in der Zeit, da der Thron des Königreichs unbesetzt sei, wie der König die Vollmacht zur Führung der königlichen Geschäfte haben sollten. Und sogleich sangen sie Te Deum laudamus und kehrten zu ihren Herbergen zurück. Und was sie gegenseitig beschlossen hatten, bestätigten sie schriftlich. Die Urkunde der Barone *(litera baronum)* hat in der Volkssprache diesen Wortlaut, der folgt.[275]

1421 Juni 7

(94) Urkundenprotokoll der Barone vom Landtag in Tschaslau

Wir, Ulrich von Rosenberg etc., bekennen mit diesem Schreiben etc.: Nachdem wir Kenntnis genommen haben von zahlreichen verschiedenartigen und großen Nöten, Stürmen, Verwüstungen, Brandschatzungen, gewaltsamen und anderen in Zwietracht begründeten Ordnungswidrigkeiten, die in unserem böhmischen Königreich aus Uneinigkeit des Willens, der Vernunft und des Verlangens nach den durch die Heilige Schrift klar verkündeten Wahrheiten entstanden sind, und da wir mit allem Eifer wünschen und auch verpflichtet sind, diese Unordnung in Ordnung und die Stürme in Ruhe und Eintracht zu bringen und solcherweise das allgemeine Wohl dieses Königreichs wiederherzustellen und zu befestigen, veranlaßten und beriefen wir eine allgemeine Versammlung des Landes Böhmen ein, und nachdem wir alle in dieser Versammlung einstimmig zu dem Entschluß gekommen waren, gelangten und traten wir in eine solche Vereinbarung und Einigung ein und gelangen und treten kraft dieses Schreibens ein:

Zuallererst, daß wir die unten niedergeschriebenen göttlichen Wahrheiten mit einträchtigem Sinn und allem Bemühen verteidigen und schützen gegen jeden Menschen, der uns an ihnen oder an einer von ihnen auf welche Weise auch immer zu behindern oder zu schaden gedenkt und uns mit Gewalt von ihnen abdrängen wollte, sie selbst persönlich mit unseren Untertanen zu halten und in die Tat umzusetzen, es sei denn, daß wir durch die Heilige Schrift besser belehrt wären, der die Prager Magister und die Priester durch (irgendeine andere Stelle) der Heiligen Schrift keinesfalls standhalten könnten. Der Inhalt dieser Wahrheiten ist in folgender Weise niedergelegt und angezeigt:

Die Vier Prager Artikel

Erstens, daß das Wort Gottes im Königreich Böhmen und in der Markgrafschaft Mähren frei ohne Behinderung überall von den christlichen Priestern verkündet und gepredigt werde.

Zweitens, daß das hochwürdigste Sakrament des Leibes und Blutes unseres Herrn Jesus Christus unter beiden Gestalten des Brotes und des Weines allen gläubigen Christen, alten und jungen, frei dargereicht werde gemäß seiner Einsetzung und seines Auftrags.

Drittens, weil viele Priester und Mönche entgegen dem Auftrag Christi zur Behinderung für ihr priesterliches Amt und zum großen Schaden des weltlichen Standes nach weltlicher Ordnung über große irdische Güter herrschen, daß solchen Priestern diese unrechtmäßige Herrschaft weggenommen und ihr Einhalt geboten werde und daß solche Priester gemäß der Schrift *(podle čtenie)* uns zum Vorbild leben und hingeleitet werden sollen zum Lebenswandel Christi und seiner Apostel.

Viertens, daß alle offenkundigen Sünden, die Todsünden und andere dem Gesetz Gottes widersprechende Unordnungen von denen, die dazu die Amtsgewalt haben, ordnungsgemäß und umsichtig in jedem Stand unterbunden und beseitigt würden, und daß das böse und falsche Gerücht über diese Länder Böhmen und Mähren abgewaschen werde, und zwar so, daß sich das allgemeine Wohl für das Königreich und die Markgrafschaft sowie für deren Zunge ergebe.

Fünftens, daß wir den König von Ungarn, durch den und neuer Artikel
durch dessen Helfer wir am meisten irregeleitet wurden und wir und das gesamte Königreich Böhmen infolge seines Unrechts und seiner Grausamkeit eine große Schädigung erlitten haben, weder zum König noch zum Erbherren der böhmischen Krone, deren er sich durch seine Unwürdigkeit selbst unwürdig gemacht hat, annehmen und auch nicht haben, solange unsererseits und längstens seinerseits das Leben Bestand haben wird, es sei denn, daß Gott der Herr es wolle und Wille und Stimme vor allem dafür wären der ruhmreichen Stadt Prag, der böhmischen Herren, der Gemeinde von Tabor, der Ritter, Landedelleute, Städte und anderer böhmischer Gemeinden, die den Wahrheiten der oben genannten Artikel bereits beigetreten sind und noch beitreten werden. Denn dieser König ist ein offenkundiger Verächter dieser heiligen, oft genannten, durch die Heilige Schrift klar bewiesenen Wahrheiten und ein Feind der Ehre und der Personen tschechischer Zunge. Wenn daher irgendwelche Herren, Landedelleute *(zemané)*, Städte oder welche

Gemeinden auch immer sich von den anderen Herren oder Landedelleuten, die den göttlichen Wahrheiten zuneigen, losreißen und diesem König zugetan und zugeneigt wären, sei es durch Rat und Tat, ohne Zustimmung der Prager Gemeinde, der Herren, der Landedelleute und anderer oben genannter Gemeinden, und wenn dies an ihnen guten Gewissens nachgewiesen wäre, und wenn sie, obgleich durch Briefe oder zuverlässige Boten gewarnt, nicht sogleich tatsächlich von ihm abfielen, daß also dann der oder die der unten niedergeschriebenen Strafe verfallen sollen.

Wahl von 20 Interimsverwesern davon

Sechstens haben wir gemeinsam und einmütig eingewilligt und aus uns ausgewählt zwanzig weise, standhafte und zuverlässige Männer zur Verwaltung, Wiederherstellung und jeglicher Gestaltung der Krone des Königreiches Böhmen:

4 Prager Bürger

Johannes von Kněževes, Lideř von Radkovice, Pavlík, Johannes Charvát, Bürger der Großen Stadt der Alten und Neuen Prager Städte;

5 aus dem Herrenstand

Ulrich von Rosenberg, Čeněk von Wartemberg anders von Veselí, Ulrich von Neuhaus *(z Hradce)*, Hynek Krušina von Lichtenburg und Heinrich Berka von Dubá – Herren;

7 Landedelleute

Jan Žižka, Zbyněk von Buchov, Johannes von Smilkov, Nikolaus von Barchov, Milota von Bohdaneč, Oneš von Míkovice, Heinrich von Boharyně, – Landedelleute *(zemany)*;

4 Vertreter utraquistischer Städte

Franz von Rožmital, Vácha von Saaz, Matthias Pražák von Königgrätz an der Elbe, Matthias von Hostice aus Kouřim.

Allen diesen Beamten, Verwaltern und Verwesern insgesamt übergaben und übergeben wir kraft dieses Briefes die Vollmacht und das Recht zur Wiederherstellung *(k zřiezení)*, zum Frieden und zu jeglicher Beruhigung des Landes Böhmen, auch zur Bändigung aller Streitigkeiten und jeglicher Zwietracht und zur Beendigung jeglichgearteter zwischen den Gemeinden und Personen im Königreich Böhmen entstandener oder entstehender Unordnungen, indem wir nach unserem guten Glauben ohne jede Arglist versprechen: Was immer die oben genannten Verweser *(vládaři)* und Verwalter gemeinsam und einmütig oder wozu sie – von zwei Seiten der größere Teil von ihnen – beiderseits einwilligten, beitraten, was sie verhandelt und (als Urteil) ausgesprochen haben, oder wem von uns sie etwas befehlen werden, das werden wir alles getreulich unverzüglich annehmen, tun, erfüllen und wir werden gehorsam sein, und besonders darin, falls wir alle oder einige von uns von diesen Beamten oder Verwaltern zur Hilfe und zur Verteidigung des Landes oder einer anderen Gegend aufgerufen sein sollten, dann versprechen wir ihnen, mit unserer ganzen Macht persönlich zugegen zu sein und dort, wo man uns hinzustellen heißt, ihren Befehl zu erfüllen. Und so ist jeder von uns verpflichtet, es sei denn, daß ein triftiger Grund ihn hindere, der von diesen Verwesern angenommen sei. Doch immer soll die Macht, die von uns ernannt sein wird, als unsere Macht delegiert und abgeordnet *(moc naše – vyslána a vypravena)* sein. Es wurde auch ausdrücklich eingewilligt, daß für den Fall, wenn jemand dieser Absprache und den heilbringenden oben genannten Artikeln nicht beitreten wolle, dieser nach Erkenntnis der oben genannten Verweser dazu gebracht werden soll. Oder wenn einer von ihnen der Gemeinde nicht gefallen sollte, dann wird dieselbe Gemeinde, zu der dieser Verweser gehört, an dessen Stelle einen anderen Würdigen wählen und aufstellen können.

Auch sollen diese oben genannten Beamten in allen schwierigen Sachgebieten, die sie selbst nach dem göttlichen Gesetz nicht entscheiden und lösen *(uhoditi: „das Richtige treffen“)* könnten oder nicht verstünden, zwei Geistliche, und zwar den Magister Johannes Příbram (und den Priester und Prediger Johannes), zu sich rufen und ihren guten und ordentlichen Bericht hören und jedem Ordnung und Gerechtigkeit schaffen. Weiter ist dies hinzugefügt, daß die Verweser und Verwalter die oben genannte von uns ihnen gemeinsam übergebene Gewalt nur bis zu dem – von jetzt an gerechnet – nächstkommenden Tag des heiligen Wenzel 1421 September 28
innehaben sollen und nicht weiter, es sei denn, daß wir in dieser Zeit mit Gott dem Herrn einen König bekommen würden. Demnach soll jeder oben genannte Stand bei seinen Ordnungen und Freiheiten verbleiben solcherart, daß die oben genannten heilbringenden Vier Artikel darin von jedem Stand gehalten werden, es sei denn, daß auf diesem Gebiet

von neuem eine unser aller besondere und einmütige Zustimmung von den oben genannten Gemeinden bestehe. Indem wir alle in oben genannter Absprache niedergelegten Stücke und jedes einzelne von ihnen durchzuführen sowie zu halten und tatsächlich zu bewahren voll und ganz unter Verlust unserer Ehre und unseres Glaubens versprechen, wozu wir uns mit diesem Brief ohne jede Erklärung unsererseits verurteilen, daß unser Vermögen und unsere Güter dem allgemeinen Wohl verfallen, wie wenn sie in den Landtafeln eingetragen wären, und zwar unter ewiger Kündigung aus dem Königreich Böhmen, falls wir in irgendeiner Hinsicht – wovor Gott bewahre – irgendein oben genanntes Stück übertreten würden und dies nach den Erkenntnissen der oben Genannten nicht bessern wollten, und das sogar, auch wenn es an uns augenscheinlich durch eine rechtmäßige und ordnungsgemäße Erkenntnis oder durch das Gewissen bewiesen oder klar nachgewiesen sei, haben wir diesem allem (zur Bestätigung und besseren Sicherheit unsere eigenen Siegel mit unserem guten Wissen an diesen Brief angehängt, welcher gegeben ist in Tschaslau in der allgemeinen Versammlung im
1421 Jahre seit der Geburt des Sohnes Gottes eintausendvierhun-
Juni 7 derteinundzwanzig diesen Samstag nach Marcellus).[276]

(95) Schreiben König Sigismunds an den Landtag von Tschaslau

Ebenso kamen zu dieser bereits genannten Versammlung der Barone und Städte Aleš Holický und Půta von Častolovice, Barone des Königreiches Böhmen und Gesandte König Sigismunds,[277] die nur unter Schwierigkeit die Anhörung durchsetzten und nach Vorausschicken der Arenga eine Urkunde vorbrachten, deren Abschrift in diesem Wortlaut folgt:[278]

Wir, Sigmund, von Gottes Gnaden römischer König, zu allen Zeiten Mehrer des Reiches, König von Ungarn, Böhmen, Dalmatien, Kroatien usw., machen allen Herren, Rittern, Landedelleuten, Städten und der ganzen Gemeinde unseres Königreiches Böhmen unsere Absicht kund und geben euch zu wissen, daß wir erfahren haben, daß eine Versammlung der Herren und Gemeinden *(sněm panský a obecný)* jetzt in Böhmen stattfinden soll. Und deshalb haben wir die edelgeborenen Aleš von Sternberg anders von Holice und Půta von Častolovice, unsere Räte und lieben Getreuen, zu euch bestellt, unsere Botschaft dort euch auszurichten, indem wir von euch verlangen, daß ihr, wie wir dies früher oft von euch verlangt haben, dazu raten und helfen möchtet, damit dieses Land bei gerechter Ordnung und im Frieden verbleiben und aus der ehrabschneidenden Beschuldigung herauskommen könnte, und daß ihr besonders gegen die (helft), die uns aus unserem Erbe verdrängen möchten, denn ihr seid uns dessen schuldig als eurem Herrn, denn das weiß Gott, daß es uns um dieser Verwüstung willen leid tut, die in diesem Lande geschieht. Und darum haben wir immer (die Sache) hinausgeschoben und schieben sie noch auf, da wir nicht gern sehen wollen, daß diese Krone schließlich von Fremdländischen vernichtet werde. – Dann in betreff dieser vier Stücke:[279] Wie ihr mit uns oftmals gesprochen habt und uns wissen ließet, daß ihr von uns verlangt, wir sollten euch darin behilflich sein, damit ihr darüber eine ordentliche Anhörung haben könntet, die wir euch dazu immer bewilligt haben, denn auch wir selbst haben euch dies oft angeboten und bieten es euch noch an, und was gerecht ist nach Gott dem Herrn, dabei soll jeder bleiben, und zwar in solcher Weise, daß beide Seiten im Frieden seien, wobei die eine niemals der anderen Gewalt zufügt und sie auch nicht bedrängt, denn dadurch kann das böse Gerede über dieses Land in Ehren bereinigt werden. Und sollte es jemandem scheinen, daß es durch uns etwa irgendwelche Mißstände in diesem Land gab, was uns jedoch nicht scheint, wollen wir das gern verbessern und uns dazu verleiten lassen, damit es durch uns niemals irgendeine Unordnung gebe. Und überdies wißt ihr alle, daß wir noch unter unserem guten Angedenkens lieben Bruder König Wenzel immer nach dem Wohl dieses Landes trachteten, damit es bei der Ordnung bleibe und damit jeder entsprechend seiner Ordnung bei dem Rechten verbleibe, und wir haben darauf nicht wenig Mühe gelegt und hatten darum eine große Anstrengung.

Wenn daher jemand das, was wir anbieten und was ihr

auch selbst verlangt habt, wenn ihr also das noch immer nicht annehmen wollt, sondern dieses Land immer zu weiterer Verwüstung und Schmach führen oder uns von unserem Königreich Böhmen verdrängen wollt, dann könnten wir dies nicht länger hinnehmen *(dále držeti)* und auch nicht hinausschieben, sondern wir müßten alle unsere Freunde und alle Nachbarländer zu Hilfe nehmen und darauf hin Gewalt anwenden *(v to . . . sáhnúti)*, damit wir diese Mißstände, die diesem Land widerfahren, (für) immer einstellen und uns von unserem rechtmäßigen Königreich nicht verdrängen lassen, und dies wird leider nicht ohne Verderben schließlich dieses Landes und nicht ohne eure und eurer Nachfahren nimmer gutzumachende Schande sein können, wie euch über alles das und auch über andere Vorhaben unserer Absicht der oben genannte Aleš und Púta vollständiger unterrichten werden. Deshalb verlangen wir von euch: Was immer dieselben zu euch in meinem Namen sprechen werden, daß ihr ihnen oder dem einen von ihnen, wenn der andere nicht dabeisein könnte, völlig Vertrauen schenkt wie uns selbst. –

Gegeben in Trentschin[280] im Jahre seit der Geburt des
1421 Mai 27 Sohnes Gottes 1421 diesen Dienstag nach Fronleichnam nach Urban, unseres Königreiches im 35. Jahr. – Auf Geheiß des Herrn, des Königs: Michael, Kanonikus in Prag.

(96) Artikel des Landtags von Tschaslau an König Sigismund

Ebenso wurde in derselben Versammlung zu Tschaslau der Beschluß gefaßt, daß an König Sigismund Artikel gerichtet werden sollten, warum er aus berechtigten Gründen nicht zum König von Böhmen angenommen wird und warum das vorgenannte Königreich nicht anstrebt, ihn zum König zu haben. Eine Abschrift dieser Artikel folgt in diesem Wortlaut:[281] Durchlauchtigster Fürst etc. und König! Da eure Gnade in ihrem Brief niedergelegt hat, daß, falls es welche Mißstände seitens eurer Gnaden gebe, ihr sie im Königreich und in der Krone Böhmens bessern wolltet, so sind es die unten niedergeschriebenen Umkehrungen der Ordnung (neřádové) und die Unbill (křivda):

Die erste Unbill: Daß eure Gnade unter eurem Geleitbrief es zuließ, den Magister Johannes Hus zu verbrennen zu Schimpf und Schande für die gesamte tschechische Zunge.[282]

Zweitens: Alle Schismatiker und schändlichen Ketzer hatten von der heiligen Kirche auf dem Konstanzer Konzil volle Freiheit, doch eure Gnade, die immer die Schande Böhmens ausweitet, hat es zugelassen, den anderen Magister, den Hieronymus, zu verbrennen entgegen dem päpstlichen und eurem Geleitbrief vor der gesamten Christenheit und (ihrem) Namen.[283]

Drittens: Daß eure Gnade die Verurteilung gegen das Land Böhmen zugelassen hat, daß die Tschechen von diesem Konstanzer Konzil als Ketzer verurteilt wurden und daß man obendrein das Kreuz oder die päpstliche Kreuzzugsbulle herausgegeben hat, damit auch die gesamte andere Christenheit die Tschechen als das Ketzernest *(jakožto kacieřstvo)* schmähe, ausrotte und vertilge.

Viertens: Eure Gnade hat in der Stadt Breslau geboten, diesen Kreuzzug auszurufen und der gesamten tschechischen Zunge zur großen Schmach und zum Schaden für das Königreich Böhmen anzukündigen.

Fünftens: Eure Gnade hat mit diesem Kreuz und dem Kreuzzugsverketzern *(kacieřováním křížovým)* aller Nachbarländer und Fürsten diese gegen die tschechische Zunge geweckt und aufgebracht und sie dann selbst in das Königreich Böhmen geführt.

Sechstens: Diese Fürsten und Fremdländischen haben durch deine Gnade und unter deiner Führung das Land Böhmen gebrandschatzt, verwüstet und geplündert, gläubige *(věrné)* Tschechen, Geistliche und Weltliche, Männer, Frauen und Kinder verbrannt und Mädchen und Frauen Gewalt angetan.

Siebentens: Den Prager Bürger namens Krása in Breslau gebot eure Gnade wegen des Empfangs des göttlichen Leibes und Blutes von Pferden schleifen zu lassen und darauf zu verbrennen zur Schande und Schmach für die tschechische Zunge.[284]

Achtens: Eure Gnade gebot, viele Breslauer Bürger zu enthaupten für Vergehen, die von König Wenzel ruhmvollen

Angedenkens verziehen waren, und andere vertrieb und beraubte sie zum großen Schaden und zur Schande der Tschechen.[285]

Neuntens: Eure Gnade hat das Land Brandenburg vom Land Böhmen losgerissen, das Kaiser Karl ruhmvollen Angedenkens mit großer Mühe und mit dem Schatz des Landes Böhmen ausgehandelt und erworben hat, und dazu hat sie die Altmark verpfändet[286] zum großen Schaden und zur Schwächung des Königreiches Böhmen ohne Einwilligung der Herren und Gemeinden.

Zehntens: Er hat die Krone des Königreiches Böhmen zur großen Schande und Schmach des Königreiches Böhmen ohne jede allgemeine Einwilligung der Herren, der Stadt Prag, der Ritter, Landedelleute und sonst noch der ganzen Gemeinde von Böhmen aus dem Königreich herausgebracht gegen alle Ordnung und entgegen seinem Versprechen.[287]

Elftens: Er hat die Reichskleinodien *(svátost říšků)*, die Kaiser Karl ruhmvollen Angedenkens unter großem Bemühen und großen Aufwendungen und unter Blutvergießen unserer Vorfahren zur Ehre des Königreiches erwarb, widerrechtlich zur Schmach des Landes herausgeführt ohne jegliche allgemeine Einwilligung.

Zwölftens: Verschiedene Kleinodien, die unsere Vorfahren erworben und angeschafft haben zur Ehre Gottes und zum Lob für unsere heiligen Landespatrone und zum Hort für das Königreich Böhmen, diese Kleinodien in der Prager Kirche und auf der Burg Karlstein, und was sonst noch aus anderen Klöstern und Kirchen hier zusammengebracht worden war, und auch in Mähren, alle diese Kleinodien hat er weggenommen, verschleudert *(utratil)* und aus dem Lande verschleppt zum unermeßlichen Schaden und zur Schwächung und Schmach für das Königreich Böhmen.

Dreizehntens: Er hat die Landtafeln ohne allgemeine Einwilligung für sich verwahrt und das bei den Tafeln in Böhmen und in Mähren niedergelegte Geld der armen Waisen und Witwen und anderer guten Leute gegen Ordnung und Landrecht veräußert und weggenommen.

Vierzehntens: Aus unseren Freiheiten und Rechten, in die das Land Böhmen und Mähren eingesetzt ist – ein Zustand, der von seinen Vorgängern, den böhmischen Königen und Fürsten, bewahrt worden war –, hat er alle Stände verdrängt und sie um ihre Freiheiten gebracht.

Da alle oben angeführte Schändung, Verketzerung und unchristliche Beschimpfung und die oben angeführten Rechtsverletzungen durch eure Gnaden ergangen sind und durch eure Macht bis zum heutigen Tag ergehen, während keine Nachbarländer es gewagt hätten, das zu versuchen, was geschehen ist oder was dem Königreich Böhmen und der Markgrafschaft Mähren immer noch geschieht, deshalb verlangen wir, daß eure Gnade geruhe, sie in Ordnung zu bringen.

Zu allererst, daß er die oben angeführten Schändungen und Beschimpfungen einstelle und das Königreich Böhmen und die Markgrafschaft Mähren aus ihnen herausbringe.

Ebenso, daß er diese oben angeführten Länder, die er ohne Einwilligung der Herren, der Stadt Prag, der Ritter und Landedelleute sowie der gesamten Gemeinde Böhmens von der Krone Böhmens abgetrennt hat, der Krone Böhmens wieder zurückzugeben geruhe.

Ebenso, daß er die Krone und Heiltümer des Reiches *(svátost říšků)*, die oben angeführten Kleinodien und die Landtafeln wieder zurückgebe sowie die Urkunden, die er im Königreich auf Karlstein und anderswoher weggenommen hat und die sich sei es auf die Freiheit und andere Ordnungen zur Ehre und zur Krone Böhmens beziehen.

Ebenso, daß er (sic!) geruhe, die Nachbarländer, die du (sic!) gegen uns aufgehetzt und aufgewiegelt hast ohne (unsere) Schuld, und besonders diejenigen, die zur böhmischen Krone gehören, anzuhalten und zu beruhigen, damit nicht mehr weiter das oben angeführte Königreich und die genannte Markgrafschaft verwüstet und das Blut gläubiger Christen vergossen werde.

Geruhe auch zu wissen unsere Absicht und unser aller Beschluß, in den wir endgültig eingewilligt, über den wir uns verständigt haben und bei dem wir verblieben sind betreffs der vier Stücke: Zu allererst über die Kommunion des göttlichen Leibes und Blutes unter beiderlei Gestalt für das allgemeine Volk – zweitens über die freie Predigt des Wortes Got-

Vier Prager Artikel in der Reihenfolge 2–1–3–4

tes nach der Ordnung von ordentlichen Priestern; – drittens über ungeordnete, allzu große Beschenkung des geistlichen Standes; – viertens über die Ausrottung der offenkundigen Todsünden –, daß wir die Absicht haben, diese Stücke einzuhalten und daß wir in eine bessere Belehrung durch die Heilige Schrift (eintreten) wollen, wenn dies sein kann. Auch wollen wir bleiben bei unseren Ordnungen, Rechten und Freiheiten, wie unser Königreich Böhmen und die Markgrafschaft Mähren seit alters von den Königen und Fürsten begründet und von unseren Vorfahren gehalten wurde.

Ebenso wurde in demselben Landtag auf Veranlassung des Herrn Konrad, des Erzbischofs von Prag, angezeigt und
1421 bekanntgemacht für den Klerus seiner Diözese eine allge-
Juli 4 meine Synode in der Stadt Prag am Fest des heiligen Prokop. Zu dieser Synode werde sowohl der feindliche wie auch der befreundete Klerus kommen können, sowohl von Mähren wie von Böhmen, in der Absicht, darüber zu verhandeln, was im Klerus für den Frieden, die Einheit und das Gesetz Gottes förderlich sei. Um zu dieser Synode zu kommen, versprachen die Prager allen, die kämen, einen sicheren Geleitbrief zu geben.

(97) Einfall der schlesischen Herzöge nach Böhmen

Ebenso innerhalb derselben Zeit des Landtages drangen die Herzöge von Schlesien mit fast zwanzigtausend Mann in das Königreich Böhmen bei Police,[288] Náchod und Trautenau ein und töteten unmenschlich zahlreiche Menschen beiderlei Geschlechts und verstümmelten fast vierzig Kinder am rechten Fuß und an der linken Hand oder am linken Fuß und an der rechten Hand, und dazu schlugen sie einigen sogar die Nasen ab. Deshalb wurde auf jenem Landtag durch die Barone beschlossen, daß alle Herren mit den Ritterlichen und ihrem Landvolk aus jenem Gebiet mit der Gemeinde von
Juni 15 Königgrätz sich zum Veitsfest rüsten und in Náchod zusammenkommen sollten. Als das die Schlesier vernahmen, zogen sie aus dem Lande ab. Trotzdem gab es, wie vorerwähnt, die Zusammenkunft vieler Tausender, nämlich von Baronen,

Ritterlichen und Bauern. Und aus diesem Grunde erfaßte Zittern und Bangen die Schlesier, die ein Schreiben zuschickten, daß sie mit den Tschechen eine friedliche Vereinbarung eingehen wollten. Und deshalb gestatteten Herr Čeněk zusammen mit Krušina ihren Leuten nicht, weiterhin gegen Schlesien zu eilen. Aus diesem Grunde stiftete der Priester Ambrosius, der Anführer und Pfarrer der Königgrätzer, im Volk einen Aufruhr an, und wenn die vorgenannten Barone nicht schnell abgezogen wären, dann wären sie von den Bauern in Stücke gehauen und mit den Dreschflegeln der Bauern zermalmt worden. Diese ließen sich nachher doch beruhigen und zogen nach Hause zurück. Der Priester Ambrosius aber 1421 Juni 23
kam zur Johannesvigil nach Prag und machte gegen Herrn Čeněk harte Vorhaltungen, daß es in ihm keine Treue gebe, und wie sie ganz Schlesien hätten haben können, wenn der Herr Čeněk seinen Leuten nicht den Befehl zum Rückzug gegeben hätte, und so (ging es) noch über andere zahlreiche unwürdige Anschuldigungen. Aber nach dem Willen und durch Fügung Gottes war Herr Hynek von Krušina zu dieser Zeit nach Prag dazugekommen und legte die Schuldlosigkeit des Herrn Čeněk und der Barone dar. Deshalb gab es eine Spaltung im Volk: Die einen stimmten jenem und die anderen diesem zu, daß er die Wahrheit gesagt habe.

(98) Antwort König Sigismunds auf die ihm vorgeworfenen Artikel

Ebenso folgt das Antwortschreiben des Königs von Ungarn auf die ihm durch die Gemeinde des Königreiches Böhmen vorgeworfenen Artikel in diesem Wortlaut:[289]

Sigmund, von Gottes Gnaden etc. – Euch allen, den Herren, Rittern, Landedelleuten, den Pragern und den Gemeinden unseres Königreiches Böhmen geben wir zu wissen: Daß ihr uns in vielen Stücken eine Schuld anlastet, und besonders betreffs der Verbrennung des Magisters Johannes Hus und des Hieronymus, Stücke, die auch die Ketzerei, die Beschimpfung und Verurteilung des Landes Böhmen betreffen, so sind wir darin nicht schuldig, denn das ist nicht durch uns ergangen, noch ergeht es jetzt, was zur Schande unserer böhmischen Krone wäre, denn es ist bekannt, daß wir vor dem gesamten Konstanzer Konzil anstelle unseres Bruders guten Angedenkens treu und entschlossen widersprochen haben, und deshalb erlitten wir große Feindschaft und Beschimpfung dort im großen Konstanz. Es wurde auch nicht irgendwann das Land Böhmen verurteilt, sondern diejenigen, die an Ketzerei festhielten und sie anführten, und auch heute gibt es so Gott will kein Verderben und auch keine Beschimpfung für dieses Land durch uns, vielmehr geht von jenen dauerndes Verderben und Schande für diese Krone aus, die Gott dem Herrn zur Ehre errichtete Klöster und Kirchen zerstörten, indem sie dort den Herrenleib herausnahmen und andere Heiltümer frevlerisch zertraten, Jungfrauen, Priester, Mönche und andere geistliche Personen, Ritter, Edelleute und andere gute Christen, Frauen und Männer grausam verbrannten und mordeten, Bilder zerschlugen und Städte zerstören, verwüsten und brandschatzen, wobei sie so das Land nach und nach vernichten. Und diese offenkundigen rechtswidrigen Übergriffe und unchristlichen Stücke rütteln und haben die benachbarten und andere entferntere Fürstentümer und schließlich die gesamte Christenheit gegen dieses Land aufgerüttelt, aber nicht wir. Denn es wäre eine sehr unwürdige und beklagenswerte Tat, wenn wir aus unserem Willen heraus unser Erbe und Königreich in eine solche Schande und Vernichtung führten. Sondern um dieses Verderbens und dieser Schande willen, die fortdauernd ohne unser Zutun geschieht, ist es uns so Gott will aufrichtig leid.

Sodann: Daß ihr uns die Schuld gebt hinsichtlich der Krone und der Heiligtümer, so haben wir sie weggenommen und verborgen nicht zum Schaden des Landes Böhmen, sondern darum, damit diese Gegenstände nicht schändlich zerstört, vernichtet und zerschlagen würden und in Verlust gerieten zum unersetzlichen Schaden der Krone, wie dies durch einige von euch und von euren Leuten bei einem anderen Heiligtum[290] gut erwiesen ist. Die Landtafeln: Diese haben wir mit Einwilligung der Herren weggenommen, ohne daß sie diese mit ihren Siegeln versiegelten, als sie diese fortnehmen sollten. Und alle diese und andere Vorkommnisse, die ihr wissen dürftet, worin wir schuldig befunden worden wären: Und wenn etwa diese Übergriffe durch uns ergangen sein sollten, so mögen darüber die Herren und Fürsten dieser böhmischen Krone eine Untersuchung anstellen, und wir wollen dies gern verbessern gemäß der Belehrung durch die Fürsten und Herren, und wir wollen Wiedergutmachung leisten, und ihr wirket auch dahin, was an Gesetzlosigkeiten und Verwüstungen durch euch gekommen ist und ergeht, damit ihr das so vollbringt, wie es die Fürsten und Herren dieser Krone befinden und befehlen werden.

Und da ihr uns schreibt, daß ihr euch schließlich darauf festgelegt und darüber verständigt habt, daß ihr die vier Stücke halten wollt, von denen ihr schreibt, bis zu einer besseren Belehrung durch die Heilige Schrift, antworten wir euch darauf so, daß wir euch dies niemals verwehrt haben, sondern wir stimmten dem immer zu und boten eine Audienz an, bessere Belehrung durch die Heilige Schrift zu diesen Stücken und zu anderen, die gegen die heilige Kirche sind, und es fehlte niemals an uns und wir sind auch immer bereit, euch eine Audienz zu gewähren, bessere Ausrichtung und Belehrung, nur möge es an euch nicht fehlen und dieses Land nicht zugrunde gehen.

Vier Prager Artikel

Da ihr uns schreibt, daß ihr bei euren Rechten und Ordnungen verbleiben möchtet wie eure Vorfahren, so wisset, daß es niemals unsere Absicht war und auch jetzt nicht ist, daß wir euch von euren Ordnungen oder Rechten und Freiheiten loslösen oder sie irgendwie aufheben möchten, sondern (wir möchten) jeden in seiner Ordnung belassen und in seiner Freiheit. Und wir möchten sie lieber vermehren als schädigen und aufheben. Darum: Seht ihr zu, wer euch aus euren Rechten und Freiheiten loslöst und die Rechte aufhebt, wir oder ihr selbst, und das werdet ihr finden in euren Verträgen, die ihr unter euch habt, und in den Geheimversammlungen *(v kútech „in den Winkeln")*, die ihr macht und dabei selbst eure Rechte und Freiheiten aufhebt.

Auch hören wir, daß ihr in der Prager Kirche Bilder zerschlagen und darauf bestanden habt, daß diese Burg und die Kirche zerstört werden sollen, die zur Ehre und zum Lobpreis für Gott den Herrn und für die heiligen Landespatrone errichtet wurde. Deshalb, bei Gott dem Herrn, tut das nicht und laßt auch nicht zu, daß dies zerstört würde, weil ihr schon einen Thronsitz dieser Krone auf dem Vyšehrad und die Kirchen zerstört habt zur großen Schande für diese Krone, und falls ihr den zweiten zerstören werdet, dann wisset, daß ihr dadurch bis zum Ende die ganze Christenheit gegen euch aufrichten werdet wie auch uns infolge solcher unchristlicher Taten, und ihr werdet (den Ruf) dieser bösen angeprangerten früheren Taten schließlich gegen dieses Land und gegen euch erhärten und euch und diese Krone zu größerer Schande und Schmach bringen. Denn ihr wißt, daß hier das Haupt dieser Krone ist und daß hier der heilige Wenzel liegt und die anderen heiligen Landespatrone und der Kaiser guten und heiligen Angedenkens, unser Vater, zusammen mit anderen Königen und Fürsten dieser Krone. Und bei Gott, erbarmt euch selbst über euch und über dieses Land und gebt nicht mehr dieses Land, unsere Städte und unsere Untertanen *(služebníkuov „Diener")* weiterhin der Vernichtung preis. Und tretet noch jetzt an die Seite der Gerechtigkeit, wie wir euch früher geschrieben haben, und stellt diese Gesetzwidrigkeiten ein, sie mögen nicht mehr weiter geschehen gegen Gott den Herrn und gegen die gesamte Ordnung der heiligen Kirche sowie gegen uns, und wir wollen euch gern darin behilflich sein. Wofern ihr aber dies nicht tut, werden wir also dann, auch wenn wir es gern wollten, nicht imstande sein, etwas dagegen zu tun, bis es dahin kommen wird, daß dieses Land schließlich zugrunde gehen muß. – Gegeben etc.

(99) Verbrennung des Priesters Martin Loquis

Weiter: Als Žižka, der Hauptmann der Taboriten, mit einigen zu ihm gehörenden Priestern die Sekte der Pikarden überall aufspürte – und Halsstarrige, die er fand, verzehrte er sogleich im Feuerbrand –, und als dies daher der Priester Martin, genannt Loquis, merkte – er war ein Anhänger, ja sogar ein tatkräftiger Fürsprecher *(actor)* der schaudervollen pikardischen Häresie, von der weiter oben sehr viel die Rede war und um derentwillen er vom Herrn Ulrich, genannt Vavák, festgehalten und auf Bitten der Taboriten entlassen

worden war –, suchte also dieser Martin den Händen der Prager und der Taboriten zu entgehen und schlug deshalb den Weg nach Mähren ein, woher er stammte, wobei er den Priester Prokop den Einäugigen mit sich führte, einen Gefährten derselben Sekte, und als sie in Chrudim angekommen waren, wurden sie vom Stadthauptmann, genannt Diviš, angehalten und darauf in einen Holzblock gespannt. Dieser Hauptmann sprach mit ihnen ruhig und fragte unter anderem, wie sie über das verehrungswürdige Altarsakrament, also des Leibes und Blutes des Herrn Jesus Christus, dächten. Und als Martin, genannt Loquis, gotteslästerlich antwortete mit den Worten, der Leib Christi sei im Himmel, und als Vernunftgrund *(racionem)* anführte, weil er nur einen einzigen Leib hatte und nicht viele, so wie auf dem Altar viele Hostien dargebracht werden *(fiunt)*, konnte deshalb der vorgenannte Hauptmann die Lästerung gegen Gott nicht ertragen und versetzte ihm einen Schlag mit der Faust, und wenn sich nicht der Priester Ambrosius von Grätz[291] eingemischt hätte, dann hätte er dieselben gleich im Feuerbrand verzehren wollen, doch auf Bitten des Ambrosius entließ er sie und übergab sie in dessen Hände. Dieser lud sie sogleich auf Wagen und brachte sie gefesselt nach Königgrätz *(in Grecz Regine)*. Und als sie fast während zweier Wochen dort festgehalten waren, weil man hoffte, daß sie sich von ihrer Häresie zum wahren Glauben bekehren, vorgenannter Ambrosius jedoch sah, daß er gegen sie nichts erreichen könne, brachte er sie am Sonntag vor Johannes 1421
dem Täufer gefesselt nach Raudnitz und übergab sie als sol- Juni 22
che, die von einer Häresie angesteckt waren, Konrad, dem Ordinarius des Königreiches,[292] damit er sie nach dem Wortlaut der Heiligen Schrift *(secundum scripture sacre seriem)* prüfe und angemessen bestrafe. Als man sie nach Raudnitz hinabgeführt hatte, schloß man sie in einem finsteren Kerker ein, und der Zugang des Volkes zu ihnen wurde verboten, damit sie durch ihre spitzfindigen Schriftauslegungen *(glossulis)* nicht die Herzen der Gläubigen verletzten. Und nachdem sie über acht Wochen in grauenhaftem Kerker eingeschlossen waren und sich an ihnen augenscheinlich kein Funken einer Besserung fand, drängte ihretwegen Žižka bei den

Pragern darauf, daß man sie nach Prag bringe und daß sie anderen zur Abschreckung öffentlich in der Mitte des Ringes verbrannt würden. Da jedoch die Prager Ratsherren fürchteten, daß daraus ein Volksaufstand entstehe, weil es in der Stadt zahlreiche Anhänger Martins gab, schickten sie aus ihrer Mitte einen Ratsherrn nach Raudnitz, der einen Folterknecht mitnahm, nach Raudnitz kam und nach einer zum Erzbischof erfolgten Abordnung sie in die Hände des Henkers auslieferte, der ihre Körperseiten grausam bis zu den inneren Organen (mit Fackeln) brannte, damit sie gestehen, von wem oder von welchen Personen sie ihre Häresie hätten,[293] und sie befragten eindringlich, ob es in Prag ihnen Gleichgesinnte gebe. Deshalb nannten die so Gequälten die Namen einiger Leute, von denen sie, wie sie sagten, die Häresie hätten und die in Prag noch die gleiche Ansicht über das Sakrament mit ihnen festhielten. Und als man sie daraufhin nachdrücklich aufforderte, von ihren Irrtümern reumütig zur Einheit der Kirche zurückzukehren, lächelten sie und sagten: „Nicht wir, sondern ihr seid, weil vom irrgläubigen Klerus verführt, im Irrtum und beugt vor einem Geschöpf, eben dem sakramentalen Brot, die Knie." –
1421 August 21 Schließlich geschah es, als man sie am Donnerstag vor Bartholomäus, am 21. August, mit einer Volksmenge zum Verbrennen führte: Man forderte sie auf, sie sollten das umstehende Volk bitten, daß die Leute für sie inständige Gebete an Gott richten möchten. Sogleich antwortete derselbe Martin: „Wir brauchen jene Bittgebete nicht; sie mögen bitten für solche, die sie brauchen." – Und da der vorgenannte Martin noch sehr Schlimmes und für fromme Ohren allzu Anstößiges aussprach, wurde er mit seinem Gefährten in ein Faß eingeschlossen und zu Asche verbrannt.

Lob sei Gott dem Herrn darum, der die Wölfe, die über seine Herde herfallen wollen, entreißt und sie auf wunderbare Weise, damit sie die anderen nicht anstecken, vertreibt und wegrafft. Denn dieser Martin, ein überspannter, falscher Priester, hat, als er in seiner ersten Gefangenschaft des Herrn Ulrich von Neuhaus gewesen war, an einige zu ihm gehörende Taboritenbrüder einen Brief geschrieben, der viele irrige und häretische Lehraussagen enthielt.

Ebenso (zu dieser Zeit) wurden nach deren Verbrennung in Prag einige der pikardischen Häresie Verdächtige ergriffen: Kaska von der Neustadt und drei Taboritenpriester, Prokop, genannt der Kahle *(Procopius dictus Rasus)*,[294] Jíra von Klattau und Abraham, der vor dem verehrungswürdigen Sakrament der Eucharistie brennende Kerzen nicht dulden wollte.

(100) Vereinigung der Prager Städte – Einsetzung neuer Ratsherren

Ebenso im gleichen Jahr wie oben am Montag nach Peter 1421
– es war der 30. Juni – wurde auf Grund einer geheimen Juni 30
Abmachung einiger Leute mit Herrn Johannes, dem Priester, der einen leichten Teil der Gemeinde als den größeren Teil des Volkes für sich hatte, die große Glocke bei der Kirche der seligen Jungfrau Auf dem Sande geläutet. Auf ihren Klang hin strömten alle Anhänger gesetzwidriger Unternehmungen auf Anleitung des, wie vorausgesetzt, vorgenannten Priesters Johannes unter Geschrei von der Neustadt in die Altstadt hinein, und als sie zum Rathaus kamen, stiegen sie hinauf und stürmten mit lautem Rufen hinein, daß die Ratsherren der beiden Städte nicht treu seien, wobei sie denselben sehr viele Vergehen aufbürdeten, und daß sie deshalb mit Recht abgesetzt werden müßten. Aus diesem Grunde nahmen sie ihnen die Siegel ab und vereinigten die Altstadt mit der Neustadt zu einer einzigen Stadt, wobei sie aus der gesamten Gemeindeversammlung vier Hauptleute erwählten, die vorerst bis zur Wahl der neuen Ratsherren die Verwaltung sowohl der Altstadt wie der Neustadt innehaben sollten.

Nachdem dies geschehen war, beriefen sie darauf am Mittwoch sich (selbst) zum Rathaus der Altstadt ein und Juli 2
wählten nach der Namensliste des vorerwähnten Priesters Johannes dreißig Leute, und zwar fünfzehn von der Altstadt und fünfzehn von der Neustadt, zu Ratsherren. In ihrer Zahl waren, wie das Gerücht ging, einige der pikardischen Häresie Verdächtige, damit diese zugleich als Ratsherren einer einzigen Stadt dadurch, daß sie zugleich im Rathaus der Alt-

stadt saßen, größere Streitfälle entscheiden sollten, und einige von ihnen bestimmten sie dazu, weniger wichtige Streitsachen im Falle der Notwendigkeit in der Neustadt anzuhören. Auf Grund dieser Wahl und Verteilung der Ratsherren ohne jegliche Ordnung und entgegen den Stadtprivilegien wurden alle lebenserfahrenen und begüterten Männer in Aufregung versetzt. Einer aus ihrer Zahl, ein Harnischmacher *(armifex)*, wollte sogar, obgleich er von ihnen gewählt war, den Ratsherrenrang nicht annehmen, weil er in Erwägung zog, daß sie nach dem Wortlaut der Stadtprivilegien nicht rechtmäßig gewählt seien. In dieser Wahl wies sogar der das Volk bezeichnende Planet Mond[295] – er hatte sich dem Planeten Mars, nach den Astrologen dem Anzeiger von Streitigkeiten, zu einer Konjunktion genähert – darauf hin, daß man von diesen Erwählten in keiner Sache eine gute Ordnung oder ein gutes Ende werde erwarten dürfen, ja daß vielmehr diese Wahl Zunder und Wurzel vieler Übel für das Königreich sein werde. Soweit jener, dessen Namen man nicht kennt.

Und damit der Ausgang der Sache das Geschehene bestätigte, sagte der Priester Johannes in derselben Versammlung, da er das Amt eines Unterkämmerers führte, der Gemeinde, die zu diesem Zeitpunkt im Rathaus war: „Seht, ihr Weltlichen seid schon eine Einheit und steht für einen einzigen Menschen. Wenn ihr also wollt, daß wir Geistliche auch eine Einheit sind und das Volk nicht spalten, müßt ihr den Magi-
vgl. Anm. 183 ster Christian, den Pfarrer der Kirche des heiligen Michael der Großen Stadt Prag,[296] zusammen mit seinen Priestern von der vorgenannten Kirche entfernen, weil sie mit uns in unseren Handlungen nicht übereinstimmen wollen, sondern immer noch sich an jene Scherze halten, indem sie diese als den kirchlichen Ritus bezeichnen, Kleinkinder nicht kommunizieren wollen und niemals in Tschechisch singen, so wie man es in anderen Kirchen tut.“ Nach diesen Ausführungen schrie die dem vorerwähnten Sprecher gewogene Anhängerschaft: „Ja, so ist es, so ist es!“ – Und Johannes selbst sagte: „Wollt ihr, daß an der vorerwähnten Kirche andere als Priester eingesetzt werden?“ Und die eigene Anhängerschaft fügte hinzu: „Ja, ja!“ Und so überließen sie es dem Magister

Jacobellus und dem vorerwähnten Johannes, nach Ausschluß der rechtmäßigen Priester andere einzuführen. Dieser Entscheidung wagten die Älteren und Angesehenen der Stadt aus Furcht vor dem Hinauswurf aus dem Rathaus *(propter metum de pretorio proieccionis)* nicht zu widersprechen.

(101) Einführung von Taboritenpriestern bei Sankt Peter auf dem Poříč – Protestschreiben Prager Frauen

In dieser Zeit haben einige von den Irrlehren der Taboriten angesteckte Nachbarn der Kirche des heiligen Petrus auf dem Poříč einen Priester, der diese Kirche zu diesem Zeitpunkt leitete, aus derselben vertrieben, und zwar deshalb, weil er den Gottesdienst im Ornat feierte, und sie haben zwei der pikardischen Häresie verdächtige Priester, Prokop und Philipp, dort eingeführt. Ähnlich bemühten sich einige Anhänger der Pikarden, auch den Priester Jaroslav von der Kirche des heiligen Nikolaus in der Altstadt, einen frommen Menschen, auf dieselbe Weise auszuschließen, und einige Weltliche wollten bei der Kirche des heiligen Michael der Altstadt den der pikardischen Irrlehre verdächtigen Priester Wilhelm *(Wilhelmum presbiterum)* in die Pfründe einführen, aber nach Gottes Willen wurden sie nicht zugelassen. Als daher fromm dem Herrn ergebene Jungfrauen, Witwen und verheiratete Frauen solches sahen, daß nämlich die vorgenannten Ratsherren über so viele und so zähe Keime des Bösen *(tot et tanta malorum semina)* wie mit taubem Ohr hinweggingen, riefen sie auf Eingebung des Heiligen Geistes alle, die der Wahrheit gläubig dienten, zusammen, stiegen zugleich zum Rathaus hinauf und legten den Ratsherren in einem Schriftstück eine Beschwerde vor. Und eine Jungfrau aus ihrer Schar hielt das Schriftstück in der Hand und las diese Beschwerde Wort für Wort in dieser Fassung vor, die folgt:[297]

Liebe Herren und Brüder!

Wir bitten eure Gnaden um der Gnade des Herrn Jesus Christus, um des Heils und der Bewahrung der gesamten Gemeinde der Stadt im christlichen Glauben willen, daß ihr die treuen Priester von den Kirchen nicht verdrängt und auch nicht ihre Verdrängung zulasset, welche die göttlichen Wahrheiten ständig und ordnungsgemäß seit vielen Jahren festhalten, weil sie sich vor Irrlehren und vermessenen, durch die Heilige Schrift und das Gesetz Gottes nicht begründeten Ausschreitungen hüten und sich und sein (Gottes) untergebenes Volk nach dem gebotenen Gesetz Gottes und dem Leben des Herrn Christus ausrichten und auszurichten lehren. Und von solcher Art sind viele bekannt aus der Gemeinde dieser Stadt und auch anderswo viele innerhalb des Landes Böhmen. Gegen diese, so hören wir, haben sich einige erhoben, indem sie auf ihre Entfernung bestehen, und einige haben sie schon verdrängt wie in der Neustadt auf dem Poříč irgendein Prokop von Tabor.[298] Nachdem er ohne Erlaubnis der dazu eingesetzten Älteren sich mit einigen zusammengerottet hatte, entzweite er sehr diese große Pfarrgemeinde, und es laufen jene davon, die sich beklagen und beschweren, daß sich dieser hier so unrechtmäßig hineingedrängt hat, und (auch) in anderen Pfarrgemeinden wie beim heiligen Nikolaus und beim heiligen Michael. Ihnen gibt die Pfarrgemeinde kein Verschulden, weil sie sich fürchtet, daß (sonst) bei ihnen hoffärtige, eingebildete *(sobě doufající)*, vermessene Priester eingesetzt werden, durch die viele in Böhmen und Mähren irregeleitet sind. Obwohl die Taboritengemeinden für uns notwendig und in vielem Guten hilfreich waren – dafür sind wir ihnen dankbar, und wir hoffen auch, daß viele von ihnen Gott fürchten und gut sind –, so sind jedoch manche Priester von ihnen und andere aus der Gemeinde männlichen und weiblichen Geschlechts abgeirrt im Glauben an das hochwürdige Sakrament des göttlichen Leibes und göttlichen Blutes und gegenüber einigen anderen Stücken, wie sie selbst bekennen und viele von ihnen sich dagegen widersetzen.

Und diese Irrlehren verbreiteten sich beinahe über die gesamte Christenheit, doch am meisten in dieser (Stadt) Prag. Und wir wurden in diesem Jahr ermahnt, daß wir solche meiden sollen und daß diejenigen, die hierher kommen, seien es Priester oder Laien, Männer oder Frauen, geprüft und solche nicht geduldet würden, damit wir alle des gleichen, wahren Glaubens an Christus seien. Und dies:

Obgleich das vor uns (schon) früher eingehalten wurde, wünschen wir von eurer Gnaden dasselbe, daß ihr eure Sorgfalt daransetzen oder dies einem Treuen anvertrauen möchtet. Und weiter: Einige Priester von ihnen, die hierher gekommen sind, bekannten, daß sie Brot und Wein nur gesegnet haben ohne zu glauben, daß hier der göttliche Leib und das göttliche Blut sei. In diesem Irrtum reichten sie es auch den Leuten und verleiteten sie zum Götzendienst. Und einige Frauen sagen, daß sie von den Taboritenpriestern belehrt wurden, sie sollten es sich selbst weihen, und das haben sie oft getan. Einige sagen schon, daß sie dafür Buße tun wollen. Und falls diese schlimmen Vorgänge *(nehody)* noch weiter geschehen sollten hier bei uns in diesen Gemeinden, würde es eine große Spaltung geben und den Untergang aller Gemeinden, und da, wo wir früher zur Wahrheit gekommen sind, würden wir schon von der Wahrheit und vom rechten Glauben schändlich abfallen.

Deshalb: Diejenigen, die von ihnen hierher kommen, seien es Priester oder andere – wir wissen (von ihnen) nicht, ob sie des wahren Glaubens vom göttlichen Leib und von anderen Stücken sind oder nicht, und wir fürchten uns, daß einige von diesen im Glauben irren oder daß einer auf die Kanzel steige und etwas gegen Gott ausführte, gegen den Glauben und gegen die guten Gebräuche dieser Gemeinden unter dem Vorwand der Predigt des Wortes Gottes, wie vorher gesagt wurde. Doch ihr, die ihr das seht – ja es erreicht euch mit oft wiederholter Mahnung –, achtet nicht darauf, es einzustellen, und auch nicht, es jemandem anzubefehlen. Wofern sich aber jemand dafür einsetzen möchte, verwehrt und untersagt ihr es, wie wenn ihr es mit dieser Seite hieltet, bis daraus eine große Zerrissenheit in den Gemeinden ist. Und wo wir also mehr Einheit erwartet haben, unter euch hier – was können wir bemerken? Mehr Spaltung als unter den früheren Herren!

Deshalb bitten wir euch, macht das wieder gut und setzt euch entschlossen dafür ein! Ganz Prag möge wissen und andere (auch), daß ihr das vereitelt, damit auf euch kein Verdacht liege. Und diesem Priester auf dem Poříč gestattet nicht mehr weiter, in der Kirche vor dem göttlichen Leib

Gewalt (kvalt) zu tun, weder sonstwo in Prag, noch irgendeinem solchen anderen, und den früheren Priester bringt wieder zur Kirche zurück, denn gegen ihn weiß die Pfarrgemeinde von keiner Schuld und auch nicht gegenüber den anderen früher genannten Kirchen. Wenn ihr dies aber nicht tun wolltet, wäre es uns darum sehr leid und jedem Guten, der des wahren Glaubens ist, und *wir* müßten neben Gott dem Herrn mit seiner Hilfe und mit vertrauensvollem Gebet uns (darum) bemühen, denn ihr wolltet (dann) eine Einheit herstellen nur in den irdischen Bereichen, aber nicht in den geistlichen auf dem Gebiet des Glaubens.

Auch als die Taboritenpriester hier waren, da habt ihr ihnen bei der Mutter Gottes auf dem Teyn gestattet, sich rücksichtslos auf die Kanzeln zu drängen und gegen die Priester dieser Gemeinden, ja sogar gegen die ganze Gemeinde in lügnerischer Weise viel zu sprechen zur Schmach nicht nur für die hiesigen Priester, sondern für die Gemeinden betreffs der Aufnahme Konrads in Gnaden zur göttlichen Wahrheit und betreffs anderer Stücke, die sich auf die Spaltung dieser Gemeinden beziehen, und zwar geschah in der Kirche eine große Spaltung im Volk und ein Aufbegehren, indem sie damals den göttlichen Leib nicht verehrten. Und da waren einige von euch Ratsherren zugegen, aber ihr habt nichts dagegen unternommen. Nein! Wie wir hören, daß andere Priester ein armes Gasthaus verlassen haben, ließet ihr diesen sechs oder sieben Priestern dreieinhalb Schock Groschen übergeben, wie dies Čapek selbst in einer Predigt etwas gestreift hat. – Auch bitten wir euch, wenn ihr die Gemeinde oder die Älteren aus der Gemeinde um des allgemeinen Besten willen zum Rathaus ruft, daß ihr nicht nur diejenigen ruft, wer sich an der Seite hält für die Annahme der Personen, denn das alles bemerken viele an euch gut, und schon aus einigen Anzeichen vermuten einige etwas davon. Auch wenn ihr Amtsleute einstellt, dann stellt Würdenträger des wahren Glaubens ein, damit auf ihnen nicht die böse Vermutung von Pikarden- und Sektentum liege.

Nachdem die Ratsherren dieses Schreiben bis zum Ende angehört hatten, waren sie erregt, verhafteten alle diese

Frauen und befahlen, daß die verheirateten gesondert auf einen anderen Platz zurückweichen sollten, während die anderen an derselben Stelle verblieben, damit man sie nach durchgeführter Teilung unter ihnen schneller fesseln könne. Aber die Frauen nahmen nach Ablegen weiblicher Angst männlichen Mut an und wollten unter keinen Umständen voneinander getrennt werden. Als daher die Ratsherren merkten, daß sie gegen die Frauen nichts erreichen könnten, wünschten sie, daß das vor ihnen verlesene Schreiben ihnen ausgehändigt werde, aber auch dieses konnten sie nicht haben. Empört darüber verließen sie das Rathaus und schlossen die Frauen fast an die zwei Stunden lang in der Rathausstube ein, nach deren Ablauf sie ihnen erlaubten, frei wegzugehen. Diese Darlegung der Frauen gefiel deshalb dem gesünderen Teil der Gemeinde sehr. In der darauf erfolgten Gemeindeversammlung, als wiederum eine unverheiratete Frau dasselbe Schreiben verlas, widersprach man nicht, ja man rechtfertigte es vielmehr. – Lob sei dir, o Herr!

(102) Allgemeine Synode des Klerus von Böhmen – Die Synodenartikel

Ebenso im selben Jahr am Tag des heiligen Prokop 1421 Juli 4
begann man eine Synode der Kleriker abzuhalten in der Prager Altstadt im Hause des Artistenkollegs, das Karlskolleg heißt. Und da der Erzbischof Konrad zu dieser Zeit in Raudnitz weilte und nicht kommen konnte, wobei er dafür seine Krankheit anführte, übertrug er zwei Magistern der Künste und Subdiakonen, und zwar Prokop von Pilsen und Johannes Příbram, als seinen Stellvertretern seine Amtsautorität, damit diese nach Hinzunahme solcher, die sie für geeignet ansähen, verfügen, anordnen und behandeln sollten, was zum Frieden, zum Heil und zur Einheit des gesamten Klerus gehöre. Die vorerwähnten Magister wählten sich deshalb zur Unterstützung den Magister Jakob von Mies, Bakkalar der Theologie und Prediger in der Bethlehemkapelle, und den Priester Johannes hinzu, der zu dieser Zeit die ganze Stadt beherrschte ungeachtet dessen, daß gegen den Priester Johannes, den man den Abgefallenen *(apostatam)* nannte,

die Gemeinde des Klerus Einspruch erhob, weil sie nicht einen übel Beleumundeten über sich haben wollte. Da sie jedoch keinen Erfolg erzielte, teilten diese vier den zum Kolleg einberufenen Klerus in vier Teile: in den der Prager, der Grätzer, Saazer und der Taboriten zuzüglich der von den Titeln[299] aller anderen Gegenden Hinzukommenden, wobei sie jedem Teil einen eigenen Platz zuwiesen und den so getrennten Teilen einzeln einige Artikel übergaben, daß sie darüber nachdenken und dann antworten sollten. Und obgleich über den Inhalt der meisten so aufgestellten Artikel die Zustimmungen einiger fehlten, bestieg Magister Johannes von Přibram dennoch, weil der größere Teil die Zustim-
1421 Juli 7 mung gegeben hatte, am Montag nach Prokop, am 7. Juli nämlich, die Lehrkanzel *(cathedram)* im Vorlesungsraum *(in lectorio)* der Theologen und verlas vor dem daselbst zugleich versammelten Klerus und in Gegenwart einiger Edelherren, und zwar Ulrichs von Rosenberg und Victorin Bočeks, sowie einiger Ratsherren beider Städte und einer Menge von Landedelleuten die unten niedergeschriebenen Artikel und befragte die vier vorher genannten Teile über jeden Artikel, ob sie die Zustimmung gegeben hätten. Und während alle anderen Teile dieselben billigten, legte nur der törichte Teil der Taboriten Widerspruch ein, zumal was zum Ritus und zum kirchlichen Gehorsam verpflichtete. Die Abschrift dieser Artikel folgt in nachstehender Fassung:

1 Zu allererst glauben wir mit frommem und gläubigem Herzen und erklären, daß man mit ganzem Gemüt glauben und beharren muß, daß jedes Wort der Heiligen Schrift sowohl des Alten wie des Neuen Testaments in einfacher und unverletzlicher Weise nach dem Sinn, den der Heilige Geist fordert, wahr, heilig und katholisch ist, und wir erklären und verkünden, daß es von allen Christgläubigen aus ganzem Herzen zu ehren und zu halten ist.

2 Ebenso glauben wir getreulich voll und ganz und erklären, daß das apostolische Glaubensbekenntnis, das Symbolum des großen Konzils von Nikaia, das Symbolum des Athanasius zusammen mit allen anderen katholischen, in der Urkirche gehaltenen und verkündeten Glaubenssymbolen von allen geglaubt werden muß,[300] wir behalten alle heiligen

Dekrete, vernunftbegründeten und katholischen Anordnungen *(statuta racionabilia)* der Apostel und der Urkirche bei, die wir als die Mutter und Lehrmeisterin des katholischen Glaubens ehren und von der abzufallen wir für einen Frevel halten, und wir beschließen und ordnen an, daß sie beachtet werden müssen, und zwar so, daß das, was die Apostel lehrten und gerade die alte Zeit bewahrt hat, auch wir bewahren und hüten.

3 Ebenso haben wir es zur Bewahrung und Erhaltung der allgemeinen Ordnung und Ehre unseres gesamten Klerus und zur Einschränkung jeglicher Anmaßung innerhalb des Klerus dieses Königreichs für angemessen gehalten, vier geeignete, durch Wissen und Lebenserfahrung bewährte Männer als die an der Spitze stehenden *(principales)* hauptverantwortlichen *(capitales)* und höchsten Lenker, Leiter und Verwalter des Klerus in den geistlichen Bereichen mit Zustimmung des hochwürdigsten Vaters in Christus, des Herrn Konrad, Erzbischofs von Prag, zu wählen, und zwar: den Magister Jakob von Mies, Magister Johannes von Příbram, Magister Prokop von Pilsen und Johannes, den Prediger in der Neustadt. Wir versprechen aufrichtig und geloben, ihrer Leitung, Anordnung und Berufung in allen erlaubten und ehrenhaften Dingen zu folgen und zu gehorchen durch Erteilung und Einräumung der vollen und allseitigen Gewalt über uns, alle Ungerechten und Widerspenstigen *(rebelles)* zurechtzuweisen und zu bestrafen, zu lenken, abzusetzen, auszutauschen oder zu entfernen und nach Erfordernis von Ordnung und Gerechtigkeit beliebig anders zu handeln.

4 Ebenso, daß alle Priester Christi das gesamte geschriebene Gesetz des Herrn vollständig oder, wenn sie es unter keinen Umständen können, zum wenigsten das Neue Gesetz haben,[301] es mit ganzer Sorgfalt lesen, lernen und bei sich nach der Norm und einem evangelischen und apostolischen Leben wie auch bei anderen dadurch fördern sollen, daß sie das Wort Gottes immer predigen und beständig verbreiten.

5 Ebenso, daß keiner der Kleriker irgendeine ungewohnte Neuerung im Widerspruch zum Evangelium und zu den alten Vorschriften und vernunftgemäßen Dekreten der

heiligen Väter anzufangen, zu lehren oder zu predigen wage, ehe er sie zu den vorgenannten Lenkern und Leitern oder zur Provinzialsynode bringt oder sie als vernünftig und katholisch nach der Heiligen Schrift oder nach Vernunftgründen beweist und aufzeigt, und zwar zumal Artikel gegen die hochheilige Eucharistie und andere Begleitfragen, die durch die Universität und den Prager Klerus untersagt worden sind und die auch wir untersagen, daß niemand sich herausnehme, sie zu halten oder zu lehren.

6 Ebenso, daß alle Priester beim göttlichen Sakrament der Eucharistie mit innig gläubigem Herzen glauben und mit dem Mund auf das aufrichtigste bekennen, daß sowohl unter der Gestalt des Brotes wie auch unter der Gestalt des Weines der ganze Herr Jesus Christus, wahrer Gott und Mensch, mit seinem eigenen Leib und Blut in seiner wirklichen Gegenwart *(sua presencia reali)* mit uns ist und daß sie getreu dem Volk verkünden, daß alle es so halten und glauben müssen. Sie sollen auch die mit ganzer Eingebung und ganzem Rat der Frömmigkeit zu vollbringende göttliche Kommunion der hochheiligen Eucharistie unter beiderlei Gestalt des Brotes und des Weines, sooft der Geist des Herrn es eingibt, sei es nur einmal täglich, sei es in bestimmten Abständen der Tage, bei allen Christgläubigen, Gesunden und Kranken, Erwachsenen wie auch Säuglingen fördern und als ein Geschenk aller Gnaden dem Volk wärmstens *(ardentissime)* empfehlen.

7 Ebenso, daß die Ordnung und der Dienst der heiligen Messe im gesamten von der Kirche ausgegangenen, zum Vorbild erhobenen und von den Heiligen der Urkirche anerkannten und beibehaltenen Ritus und der Gebärdehaltung *(ritu et gestu)* in der allgemeinen Kleidung, die die einen Orarium,[302] andere Meßgewänder *(ornamenta)* nennen, unter Ausschluß alles Überflüssigen und jeglicher Pracht von allen und den einzelnen zelebrierenden Priestern – ausgenommen, daß eine unausweichliche Notwendigkeit es verhindert – gewissenhaft beobachtet werde.

8 Ebenso bestimmen wir, daß beim Spenden aller sechs (anderen) Sakramente das Sakrament der Eucharistie als deren Kraft und Bestärkung nicht ausgelassen werde, sondern hinzukomme und dargereicht werde, weil nach dem

Zeugnis des heiligen Dionysius kein Sakrament richtig *(rite)* vollzogen wird, in dem nicht die Eucharistie genommen wird.

9 Ebenso, daß kein Priester Christi über Landgüter, Äcker, Häuser, Zinszahlungen oder gewisse andere Einnahmen und Besitzungen nach bürgerlichem und weltlichem Recht herrsche, sondern nach der Norm evangelischer Armut und apostolischer Lebensweise lebe und mit schlichter Nahrung und Kleidung sich zufriedengebe, doch niemand der weltlichen Herren darf die in Besitz genommenen Almosen und das Vermögen der Kirche selbst sowie zeitlich begrenzte oder immerwährende Schenkungen für sich beanspruchen oder wegnehmen.

10 Ebenso bestimmen wir, daß von jetzt an kein Kleriker sich unterstehe, kirchliche oder andere weltliche Besitztümer gegen Zahlung zu pachten oder in Pacht zu geben *(in mercede conducere et convenire)* und aus verderblicher Habsucht Sorge um Erbgüter zu tragen gemäß dem Konzil von Nikaia, das solches bestimmt und befiehlt.[303]

11 Ebenso bestimmen wir im Herrn Jesus Christus und verkünden unter ewiger Verdammnis die Einhaltung, daß jeder beliebige Priester Christi sich bemühe, alle durch das Gesetz Gottes untersagten öffentlichen Todsünden mit aller Anstrengung und ohne jede Trägheit bei sich und bei allen anderen gewissenhaft und entsprechend seinem Können abzubauen, auszureißen, auszumerzen und zu vernichten und kein derartiges Übel durch alle Gefahren an Hab und Gut und ihrem eigenen Leben hindurch bei sich und ihren Untergebenen gleichgültig zuzulassen oder feige zu gestatten.

12 Ebenso, daß keiner der Priester für die Sakramente und für die Spendung der sieben Sakramente, ja auch nicht in Verbindung mit der Spendung aller Sakramente oder für alle anderen damit verbundenen geistlichen Anliegen irgendein Geld oder Geschenke annehme oder verlange und auch nicht unter Einhaltung welcher Verpflichtung auch immer für Gebete annehmen könne oder anzunehmen wage.

13 Ebenso, daß kein Priester mit Frauen, vor allem mit jungen, geschweige daß er zusammenwohne, aber auch keinen Umgang habe, daß er weder irgendwelche Unterhaltun-

gen *(colloquia)* führe noch deren Häuser besuche, außer daß eine gesundheitliche Notwendigkeit auf Grund einer wichtigen Anordnung ihn dazu zwinge, sondern daß er sie meide.

14 Ebenso, wenn ein Priester in Unzucht gefallen ist, daß er bis zu einem Jahr in einen Kerker gestoßen und bestraft werde; wenn er wiederholt sich verfehlt hat, daß er vom Priestertum ausgeschlossen und für immer des Amtes enthoben werde.

15 Ebenso, wenn ein Priester einige Male in Trunkenheit angetroffen wurde und entweder den Wirtshäusern oder dem Würfelspiel ergeben ist, daß er für einen Monat in einen Kerker gestoßen werde.

16 Ebenso, daß ein Kleriker seinen Beruf *(professionem suam)* auch durch eine vom gemeinen Volk verschiedene Kleidung und durch die Tonsur, durch sein Betragen und seinen Wandel glaubhaft mache, jedoch soll er weder in Kleidung noch im Schuhwerk Eleganz *(decorem)* suchen, sondern fromme Zurückhaltung *(religionem)*.

17 Ebenso erklären wir, daß ein possenhafter und mit eitlen und unzüchtigen Worten scherzender oder lästernder Kleriker aus dem Amt zu entfernen ist.

18 Ebenso, daß aufsässige Kleriker niemals zu Priestern geweiht werden sollen, und falls sie geweiht sind, daß sie, welchen Weihegrad auch immer sie haben, aus dem Klerikerstand ausgeschlossen werden sollen.

19 Ebenso, daß niemand sich herausnehme, Leute in wahrer Bußgesinnung, die mit demütigem Herzen ihre Sünden den Priestern beichten möchten, in beliebiger Leichtfertigkeit von der Beichte zurückzuweisen und die vorgenannte Beichte entweder als unerlaubt oder die Schlüsselgewalt – (beides Mittel), kraft deren wir den wahrhaft[304] Bußfertigen im Dienstauftrag des Herrn Jesus Christus die Sünden nachlassen – und auch die lindernden Heilmittel der Genugtuung auf beliebige Weise zu verhindern wage.

20 Ebenso, daß alle verantwortlichen Leiter von Kirchen *(ecclesiarum directores)* einen zu den gebührenden Zeiten *(temporibus debitis)*[305] geweihten Taufbrunnen und heiliges Öl mit dem Chrisam in ihren Kirchen haben und zu haben vorsehen und daß sie die Säuglinge in der gewohnten

Weise des Salbens, Fragens und Antwortens sowie der Beschwörungsformeln *(exorcisacionibus)* taufen und die Getauften sogleich, wenn sie geeignet und der Speise der Sakramente aufnahmefähig sind, mit dem Leib und dem Blut des Herrn kommunizieren.

21 Ebenso, wenn ein Kleriker ungeachtet welchen Ranges auch immer durch ein Gericht des Bischofs oder anderer ausgewählter (Richter) auf Grund welchen Vergehens auch immer rechtmäßig verurteilt wurde, soll es einem Laien nicht erlaubt sein, ihn auf beliebige Weise zu verteidigen, sondern er muß dem gerechten kirchlichen Gericht gehorchen.

22 Ebenso, daß jeder Priester, dem Zeit und Ort die Möglichkeit geben, zu den kanonischen Stunden verpflichtet sein soll, falls er nicht durch eine Betrachtung oder durch das Studium im Gesetz Gottes oder durch eine andere nützliche Aufgabe unvermeidlich verhindert ist. Wenn daher einer für freie Beschäftigungen *(ociis)* Muße hat und die Zeit, in der er entweder beten oder studieren konnte, nichtig vergeudet, soll er gebannt sein.

23 Ebenso verkünden wir wegen einiger vermeidbarer Gefahren, daß bei den kirchlichen Riten solches, was aus bestimmten Gründen vernünftigerweise ausgelassen wurde, daß dies als entfallen angesehen und gehalten werde, es sei denn, daß für eine Wiederaufnahme eines solchen Ritus ein noch mehr vernünftiger oder nützlicherer Grund eintrete.

24 Diese heiligen und vernünftigen Statuten und Dekrete setzen wir also fest, ja wir erneuern vielmehr die alten Konzilien und Vorschriften, wobei wir in all dem bezeugen, daß wir durch sie in keinem Punkt dem wahren Glauben unseres Herrn Jesus Christus etwas wegzunehmen die Absicht haben, sondern wenn wir von einem Gegenteil derselben besser belehrt sein sollten, sind wir bereit, sie demütig zu verbessern.

(103) Angriffe der Prager auf die Klöster Doxan, Teplitz und Ossegg – Niederlage der Prager bei Brüx

Ebenso im gleichen Jahr schickten seit Monat Juli die Prager Berittene und Fußvolk gegen Saaz, um nach Vereini-

gung mit Leuten von Saaz und Laun die Güter der sie behin-
1421 dernden Feinde anzugreifen. Und sie verbrannten am Tag
Juli 11 der Oktav von Prokop Doxan, ein Kloster gottgeweihter Jungfrauen, und als sie in das Städtchen Teplitz und das Jungfrauenkloster gekommen waren und obgleich die Äbtissin mit dem gesamten Konvent sie freundlich aufgenommen und nach ihrem Können mit zeitlichen Gütern versorgt hatte, führten sie dennoch die Äbtissin mit den Jungfrauen heraus und besetzten das Kloster. Einige Bösewichte des Heeres beraubten diese Jungfrauen ihrer Kleider. Schließlich verbrannten sie das Kloster Ossegg unterhalb der Burg Ossegg, während die Mönche von dort flohen.[306]

Weiter: Auf Betreiben des Prager Heeres, das, wie gesagt
Juli 22 wurde, Bilin mit der Burg in Besitz hatte,[307] zog am Tag Maria Magdalena wiederum eine Menge Berittener und Fußvolks von Prag gegen Bilin, um mit dem Prager Heer, wenn es wegen der in der Nähe befindlichen Meißener weiter verstärkt worden sei, in größerer Sicherheit die Stadt Brüx *(Pontensem civitatem)* mit der Burg erobern zu können. Nachdem die Heere zu einem einzigen vereinigt waren, schlugen sie eilig den Weg nach Brüx ein und besetzten sogleich den Burgberg. Nach Aufstellung zweier Kriegsmaschinen und ebenso vieler großer Büchsen der Prager fügten sie deshalb der Burg große Schäden zu, und in einem Stimmengewirr riefen sie aus und sagten: „Sorgt euch nicht, ihr Häretiker, die ihr in der Burg seid! Wie wir jenen Häretikern in Bilin getan haben, so werden wir auch euch tun, und wenn wir die zwei Söhne eures Burgverwalters *(castellani vestri)* an Holzlatten – anders: an *taras* – angebunden haben, werden wir gegen euch losstürmen!"

Furcht und Zittern verwundete deshalb die Herzen der Burgleute. Sie wußten nämlich im voraus, wie die Prager die fast uneinnehmbare Burg Bilin innerhalb eines kurzen Zeitraumes in ihre Gewalt bekommen hatten. Deswegen wünschten sie eine freundschaftliche Vereinbarung. Und als zugleich der Verwalter der Brüxer Burg, der Vater der gefangenen Söhne, mit einigen vom Heer zusammentraf, baten seine Söhne ihren Vater, d. h. den Verwalter der Brüxer Burg, daß er sich ihrer erbarmen und die Burg den Pragern abtreten möchte. Deshalb antwortete der Vater der Knaben unter Tränen: „Das kann ich nicht tun, und es ist mir auch nicht erlaubt, weil die Burg einem anderen zur Verteidigung anvertraut ist.“

Und als durch keine Verhandlung eine Einigung zustande kam, machte ein Teil des Heeres einen Sturm auf die Burg und verbrannte einen Teil der Vorburg *(antecastri partem)*. Darüber waren die Burgleute noch mehr erschrocken, und sie riefen über die Mauern hinweg friedenstiftende Worte aus, wobei sie sagten und baten, sie sollten um der Sache Gottes willen ihnen erlauben, nur mit dem Leben abzuziehen, weil sie die Burg abtreten wollten. Und obgleich dieser herzbewegende Klageruf fast allen, besonders aber den Edelleuten gefallen hatte, widerriet freilich Herr Johannes, der Prediger (und der gesamten Prager Gemeinde Hauptmann und Leiter) mit den Worten: „Was soll es denn für uns nützlich sein, in bezug auf diese Leute hier zu erlauben, daß sie abziehen und dieselben Leute erst in einer anderen Burg von neuem zu bezwingen? Denn ihr seht doch, daß Gott der Herr sie in unsere Hände ausliefern will! Wenn das geschehen ist, werden wir mit ihnen tun, wie es den Älteren gutdünken wird, daß es nützlich sei.“

Doch weil vom Heer viele unchristliche Taten geschahen – ich schweige nämlich über die Vergewaltigung der Frauen –, erzähle ich jedoch von dem unmenschlichen Vorgehen gegen einige Gefangene: Einen gefangenen Deutschen banden sie nämlich an eine Latte, die in der Volkssprache *taras* heißt. Mit ihm wollten einige einen Vorstoß gegen die Burg machen, von anderen jedoch gehindert, ließen sie davon ab. Ebenso haben sie einen anderen auf ähnliche Weise daselbst gefangenen Deutschen ungeachtet dessen, daß er sie auf den Knien anflehte, sein Leben zu retten und ihn nicht dem Tode auszuliefern, wobei er alles, was sie befehlen, zu tun versprach, in das Feuer geworfen. Obgleich er siebenmal aus dem Feuer herausgesprungen war, wurde er trotzdem mit Dreschflegeln erschlagen. Und sie verübten zahlreiche andere unchristliche Taten bei Beraubungen ihrer Nächsten. Dies blieb daher keineswegs den Brüxern in der Stadt verborgen. Wenn sie aus dem Heer Tschechen ergriffen hatten, führten sie dieselben mit Trompetern außerhalb der Stadt hinaus und verbrannten sie auf ähnliche Weise, wobei sie Böses für Böses heimzahlten.

Ps 7,12 vgl. Spr 12,14 Und weil *Gott, der gerechte Richter,* kein Übel ohne Strafe schickt, sondern allen *nach ihren Werken vergilt,* deshalb wurde die Hoffnung des Prager Heeres auf Einnahme der Burg getäuscht, und es erfüllte sich das allgemeine Sprichwort: *Was ich konnte, wollte ich nicht, und was ich wollte, konnte ich nicht erfüllen.* Denn es geschah, daß am 1421 August 6 Tage des Sixtus das Kriegsvolk der Markgrafen von Meißen mit vielen Tausenden Berittenen und Fußtruppen, Deutschen und Tschechen – Hlaváč, Sigismund von Tetschen,[308] das Kriegsvolk des Nikolaus Chudý – der Stadt Brüx und der Burg zu Hilfe kamen, und um das Prager Heer aus dem Felde zu vertreiben. Als diejenigen, die die Burg mit einem Wall ringsum eingeschlossen hatten, diese erblickten, während sie auf dem Berg lagen, verteilten einige von ihnen in ihrer Torheit bereits die Beute, die sie noch nicht besaßen, und sagten: „Das Pferd jenes Deutschen wird mir gehören; die Waffen jenes Deutschen werde ich für mich beanspruchen!" – Und als die Meißener in geordneten Reihen und Schwadronen sich dem Berg näherten und die Prager in ähnlicher Weise sich zum Sturm auf die Meißener verteilten, befiel Furcht und ein Zittern, wie man es noch niemals gehört hatte, sowohl das Heer der Meißener wie das der Prager. Denn beim Zusammenstoß wandten diejenigen, die den Pragern die Schlachtreihe anführten, den Rücken. Als das die anderen sahen, kehrten sich alle zur Flucht, wobei sie nach Zurücklassen zweier Kriegsmaschinen und ebensovieler gro-

1 Kön 22,17 ßer Büchsen *wie Schafe ohne den Hirten* dort *umherirrten* und ohne zurückzublicken die einen nach Saaz, andere nach Komotau und alle übrigen nach Laun oder Schlan zu kommen sich beeilten, denn wenn die Meißener, obgleich auch sie verwirrt waren, ihnen gefolgt wären, keiner oder nur wenige wären dann ihren Händen entkommen. Aber die Büchsenmeister haben dennoch viele vom Heer der Meißener hingestreckt, die den Berg erklimmen wollten. Und es fielen am selben Tag auf beiden Seiten, wie es heißt, fast tausend Personen.

(104) Wirkung der Nachricht von der Brüxer Niederlage in Prag

Zu dieser Zeit zog ein Priester namens Bárta mit dem verehrungswürdigen Sakrament des Leibes Christi der Schar der Brüder voran, wie es der Brauch der Taboriten verlangte, und diesen Priester haben einige aus dem Heer der Meißener mit allen Bauern, die ihm folgten, mit Lanzen und Schwertern unmenschlich zu Boden gestreckt. Und ein Deutscher von ihnen ergriff die Monstranz mit dem heiligen Sakrament und stieß sie in den Köcher, nachdem er das Sakrament herausgeschüttelt hatte.

Und als diese schreckliche Nachricht von der großen Niederlage der Brüder nach Prag gedrungen war, geriet die ganze Stadt in Aufregung, es weinten die Frauen und die verwaisten Kinder, weil sie dort ihre Väter verloren hatten, und alle, Geistliche wie auch Weltliche, trauerten über das außerordentliche Geschehen ihrer Brüder. Auch die treuen Prediger schrieen in allen Kirchen und sagten, daß der allmächtige Gott in seinem gerechten Gericht es zugelassen habe, daß ein solcher Schlag über uns komme. Als wir nämlich am Anfang für die Verteidigung seiner heiligen Wahrheit in Mitgefühl und Demut kämpften, ereignete sich mit Gottes Hilfe für uns alles günstig nach seinem Willen. Jetzt aber, da unsere Brüder sich einer verwerflichen Gesinnung hingegeben haben, indem einige nicht für die Wahrheit, sondern um Beute kämpfen, unbarmherzig die Habseligkeiten der Armen rauben und grausamer als die Heiden ihre Nächsten töten, erzürnte der Herr gegen uns und ließ es zu, uns zu schlagen. Darum laßt das Böse uns verlassen, dem wohlgeneigten Willen Gottes uns unterwerfen und ihn bitten, daß er seinen Unwillen von uns abwenden wolle und uns seine Barmherzigkeit zu erweisen geruhe.

Weiter: Am Montag nach Magdalena, während die Prager, wie schon gesagt, im Gebiet von Saaz das Feld behaupteten, kamen Tschechen und Deutsche von Pilsen und nahmen die Stadt Rokycany mit einem wenn auch leichten Vorstoß ein, weil sie in der Stadt Anhänger hatten, und nachdem sie zahlreiche Menschen getötet und gefangengenommen hatten, 1421 Juli 28 zündeten sie die Stadt an und kehrten mit großer Beute zurück, wobei nur die verschont blieben, die daselbst zur Burg geflohen waren.

1421 Juli 23 Weiter: Am Mittwoch nach Magdalena wurde der Schuster Wenzel, ein Bürger der Prager Altstadt, da er über das verehrungswürdige Sakrament der Eucharistie verkehrt dachte und in seinem Starrsinn, von dem er nicht abgehen wollte, verharrte – er glaubte nämlich nicht, daß im verehrungswürdigen Altarsakrament wahrhaftig und wirklich Leib und Blut Christi ist, wie er durch die Tat bewies, weil er dem Sakrament, als es gebracht war, den Rücken zukehrte – am selben Tag also wie oben wurde er in einem Faß verbrannt. Gott sei Dank!

(105) Feldzug der Prager gegen die Meißener – Spaltung zwischen den Pragern und den Herren durch Johannes von Selau

1421 August 6 Ebenso zur selben Zeit nach dem Fest des Sixtus zogen drei Abteilungen der Stadt Prag hinaus gegen Brüx, um nach Sammlung der von da und von dort über die Städte verstreuten Brüder und nach Vereinigung mit ihnen das Heer der Meißener aus dem Königreich zu vertreiben. Žižka, der Hauptmann der Taboriten, der zu dieser Zeit zwecks Heilung seiner Augen in Prag war – für die Heilung seines Augenlichtes hegten die Ärzte keine Hoffnung –, ritt mit diesen gleichfalls mit, um den Deutschen wenigstens Angst einzujagen. Und so gelangten sie bis Laun. Als die Meißener davon hörten, daß sich die Prager wieder sammelten, kehrten sie aus dem Königreich Böhmen in ihr Land zurück.

Ebenso im selben Jahr und zur gleichen Zeit ordneten die Barone des Königreiches Böhmen Rosenberg, Čeněk und die anderen Herren und Ritterlichen sowie auch die Landedelleute, die mit den Pragern früher verbündet waren, an und verlangten zum nächsten Sonntag nach Mariae Aufnahme in den Himmel – es war der 17. August – mit den Pragern und den anderen Städten, die der Partei der Wahrheit anhingen, in Böhmisch Brod *(in Broda Boemicali)* zusammenzukommen, weil sie die Absicht hätten, über einen guten Zustand, über Ordnung und Neuregelung *(de disposicione)* des Königreiches sowie über die einhellige Verteidigung der Wahrheit zu verhandeln. Und um einen unverbrüchlichen Erfolg zu erzielen, wünschten die Herren, daß die Stadt und die Gemeinde von Prag ihre eigenen zuverlässigen Mitbürger mit ihrer vollen Autorität und Vollmacht entsenden sollte. Und obgleich die Prager Gemeinde einem solchen Vorhaben *(ad taliter fiendum)* zugestimmt und mit ihrem Schreiben bestätigt hatte, daß sie zum vorgenannten Tag in Böhmisch Brod zusammenkämen, widerriet dennoch Herr Johannes, der Priester, der zu diesem Zeitpunkt beim Heer in der Nähe von Brüx war, schriftlich und später dadurch, daß er selbst kam, mit eindringlicher Stimme den Pragern, mit den Baronen zusammenzukommen, wobei er behauptete, die vorgenannten Herren seien Verräter und treulos, aber keine echten Anhänger der Wahrheit. Darüber hat sich die Prager Gemeinde folgenschwer *(graviter)* gespalten. Einige waren nämlich, seit die Gemeinde im Interesse des Königreichs einer solchen Zusammenkunft mit den Baronen zunächst zugestimmt hatte, der Meinung, daß es keineswegs nütze, diesen Termin abzulehnen, andere jedoch riefen ihnen das Gegenteil zu und sagten, es nütze überhaupt nichts, zum angesetzten Termin und vorher festgelegten Ort mit Verrätern zusammenzukommen. Und während sie abwechselnd so stritten, kamen sie am Ende zum Ergebnis, daß nur zwei Ratsherren und zwei von der Gemeinde, wie sie entschieden, nicht mit einer Vollmacht, sondern lediglich zum Anhören der Vorschläge der Barone nicht nach Brod, sondern nach Kolin kommen sollten, den Baronen aber wurde der Ort in Kuttenberg angezeigt. Und es geschah, wie vorher gesagt wurde.

Und als die Prager mit den Baronen in Kuttenberg zusammentrafen, ohne eine Vollmacht von der Gemeinde zu haben, schlossen die Barone mit ihnen keine Vereinbarung, sondern schickten Herrn Ulrich von Neuhaus, genannt Vavák, mit zahlreichen Rittern nach Prag und forderten die Prager auf, sie sollten welche als ihre Bevollmächtigten entsenden, damit die Gemeinde der Herren und Ritter sich nicht auflöse. Und Herrn Johannes, den Priester, beschuldigten der vorgenannte Herr Ulrich und Sádlo mehrfach und sagten, daß es den Priestern nicht zukomme, sich in weltliche Dinge einzulassen, während sie zuvor das Gegenteil davon predigten. Und nachdem auf beiden Seiten viele Verhandlungen stattgefunden hatten, kehrten sie mit den Pragern nach Kuttenberg zurück, wobei sie den Magister Johannes Příbram und Prokop von Pilsen mit sich dazugenommen hatten. Und obgleich sie über zwei Wochen fast täglich zusammenkamen und abwechselnd miteinander stritten, faßten sie keinen anderen Entschluß, als daß die Barone ihre eigene Gesandtschaft zum Großfürsten, nämlich Witold, schicken sollten, weil sie ihn zum Herrn und König ihres Königreichs annehmen wollten mit der Bitte, er solle es nicht unterlassen, in das Königreich Böhmen zu kommen.

Zweitens: Daß die Barone, Ritterlichen und Landedelleute wie auch die Prager samt den anderen ihnen anhängenden Städten am 18. September mit ihrer gesamten Streitmacht nach Böhmisch Brod kommen sollten und daß von dort das Heer in Marsch gesetzt werde, wo es den Herrn Pragern nützlich scheinen werde, es zu entsenden.

Drittens: Daß sie Herrn Ulrich, genannt Vavák, zum Münzmeister einsetzen sollen, damit er daselbst nach Sammlung des Geldes, das von Kuttenberg einkomme, (dieses) für das allgemeine Wohl des gesamten Landes aufwende.

Nach diesen Abmachungen kehrten sie am 4. September nach Hause zurück, während der vorgenannte Herr Ulrich in Kuttenberg blieb. Dieser Herr freilich starb innerhalb eines Zeitraums von drei Wochen an einem Pestgeschwür, aber nicht nur er, sondern auch zahlreiche andere Edelherren und Ritterliche hatten sich an der Pest, die in Kuttenberg wütete, angesteckt, kehrten nach Hause zurück und starben. Magister Johannes Příbram aber zog sich, weil er der Verhandlungsführer mit den Baronen war, bei einigen von der Prager Gemeinde ihren Haß zu und wurde deshalb aus ihrem Rat gestoßen und ausgeschlossen.

1421 September 15 Ebenso am Tag nach Oktav der Geburt der glorreichen Jungfrau (geschah Folgendes): Nach Einnahme der Städte Komotau und Kaaden durch die Prager haben die Hauptleute wegen des Heeres der Meißener Deutschen, die in deren Gebiet Eroberungen machten, ohne von den Pragern Hilfe abzuwarten, die Stadtmauern auf einigen Seiten zerstört, einige Häuser niedergebrannt und sich dann in die Stadt Saaz sowie die benachbarten Bollwerke begeben zum großen Schaden ihrer selbst und zur Schande für die Prager.

(106) Niederlage der deutschen Kreuzfahrer bei Saaz

Weiter: Nachdem die vorgenannten Deutschen von Meißen samt einigen mit ihnen verbündeten Tschechen die Städte Komotau und Kaaden eingenommen hatten, schlossen sie die Stadt Bilin, die dem Herrn von Kolditz gehörte,[309] mit einem Wall ein, wobei sie im Umkreis Burgen und Dörfer verwüsteten und dabei Bauern und Frauen keineswegs verschonten, denn sie töteten unmenschlich sehr viele schwangere Frauen. Da diese bösen Taten den Pragern zu Gehör gekommen waren, zogen am 13. September, nämlich am Samstag vor Kreuzerhöhung, zwei Abteilungen der Gemeinde mit Söldnern von Prag hinaus, wobei sie Bauern zu Fuß in großer Zahl mit sich nahmen, um das Heer der Deutschen aus dem Feld zu vertreiben. Als aber die Deutschen das Heranziehen der Prager bemerkten, gaben sie die Belagerung der Burg Bilin auf. Ähnlich machte sich auch Sigismund von Tetschen samt den mit ihm Verbündeten von der Eroberung der neuen Burg namens „Kelch“ bei Leitmeritz auf und davon, ohne die Prager abzuwarten. vgl. Anm. 268

Und da eine große Zahl der Deutschen mit den Kurfürsten des Reiches zu dieser Zeit über Eger *(per Egram)* gegen Saaz nach Böhmen eingedrungen war, schickten die in Schlan wartenden Prager zu den Baronen, mit denen sie verbündet waren, sowie zu Žižka und den übrigen Taboriten, sie sollten es nicht unterlassen, mit einer möglichst großen Streitmacht nach Schlan zu kommen, um den Deutschen entgegenzutreten und sie zu vertreiben, weil, wie es hieß, die Kurfürsten des Reiches, die geistlichen wie auch die weltlichen, mit den Fürsten Bayerns und vom Rhein, Herzögen, Grafen, Edelherren und Ritterlichen sowie auch noch mit einer zahlreichen Menge Bewaffneter auf Anstiften des päpstlichen Kreuzzuges hin sich in das Königreich Böhmen eingeschlichen hatten *(subintraverant)*.[310] – Und als diese an den Grenzen Böhmens angelangt waren, stiegen die Erzbischöfe mit zahlreichem Gefolge von den Pferden und zeigten im Angesicht der anderen – wenn auch nur geheuchelt – Demut, damit nämlich Gott einen günstigen Erfolg gegen die zu bekämpfenden böhmischen Häretiker gewähre, und so schritten sie dann zu Fuß hinüber. Unter den übrigen Bischöfen waren folgende die ansehnlicheren: Johannes,[311] Erzbischof von Mainz, der Erzbischof von Köln, von Trier; Herzog Ludwig, der Sohn des Herzogs Klem *(filius ducis Clem)*,[312] der Graf von Nassau mit allen anderen sehr zahlreichen, deren Namen wir nicht kennen.

1421 September 19 Und als sie Saaz mit einem Wall eingeschlossen und am Freitag vor Matthäus einen Sturm auf die Stadt gut sechsmal zu unternehmen versucht hatten, wurden sie mit Hilfe der göttlichen Gnade, deren Sache zur Entscheidung stand, schmählich und zu ihrem Schaden zurückgeschlagen. Und, wie von Einwohnern der Stadt berichtet wurde, fast sechzig Gefallene von ihnen hat man aufgefunden, obgleich sehr viele noch halblebend von den Feinden fortgeschafft waren, und sechzig wurden gefangen in die Stadt hineingeführt. Zu dieser Zeit hatte sich nämlich in der Stadt wegen der Tyrannei der Deutschen eine gewaltige Volksmenge eingefunden, fast an die sechstausend Menschen, wie es hieß. Sie hatten nämlich über fünftausend Kämpfer zu Fuß und vierhundert Berittene. Und seitdem beinahe aus der gesamten Christenheit von weit entfernten Landschaften Völker verschiedener Sprachen zum Heer der Deutschen zusammenströmten, um eines so großen, vom Papst erlassenen und geschenkten Gnadenerweises von Strafe und Schuld teilhaftig zu sein, behaupteten auch diejenigen, die das gesamte Heer sahen, sie hätten niemals ein so zahlreiches, so gut ausgerüstetes, in unzählbaren Zelten versammeltes Kriegsvolk zu sehen bekommen. Und nach allgemeiner Annahme wurden ungefähr zweihunderttausend Kämpfende geschätzt. Und da sie von einem Tag zum anderen Landstädte, Dörfer und Burgen verbrannten und wegen Erlangung des Ablasses grausamer als die Heiden alte wie auch junge Menschen beiderlei Geschlechts töteten oder im Feuerschlund verzehrten, erschütterten Angst und

Zittern im Gebiet von Saaz die Herzen vieler Leute. Deshalb verließen einige die gut befestigten Bollwerke und flohen zu den Städten, und wenn welche durch sie in Gnaden aufgenommen waren, verbrannten sie diese ohne Schonung wie andere auch.

Und damit ihr Ansehen und ihre Zahl weiterhin zunähmen, schickten sie ihre Gesandtschaft zu König Sigismund betreffs des Eides, den er in Konstanz geleistet hatte, und mahnten ihn, mit einer möglichst großen Streitmacht zur Verfolgung der Häretiker zu kommen, andernfalls wollten die Kurfürsten, wenn er nicht komme, für einen anderen König der Römer Vorsorge treffen. Doch bevor König Sigismund von Ungarn, wo er sich zu dem Zeitpunkt gerade aufhielt, zu ihrem Heer eilte, drang das Weinen, Schreien und Wehklagen der Frauen, Jungfrauen und Witwen in die Ohren des Herrn Jesus, und Gottes Zorn und gerechte Rache kam über das ganze Heer der Feinde. Denn auf wunderbare Weise wandte der allmächtige Gott das so unmenschliche Kriegsvolk, ohne daß ein Mensch gegen dieses anstürmte, zur Flucht. Am zweiten Oktober nämlich gerieten durch 1421 Oktober 2
Fügung der göttlichen Vorsehung dem Heer an vielen Stellen die Zelte in Brand, denn es zeigte sich eine einzige wie gelbbraune Säule *(flava columpna)* über den Zelten, die vom einen zum anderen wanderte und dort, wo sie gerade stand, verschlang das Feuer die Zelte.[313] Und unter Zurücklassen ihrer Habe flohen alle und konnten kaum ihr Leben retten. Als die Saazer das Geschehene sahen, folgten sie zu einigen Tausenden diesen nach, streckten viele Hunderte nieder, nahmen viele Lebende fest und führten sie in die Gefangenschaft, wobei sie mit unermeßlicher Danksagung ein Gotteslob erschallen ließen, weil er ihre Feinde und Verfolger ihrer Wahrheit zerstreut hat.

Weiter: Als die vorgenannte, von Gott verhängte Niederlage der Bestrafung der Feinde am Tag des heiligen Franzis- Oktober 4
kus den Pragern bekannt geworden war, kehrten die Prager mit denen, die Altbunzlau – Herr Michalec hatte es in Besitz – in ihrer Gewalt hielten, sogar unter Glockengeläute in die Stadt Prag zurück, wobei sie in Hymnen und Liedern den Herrn priesen.

(107) Einfall der Ungarn nach Mähren

Ebenso zur selben Zeit verheiratete König Sigismund von Ungarn seine Tochter an den Herzog von Österreich, damit er ihm mit seiner Streitmacht gegen die häretischen Tschechen dadurch beistehe, daß er sie angreife.

Ebenso auch zur selben Zeit fiel auf Befehl König Sigis-
vgl. Anm. 78 munds Pipa Gallicus mit einer großen Zahl von Ungarn in Mähren ein, um die Güter der Herren zu verwüsten, die mit den Pragern verbündet waren, und zwar vor allem die Güter des Herrn Peter von Strážnice und des Herrn Boček.[314] Und es geschah, daß sie, ohne jemanden zu schonen, Dörfer und Marktflecken niederbrannten, Mädchen schändeten und Menschen beiderlei Geschlechts, die sie gefangennahmen – auch Kinder schonten sie nicht –, unmenschlich verbrannten oder mit dem Schwert töteten. Als daher die Herren solches sahen, wurden sie von Angst und Zittern geschüttelt, wobei sie sich in eine tatsächliche und einhellige Verteidigung nicht einließen und sich auch nicht gleichermaßen unterstützten, sondern ein jeder, ausgenommen Herr Hašek von Ostroh,[315] kümmerte sich nur darum, beim König Vorsorge zu treffen, daß er am Leben und bei seinem Besitz in Frieden bleiben könne.

(108) Wahl des Jan Bzdinka zum Hauptmann in Prag

1421 Oktober 19 Ebenso im selben Jahr wie oben am darauffolgenden Sonntag nach Gallus berief der öfter genannte Priester, Herr Johannes, beim Schlag der großen Glocke Auf dem Sande die
vgl. Anm. 27 Gemeinde beider Städte zum heiligen Stephan Na Rybníčku *(in Rybniczka)* ein. Und auf einer Erhöhung stehend, rief er das Volk zur Wahl eines geeigneten und treuen Hauptmanns auf, dem nach Entlassung der Barone als unzuverlässiger Leute alle gehorchen sollten. Und da er die Barone des Königreichs auf das schlimmste verdächtigt hatte, erhoben sich einige von der Gefolgschaft *(de secta)* des vorgenannten Priesters Johannes und verlangten für die Wahl zu ihrem Hauptmann Bzdinka, einen vor kurzem in den Ritterstand erhobenen Ritter *(militem novellum)*,[316] einen, wie sie sag-

ten, der Gemeinde allzeit treuesten, wohlverdienten und vorzüglichen Verteidiger der evangelischen Wahrheit, und sie wählten ihn, soweit es an ihnen lag. Und zur selben Stunde riefen alle von ihnen mit lauter Stimme und sagten „ja, ja", während in diesem Augenblick von den Ältesten niemand offen widersprach. Deshalb verkündete der vorgenannte Priester Johannes diesen Bzdinka als den von der ganzen Gemeinde gewählten Hauptmann, übergab ihm die volle Gewalt und verkündete sie dabei als von der gesamten Gemeinde (auf ihn) übertragen, daß er nämlich Ungehorsame mit Gefangenschaft oder Enthauptung bestrafe oder daß er aus der Stadt verbannen oder nach seinem Belieben auch eine andere Strafe auferlegen und sogar Beamte *(officiales)* oder Ratsherren in einer ihm beliebigen Zahl werde auswechseln sowie ein- und absetzen können.

Und sogleich wurden daselbst vier Leute, zwei nämlich von der Altstadt und zwei von der Neustadt, gewählt, damit sie als untergeordnete Hauptleute *(capitanei inferiores)* Mithelfer *(coadiutores)* für den obersten Hauptmann seien. Diese Hauptleute nun setzten mit Zustimmung eben dieser Gemeinde fest, daß nach einem Aufbruch ins Feld niemand ohne Wissen der Hauptleute sich vom Heer entferne und auch nicht, wenn es zu einem Kampf komme, wie auch immer aus dem Krieg fliehe, und zwar unter Strafe der Enthauptung oder des Verlustes aller Güter. – Als das erledigt war, brachten sie Gott einen Lobgesang dar und kehrten nach Hause zurück.

Diese Wahl und Machtübergabe an diesen Hauptmann mißfiel nun den Ältesten sehr. Nach einem Zusammentreffen in der Bethlehemkapelle[317] gingen sie ins Rathaus hinauf und baten die Ratsherren, daß der Hauptmann die ihm übertragene Vollzugsgewalt *(potestatem exercendi)* nicht ohne Wissen der Ratsherren und der Gemeinde ausüben solle. Dazu gaben die Ratsherren ihre Zustimmung. Trotzdem setzten sie nach einer nur kurzen Zeit fünf Ratsherren ohne Wissen der Gemeinde, jedoch mit Einverständnis des Hauptmanns ab, wobei sie fünf andere an deren Stelle einsetzten.

(109) Enthauptung des Herrn Jan Sádlo

Weiter: Nach der vorerwähnten Hauptmannswahl geriet Johannes Sádlo, Herr von Kostelec[318] und immer für die evangelische Wahrheit ein Anhänger der Prager, bei einigen Ratsherren in den Verdacht der Untreue deshalb, weil er mit seinem Kriegsvolk nicht erschien, als es ihm von den Pragern angezeigt wurde. Da dies dem schon genannten Herrn Johannes Sádlo zu Ohren gekommen war, erregte er sich innerlich und schickte, weil er sich zu rechtfertigen wünschte, nach Prag zu den Ratsherren mit der Bitte, daß man ihm zur Rechtfertigung seiner Unschuld eine Geleitbürgschaft *(securitatem veniendi)* gebe. Deshalb schrieben ihm unter Versprechungen die Ratsherren, er werde, ohne etwas zu fürchten, sorglos nach Prag kommen können, weil sie solchen denunzierenden Worten *(delatoriis verbis)* nicht glaubten. Er erreichte also unter Mitnahme seiner Brüder und Herren von Janovice, nämlich Peter und Burkhard, am
1421 Oktober 20 Montag nach Gallus die Stadt Prag, und als er ungefähr zur Stunde der Vesper mit den vorgenannten Herren für seine Rechtfertigung zum Rathaus hinaufstieg, wurde er von den Ratsherren gefangengenommen und am selben Tag zur zweiten Nachtstunde im Rathaus ohne die Wegzehrung der Gläubigen, obwohl er eifrig darauf bestand, enthauptet. Seine Leiche wurde am nächsten Tag ohne jegliche Begräbnisfeier bei Sankt Nikolaus[319] beigesetzt. Das ist jener Johannes, der ein Günstling und vornehmlicher Ratgeber König Wenzels war, der sehr viele Priester, Magister gleichermaßen wie auch Bürger vor dem Zorn *(ab indignacione)* des Königs abschirmte dadurch, daß er die Wahrheit der Kommunion beiderlei Gestalt getreulich förderte und alle im Gesetz Gottes nicht begründeten Abweichungen verfolgte, soweit er das vermochte. Und das war es, wie vorausgesetzt, was den Haß gewisser sehr Mächtiger in der Stadt entfachte *(hoc fuit incentivum odii)*. Der größere Teil der Prager jedoch beweinte in Trauer diesen so plötzlichen Tod, und die treuen Prediger des Herrn beschuldigten privat und öffentlich die Ratsherren wegen seines so plötzlichen Todes und erklärten beständig, daß sie schwer gesündigt hätten.

(110) Einfall schlesischer Herzöge nach Böhmen – Ankunft einer Abordnung des Großfürsten Witold in Prag

Ebenso im selben vorerwähnten Monat und in denselben Tagen fielen Herzöge von Schlesien mit einer großen Zahl ihrer Leute in das Königreich Böhmen ein, verwüsteten Dörfer und Marktflecken auf den Gütern der Herren Boček und Žampach im Gebiet von Chrudim, nämlich bei der Burg Litice und Žampach,[320] und brannten sie nieder. Mit ihnen waren einige Tschechen aus dem Stand der Edelherren verbündet, Půta, Janek von Schweidnitz und Johannes Městecký, ein Wortbrüchiger, der bei der Belagerung von Chrudim einen Eid geleistet hat, er wolle den Pragern anhängen und die durch dieselben ihm vorgelegten Vier Artikel getreulich verteidigen.

Ebenso am Gallustag setzte sich das Heer der Prager von Prag aus gegen Bělá (versus Biela)[321] in Bewegung, das Herr Michalec den Pragern entrissen und mit seinen Landedelleuten gesichert hatte. Als diese Junker (clientes) die Ankunft der Prager bemerkten, flohen sie, und am Lukastag nahmen umgekehrt die Prager die Stadt in Besitz, sicherten sie (mit einer Besatzung) und zogen dann ab. 1421 Oktober 16 Oktober 18

Ebenso am Donnerstag vor Simon kam eine Abordnung des Großherzogs *(ducis magni)*, nämlich Witolds, nach Prag und verlangte im Namen des Herzogs, die Prager sollten sich mit einem möglichst großen Heer ausrüsten und Sigismund, dem Verwandten des Herzogs Witold, bis zum Landgebiet des Herzogs Johann von Troppau entgegengehen, der nämlich die zu dem vorgenannten Herzog (Witold) abgeordneten Gesandten der Prager gefangengenommen und in Fesseln gelegt hatte.[322] Sobald sie sich (mit Sigismund) zugleich vereinigt hätten, sollten sie diesen (Herzog von Troppau) plündern und unschädlich machen und so ihre Gefangenen befreien. Aus dieser Gesandtschaft ist aber noch nichts geworden, sondern die gefangenen Boten wurden durch den Herzog von Troppau an Sigismund, den König von Ungarn, übergeben. Oktober 23

Ebenso am Sonntag vor Simon haben die Pilsener, nach- Oktober 26 dem sie mit den ihnen anhängenden Edelherren die Veste Štěnovice[323] – Žižka hatte sie belagert – erobert hatten, über sechzig Personen beiderlei Geschlechts, die sich in der Burg befanden, getötet.

Ebenso zur selben Zeit haben die Herzöge von Österreich auf Betreiben König Sigismunds mit mehreren tausend Reitern und Fußkämpfern die Burg Jevišovice[324] zusammen mit dem Marktflecken eingeschlossen. Und als sie das Städtchen wegen nur schwacher Verteidigung eingenommen hatten, griffen sie die Burg an. Da die Burgherren merkten, daß ihnen weder von den Pragern, denen sie zu dieser Zeit treu gedient haben, noch von den Baronen Mährens Hilfe komme, obgleich sie diese versprochen hatten, und daß sie sich wegen der geringen Zahl ihrer Leute auch nicht lange vor dem Ansturm erwehren könnten, schlossen sie einen Vertrag und zogen dann unter Schonung des Lebens mit Ehefrau und Gesinde ab, der verantwortliche Burgherr aber begab sich dennoch in Gefangenschaft. Und die Österreicher haben die Burg, da sie an ihren Grenzen lag und sie von ihr sehr viele Schäden erlitten hatten, bis auf die Grundmauern völlig abgebrochen und zerstört.

(111) Von den Adamiten und ihrer Ausrottung

Ebenso im selben Jahr, als ziemlich viele durch den Taboritenpriester Martin verführt worden waren – sie dachten verkehrt über das Altarsakrament und waren auch in die Häresie gewisser Pikarden hineingeglitten, von denen oben Erwähnung geschah –, begannen einige beiderlei Geschlechts, Brüder und Schwestern, die man vom Zusammenwohnen mit den Brüdern in Tabor abgewiesen hatte, eine zwischen Veselí und Neuhaus gelegene Insel zu bewohnen.[325] Und nachdem sie den Nachbargebieten sehr viele Schäden zugefügt hatten, nahmen sie, verführt durch einen gewissen Bauern, der sich Moses nannte, tierische Natur an, und sie verfielen sogar in vorher niemals gehörte Irrlehren
Joh 8,44 und Häresien auf Eingebung *des Teufels, ihres Vaters,* wie sich deutlich an den unten niedergeschriebenen Artikeln zeigen wird, die Žižka, der blinde Hauptmann der Taboriten,

nach ihrer Ermordung den Pragern schriftlich übermittelt hat. Und diese sind in tschechischer Sprache abgefaßt.

1 Zum ersten, daß sie durch den Priester Martínek Loquis verführt sind bezüglich der Kommunion des Leibes und Blutes des Herrn Jesus, indem sie gewöhnliches Brot und auch überhaupt jede Speise den göttlichen Leib nennen. Sie haben keine Bücher, und sie achten sie auch nicht, denn sie haben das Gesetz Gottes im Herzen aufgeschrieben – so sagen sie. Wenn sie das Vaterunser singen, dann sagen sie so: Vater unser, der du bist in uns, erleuchte uns, es geschehe dein Wille, unser Brot gib uns allen etc.

2 Ebenso sprechen sie nicht das Glaubensbekenntnis, denn sie halten unseren Glauben für einen Irrtum.

3 Ebenso achten sie keine Feiertage, sondern sie halten einen Tag wie den andern, und den siebenten Tag deuten sie als das siebente Zeitalter.[326]

4 Ebenso haben sie keine Fasttage. Alles, was sie haben, fressen sie *(žerú,* sic!) immer in einem fort.

5 Ebenso nennen sie den Himmel über sich ein Dach und sagen, daß es im Himmel keinen Gott und in der Hölle keine Teufel gebe, nur in bösen Menschen und Gott in den guten – das sagen sie.

6 Ebenso haben sie bezeugt, daß die heilige Kirche bereits erneuert ist, und sie glaubten und hielten dafür, daß man hier ewig lebe.

7 Ebenso haben sie Petr (Kániš)[327] Jesus, den Sohn Gottes, und Mikuláš Moses genannt und hielten ihn für die Botschaft der ganzen Welt.

8 Ebenso nannten sie den Herrn Jesus Christus ihren Bruder, der aber keinen Glauben verdient, weil er gestorben ist, wobei sie sagten, daß der Heilige Geist niemals sterben wird und daß aus dem Heiligen Geist der Sohn Gottes ausgehen muß.

9 Ebenso haben sie ihr Gesetz auf der Unzucht gegründet, weil es die Schriftstelle (Čtenie) gibt: *Unzüchtige* Mt 21,31
und Dirnen werden euch in das Himmelreich vorausgehen. Und deshalb wollten sie niemanden, wer nicht ein Unzüchtiger oder eine Dirne war, in ihr Gesetz aufnehmen, ja selbst das kleinste Mädchen *(děvčička najmenší)*, das sie bei sich

aufnahmen, mußte entehrt sein und mit ihnen Unzucht treiben. Und ihr Gesetz führten sie in folgender Weise aus: Alle, Männer und Frauen, zogen sich aus und tanzten nackt um ein Feuer und sangen zum Tanz ein Lied von den zehn Geboten Gottes. Darauf, während sie um das Feuer standen, blickten sie einer auf den anderen, und wenn ein Mann einen Lendenschurz hatte, zerrissen ihm diesen die Frauen, wobei sie sagten: „Laß die Fesseln los und gib mir deinen Geist und empfange meinen Geist!" Und ein jeder mit der erstbesten und eine jede mit dem erstbesten, so liefen sie hin, um zu sündigen. Aber zuerst entzündeten sie sich oder entbrannten in sodomitischen Begierden, wobei sie dieses Tun Liebe und den göttlichen Willen nannten, sie verübten Teufelswerk und badeten darauf im Fluß. Aber von Zeit zu Zeit haben sie sich schon mit (ihrem) Moses abgegeben, und niemals haben sie sich einer vor dem anderen in dieser Tat geschämt, denn sie lagen alle zusammen in einer einzigen Baude.

10 Ebenso sagten sie, daß sie die Gräber der Heiligen öffnen.

Offb 16,17 11 Ebenso: Die Zeit des siebenten Engels, das Ausgie-
ßen der Schale – in der Offenbarung des heiligen Johannes –,
Offb 16,4 (davon) sagten sie, daß auf der ganzen Erde Blut sein werde
bis zu den Zügeln der Pferde, daß die Sense bereits auf die
ganze Erde geschickt sei, so sagten sie, und sie nannten sich
die Engel Gottes, die zur Rache über die ganze Welt
geschickt seien und zum Ausfegen aller Ärgernisse aus dem
Reiche Gottes. Und sie haben niemandem vergeben, sondern
alle ohne Ausnahme, Männer, Frauen und Kinder mordeten
sie, Dörfer, Städte und Menschen verbrannten sie des
Mt 25,6 Nachts, wobei sie erklärten, daß die Schrift sagt: *Um Mitter-
nacht erhob sich ein Geschrei.*

12 Ebenso verübten sie in der Nacht Morde und bei Tag Unzucht.

13 Ebenso nannten sie ihren Kampf und ihre Mordtaten heilig, doch den Kampf für das Gesetz Gottes hielten sie für verflucht.

14 Ebenso nannten sie unsere Priester leibhaftige Teufel, und deshalb haben sie in ihrem Kreis den Priester Johannes getötet.

15 Die Kommunion des göttlichen Leibes nannten sie und sagten dafür Brotbank (chlebnicí).

16 Ebenso bezeichnete sich eine Frau unter den anderen als Maria, und nachdem sie eine Nacht mit einem Mann zusammengewesen war, gab sie ihren Kopf dafür, denn sie selbst haben sie enthauptet.

17 Ebenso sagten sie von Zdena, daß sie einige von ihnen zum wahren Glauben herübergezogen hat. Sie wurde in Příběnice zusammen mit anderen verbrannt.

18 Ebenso nennen sie den Sigmund von Řepany den treuen Genossen, ausgenommen nur seine Ehe.

19 Ebenso sagten sie zu ihren Getreuen, wenn Feinde gegen sie ziehen würden, daß (diese) alle erblinden würden und ihnen nichts werden antun können, wenn sie eben in ihrem Vater verbleiben werden.

20 Ebenso fürchteten sie weder Kälte noch Hitze, sondern sie hofften, nackt in der Welt umherzulaufen wie Adam mit Eva im Paradies. – Aber das haben sie alles in den Hals zusammengelogen, und deshalb haben sie einen schmachvollen Tod gefunden diesen Dienstag nach dem heiligen Lukas 1421
im Jahre des Herrn 1421. Oktober 21

Während die vorerwähnten Irrlehren und Häresien, wie gesagt wurde, durch die Vorgenannten ohne jegliches Hindernis aufkamen, geschah es, daß ein österreichischer Herr namens Krajíř die Burg Lomnice – der Bruder Žižka erwarb sie und hatte sie mit seinen Leuten besetzt –, mit Bürgern von Budieyowicz anders von Budweis belagerte.[328] Als dies zum Bruder Žižka gedrungen war, beeilte er sich, obwohl an beiden Augen blind, nachdem er sogleich aus dem Gebiet von Tschaslau – zu diesem Zeitpunkt hatte er sich dort aufgehalten – seine Helfer herangezogen hatte, seinen Leuten zu Hilfe zu kommen. Als der vorgenannte Krajíř davon gehört hatte, wartete er nicht ab, sondern wich aus dem Felde. Der Bruder Žižka jedoch sicherte die Burg gut und kehrte zurück, und während er gegen die vorgenannte Insel der Pikarden zur Ausrottung der Sekte ritt, nahm er unterwegs eine Burg des Herrn von Rosenberg, Poděhus, ein und verbrannte sie. Und auch die Mauern der Stadt Soběslav – sie gehörte gleichfalls dem Herrn von Rosenberg – nahm er zusammen mit dem Kirchturm ein und zerstörte sie.

Schließlich griff er im Eifer um das Gesetz Gottes die Insel der vorgenannten häretischen Pikarden an und gab keine Ruhe, über die Ahnungslosen sofort mit seinen Leuten herzufallen. Obgleich sich diese, Frauen wie Männer, zäh verteidigten und einen edlen Gefolgsmann Žižkas töteten, wurden dennoch am Dienstag vor (sic!) Lukas ungefähr vierzig beiderlei Geschlechts gefangengenommen und unter Bewahrung nur eines einzigen Mannes, der ihre Taten berichten sollte, getötet. Von ihrer Zahl war – den einen, wie es hieß, abgerechnet – keiner mit einer Hose bekleidet. – Ehre sei dir, o Herr!

(112) Zug der Prager gegen Kuttenberg

Ebenso im selben Jahr kurz vor dem Fest Allerheiligen näherte sich das Prager Heer der Stadt Kuttenberg und kam dort an. Und als auf die Bitten der Einwohner hin, daß Kuttenberg keine Schäden zugefügt werden sollten, die Hauptleute den Fußtruppen und denen, die mit Wagen zugegen waren, den Befehl gaben, außerhalb der Stadt gegen Tschaslau abzubiegen, entfachten jedoch einige in der Nähe des Tores einen Streit, schrien und winkten den Brüdern zu, sie sollten kommen und dafür einstehen, daß die Stadt für die Brüder irgendeine Vorsorge treffe. Deshalb betraten sie gegen den Willen der Hauptleute die Stadt, drangen am
1421 Oktober 31 Vigiltag von Allerheiligen vor dem Mittagessen in die Häuser der Juden ein und nahmen gewaltsam alles weg, was sie fanden. Am gleichen Tag auch zerschlugen sie ungefähr zur Stunde der Vesper in der Großen Kirche[329] Bilder und die Orgel in Stücke, wobei sie die Ecken der Altäre nicht schonten, sie warfen die bei der Altarweihe wie üblich eingeschlossenen Reliquien ohne jegliches Erröten zum großen Ärgernis, Weinen und Schmerz der Kuttenberger von den Altären heraus.

(113) Streit des Magisters Christian mit Johannes von Selau

Weiter: Da Christian, der Pfarrer von Sankt Michael in der Großen Stadt Prag,[330] nach dem Tode König Wenzels seligen Angedenkens wegen der Riten der Kirche mit dem Priester Johannes öfter einen Streit hatte, brachte, weil Magister Christian gegen den Priester Johannes einige Artikel aufgestellt hatte, der Bürgermeister zwischen ihnen beiden am Samstag vor Martin im Rathaus vor den Ratsherren 1421 November 8 eine Verständigung zustande, daß sie sich gegenseitig achten und einer den anderen fördern und schützen sollten. Ungeachtet dieser Übereinkunft haben jedoch am nächsten Tag, nämlich am Sonntag vor Martin, Schüler des Priesters November 9 Johannes am Ende der Nachmittagspredigt sich gegenseitig ermuntert, auf das Pfarrhaus und die Kirche des heiligen Michael sowie gegen Magister Christian einen Überfall zu machen, wobei vorgenannter Johannes gehört worden war und, weil er, wie man annimmt, es nicht verhinderte, zugestimmt hat. Und sogleich umstellten einige Hunderte das Haus des Pfarrers sowie die Kirche und riefen einander zu, den Magister Christian zu ertränken, und daß seine Kirche einsturzreif gemacht werde *(ecclesiam . . . fieri rumpendam)*. Doch mit Gottes Hilfe konnten sie es keineswegs erreichen, obgleich sie den Willen dazu hatten. Sie äußerten aber dennoch zahlreiche verleumderische Worte und zogen daraufhin ruhig ab.

Zur selben Zeit haben, verleitet durch den vorerwähnten Herrn Johannes, die Ratsherren den der pikardischen Häresie beschuldigten Priester Wilhelm zum Mißfallen des Magisters Christian als Prediger in der Kirche des heiligen Michael eingesetzt. Er hat durch seine täglichen Predigten mehr Verwirrung gestiftet als aufgebaut.

(114) Artikel zur Sicherung der Disziplin des Prager Klerus

Ebenso im selben Jahr war wegen gegensätzlicher Meinungen der Prager Priester, die predigten, die Gemeinde der gesamten Stadt zum Schaden in zahlreiche Parteien gespalten, und zwar so, daß jede der Parteien ihren eigenen Prediger verteidigte. Es schien deshalb den Ratsherren und Ältesten der Stadt richtig, daß die Magister und Priester gleichzeitig zusammenkommen und über die Punkte, die in der Gemeinde Anlaß zum Streit und zur Trennung seien, gegenseitig verhandeln sollten und bei Übereinstimmung in denselben Meinungen das gemeine Volk nicht weiterhin mit ihren verschiedenen Ansichten auseinanderreißen und auch nicht verwirren dürften. Deshalb fand auf Anordnung der Ratsherren am Tag der fünf Brüder eine Versammlung der Magister und Priester im Karlskolleg statt, und es wurden die unten niedergeschriebenen, von Magister Jakob von Mies und Magister Peter Englisch zusammengestellten Artikel verlesen:

1421 November 12

1 Damit Irrlehren und Häresien nicht überhand nähmen oder sich frei entfalten könnten, sondern Abtrünnigen und solchen, die die katholische Wahrheit bekämpfen wollen, ein einschränkender Zügel angelegt werde, setzen wir auf Grund der gemeinsamen Übereinstimmung des Klerus der Prager Gemeinde ohne die Absicht, den kürzlich zustande gekommenen allgemeinen und Provinzialstatuten etwas abzusprechen, unter uns fest und ordnen wir an, daß vom gesamten Klerus der genannten Stadt unverbrüchlich zu halten ist: Erstens, daß alle insgesamt und jeder einzelne, die sich in dieser Versammlung zur Ehre Gottes eingefunden haben, zuallererst in aufrichtiger Treue gegenseitig versprechen, getreulich bewahren und unerschütterlich halten zu wollen alle Punkte insgesamt und jeden einzelnen, die in derselben Versammlung aufzustellen oder zu verkünden sind, wenn sie nur dem unverfälschten Gesetz Gottes und der unverletzlichen Vernunft wie auch immer wenigstens nicht widersprechen.

2 Ebenso, daß jeder Priester, der in der Stadt Prag einen längeren Aufenthalt nehmen will, den kürzlich von allen einmütig gewählten Direktoren des Klerus des Königreichs Böhmen unter Reinheit seines Gewissens verspreche, in allem und jedem einzelnen zu gehorchen, was zu dem die ganze Wahrheit enthaltenden Gesetz Gottes nicht im Widerspruch steht.

3 Ebenso, daß niemand, welchen Standes oder in welcher Stellung auch immer er sei, durch Wort und Tat oder auf einem wie immer anderem zu benennenden Weg die vorgenannten Direktoren am Einschreiten gegen Ungehorsame oder Abirrende oder überhaupt Verdächtige hindere oder dieselben oder einen dieser Abtrünnigen unterstütze, beschütze oder verteidige, (und zwar) öffentlich oder im verborgenen, damit nämlich die vorgenannten Direktoren gegen den, der sich bessern solle, nicht einschreiten könnten, wie es die unverletzliche Vernunft und der christliche Glaube fordern und verlangen. Und wenn jemand, was fern sei, das Gegenteil zu tun versucht haben sollte, dann soll er, falls dies vor den vorgenannten Direktoren erwiesen ist, die Strafe der Verbannung aus der Stadt antreten, wie es gerecht ist. Ebenso: Wenn jemand, was fern sei, sich den vorgenannten Direktoren des Klerus schuldhaft widersetzt, dann sind alle anderen Priester nach dem Vorbild des Evangeliums verpflichtet, unverhohlen und öffentlich ihn anzuzeigen, so wie es denselben von den vorgenannten Direktoren bekanntgemacht sein wird.

4 Ebenso, daß kein Priester sich herausnehme, etwas an Neuerung zu versuchen oder etwas aufzuheben in dem, was vorher in der Urkirche bewahrt oder vernünftigerweise festgehalten oder weggelassen wurde, falls er sich nicht zuvor persönlich den vorgenannten Direktoren vorstellt und das, was er zu versuchen beabsichtigt, aus den Schriften des Gesetzes Gottes bewiesen hat und ihm von den vorgenannten Direktoren auch das zur Auflage gemacht wurde, daß er unverhohlen und öffentlich zum Beweisen und Verteidigen in den Schuldisputationen *(in scolis)* (als These) aufstelle, was immer einzuführen er sich bemüht, sowie auch, um allen denen zu antworten, die ihm Einwände machen wollen, wobei er letztlich zur vernünftigen Entscheidung der Direktoren des Klerus steht in dem, was alle seine Worte in der versuchten Materie betrifft.

5 Ebenso, daß kein Priester auf wessen Anstiften oder Betreiben auch immer bei irgendeiner Kirche in der Stadt Prag eingeführt, angestellt oder zur Einsetzung zugelassen werde, wenn er nicht zuvor nach reiflicher und guter Überle-

gung durch die vorgenannten Direktoren zur Übernahme der Seelenführung als nach Charakter und Wissen befähigt und geeignet beurteilt wird und schließlich durch dieselben Direktoren oder einen von ihnen über seine Eignung den Pfarrangehörigen derselben Kirche von seiner Befähigung zuverlässig eine Mitteilung gemacht wurde.

6 Ebenso, daß vor der Prager Gemeinde darum gebeten werde, daß niemand – unter einer von derselben Gemeinde aufzuerlegenden Strafe – sich für einen solchen einsetze, der sich geweigert hat, den Weisungen und Ermahnungen vorgenannter Direktoren zu gehorchen, wenigstens solange der, für den er sich einläßt, ihm nicht treu versprochen und in der Tat bewiesen hat, daß er in allem und im einzelnen, was dem Gesetz Gottes nicht widerspricht, den vorgenannten Direktoren gern gehorchen will.

Desgleichen, nachdem die vorgenannten Artikel so verkündet waren, wie gesagt wurde, gefiel es allen, die zu dem Zeitpunkt aus dem Klerus zugegen waren, daß man sie einhalte und zur Durchführung vorschreibe, und vor allem, daß nicht andere außer jenen in der Synode am Fest des heiligen Prokop gewählten vier Magistern die Direktoren des gesamten Klerus sein sollten. Als daher der Priester Johannes das hörte, sagte er mit einem Lächeln: „Die verkündeten Artikel sind gegen mich und den Priester Wilhelm gerichtet.“ Über den Reinigungsort der Seelen nach diesem Leben sagte er, als davon die Rede war: „Ich will klare Schriftstellen sehen und so belehrt werden.“ –

1421 November 14 Als darauf am dritten Tag einige dazu abgeordnete Magister und Priester zum Rathaus hinaufstiegen und mit Zustimmung des gesamten Klerus die vorgenannten Artikel der Gemeinde vorgetragen waren, erhoben die Anhänger des Priesters Johannes mit lauten Stimmen Einspruch, weil sie den vier Magistern, den Direktoren des Klerus, nicht ihre Zustimmung geben wollten, sondern daß nur der Priester Johannes den gesamten Klerus leiten und lenken solle, und wenn es nötig sei, einen Magister zu sich rufe, wer immer ihm gefalle. Zu diesem Punkt erhob sich der Priester Johannes, gebot mit der Hand Schweigen und sagte, er sei zur Lenkung eines so großen Klerus nicht geeignet, wobei er jedoch, wie man befürchtet, heuchlerische Demut vortäuschte, er sagte aber, daß die Magister der freien Künste Jakobellus und Johannes Kardinal Direktoren sein sollten und daß er selbst wie ihr Schüler an ihrer Seite sitzen und die wiewohl schwere ihm auferlegte Last aushalten und tragen will.

Als übrigens der Artikel über den Reinigungsort vorgebracht wurde, machten sehr viele Gesinnungsgenossen seiner Gefolgschaft gotteslästerlich heftige Vorwürfe dagegen *(oblatrabant)* mit den Worten: „Schon wieder kommen sie mit dem Reinigungsort, um neue Streitigkeiten zu entfachen.“ Und einer von ihnen, Jíra, der Handschuhmacher genannt, sagte: „Wir wissen nicht, ob es einen Reinigungsort gibt oder nicht, und dennoch: Der Name des Herrn sei gelobt.“ – Ein zweiter dagegen stand auf und sagte spöttisch: „Zuerst haben die Priester mit ihrem Reinigungsort ihre Taschen *(bursas)* gefüllt, und weil ihre Taschen schon leer sind und ohne Opfergeld, deshalb möchten sie umgekehrt diese mit ihrem Reinigungsort füllen, aber sie werden uns nicht täuschen, so wie sie mit diesem Reinigungsort bisher uns getäuscht haben.“ – Während diese und zahlreiche andere gegen den Reinigungsort lästerten, zogen sie ohne einen Schlußentscheid vom Rathaus ab, wobei sie aber dennoch ankündigten, daß es für Verstorbene kein Glockengeläute und im Leichenzug kein Singen der Kleriker geben solle, sondern jeder möge seinen Toten unter Auslassung aller kirchlichen Riten bestatten.

Als das, wie vorausgeschickt, beendet war, schickten sie alles, was im Rathaus verhandelt worden war, zum Heer der Prager, das sich zu dieser Zeit in Tschaslau einquartiert hatte, und wie die Gemeinde für den Priester Johannes und nicht für einen anderen zugestimmt hatte, daß er der Direktor des Klerus sein soll, wobei sie ähnlicherweise die Zustimmung und Einwilligung des ganzen Heeres anstrebten. Und obgleich es unter ihnen gegenseitig zu einer Meinungsverschiedenheit gekommen war, stimmten sie betreffs der Leitung des Klerus für den Priester Johannes, freilich so, daß drei beauftragte Magister, nämlich Jakobellus, Johannes Kardinal und Peter Englisch, mit ihm aufgestellt sein sollten.

(115) Zug der Prager gegen Karlstein – Die Pilsener belagern die Burg Krasíkov

1421 November 11 Ebenso im selben Jahr am Martinstag zur ersten Nachtstunde[331] zogen einige tausend Berittene und Fußsoldaten von Prag aus gegen die Burg Karlstein[332] zum Raub von Lebensmitteln, die unterhalb der Burg in den Hütten durch die Burgleute gespeichert waren. Die Burgleute jedoch, die vorgewarnt waren, schafften das, was das Wichtigere gewesen war, zur Burg und leisteten den Ankommenden mannhaft Widerstand. Deshalb zogen die Prager nach Niederbren-
November 12 nen der Bauernhütten unterhalb der Burg am Tag der Fünf Brüder nach Prag zurück. Einige aus ihrer Zahl, die von der pikardischen Häresie angesteckt waren, verwüsteten die Kirche bei der Burg[333] mit den Chorschranken und verstreuten aus der silbernen Pyxis den Leib Christi, wobei die Pyxis im Brustwams verwahrt wurde, die sie zum großen Ärgernis nach Prag verschleppten.

Ebenso zur selben Zeit schlossen die Pilsener mit allen ihren Anhängern die von Žižka eroberte Burg Krasíkov[334] mit einem Wall ein. Als daher Žižka davon hörte, traf er, obgleich an beiden Augen erblindet, mit seinem Kriegsvolk schnell Maßnahmen, um der Burg zu Hilfe zu kommen, und nachdem er die im Umkreis der Burg liegenden Dörfer und Marktflecken geplündert hatte, führte er gegen den Willen aller Belagerer Lebensmittel zur Burg heran. Und wäre nicht der Herr von Plauen[335] mit einer großen Zahl seiner Kriegsleute den Pilsenern zu Hilfe gekommen, dann wären sehr viele vom Heer der Pilsener, die den Rücken gekehrt hatten, hingestreckt worden. Als jedoch der vorerwähnte Herr von Plauen mit einigen hundert Pferden herankam, eilte Žižka mit seiner Schwadron gegen Saaz. Ihm folgten unmittelbar die Feinde, nämlich das Heer der Pilsener mit dem Herrn von Plauen, wobei sie unterwegs öfter Vorgeplänkel gegenseitig führten. Und als Žižka mit seinen Leuten unweit von Žlutice zu dem Vladař genannten Berg kam[335a] und mit seinen Wagen und Reitern hinaufstieg, umgab er sich samt seinen Leuten mit den Wagen und verteidigte sich mit bereitgestellten Büchsen mannhaft gegen die Feinde, obwohl er durch die

Unwirtlichkeit des Wetters von Kälte und Sturmwind sowie von Hunger zusammen mit seinen Leuten heimgesucht wurde. Drei Tage verteidigten sie sich dennoch mutig, und es gab auf den Berg keinen Aufstieg der Feinde, der frei zugänglich gewesen wäre. Und als die drei Tage verstrichen waren, stiegen sie vor Hunger der Menschen und Zugtiere vom Berg hinunter und machten sich mit einer starken Mannschaft gegen Saaz auf. Die Saazer kamen ihnen entgegen und geleiteten sie bis zu ihrer Stadt.

(116) Böhmische Herren trennen sich von den Pragern

Ebenso, während die vorerwähnten Geschehnisse so verliefen, spalteten sich Čeněk von Veselí, Ulrich von Rosenberg, Ralsko von Wartemberg, Johannes Městecký und sehr viele andere Edle und Barone des Königreichs Böhmen wegen des Streitpunkts der Untreue zum Schaden von den Pragern ab, denen sie sich vorher zur Verteidigung des Gesetzes Gottes angeschlossen hatten. Einige von den vorgenannten Priestern ließen nämlich nicht nach, den vorgenannten Baronen Untreue zuzuschreiben und immer wieder im Volk hinauszuschreien, und so trennten sie den Sinn für die Liebe in den unteren Schichten *(in plebe)* von den Baronen.

Gleichfalls zur selben Zeit stimmten einige Übereifrige *(sectarii)* mit ihrem Geschrei die damals eben ältere Generation der Gemeinde zum Haß gegen alle Magister um und ließen sich auf Betreiben des Teufels dahin verleiten, daß sie nachts und bei Tage nicht aufhörten, die Magister anzugreifen. Diese Leute verlangten sogar, daß die Magister als Verführer und Verfolger der wahren Priester getötet oder ertränkt oder aber unter dem Banner des Herrn Čeněk mit Hunden aus der Stadt Prag hinausgeführt werden sollten, um niemals mehr in dieselbe Stadt künftig zurückzukehren, damit so, wie vorausgesetzt, einige ihrer Priester samt ihren Anhängern ihre Irrlehren und Häresien ohne die Angriffe der Magister freier in die Öffentlichkeit tragen könnten. Doch mit Gottes Hilfe wurde ihre verblendete Absicht vereitelt, denn sie konnten nicht erreichen, was sie wünschten.

Am Freitag vor Othmar belagerten die Prager die Burg 1421 November 14

1421 November 19 Malešov unweit von Kuttenberg, die sie am Tag Elisabeth durch vertragliche Vereinbarung in Besitz nahmen.

(117) Einfall König Sigismunds nach Mähren – Verpflichtung der Herren in Brünn zur eidlichen Absage von den Vier Artikeln

Ebenso zur selben Zeit kam für die Partei des Königs von Ungarn Pipa Gallicus mit mehreren tausend Bewaffneten nach Mähren und verwüstete wie sonst die Heiden durch Brandschatzung und Totschlag die Besitzungen des Herrn Peter von Stražnice und des Hašek von Ostroh und auch der anderen, die zur Verteidigung der Vier Artikel der Wahrheit Anhänger der Prager waren. Als der vorgenannte Herr Peter von Strážnice das überdachte, trat er seine sehr starke Burg namens Helfenstein[336] an den schlesischen Herzog Přemek ab und verpflichtete ihn durch Bürgen und durch ein Schreiben, daß dieser Herzog Přemek von derselben Burg nicht weichen solle, außer daß der vorgenannte Herr Peter eine Verfügung zwischen ihm und dem König einhalte.

Und da in der Zwischenzeit der vorgenannte Herr Peter merkte, daß der König mit einer Menge von Kriegsvölkern anrücken werde, bat er den Magister Sigismund[337] und die übrigen Priester, die unter beiden Gestalten (das Volk) kommunizierten, die Stadt Strážnice zu verlassen. Deshalb wich der vorgenannte Magister Sigismund mit dem verehrungswürdigen Sakrament und dem getreuen Volk gegen Ostroh zum Herrn Hašek aus. Obgleich dieser auf seinen Gütern von den Ungarn viele Schäden erlitten hatte, hielt er sich als
1 Kor 10,4 ein starker Fels der Wahrheit dennoch standhaft an den *Felsen Christus*.

Während der Nachtzeit stieß er mit seinen Leuten auf einen Heeresteil des Königs, drang einige Male persönlich in diesen Trupp ein und streckte einige hundert von ihnen nieder, erlitt jedoch an seinen eigenen Bauern, die ohne Rüstung waren, einen empfindlichen Verlust. Auch der junge Herr, der Sohn Peters von Strážnice, genannt Herr Wenzel, der von den Vier Artikeln der Wahrheit nicht weichen wollte, gesellte sich zum vorgenannten Herrn Hašek, verbündete sich in einem Trutzbündnis und versprach, mit ihm für die evangelische Wahrheit zu sterben.

Nach diesen Ereignissen durchzog König Sigismund mit einem starken Kriegsvolk von Ungarn und Tataren, auch wenn es größtenteils unbewaffnet war, Mähren, verwüstete dabei die Güter von Freund und Feind durch Brandschatzung und gelangte darauf nach Brünn, wobei er alle Barone und Ritterlichen unter sicherem Geleit zu sich einberief. Diejenigen, die auf sein sicheres Geleit vertrauten, kamen nach Martin in Brünn zusammen, ausgenommen die zuvor Genannten, Herr Hašek und der Sohn des Herrn Peter von Strážnice. Inzwischen legte der König den Baronen Schlingen, weil er die Stadt an allen Seiten mit Mannschaften von Bewaffneten sicherte, und er deckte den Baronen und Rittern seinen Wunsch mit den Worten auf, er habe sie zu dem Zweck zusammengerufen, damit sie von den weiter oben oft genannten Vier Artikeln als von irrigen und häretischen Aussagen abrückten, und indem sie ihnen abschwören, vom Vicelegaten, der zu diesem Zeitpunkt zugegen war, eine angemessene Buße annähmen. Und als sie während einiger Tage überlegten, was sie tun müßten und zuletzt sahen, daß der König in seiner Wut zur vorgelegten Materie von ihnen sofort eine Antwort wünsche, und als sie auch die Ungarn waffenstarrend zum Angriff gegen sich bereit sahen, unterwarfen sie sich, niedergeschmettert von Furcht, um den Willen des Königs zu erfüllen, und so schwören sie ab und versprechen, ihn gegen diejenigen, die diese Vier Artikel hartnäckig verteidigten, zu unterstützen. Ihre Eidesformel aber folgt in nachstehendem Wortlaut:[338]

1421 nach November 11

Ich schwöre bei dem göttlichen Leiden, daß ich diese vier Stücke, die ich mit anderen, meinen Helfern, irrigerweise gehalten habe, nämlich:
vom göttlichen Leib und Blut, dem Kommunionempfang unter beiden Gestalten;
von der Predigt eines jeden Priesters;
von der Ausrottung der öffentlichen Sünden; und von der Wegnahme der Güter von den Priestern;
sowie auch die von der Zerstörung der Kirchen, von der Vernichtung der Priester und Ordensleute,

und auch irgendeine andere Irrlehre, die von der heiligen und römischen Kirche abweicht, und besonders diejenigen, die gehalten und gepredigt oder geschrieben haben die Magister Johannes Wyclef und der Magister Johannes Hus und ihre Nachfolger, nicht mehr halten noch leiten noch ihnen mit Wort, Tat und auch nicht mit Rat folgen will.

Ebenso schwöre ich, daß ich den christlichen Glauben in allen Stücken halten will, so wie ihn die heilige und römische Kirche hält und halten wird, und daß ich gehorsam sein will dem Papst und meinem Bischof und den von ihnen gestellten und eingesetzten Priestern in dem, was den Glauben berühren wird, und in anderen Dingen, was zu ihrem Auftrag gehört.

Ebenso schwöre ich, daß ich alle Ketzer und diejenigen, die im christlichen Glauben irren, und besonders solche, die obengenannte Irrlehren halten werden, Geistliche oder Weltliche, auf meinem Gut oder wo immer ich sie antreffen oder von ihnen erfahren werde, mit allen ihren Helfern oder Gönnern, soweit es in meiner Macht steht, unschädlich machen und ausrotten und auch mit meinem Leben dazu beitragen werde, daß ich sie nicht beherbergen und ihnen auch nicht in irgendeiner Hinsicht beistehen oder sie schützen will. – So helfe mir Gott und sein heiliges Leiden und die Heilige Schrift!

Lossprechung *(Absolucio)*:[339]

Und ich, N(ame)/

Kraft der Vollmacht des allmächtigen Gottes, der heiligen Apostel Petrus und Paulus und kraft der Vollmacht des in Christus heiligsten Vaters, unseres Herrn Papstes Martin des Fünften, wie auch des Herrn Ferdinand, Bischofs von Lugo, seines Nuntius, spreche ich dich los von jeglicher Kirchenausschließung und Kirchenstrafe, der du durch Festhalten an einer verurteilten Häresie verfallen bist, ich hebe das Interdikt auf, das darum erlassen wurde, und zwar wegen Annahme welcher Artikel des Johannes Wyclef und des Johannes Hus oder welcher Häresie oder Artikel oder anderer auch immer und wegen Förderung und Beschützens derer, die Häresien oder solche Artikel oder wie auch immer andere gehalten haben, und ich hebe das Interdikt auf, das darum erlassen wurde von einem Menschen oder vom Recht her.

Ebenso spreche ich dich los vom Schuldspruch des Kirchenausschlusses und der Verschärfung der Strafe *(a sentencia excommunicacionis et aggravacionis)*, dem du verfallen bist auf Grund der Widerspenstigkeit, weil du, obgleich du wegen Anhängung des Siegels an bestimmte Schriftstücke auf Geheiß des Papstes und des Konstanzer Konzils vorgeladen warst, dich um das Erscheinen nicht gekümmert hast, oder welcher anderer Widerspenstigkeit oder Auflehnung auch immer.

Ebenso spreche ich dich los von allen Sünden, über die du wahre Reue empfindest und die du mir gebeichtet hast, und ich setze dich wieder ein und gebe dich zurück in den Schoß der heiligen Mutter Kirche und in die Gemeinschaft der Menschen wie auch in deinen früheren Stand, in deine Würde und deine Ehre. – Und dies im Namen des Vaters und des Sohnes und des Heiligen Geistes. Amen.

Und da Herr Wenzel, der Sohn des Herrn Peter von Strážnice, auf die Vorladung des Königs hin nicht kam und die vorerwähnte Abschwörung nicht leisten wollte, hat der in Brünn auf dem Richterstuhl sitzende König denselben Herrn Wenzel für ewig seines väterlichen Erbes enteignet, wobei er anordnete, dies in das Buch der Barone einzutragen zum ewigen Gedenken und Schaden der widerspenstigen Söhne.

(118) Zug König Sigismunds nach Iglau – Ankunft Žižkas in Prag und in Kuttenberg

Ebenso zur selben Zeit nahmen Ungarn und Tataren durch Verrat die Stadt Polička ein und töteten auf unmenschliche Weise an Personen beiderlei Geschlechts ungefähr eintausenddreihundert und eine.[340]

Ebenso, als daher die Herren und Edelleute des Landes Mähren, die Anhänger der Wahrheit waren, den Vier Artikeln, wie vorausgeschickt, abgeschworen hatten – ausge-

nommen natürlich Hašek von Ostroh und Herr Wenzel, Sohn des Herrn Peter von Strážnice, Herren desselben Landes –, wandte sich König Sigismund, während er mit einer Menge von Kriegsvolk – nach Verbreitung einer Schätzung, wie es hieß, von über sechzigtausend Reitern und Fußtruppen – heranzog, gegen Iglau, um endlich unbemerkt Kuttenberg durch Verrat zu betreten. Davon hörte das Prager Heer, das sich zu diesem Zeitpunkt in Tschaslau und Kuttenberg aufhielt. Es befolgte einen gesunden Plan und erwog, daß es wegen der geringen Zahl des eigenen Kriegsvolkes einer so großen Macht nicht entgegenziehen könne. Deshalb kehrten
1421 sie nach Sicherung der Städte über Königingrätz *(per Grecz*
November 25 *Regine)* am Katharinentag zurück, und sogleich schickten die Ratsherren *(scabini)* nach Abfertigung von Gesandtschaften und Ausstellung von Briefen zu Žižka und seinen Brüdern, den Taboriten, sowie an alle anderen, Edle, Bürgerliche und Bauern, die der Wahrheit anhingen, sie sollten es nicht unterlassen, möglichst schnell nach Prag zu kommen, um gegen den häretischen König anzutreten, soweit sie Treue, Ehre und die Freiheit des Gesetzes Gottes liebten.

Ebenso, während zahlreiche Boten, wie gesagt wurde, in die verschiedenen Richtungen ausschwärmten, wurde am ersten Tag des Dezembers der Bruder Žižka, obgleich an beiden Augen erblindet, mit seinen Brüdern und Schwestern, Reitern und Wagen sowie mit den Priestern, die in ihrer gewohnten Weise das verehrungswürdige Sakrament des Leibes Christi trugen, unter dem Geläute der großen Glocken im Rathaus und bei den Kirchen, und wobei ihm der Klerus wie auch Volk beiderlei Geschlechts ähnlicherweise mit dem verehrungswürdigen Sakrament des Altars entgegenzogen, wie ein Landesfürst in der Stadt Prag von allen ehrenvoll empfangen und reichlich mit Lebensmitteln versorgt, damit er den Pragern bei Vertreibung des unmenschlichen Königs aus dem Lande treu beistehe. Dieser Bruder Žižka vereinbarte nun mehreres mit den Pragern und schlug dann am
Dezember 8 Tage der Empfängnis der glorreichen Jungfrau mit allen seinen Leuten von Prag aus den Marsch gegen Kuttenberg ein. Ihm folgten am nächsten Tag die Prager mit ihrem Kriegsvolk. Die Kuttenberger jedoch, die die Ankunft des Bruders

Žižka mit den Taboriten bemerkten, zogen ihm zu Pferde entgegen, wobei sie sich nach außen stellten, als sei die Ankunft der Taboriten erwünscht, gegen die sie im Herzen innerlich mit Grollen schimpften, und zwar nicht ohne Grund. Sie wußten nämlich, daß das ungezügelte Volk der Taboriten zum Rauben neige und unbändig sei zum Morden, und daß ihre Priester im Bereich des Gottesdienstes *(in divinis)* keine kirchliche Ordnung einhielten. Deshalb geschah es, daß am darauffolgenden Tag die Priester der Taboriten die Kirche des heiligen Johannes betraten und in ihrer gewohnten Weise Gottesdienst hielten. Sehr viele vom Volk der Kuttenberger strömten bei ihnen zusammen in dem Wunsch zu bestaunen, und als sie sahen, daß nur ein einziger von allen Priestern, wie es ihre Sitte war, ohne jeden kirchlichen Ornat in den eigenen Kleidern völlig ohne Wahrung der gewohnten Ordnung der Priester den Gottesdienst hielt, sondern nur das Haupt zur Erde neigte, den Rücken emporhob und nur eine Weile betete wie für das Herrengebet und sich aufrichtend sogleich über den wie auch immer gebrochenen Hostien und über den mit Wein gefüllten Bechern aus Eisen oder Zinn mit lauter und deutlicher Stimme die Konsekrationsworte sprach: „Der Herr Jesus nahm, nachdem er das Mahl gehalten hatte, Brot, segnete und brach es“ usw. und so die Hostie, die er in der Hand hielt, brach, kommunizierte er nach Beendigung einer solchen – was das Volk betrifft – noch niemals gehörten Konsekration zuerst selber, darauf traten die übrigen Priester heran, und jeder kommunizierte zunächst selbst; zuletzt begannen sie die Brüder und Schwestern, die jeweils getrennt für sich niederknieten, zu kommunizieren, und zwar so, daß einer der Priester den verehrungswürdigen Leib Christi, der zweite das kostbare Blut ohne jegliche Ehrerbietung, wie es sich für das Sakrament einer so hohen Würde geziemt, dem Volk darreichte. Wie also die Kuttenberger beiderlei Geschlechts solches sahen, nahmen sie noch mehr an den Tschechen Anstoß, spuckten auf den Erdboden und gingen unter Schimpfen aus der Kirche, und während sie untereinander sich unterhielten, sagten sie: „Nun glauben wir, was wir bis jetzt nur gehört haben, daß nämlich die Tschechen ganz echte und schlimmste Häretiker sind und von jedem gläubigen Christen verfolgt zu werden verdienen." Deshalb waren sie weiterhin dem König Sigismund zugeneigt und wünschten umso mehr und umso brennender seine Ankunft.

Ebenso in diesen Tagen, als wegen der Anhängerschaft des Priesters Johannes keiner der Ältesten der Stadt Prag den sehr zahlreichen Ordnungswidrigkeiten öffentlich Widerstand zu leisten wagte, faßten sie, nachdem also im Rathaus eine Gemeindeversammlung zustande gekommen war, nicht einen katholischen, sondern einen dem christlichen Glauben gegenteiligen Entschluß, daß nämlich keiner der Priester es wagen dürfe, solches zu halten oder öffentlich zu verkünden, was für das Heil des Menschengeschlechts überflüssig ist, und daß alles, was Christus und seine Apostel nicht gelehrt haben, weggelassen und völlig abgeschafft werden solle, und zwar deshalb, weil Christus in seinem neuen Gesetz ausreichend das aufgestellt hat, was zum Heil gehört. Deshalb waren sie darum bemüht, alle kirchlichen Riten aufzuheben.

Ebenso beschlossen die vorgenannten Gefolgsleute daselbst und ordneten gegen die Freiheit der Magister, die deren Irrlehren durch Schriftstellen widerlegten, an, man solle den Magistern den Auftrag geben, ihre eigenen Privilegien wie auch die der Gründungsurkunde des Studiums *(tam privilegia sua quam fundacionis studii)* und auch die Statuten beim Rathaus zu hinterlegen, damit von ihnen eingesehen werde, wenn dort etwas gegen das Gesetz Gottes aufgestellt sei, daß sie selbst darin Einsicht nehmen und das Abzulegende aufgeben, wie auch das, was verbessert werden soll, verbessern. Doch diese Beschlüsse wurden nicht verwirklicht, denn von anderen Aufgaben ereilt, unterließ man sie.

(119) Böhmische Herren unterwerfen sich König Sigismund – Unmenschliche Grausamkeiten seines Heeres

Ebenso zur selben Zeit, da König Sigismund mit seinen Heerscharen der Bewaffneten sich in Iglau aufhielt, kamen Čeněk von Wartemberg, Ulrich von Rosenberg, Wilhelm Zajíc, Jan Městecký, Půta und zahlreiche andere Herren und Barone des Königreichs Böhmen unter sicherem Geleit beim König selbst zusammen und gelobten ihm Treue, daß sie ihn als König annehmen und ihm zugleich mit Hilfe und Rat anhängen wollten, jedoch so, daß er gleichzeitig von Brandschatzung und Verwüstung des Königreichs und seiner Bewohner Abstand nehme. Wie es heißt, versprach er das zu tun, hat aber, wie es seine Art war, sein Versprechen dennoch nicht gehalten und erfüllt. Im Gegenteil: er häufte Böses auf Böses an, während er mit den vorgenannten Baronen weiterzog und sein Heer über Humpolec und Ledeč[341] gegen Kuttenberg führte. Sein unmenschliches und wortbrüchiges Kriegsvolk verzehrte dabei im Schlunde des Feuers allen, sowohl den Freunden wie auch Feinden, Dörfer, Marktflecken und Burgen, sie vergewaltigten Mädchen und Frauen bis zum letzten Atemzug und brachten sie dann um, verstümmelten Kinder an Händen und Füßen und schleuderten sie vor den Augen der Mütter zu Boden, sie entblößten ihre Mütter zusammen mit den anderen Frauen, trieben sie wie das Zugvieh *(velut iumenta propellunt)* vor sich her und hängten sie mit den Brüsten *(per ubera)*, an denen die Kinder einst gesaugt haben, an Zäunen auf. – Du sündhaftes und frevlerisches Volk, das nicht das Stöhnen der Frauen, weder der Strom der Tränen noch das Wimmern der Kinder zur Barmherzigkeit erweichen konnten, sondern das grausamer als die Heiden alles Böse, das es tun konnte – weil es die Sünden der Tschechen verlangten –, mit Freuden unter Gotteslästerung verübte und dabei auch noch glaubte, über soviel und so großem Bösem Gott Gehorsam zu erweisen und Nachlaß der Sünden zu erlangen.

Du Fürst ohne jedes Gefühl! Warum verfolgst du wie ein Heide deine Landeskinder *(domesticos tuos)*, die du schützen müßtest, warum lässest du nicht ab, das eigene Nest durch Beschmutzen zu besudeln, warum hörst du nicht auf, das Blut Unschuldiger zu vergießen? Warum verlangst du die auszurotten, die sich im Kampf für das Gesetz ihres Gottes dir entgegenstellen? Warte nur eine Weile und sieh zu, denn der Herr wird denen, die ihn fürchten, Hilfe bringen und dich, *der du auf die Vielzahl* der Völker *vertraust*, mit einer vgl. Ps 51,9
Schar nur weniger niederwerfen und zur Flucht kehren, und

anstatt des wahrhaftigsten Kelches des Blutes Christi, den du in seinen Gläubigen verfolgst und zu vernichten dich unterfängst, werden in einer kurzen Spanne Zeit reißende Hunde
Sir 21,7 das Blut deiner grausamen Ungeheuer lecken! *Nimm es dir also zu Herzen (convertere ad cor)* und erkenne, daß es *für*
Apg 26,14 *dich schwer ist, gegen den Stachel auszuschlagen* und höre auf, soviel und so Böses zu verüben, wenn einst sich deiner Gott erbarmen und deine Unrechtstaten dir vergeben könnte!

(120) Der Zug Žižkas gegen König Sigismund nach Kuttenberg

Ebenso, als sich die Ankunft des Königs in Ledeč, wie es hieß, in Kuttenberg herumsprach, bezog der Bruder Žižka mit den Taboriten und den Pragern das Kampffeld, und sie lagerten sich mit ihren Mannschaften oberhalb von Kuttenberg bei dem Blockhaus *(tugurium)* Tabor, das neulich vom König errichtet worden war, und wollten den herankommenden König erwarten. Und während der König sein Kommen irgendwie hinausschob, zogen sie nach Tschaslau hinein, um sich mit bewaffneten Mannschaften zu verstärken. Und als Boček, Hašek und Herr Wenzel, der Sohn des Herrn Peter, Herren des Landes Böhmen und Mähren, nach Tschaslau kamen, sicherten sie Tschaslau gut und kehrten
1421 dann nach Kuttenberg zurück. Am Thomastag – es war ein
Dezember 21 Sonntag – ließen die vorgenannten Herren mit Žižka und den Pragern nach Beendigung des Gottesdienstes am Morgen durch die Priester auf den Kanzeln und durch die Stimme eines Herolds in allen Gassen ausrufen, alle sollten bereit sein, dem König entgegenzutreten und die Treue, die sie für die Verteidigung der evangelischen Wahrheit Gott und den Pragern versprochen hätten, unverletzlich zu halten und sich nicht von Furcht vor dem heranziehenden König erschrecken zu lassen, weil für den Fall, daß sie den Hauptleuten die Treue hielten, Herren und Ritterliche sowie das ganze Heer der Prager zusammen mit ihnen eher ihre Hälse hinhalten wollten, als daß sie sie verlassen würden, indem sie sich von ihnen absetzten. Und nach einem bescheidenen Imbiß, und nachdem man eine Glocke geläutet hatte, zogen sie unter

Zurücklassen des Münzmeisters durch das Tor, das in Richtung der Stadt Kouřim führt, aus Kuttenberg heraus.

Und als sie kaum an die zwei Stadien von der Stadt entfernt zurückgelegt hatten, begann der König mit seinem Heer in Schwadronen an das Prager Heer näher heranzurücken. In der größeren Schwadron des Königs aber waren zwischen der Menge der berittenen Bewaffneten Hunderte von Ochsen und Kühen eingeschlossen, um denen, die sie erblickten, Furcht einzujagen und sie dann in die Flucht zu schlagen. Aber Gott, der seine Streiter niemals ohne Hilfe im Stich gelassen hat, erwies in überreichem Maße allen, die für seine Wahrheit kämpften, Standhaftigkeit des Mutes. Denn von keinem Schrecken über die Menge der Kriegsvölker erschüttert, bezogen sie das Kampffeld, schlossen sich an allen Seiten mit Wagen ein, und auch alle Fußsoldaten sowie die Kuttenberger, die mit ihnen ausgezogen waren – einige, um den Brüdern helfend zur Seite zu stehen, andere waren nur zum Schauen dabei, um zu sehen, wessen Heer sich behaupte –, wurden innerhalb der Wagenburg mit ihren Dreschflegeln und Waffen verteilt, nachdem zahlreiche Büchsen schußbereit *(ad percuciendum)* in Stellung gebracht waren. Und nach einer kurzen Ermunterung der Priester warfen sich alle zu Boden und richteten demütige Gebete zu Gott, und als sie sich vom Gebet erhoben, machten sie ziemlich viele zu neuen Rittern, damit sie umso tollkühner sich für die Verteidigung der Wahrheit einsetzten und inzwischen sich gegen den König rüsteten. Und obgleich einige Schwadronen des Königs die Wagen im Sturm angreifen wollten, wurden sie auch noch unter großem Verlust an ihren Leuten durch die Büchsen zurückgeschlagen. Und so füllten solche Angriffe der Feinde und Vorspiele des Kampfes die Zeit bis zur Nacht aus.

Während in der Zwischenzeit diese zugleich, wie gesagt, so abwechselnd in der Weise der Ritter kämpften, wurden mit den aus der Stadt geflohenen Kutternbergern viele Hunderte durch das Koliner Tor verräterisch hindurchgelassen, um Kuttenberg zu betreten. Und während diese in die Stadt eintraten, kamen alle anderen mit ihnen verbündeten Kuttenberger sowie die Häuer *(fossores)*, die zu dem Zeitpunkt in den Kellern versteckt waren, heraus und streckten alle, die kein Zeichen hatten und das Losungswort *(proverbium)* nicht wußten, mit dem Schwert zu Tode nieder. Auch die Flüchtlinge, die ihre eigenen Häuser betraten, erschlugen alle, die die Prager begünstigten, als Häretiker. In das Pfarrhaus aber rannte ein häßlicher *(distortus)* Kleriker hinein und fragte wiederholt nach dem Rektor der Kirche, dem Magister Peter. Und als er erfahren hatte, daß er beim Heer sei, aß und trank er dort. Schließlich lief er fort und brachte unmenschliche Räuber mit, und sie töteten mit dem Schwert den Verwalter *(procuratorem)* zusammen mit den Priestern, die sie fanden. Einige aber waren, um ihr Leben zu retten, zum Kirchturm geflohen, und diese ließen sie nicht frei, sondern erschlugen sie zusammen mit einem Priester, Herrn Matthias Slovák, und warfen sie vom Turm hinunter. Noch einen Priester – er war alt und am Kopf ergraut und hätte Achtung verdient – fanden sie, wie er vor dem Altar und vor dem Leib und Blut Christi kniete, und ohne zu erröten verwundeten sie ihn, bis er sein Leben aushauchte, und brachten ihn so um. Sie schleppten auch den neulich aufgestellten Tabernakel von schöner Arbeit aus der Kirche und zerschlugen ihn dann in mehrere Stücke usw. Was mit dem Leib und dem Blut Christi geschah, weiß man in Wahrheit nicht; es heißt aber, daß jemand gelaufen kam und den Herrenleib mit einer Lanze durchbohrte. In der Kapelle des Münzhofes hatte man dennoch eine Monstranz mit dem Leib Christi gefunden, aber der Leib Christi wurde, wie es heißt, zum Ärgernis aller Christen mit den Füßen zertreten. Und während solcherweise, wie gesagt, von den Kuttenbergern ein unmenschliches Morden angerichtet wurde, hat man fast bei jedem Haus verschiedene Bilder Christi oder seiner Heiligen, die vorher versteckt worden waren, hingestellt, damit sie durch (dieses) Zeichen den Herankommenden Kenntnis gäben, daß sie, wie sie wiederholt sagten, nicht von der Sekte der Prager Häretiker seien und es auch nicht waren. Diese Bilder setzten sie wieder in ungeheurer Freude auf die Altäre der Kirchen, wobei sie mit verschiedenen Verwünschungen die Taboriten zusammen mit den Pragern und den Wyclef-Anhängern verfluchten.

Ebenso, während bis zum Einbruch der Nacht, wie vorher gesagt wurde, in den Feldern von beiden Heeren ritterliche Kämpfe ausgetragen wurden, lagerte sich das Heer des Königs nicht weit vom Heer der Prager, damit ihnen von Kuttenberg her Lebensmittel geliefert würden. Die Taboriten jedoch mit den Pragern hatten nur sehr kärgliches Essen und Trinken und brachten deshalb in der Kälte Gott ein Fasten dar. Und sie erhoben sich, rückten zur Stelle vor, die der König mit seinem Kriegsvolk eingenommen hatte, und nachdem sie aus den Büchsen geschossen hatten, vertrieben sie den König selbst mit seinem gesamten Heer vom Standort 1421
seiner Stellung. Und als der Morgen angebrochen war –.[342] Dezember 22

ANMERKUNGEN

[1] Dem Text der Chronik ist ein in zwei Fassungen überliefertes Vorwort vorangestellt. J. Goll übernahm für seine Ausgabe den Text aus den Hss. von Prag, Breslau und Wolfenbüttel (II), während die danebenstehende alttschechische Übersetzung (Ende 15. Jh.) die ursprüngliche Fassung (I) bringt. Deren lat. Text: FRB V, Einleitung S. XXVIII.

[2] Wortlaut des Anfangs in Breslauer Hs.: *Im Jahre der Menschwerdung des Herrn 1414, als der* gnädige und barmherzige Herr (misericors et miserator dominus, Ps 110,4) *die heilbringende Wahrheit, die durch lässige Trägheit der Priester über viele Abläufe von Jahren hinweg schädlicherweise in der Praxis aufgegeben war, seinen Gläubigen offenbarte und die verworfene Wahrheit wieder erhob – er enthüllte sie auf wunderbare Weise einem Mann ehrenvollen Lebenswandels, dem Magister Peter von Dresden, der damals viele Jahre zuvor sich in der Stadt Prag aufhielt, weshalb die ihm zustimmenden Prager Magister entsprechende Schriftstellen sammelten und an das Konstanzer Konzil schickten –, begann die Austeilung . . . usw.*

Peter von Dresden, ein Waldenser, der aus Meißen stammte, hat unter Hinweis auf Joh 6,53 die Notwendigkeit der Kommunion beiderlei Gestalt für alle vertreten und Jacobellus von Mies zur Sammlung von Zeugnissen der Kirchenväter für diese Form der Kommunionspendung veranlaßt. Seine Autorschaft in dieser Sache ist nicht unbestritten. Möglicherweise hat Magister Hieronymus von Prag nach seinen Erfahrungen in der orthodoxen Kirche Jacobellus von Mies auf die Kelchkommunion hingewiesen. Vgl. Anm. 14.

[3] Magister Jacobellus (tschech. Jakoubek), fast gleichaltrig mit Joh. Hus, geb. um 1370 (sein Name: Hinweis auf kleine Gestalt) in Vítkov (jetzt Víchov) bei Mies, studierte in Prag, Magister der freien Künste 1397, zum Priester geweiht 1402, Nachfolger des J. Hus als Prediger in der Bethlehemkapelle, verteidigte in Disputation im Prager Carolinum Oktober 1414 den Laienkelch. Reiche literarische Tätigkeit (lat. und alttschechisch) auf theol. Gebiet, in der Chronik des Laurentius mehrmals genannt. – Übersetzung *der hl. Theologie vollendeter Bakkalar* für *sacre theol. baccalarius,* zeitgenössische deutsche Übers. *der heiligen geschrift ein geendter baccalarius.* Inhaber dieser Würde (Voraussetzung für theol. Doktorgrad) mußte die Pflichten des *baccalarius sententiarius* (Sentenzenbakkalar) erfüllt haben, d. h. in zweijährigem Zyklus die vier Bücher des Petrus Lombardus (12. Jh.) gelesen und erklärt haben.

[4] Von den 41 zeitgenössischen Pfarrkirchen der drei Prager Städte – mit Hradschinsiedlung und Burgbereich waren es 44 (Überblick bei *V. V. Tomek, Dějepis 3,25f)* – wurde nur in den hier genannten drei Kirchen die Kelchkommunion eingeführt. *Sankt Adalbert* in der Neustadt: damals im Weißgerberviertel (v Jírchářích, heute in der Vojtěšská/Adalbertgasse) im Häusergeviert zwischen Karlsplatz und Moldau. Sie gehörte bis 1412 dem Michael de Causis als Pfründe.
Sankt Martin in der Mauer (Svatý Martin ve zdi) stand im südlichen Mauerzug der Altstadt; 1784 säkularisiert, um 1900 als evangelische Kirche in der Martinská/Martinsgasse erneuert.
Sankt Michael stand auf dem damaligen Obstmarkt (heute Malé Náměstí/Kleiner Ring unweit des Altstädter Rings, seit 1627 Klosterkirche der Serviten, 1786 säkularisiert, als Lagerhalle noch erhalten, Zugang von der Michalská *(Michaeligasse)* auf dem Jüttner'schen Stadtplan von 1816), damals wie heute eine Sackgasse. Pfarrer bei Sankt Michael war der in der Chronik mehrmals genannte Christian von Prachatitz.
Die *Bethlehemkapelle* ohne Pfarrechte inmitten der winkeligen Altstadt, eine deutsch-tschechische Stiftung (Johannes von Mühlheim aus ritterlichem Stand; der Kaufmann Kříž) von 1391 mit ausdrücklicher Bestimmung als Ort für die Predigt in tschechischer Sprache, faßte an die 3000 Personen. Um 1800 abgebrochen, wurde sie auf entscheidenden Anstoß von Zdeněk Nejedlý in den 50er Jahren unserer Zeit auf noch vorhandenen Fundamenten wieder aufgebaut und ist mit ihren auf Mauerresten entdeckten und ergänzten spätmittelalterlichen Fresken und Inschriften jetzt eine würdige Gedenkstätte für J. Hus und seine Nachfolger. Vgl. *Kubiček, Alois: Betlemská kaple, Prag 1960.*

[5] Konrad von Vechta, als Nachfolger des resignierten Erzbischofs Albik von 1413 bis zu seinem Übertritt zu den Vier Prager Artikeln 1421 Erzbischof von Prag, nahm nicht am Konstanzer Konzil teil, gest. 1431. Er stammte aus dem bis heute kirchlich zum sogenannten Niederstift von Münster gehörenden oldenburgischen Vechta im heutigen Niedersachsen (nördlich Osnabrück), besaß seit 1395 das Vertrauen König Wenzels IV., hatte sich erfolglos um die Bistümer Regensburg und Verden/Aller bemüht, war Mitglied des Kronrates, Münzmeister, Propst von Mělník und zwischen 1408 und 1413 Bischof von Olmütz. Vgl. F. M. Bartoš, Čechy v době Husově, Prag 1947, 220; 470.

[6] Übersetzung nach Kautzsch, E.: Die Apokryphen des Alten Testaments, Tübingen 1900, S. 9. – Korrekte Buchangabe in der alttschechischen Übersetzung: *jakož se píše v třetích knihách Ezdrašových – wie im dritten Buch Esdras geschrieben steht.* Das dritte und vierte Esdrasbuch gelten als apokryph und finden sich daher nicht in den Bibelausgaben und -übersetzungen.

[7] *Johannes XXIII.* (1410–1415), Nachfolger des auf dem Konzil von Pisa 1409 gewählten Konzilspapstes Alexander V. (gest. 1410), residierte zeitweilig in Rom, vom Konstanzer Konzil im Mai 1415 abgesetzt, gest. 1422, sein Grabmal im Baptisterium in Florenz. Er fand Anerkennung teilweise in Italien, durch König Sigismund für Ungarn und Wenzel IV.

für die böhmischen Länder. *Gregor XII.* (1406 bis 4. 7. 1415) gilt als der rechtmäßige römische Papst, konstituierte das von Sigismund und Johannes XXIII. einberufene Konstanzer Konzil als XVI. Allgemeines Konzil mit dem Recht der Papstwahl und dankte freiwillig ab; fand Anerkennung durch König Ruprecht von der Pfalz für die deutschen Länder. – *Benedikt XIII.,* Papst in Avignon seit 1394, in Pisa abgesetzt, weigerte sich zu resignieren, fand Anerkennung in Spanien und Schottland, gest. 1424.

[8] An dieser Stelle hätte Laurentius die römische Königswürde Sigismunds nennen müssen, auf die jedoch Wenzel IV. nicht verzichtet hat und die deshalb bei Sigismund verschwiegen wird. Die Ankündigung des Konzils an die Christenheit erfolgte natürlich nicht kraft der ungarischen Königswürde Sigismunds, sondern der römischen.

[9] Der Geleitbrief ist selbstverständlich kraft der römischen und nicht der ungarischen Königswürde ausgestellt. Er wurde J. Hus erst nach seiner Ankunft in Konstanz am 5. November 1414 durch Herrn Wenzel von Dubá übergeben. Lat. Wortlaut in der Relation Peters von Mladoniowitz FRB VIII 26f, deutsche Übersetzung (16. Jh.) ebenda S. 151, moderne Übers. in SGS 3 (1963) 46f – Gefangennahme erfolgte nicht am „sechsten Wochentag" (Freitag), wie hss. Überlieferung angibt, sondern am Mittwoch nach Katharina („vierter Wochentag").

[10] *Stephan Páleč,* genannt nach seinem Heimatort (jetzt Veliký Páleč/ Groß Páleč, nordwestl. Schlan), Magister der Künste, Dr. theol., Inhaber mehrerer Pfründen als Pfarrer, i. J. 1400 Rektor der Univ., neigte zunächst dem Wyklefismus zu, trennte sich aber um 1412 von J. Hus. In Konstanz bei den entscheidenden Audienzen gegen Hus anwesend, kehrte nach dem Konzil nicht nach Prag zurück, sondern war Inhaber von Pfründen in Galizien und lehrte auch an Univ. Krakau, gest. um 1422.

Michael de Causis, Deutschböhme aus dem damals deutschen Deutsch Brod (Německý Brod, jetzt Havlíčkův Brod), seit 1399 Pfarrer bei Sankt Adalbert/Neustadt, wegen der von ihm geführten Kurialprozesse mit dem Beinamen *de causis („Prozeßmichel")* bedacht, veruntreute die ihm von König Wenzel für Hebung der Goldgruben in Eule (südöstl. Prag) überlassenen Geldmittel, ging darauf nach Rom, war 1412 Anstifter der päpstlichen Bulle gegen J. Hus, gest. 1432 in Basel. – Das Dominikanerkloster, in dessen Kerker Hus bis in den März 1415 gefangen lag, ist mit seinem Gemäuer in das Inselhotel in Konstanz einbezogen und daher z. T. noch erhalten.

[11] Vgl. die Spruchdichtung des anonymen Salutaris poeta (13. Jh.), Mittellat. Jahrbuch 5 (1968), 231, Vers 55f. *Luxus, avaricia, fastus mundum quasi triplex Funiculus capiunt et capiendo ligant.*

Prunksucht, Habsucht und Hochmut ergreifen die Welt, die sie schnüren wie ein dreifaches Seil, fesseln im Greifen sie noch.

[12] Pseudo-Dionysius Areopagita, im Mittelalter mit dem Paulusschüler Dionysius vom Areopag (Apg 17,34) und „erstem Bischof von Athen" gleichgesetzt, Verfasser dogmatischer, um oder nach 500 entstandener Schriften. Die von Jacobellus angeführte Lehrmeinung (in allerdings

recht verschlungener Aussage) in: *De ecclesiastica hierarchia 13,1,* Ausgabe PG 3,423 (= PL 122,1079).

13 Der hier genannte rheinische Pfalzgraf Ludwig war der Sohn Ruprechts III. Clemens (römisch-deutscher König 1400–1410), dessen Name in zeitgenössischer böhm. Historiographie in der tschechischen Form Klem gebräuchlich ist.

14 Die zeitgenössische Namensform des Hieronymus von Prag lautet nach mittellat. Schreibweise – man ist noch gut zwei Generationen vor Beginn der Griechischstudien der Humanisten – *Jeronimus* und wurde deshalb in der Übersetzung beibehalten, zumal davon auch die tschech. Namensform *Jeroným* (übrigens franz. *Jerôme)* abgeleitet ist. – Hieronymus/Jeronimus aus Prager tschechischer Familie, etwa zehn Jahre jünger als J. Hus, vielseitig begabt (auch für die Musik, wie seine *Recommendatio artium liberalium* mit Lobpreis auf die *sexta virgo,* d. i. die Musik, u. a. schließen läßt), Husschüler und entschiedener Wyclefist, Magister der Künste, seit 1399 zum Studium in Oxford, von wo er 1401 die Wycleftraktate *Dialogus* und *Trialogus* mitbrachte. 1403 Reise nach Jerusalem, seit 1404 Magister in Paris, begab sich wegen Streitigkeiten mit Univ.-Kanzler Jean Gerson um Wyclef 1405 nach Heidelberg, 1408/9 ist er im Generalstudium von Köln, verteidigte 1410 vor König Sigismund in Buda Wyclef, kam deshalb in Haft des Erzbischofs von Gran, floh von dort nach Wien, das er aus gleichem Grund verlassen mußte, stand 1412/13 im Ablaßstreit in Prag an der Seite von Hus, ging darauf nach Krakau und von dort zum Großfürsten Witold von Litauen, wobei er die Städte Witebsk und Pskow besuchte und wahrscheinlich auch die Liturgie der orthodoxen Kirche kennenlernte. Wieder in Prag, reiste er nach zweimaliger Aufforderung des Konzils (vgl. von der Hardt IV, 119; 147) nach Konstanz, sollte auf den Rat der in Konstanz anwesenden böhm. Herren zu seiner Sicherheit nach Böhmen zurückkehren, wurde aber in Hirschau in der Oberpfalz verhaftet.

15 Text: von der Hardt IV 280f

16 Verf. hat aus umfangreicher Artikelsammlung gegen Joh. XXIII. – Text bei von der Hardt IV 196-2 – die Punkte Nr. 8, 9, 10 (Anfang), 67 und 68 im Wortlaut übernommen.

17 Hinweis auf *Relatio – Bericht* des Peter von Mladoniowitz.

Lat. Text in FRB VIII	*deutsche Übers. in SGS 3 (1963)*
Gefangennahme S. 37–41	S. 75–84
Verurteilung S. 112–116	S. 244–250
Hinrichtung S. 118–120	S. 253–258

18 Text bei Palacký, Documenta 568–572

19 Text: von der Hardt IV 495–497 (mit stark entstellter Schreibweise der tschech. Personen- und Ortsnamen ohne Liste der Siegelträger). – Palacký, Doc. 580ff (mit vollständiger Namensliste in korrekter tschech. Orthographie aus Olmützer Hs. S. 584–590). – Beschwerdebrief, bereits um 8. September 1415 im Konzil verlesen, mit seinen 452 angehängten Siegeln Dokument eindrucksvollen Protestes und zugleich stattliche Namensliste des böhmischen und mährischen Hoch- und niederen Adels mit 59 Namen aus dem Herrenstand und 392 der Land-

edelleute (zemané) und Ritter (ein Name nicht identifiziert). An der Spitze Čeněk von Wartenberg, Oberstburggraf von Prag (1414–1420), von dem in der Chronik wiederholt die Rede ist.

[19a] Dieser Wendung kommt nach mittelalterlicher Prozeßordnung besondere Bedeutung zu, weil diese nur auf ein persönliches Eingeständnis einer Schuld hin verurteilen konnte, was in der Praxis zu den mit grausamer Folter verbundenen Befragungen führte. Wenn J. Hus trotzdem verurteilt wurde, dann nach dem Grundsatz für Ketzerprozesse, daß man einem Ketzer nicht zu glauben brauche, wenn er seine Unschuld beteuere.

[20] Da ein von Jeronimus vorsichtig abgefaßter Text dem Konzil nicht genügte, erfolgte Abschwörung nach dem vom Konzil vorgelegten umfangreichen Text in Allgem. Sitzung am 23. September 1415, FRB VIII 343–345. – Zu den genannten Richtern:
Petrus von Cambrai (Pierre d'Ailly), 1350–1420, angesehener Theologe in Paris, 1397 Bischof von Cambrai, erhielt von Joh. XXIII. 1411 die Kardinalswürde, maßgeblicher Befürworter für Zustandekommen des Konstanzer Konzils.
Francesco Zabarella, 1360–1417, aus patrizischer Familie von Padua, Jurist und Humanist, Rechtslehrer in Padua 1390–1410, Vertreter des Konziliarismus in Pisa, erhielt, obgleich Laie, 1410 das Erzbistum Florenz, 1411 Kurienkardinal, führte 1412 in Rom den gegen J. Hus angestrengten Prozeß.
Zu *Dr. Jan Náz* (doctor Naso): stammte aus Prager Familie eines Hofbeamten. Rechtsstudien in Prag und Padua, stand im Dienst König Wenzels und war Mitglied des Kronrates. Zum Priester geweiht 1402, Kanonikus von St. Veit, gehörte in Konstanz zu den führenden Gegnern des J. Hus und Jeronimus, ging nach dem Konzil nicht nach Prag zurück, wurde Bischof von Chur, dort gest. 1440.

[21] Der Vyšehrad und die drei genannten Siedlungen lagen außerhalb der drei Prager Städte und fielen deshalb nicht unter das Interdikt. *Psáře* noch auf Jüttner'schem Plan Kleinsiedlung einer doppelseitigen Häuserzeile unterhalb des Nordhangs des Vyšehrad. *Buben* (Bubny) lag im Moldaubogen nördlich von Prag, *Ovenec* westlich des königlichen Wildgeheges (heute Baumgarten) im jetzigen Stadtteil Bubeneč.

[22] Text der vorgelegten Artikel: von der Hardt IV 634–691 (mit Antworten des Jeronimus).

[23] Wortlaut des Todesurteils: von der Hardt IV 769–771. Zu den genannten Kirchengesängen: *Felix namque es* – ein Marienresponsorium, dessen erste Strophe lautet:

Felix namque es sacra virgo Maria
et omni laude dignissima,
quia ex te ortus est *sol iusticie* (Mal 3,20)
Christus, deus noster. Alleluja. – – –
(Text mit Choralmelodie bei Zd. Nejedlý, Dějiny 3, 108.)

Übersetzung:

Selig bist du, heilige Jungfrau Maria
und allen Lobpreises höchst würdig,

denn aus dir ging auf *die Sonne der Gerechtigkeit,*
Christus, unser Gott. Alleluja. – – –

Der Gesang an der Richtstätte war ein Osterhymnus mit dem Wortlaut:

Salve, festa dies, toto venerabilis aevo,
qua deus infernum vicit et astra tenet.

Übersetzung:

Heil dir, festlicher Tag, ehrwürdig im Weltlauf der Zeiten,
über die Hölle siegt Gott, machtvoll die Sterne er lenkt.

Es handelt sich nicht um ein Gedicht des Hrabanus Maurus, wie Zd. Nejedlý (Dějiny 5,402) bemerkt, sondern ist ein Distichon des Venantius Fortunatus (6. Jh.) aus Carm. III Nr. 9,39f (MGH Auct. ant. IV S. 60; Analecta Hymnica 50, 76ff) und wurde in Verbindung mit anderen ausgewählten Versen aus dem gesamten Gedicht (110 Verse) in späterer Zeit zu einem österlichen Prozessionshymnus redigiert. Wahrscheinlich sang Jeronimus den Hymnus – falls ihn die Schergen zu Ende singen ließen – mit dem lateinischen Auswahltext, der später dem alttschechischen Osterhymnus der hussitischen Liturgie als Vorlage diente. Alttschech. Text mit Choralnoten bei Zd. Nejedlý, Dějiny 6 (Texty) 167f. (Die Strophen 2–5 sind alttschech. Übers. der Distichen des Venantius Fortunatus, und zwar der Verse Carm. III Nr. 9, 31–38.) Der Hinweis des Verf. auf Bericht über Gefangenschaft und Tod des Jeronimus bezieht sich auf Peter von Mladoniowitz FRB VIII 346–349. – Berühmtheit erlangte mit Recht der Brief des italienischen Humanisten Poggio Bracciolini (1380–1459) an Leonardo Bruno von Arezzo über die Selbstverteidigung des Jeronimus im Konzil und seinen Tod. Der Brief wurde sogleich ins Tschechische übersetzt, findet sich unter den alttschechischen Inkunabeln (nach 1490) und in der Folgezeigt wiederholt unter den tschech. Frühdrucken. Lat. und alttschech. Text in FRB VIII 323–334.

24 Kardinal Oddo war bei der Papstwahl Laie. Er richtete sogleich mit ehemaligen Sekretären und Schreibern Johannes' XXIII. in der Bischofspfalz in Konstanz seine Kanzlei ein und wurde vom Bischof von Ostia an den nächsten drei aufeinanderfolgenden Tagen jeweils zum Diakon, Priester und Bischof geweiht. – Siehe von der Hardt IV 1486f.

25 Bechyně: Burg und Bezirksstadt an der Lužnitz (im westl. Niederösterreich: Lainsitz) in Südböhmen. Berg Tabor nach biblischem Tafelberg Tabor in Galiläa von hussitischen Predigern genannt, die nach Fr. Heřmanský/M. Bláhová (1979 S. 328 Anm. 1 zu Kap. 16) die Stelle Richter 4,6ff – Aufforderung der Richterin Debora zum siegreichen Kampf mit den Kanaanäern – auf sich bezogen: „Gehe hin und zieh auf den Berg Tabor und nimm zehntausend Mann mit dir" etc.

26 Nikolaus von Hus aus verarmtem niederem Adel in der Gegend von Pürglitz/Křivoklát, stand im Dienst böhm. Herren, u. a. der Rosenberger und Čeněks von Wartenberg und schließlich König Wenzels als Burggraf der Burg Hus im südwestböhm. Bezirk Prachatitz, wurde aber 1417 entlassen. –

Sankt Apollinaris auf den südl. Höhen der Neustadt war Kollegiatskirche mit einem Propst und Kanonikern. In der Nähe hatte König Wenzel zeitweilig auf einem Hof seinen Aufenthalt genommen.

[27] Die Prozession führte der ehemalige Praemonstratensermönch Johannes von Selau (Jan Želivský), den Verf. hier unerwähnt läßt, von dem er aber später ausführlich berichtet. Er stammte aus Humpolec (Südostböhmen), Praemonstratenser im nahen Selau/Želiv (bibl. Name Siloa) westl. Humpolec, kam 1418 nach Prag und war Prediger an der Maria-Schnee-Kirche (heute Jungmannovo námestí/Jungmannplatz).
St. Stephan Na Rybníčku (Am Teich), damals kleine Siedlung, an die die Straßennamen Štěpánská/Stephansgasse und Na rybníčku/Teichgasse erinnern. – Die Marienkirche Na Písku (Auf dem Sande) war Klosterkirche der Karmeliter (nicht der Prediger/Dominikaner, wie später vom Verf. wiederholt gesagt), erbaut unter Karl IV. mit dem höchsten gotischen Chor in Prag, auf fast allen Prager historischen Stadtansichten deutlich erkennbar, heute unter dem Namen Maria-Schnee-Kirche (unweit vom Wenzelsplatz).
Jan Žižka von Trocnov (Burg nordöstl. Krumau in Südböhmen), geb. um 1360, Landedelmann (zeman) aus verarmtem Geschlecht, deshalb seit ca. 1390 im Dienst König Wenzels (bei den familiares/domestici, dem Hofgesinde); 1410/1411 mit anderen Angehörigen des böhm. und mähr. Landadels im Sold des poln. Königs Wladysław Jagiełło im Ordensland Preußen im Kampf gegen Deutschen Ritterorden, wahrscheinlich Teilnahme an Schlacht bei Tannenberg (in poln. u. tschech. Geschichtsschreibung: Grunwald) 1410; seit April 1421 führender Hauptmann der Taboriten und Organisator ihres Feldheeres, dessen Taktik (Wagenburgen) er begründete; gest. 11. Oktober 1424 an der Pest im Heerlager bei Königgrätz.
Bedeutung Žižkas an hier geschilderten Ereignissen in tschechischer Historiographie umstritten (vgl. Fr. Heřmanský/M. Bláhová, 1979, 330, Anm. 3 zu Kap. 17). – Zur Frage des Lebensalters J. Žižkas vgl. Fr. Šmahel: Hussitský Tábor 3 (1980) 5–46.

[28] Neue Burg/Novum Castrum bei Kunratice südl. Prag, von König Wenzel erbaut, hieß (wohl nach Vorbild Karlstein) auch Wenzelstein; von Taboriten Januar 1421 geplündert und zerstört, wovon Kap. 80 der Chronik berichtet.

[29] Königssaal (Aula Regia), Zisterzienserkloster südl. Prag an Mündung der Beraun in die Moldau, von König Wenzel II. 1292 gegründet, Begräbnisstätte böhm. Könige und Herren, 1420 zerstört, nach den Hussitenkriegen erneuert, von Joseph II. säkularisiert.

[30] Jan Bradatý (der „Bärtige") stammte aus Mies, von Verf. wohl zu Unrecht als Beschützer des plündernden Pöbels genannt, denn er hat sich am gleichen Tag der aus ihrem geplünderten Kloster vertriebenen Kartäuser angenommen und sie vor dem sicheren Tod des Ertränkens in der Moldau gerettet. Vgl. Tomek IV, 3–5.

[31] Die Prager Kartause *Domus horti sancte Marie/Haus des Mariengartens,* gegründet 1342 von König Johann von Luxemburg (vielleicht nach Vorbild seines Onkels, des Kurfürsten und Erzbischofs Balduin

von Trier, der 1335 die Kartause St. Alban bei Trier gegründet hatte), lag südl. der Kleinseite unmittelbar am linken Moldauufer im Norden des heutigen Stadtteils Smíchov, wo die Kartouzská/Kartäusergasse an das Kloster erinnert. Entsprechend der Bauweise der Kartäuser, die als beschaulicher Orden Eremiten- und Koinobitentum vereinigten und nach dem Vorbild der Grande Chartreuse, der Gründung Brunos von Köln (1030–1101) im felsigen Hochtal Chartreuse (Cartusia) nördlich von Grenoble, ihre Klosteranlagen mit je einem Einzelhaus, bestehend aus zwei Zellen und einem Garten, für jeden Mönch um den großen Kreuzgang (claustrum magnum) errichteten, muß die Prager Kartause mit Kirche, Kapitelsaal und Bibliothek am kleinen Kreuzgang sehr weiträumig gewesen sein. Ihre Bedeutung zeigt sich u. a., daß ein Prior aus Prag 1381 die Kartause Marienparadies westl. Danzig gegründet hat.

32 Die Marienkirche Na Louži – in Lacu/am Tümpel – (wohl nach einem Kolk, d. h. einer trichterförmigen Sammelstelle von Überschwemmungswasser, wie es solche am Niederrhein noch heute gibt, benannt) stand bis 1791 unweit des heutigen Clam-Gallas-Palais (auf der umfangreichen Pragansicht des österr. Offiziers Josef Daniel Huber von 1769 noch deutlich erkennbar), wurde darauf abgerissen, der dazugehörende Friedhof eingeebnet und zum Marienplatz gemacht (so bereits Jüttnerplan 1816, Mariánské náměstí während der Ersten Republik, jetzt Náměstí primátora Vacka/Vacekplatz/). –
Magister Albik, Deutscher aus Mähr. Neustadt, Professor der Medizin in Prag und Leibarzt König Wenzels, wurde auf dessen Wunsch nach dem Tod des Erzbischofs Zbyněk von Hasenburg Erzbischof von Prag, verzichtete bereits nach wenigen Monaten 1413 (Nachfolger: Konrad von Vechta), Verf. damals bedeutender medizinischer Schriften, die aus Lat. auch ins Deutsche und Tschechische übersetzt wurden; gest. 1426 in Buda. Er hatte sich zu Lebzeiten in einer von ihm gestifteten und den heiligen Patronen der Ärzte Cosmas und Damian geweihten Kapelle der Kirche nach dem Brauch der Zeit eine Grabstätte errichten lassen.

33 U Křížků („bei den Kreuzen"; „Kreuzberg"), Berg bei Ládví südl. Prag an Straße nach Benešov/Beneschau.

34 Kloster und Kirche des heiligen Ambrosius von Karl IV. am damaligen Altstadtgraben gegenüber dem Pulverturm (an der heutigen Hybernská/Hybernergasse) gegründet und zwecks Pflege der (Mailänder) ambrosianischen Liturgie Benediktinern aus Italien übergeben. Nach dem Weißen Berg von irischen Franziskanern („Hybernern") besiedelt, von Joseph II. 1786 säkularisiert.

35 Wilhelm Zajíc von Hasenburg (Ruinen der Hasenburg im Raum südwestl. Leitmeritz), Bruder des Prager Erzbischofs Zbyněk (gest. 1411). – Jan Chudoba Ralsko: auch Jan (Johannes) von Wartenberg auf Ralsko; beide Burgen in Nordböhmen südöstl. von Böhmisch Leipa. Die Prämonstratenserabtei Strahov wurde um 1140 von dem Olmützer Bischof Heinrich Zdik auf dem Sionsberg südlich der Burg oberhalb der Kleinseite gegründet und mit Mönchen aus dem Eifelkloster Steinfeld besiedelt; Blüte unter Karl IV. und in der Barockzeit, mit den

beiden Bibliothekssälen des 17. und 18. Jh.s jetzt Zentralinstitut der tschechischen Literatur.
Sankt Thomas auf der Kleinseite, von König Wenzel II. mit Augustiner-Eremiten 1285 besiedelt. Kirche mit hoher Turmnadel auf historischen Pragansichten leicht zu finden. Der Bischofshof im Tal am Ende der Brücke zwischen der heutigen Brückengasse (Mostecká) und der Thomaskirche, seit Přemysl Ottokar I. Sitz der Prager Bischöfe, gehörte zu den schönsten Bauwerken des mittelalterlichen Prag mit zwei Kapellen und zwei Sälen, deren Wände im Stil der Wenzelskapelle des Veitsdomes wahrscheinlich mit geschliffenen böhmischen Halbedelsteinen geschmückt waren. Gotischer Umbau vor Karl IV. durch Bischof Johannes IV. von Dražice (um 1330). – (Das heutige erzbischöfliche Palais auf dem Hradschin gegenüber dem Burgtor wurde nach 140jähriger Sedisvakanz erst 1561 bei Wiederbesetzung des Prager Erzbistums den Erzbischöfen als Residenz übergeben.)

[36] Entsprechend jüdischem und frühchristlichem, im Mittelalter beibehaltenem Brauch wurde Beginn des neuen Kalendertages von Einbruch der Dunkelheit an gerechnet und deshalb von da an die erste Stunde (von 24) gezählt; genannte Uhrzeit entspricht daher im November nach unserer Tageszeit der Stunde zwischen 13 und 14 Uhr. – Vgl. Grotefend, H., Ulrich, Th., Taschenbuch der Zeitrechnung des deutschen Mittelalters und der Neuzeit. Hannover 1960.
Ambrosius, Priester aus Königgrätz; Name der Stadt bis heute im Tschech. Hradec Králové, eigentlich „Königingrätz" (1557: Khunigin Gracz), daher latinisiert: Hradecz Regine; die Stadt war mit ihren Patronatsrechten und Einkünften Besitztitel der Königin von Böhmen.

[37] Zur Zeit Karls IV. erwarben bedeutende Reichsfürsten in Prag als Herberge für längeren Aufenthalt in der Stadt als der Residenz des römischen Kaisers und deutschen Königs ihre eigenen Häuser. Das Haus des Kurfürsten und Herzogs von Sachsen stand zwischen Bischofshof und Kleinseitner Brückenturm.

[38] Ulrich von Rosenberg, geb. 1403, Sohn Heinrichs von Rosenberg (gest. 1412) und Elisabeths von Kravaře, schloß sich unter Einfluß Čeněks von Wartenberg dem Utraquismus an und setzte auf seinen südböhm. Gütern Pfarrer, die Gegner der Kelchkommunion waren, ab. – Fluchtziel für die Königin war wahrscheinlich die Neue Burg, die außerhalb Prags Sicherheit bot.

[39] Ungefähr zwei Uhr nachts.

[40] Im 14./15. Jh. gab es nur bei den größeren Pfarrkirchen auch Schulen, auf der Kleinseite nur die eine bei St. Nikolaus. Die Schulaufsicht oblag den Pfarrern. Die Niklaskirche gehörte bis zur Gegenreformation den Utraquisten, wurde dann Kollegkirche der Jesuiten, die den mächtigen Barockbau mit der das Kleinseitener Stadtbild beherrschenden Kuppel durch Kilian Ignaz Dientzenhofer vollenden ließen.

[41] Die beiderseits genannten Personen im Kampf bei Knín, Dorf südlich Königsaal und östlich Dobříš, gehörten fast alle dem Herrenstand an. Auf seiten der Taboriten Břeněk von Švihov (nördl. Klattau i. Westböhmen); – der Ritter Chval von Machovice, Inhaber der Burg Řepice

bei Strakonice/Strakonitz an der Otava, westl. Písek. – Auf seiten des Königs: Peter von Sternberg (Burg im Raum der mittleren Sázava), Herr von Konopiště (bei Beneschau), gest. 1420; Hynce Ptáček von Pirkstein mit dem Sitz auf Burg Rataje (nordöstlich Sternberg benachbart); Jan Svídnický von Chotěmice (im Raum Pilgram/Pelhřimov, Südostböhmen). Albrecht von Kolditz, Herr auf Bilin, Hofrichter und Hauptmann von Breslau und Schweidnitz; Jan Michalec von Michalovice/Burg Michelsberg, nördl. Jung Bunzlau an der Iser, Herr dieser Stadt.

42 In überlieferter Fassung der Chronik nicht mehr enthalten, da sie mitten in den Vorbereitungen Žižkas zum Kampf um die Stadt mit dem 22. Dezember 1421 abbricht.

43 Burg Riesenberg unweit südöstlich Domažlice/Taus. – Klattau/Klatovy, latinisiert Glatovia, Stadt ca. 40 km südlich Pilsen, Westböhmen; von dort besonders starke Beteiligung der Bevölkerung an den Bergwallfahrten; von den taboritischen Chiliasten als eine der fünf Asylstädte bezeichnet, die vom erwarteten Weltuntergang verschont bleiben sollten.

44 Kouřim, latinisiert Curim u. Gurim, Kreisstadt etwa 40 km südöstlich Prag.

45 Zu Jan Sádlo: Miličín, Dorf etwa 15 km nördl. Tabor, Kostelec an der unteren Sázava.

46 Zu Zdeslav Tluxa: Buřenice, Marktort im Raum Pilgram/Pelhřimov, Südostböhmen.

47 *sruby,* Singular *srub,* nach J. Holub und St. Lyrer: Etymologický slovník jazyka českého, zu *rubati (raubati):* Holz hauen, fällen. Sinn also: Blockhaus, Holzhütte aus unbehauenen Stämmen. Vgl. J. Jungmann, Slovník, zu *raubati.*

48 Vgl. Grimm'sches Wörterbuch 8/1611: „im Sack haben" für „in seiner Gewalt haben"; daher Sinn des Tschechischen *„w sak": „in den Sack stecken"* und im Wasser ertränken, was zu den Arten des Vollzugs der Todesstrafe im Mittelalter gehörte. Sprachliche Belege dazu bei Grimm 8/1612 u. a. aus dem Schwabenspiegel 289: *zum fünfften so richt man mit dem sack, daz man einen ertrenket.* – Der Hinweis des Verf. der Chronik auf König Wenzel ist vielleicht eine Anspielung auf den Tod des Prager Generalvikars unter Erzbischof Joh. von Jenstein, des hl. Johannes von Nepomuk. Vgl. dazu F. Seibt, Johannes von Nepomuk (Ausstellungskatalog), Passau 1971, S. 22f.

49 Saaz und Laun, beide Städte an der mittlerenen Eger etwa 20 km voneinander entfernt; Schlan/Slaný 30 km nordwestl. von Prag; zu Klattau siehe Anm. 43.

50 Dem Gedanken der Rettung vor der göttlichen Rache liegt wohl der Bericht über die Asylstädte Dtn 19,1–10 *(tres civitates)* und Jos 20,1–9 zugrunde, wo sechs Städte (darunter Sichem, Hebron, Jericho) genannt sind, die Sicherheit vor Blutrache bieten sollten.

51 Valkun von Adlar, verarmter Ritter aus der Klattauer Gegend, Burgname wahrscheinlich aus deutschem „Adler" gebildet. – Der weiter unten genannte Wenzel Koranda stammte aus Pilsen, vermutlich noch

recht jung, als er um 1417 Pfarrer in Pilsen wurde, das sich unter seinem Einfluß zum geistigen Zentrum der Taboriten entwickelte. K. erlebte noch die Zeit Georgs von Poděbrad (um 1450 Landesverwalter, 1458 König).

[52] Vgl. Fr. Palacký, Urkundliche Beiträge I, S. 15.

[53] Bydlín und Smolín waren Kleinsiedlungen bei Tabor, die beiden Namensträger Jan sonst nicht bekannt. – Ústí (Sezimovo) am rechten Ufer der Lužnitz wenige km südl. Tabor. Dort hatte kurze Zeit J. Hus gepredigt, darauf Zufluchtsort utraquistischer Priester. Das Städtchen hatte auch ein Dominikanerkloster als Stützpunkt der Gegner der Kelchkommunion. Siehe Fr. Heřmanský/M. Bláhová 335, Anm. 3 zu Kap. 28.

[54] Hradiště („Burgstätte"), etwa 6 km nördlich Sezimovo Ústí, wo die neue Hussitenstadt Tabor entstand.

[55] Jan Krása, Bürger (Kaufmann?) der Prager Neustadt, Hausbesitzer auf dem Neustädter Ring (heute Karlovo náměstí/Karlsplatz), unter Wenzel IV. mehrmals Ratsherr („Konsul") der Neustadt, war nach Breslau zum Jahrmarkt gekommen. Siehe V. V. Tomek IV 34.

[56] Text der Kreuzzugsbulle Martins V. vom 1. März 1420 aus Florenz bei Palacký, Urkundliche Beiträge S. 17–20. Päpstlicher Legat: der Spanier Fernando de Palacios, Bischof von Lugo (1415–1435).

[57] Mikeš (= Mikuláš/Nikolaus) Divoký aus Jemniště bei Benešov/Beneschau stand seit 1414 in Diensten König Sigismunds, erhielt in Brünn vom König das Amt des Kuttenberger Münzmeisters und verwaltete die Einkünfte aus den dem König treu gebliebenen königlichen Städten. Nach Sigismunds Niederlagen in Böhmen stand er weiterhin in seinem Dienst in Ungarn. –
Der weiter unten genannte Großprior der Johanniter war Heinrich von Neuhaus, der in dem anschließend geschilderten Kampf verwundet wurde.

[58] Markold, ein taboritischer Priester aus Zbraslavice (ca. 20 km südlich Kuttenberg), in Chronik noch zweimal genannt, 1433 beim Konzil in Basel, 1434 in Entscheidungsschlacht bei Lipany (östl. Prag zwischen Kouřim und Böhmisch Brod/Český Brod) gefallen.

[59] Sudoměř an der Otava ca. 10 km südwestl. Písek, von Hradiště (Tabor) noch mindestens 50 km entfernt.
Herr Wenzel von Dubá (Burg an der Sázava südwestl. vom ehemals slavischen Benediktinerkloster St. Prokop) alias von Leštno (Burg südl. Beneschau), seit 1411 im Dienst König Sigismunds, hatte in dessen Auftrag im Oktober 1414 J. Hus nach Konstanz geleitet und nach dessen Gefangennahme als sein Schirmherr durch Anschlag von Protestschreiben sich für seine Befreiung eingesetzt. Nach dem Tode König Wenzels wurde er Unterkämmerer des Königreichs Böhmen.

[60] Es handelte sich um einen Ritterorden vom Goldenen Drachen, den König Sigismund 1408 für Ritter im Kampf gegen die Türken gegründet hatte. Man beachte, daß er als König von Ungarn 1396 bei Nikopolis/Nikopol (am rechten Donauufer in Bulgarien) eine folgenschwere Niederlage durch die Türken erlitt und seither in Abwehr der Türken-

gefahr stand. Eine ähnliche Ordensgründung im Westen war der vom burgundischen Herzog Philipp dem Guten 1430 in Brügge für den burgundischen Adel gestiftete Orden vom Goldenen Vlies, dessen Ordensritter an einer goldenen Kette das Ordenszeichen des in Gold gearbeiteten kleinen Widderfells an der Brust trugen.

61 Vožice: etwa 15 km nordöstl. Tabor. – Zur Erwähnung der Pferdebeute vgl. Aeneas Silvius Hist. Boh. 40: *non equites apud Taboritas, cum essent omnes ferme infimae plebis homines . . . Nicolaus magister monetae primus omnium equorum copiam Taboritis fecit . . . in vico Vogize* (sic!) – *bei den Taboriten gab es keine Reiter, da fast alle Leute aus der untersten Volksschicht waren . . . Der Münzmeister Nikolaus verschaffte als erster von allen den Taboriten eine große Zahl von Pferden im Dorf* Vožice.

62 Botičbach: rechter Zufluß zur Moldau in der Talsenke zwischen den Südhügeln der Neustadt und dem Nordosthang des Vyšehrads.

63 Zbyněk von Buchov und Chval von Řepice aus dem ritterlichen Landadel. Buchov: Dorf und Burg etwa 15 km nördlich Tabor; Řepice: Dorf unweit Strakonice/Strakonitz. – Sedlec: starke Burg wenige km südl. Tabor.

64 Čeněk von Wartenberg gab dem König sogar den ihm verliehenen Orden vom Goldenen Drachen zurück, wie Fr. Heřmanský/M. Bláhová (1979) S. 338 Anm. 5 zu Kap. 33 bemerken. – Text des Aufrufs gegen den König in Archiv Český III 210–212.

65 Mühlhausen/Milevsko ca. 20 km westl. Tabor, gegründet 1184, erster Abt war der böhmische Chronist Gerlach. – Das weiter unten genannte Kloster Nepomuk (ca. 30 km südöstl. Pilsen, 25 km nordöstl. Klattau) war eine Zisterzienserabtei, Ruinen noch vorhanden. – Burg Rábí, aus deutschem „Rabe" („Rabenstein") der Name gebildet, etwa 25 km südöstl. Klattau. Burgherr war Jan Krk von Riesenberg und Švíhov.

66 Třebechovice: Kleinstadt am Fuß des Berges Oreb ca. 13 km östlich Königgrätz. Name des Berges nach alttestamentlichem Horeb, des „Gottesberges" des brennenden Dornbusches (Ex 3,1), des Wassers aus dem Felsen (Ex 17,6) und der Gesetzgebung nach 2 Chron 5,10.

67 Hynek Krušina von Lichtenburg (Burg ca. 15 km südlich Pardubitz), Herr von Kumburg (ca. 12 km nordöstl. Jičín an der Cidlina, rechtem Nebenfluß der Elbe), seit 1415 Anhänger der hussitischen Bewegung, sein Name unter den ersten des böhmischen Herrenstandes auf dem Protestschreiben vom 2. September 1415 an das Konstanzer Konzil wegen Verurteilung und Tod des J. Hus (Fr. Palacký Doc. 580, 584 Nr. 12), verließ aber nach 1425 die Gemeinde der Orebiten, gest. um 1454.

68 Münchengrätz (im Text: monasterium Hradisst)/Mnichovo Hradiště am rechten Ufer der Iser, war seit dem frühen 12. Jh. ein Benediktinerkloster; 4 km südöstl. links von der Iser Burg Valečov.

69 Ernst Flaška von Pardubitz und Richenburg (20 km südwestl. Leitomischl), Sohn des gelehrten alttschechischen Dichters und Rebellen gegen König Wenzel IV. Smil Flaška von Pardubitz, hatte zwar das Protestschreiben an das Konstanzer Konzil 1415 unterschrieben

(Doc. 581, 585 Nr. 26), stand aber in Diensten König Sigismunds, gest. nach 1421.

[70] Hynek Hlaváč von Dubá, Herr von Böhmisch Leipa/Česká Lípa, Landvogt in der Oberlausitz, die seit dem Luxemburger König Johann mit Bautzen und Görlitz einschließlich der Niederlausitz (seit Karl IV.) bis zum Prager Frieden 1635 zur böhmischen Krone gehörte.

[71] Wohl schon unter den letzten Přemysliden entstand westl. der Burg eine Siedlung städtischen Charakters mit viereckigem Grundriß, Ring und eigener Pfarrkirche St. Benedikt sowie seit dem Luxemburger König Johann mit Befestigung des Städtchens. Der Name Hradčany (Sinn wohl: „Burgleute") ist erst seit 1350 belegt (V. V. Tomek I 1892, S. 556ff); unter Joseph II. 1784 wurde die Hradschinstadt mit den drei historischen Prager Städten vereinigt.

Die Praemonstratenserabtei Strahov war zur Zeit der Geschehnisse nur wenige hundert Meter von der Hradschinsiedlung inmitten von Weinbergen entfernt.

[72] Das Kloster des Ritterordens der Kreuzherren (Cruciferi/Křižovníci) unter Mitwirkung der seligen Agnes von Böhmen, der Tochter König Přemysl Ottokars I., gegründet, ursprünglich mit Hospital bei St. Peter am Poříč. Seit 1252 erstand unmittelbar am rechten Moldauufer an der Brücke ihre Hl.-Geist-Kirche mit dem Hospital. Sie hießen von da an Cruciferi ad pedem pontis – Kreuzherren am Brückenfuß.

[73] Slavenkloster südl. vom Neustädter Ring (heute Karlovo náměstí/Karlsplatz) von Karl IV. mit Einverständnis seines ehemaligen Lehrers und Papstes Klemens VI. (Avignon) im November 1347 als Benediktinerkloster zur Pflege der kirchenslavischen Liturgie durch Berufung von Mönchen aus dem Adriaraum (Istrien, Dalmatien) gestiftet. Gotischer Neubau der Kirche am Ostermontag 1372 auf die Namen der Heiligen Hieronymus, Kyrill, Method, Adalbert und Prokop eingeweiht. Nach dem Tagesevangelium von den Emmausjüngern (Lk 24,13–35) hielt sich auch der Name Emmauskloster bis in die Gegenwart neben dem Straßennamen Na Slovanech (etwa: „Slavenhöhe", weil das Gelände westl. der Klosterbauten zur Moldau abfällt).

[74] Hynek von Goldenstein aus verarmter Seitenlinie der Herren von Waldstein (Burg Waldstein über 20 km nordwestl. Jičín) – Burg und Dorf Goldenstein im waldreichen äußersten Nordmähren östl. des Quellgebietes der March (Morava), die dem Land den Namen gab. Hynek setzte sich besonders für Übertragung der böhm. Krone an den König von Polen ein. Gest. 1427 im Kampf für polnischen Kronanwärter Sigmund Korybutovič.

[75] Vormals des Sigmund Huler, eines Günstlings König Wenzels IV; wahrscheinlich aus einer Egerer Familie stammend, gelangte er zu großem Reichtum, unterstützte König Wenzel im Kampf gegen den Prager Erzbischof Joh. von Jenstein, war von 1387 bis 1405 Unterkämmerer des Königreichs Böhmen, hielt dem König während des Herrenaufstandes die Treue, wurde Herr auf der Burg Orlík (am linken Ufer der mittleren Moldau); vgl. F. M. Bartoš Čechy etc. (1947) S. 53. – Das

Haus gehörte zur Zeit der Geschehnisse dem Herrn Albert Škopek von Dubá.

[76] Ledeč ca. 18 km nordwestl. Deutsch Brod/Německý Brod (jetzt Havlíčkův Brod) flußabwärts rechts der oberen Sázava; Burg Lipnice wenige km westl. Deutsch Brod links der Sázava. – Der ungenannte Berg wurde von J. V. Šimák (1920) mit dem Melechov unweit Burg Lipnice identifiziert. – Zur weiter unten berichteten Unruhe in Kuttenberg: Entfernung zwischen Kuttenberg und dem Berg Melechov beträgt an die 50 km.

[77] Nördlich Beneschau am linken Ufer der unteren Sázava rund 20 km Luftlinie von Mündung in die Moldau entfernt. – Das Städtchen Beneschau gehörte dem Hauptgegner der Hussiten im böhmischen Herrenstand, Peter von Sternberg und Konopiště.

[78] Janek (= Jan) Svídnický von Chotěmice (Dorf ca. 25 km südöstl. Tabor) hatte zwar Protest an Konstanzer Konzil unterschrieben (Doc. 587, Nr. 228), trat aber dann in die Dienste König Sigismunds. – Pipa Gallicus, ein Italiener (Pippo = Philippo *Spano,* so genannt nach seiner Würde als župan/*ispan* von Temesvár seit 1407), der aus Florenz stammte und seit 1378 in Ungarn lebte. In Diensten König Sigismunds war er Heerführer in den Türkenkriegen, gest. 1426.
Wenzel Doninský war Richter in Kuttenberg.

[79] Poříč-Tor (Poříč: „Flußgebiet", „Flußuferzone") im äußersten Nordosten der Neustadt unweit der im Norden Prags in der Nähe der Kirche St. Peter von West nach Ost fließenden Moldau (Straßenname heute: Na Poříčí/Auf dem Poříč), 1873 abgerissen. Die ungenannte Insel könnte die noch heute vorhandene Štvanice/Hetzinsel gewesen sein (Länge über 1 km, größte Breite 200 m). Im Spätmittelalter gab es an der Stelle wahrscheinlich mehrere Inseln, wie noch auf Jüttner'schem Plan 1816 drei große und einige kleine Inseln eingezeichnet sind.

[80] *podsebitie:* Ausdruck für *geschützten Umgang* („Pawlatsch") an Burgmauern und Türmen; nach J. Jungmann (1837) unter Zitat dieser Stelle als Beleg (wohl als Scherzwort gebraucht): *„Knebelbart".*

[81] Herr Michalec von Michalovice und auf Bezděz/Bösig, Herr der Stadt Jung Bunzlau an der mittleren Iser. Michalovice/Michelsberg: Burg wenige km nordwestlich der Stadt.

[82] Břevnov: ältestes Benediktinerkloster der böhmischen Länder, vom zweiten Prager Bischof, dem hl. Adalbert, 993 gegründet, rund 3 km westlich der Prager Burg auf dem Höhenzug zwischen Hradschin und Weißem Berg. Jetzige Kirche St. Margaretha, ein berühmter Barockbau Christoph Dientzenhofers aus den beiden ersten Jahrzehnten des 18. Jh.s.

[83] Porta Apostolorum (Apostelpforte/Brána apoštolská) zwischen Saaz und Laun links von der Eger war im 15. Jh. das bedeutendste und reichste Benediktinerkloster Böhmens. Jetzt Postelberg/Postoloprty.

[84] Unter Kleinodien wird man sich auf die Seide von Mitren und liturgischen Gewändern aufgesetzte Perlenschnüre, Goldplättchen und kleine Edelsteine vorzustellen haben, wie man in Domschatzkammern und

kirchlichen Museen an Ornaten besonders der Barockzeit sehen kann, was sich aber auch schon in der Paramentenkunst der Gotik vorfand.

[85] Makotřasy: Burg und Dorf ca. 15 km nordwestl. von Prag; beide waren im Besitz des Prager Kaufmanns Peter Meziřičský.

[86] Katharinenkloster der Augustiner-Eremitinnen mit Kirche der hl. Katharina im Südosten der Neustadt östlich vom Karlsplatz in der Kateřinská/Katharinengasse, 1355 von Karl IV. gestiftet zum Dank für seinen Sieg über die Lombarden am Katharinentag (25. November) 1332 vor der Burg San Felice bei Modena (vgl. Hillenbrand, Eugen: Vita Caroli Quarti. Die Autobiographie Karls IV., Stuttgart 1979, S. 94f). – Der Katharinenverehrung der Zeit Karls IV. sind auch die Katharinenkapelle auf Burg Karlstein sowie das bedeutendste alttschechische Sprachwerk des Mittelalters, die Katharinenlegende, zu verdanken.

[87] Das Haus des Herrn Wilhelm Zajíc von Hasenburg stand am Ende der vom Kleinseitener Ring heraufführenden Straße, jetzt Nerudova/Nerudagasse; Jüttnerplan 1816: Spornergasse, das Strahover Stadttor daneben auf dem Janský vršek (Jüttner: Johannesbergl). – Die Brandstiftung war ein Racheakt für Schlan. Vgl. V. V. Tomek IV (1898) 60.

[88] Auf der Höhe an der Südostecke der Mauern der Neustadt hat Karl IV. für die Verehrung Karls d. Großen als Heiligen nach dem Vorbild der Aachener Karlstradition ein Kloster für Augustiner-Chorherren *(monasterium novum . . . titulo sancti Karoli imperatoris Augusti;* V. V. Tomek, Dějepis II S. 23 Anm. 36) im September 1350 gestiftet, ein Jahr nach seiner Krönung zum röm.-deutschen König in der Aachener Pfalzkapelle, wo er zugleich den Anbau des spätgotischen Ostchores an das Oktogon begründet hatte. Die Prager Kirche, ein oktogonaler Zentralbau, zur Zeit der Geschehnisse noch unvollendet, und das Kloster trugen den Namen Karlshof, tschech. Karlov. –
Zum Katharinenkloster und dem Karlshof kam 1362 die Stiftung des Kollegiatkapitels St. Apollinaris hinzu. Unweit dieser Kirche lag ein Hof, wo sich König Wenzel zeitweilig aufhielt; vgl. Anm. 26. – Die Gegend dieser drei Klöster war im 15. Jh. bis zur Stadtmauer unbewohnt. Auch der Jüttnerplan 1816 weist fast nur Gärten und unbebautes Land aus.

[89] Litožnice: Dorf und Burg südl. Prag, beide untergegangen.

[90] Altbunzlau (Antiqua Boleslav/Stará Boleslav), Stadt am rechten Ufer der Elbe ca. 30 km nordöstl. Prag, an Alter Prag ebenbürtige Siedlung, wo 929 der hl. Wenzel von seinem Bruder Boleslav ermordet wurde. Von da Übertragung der Wenzelsreliquien in die Prager Burgkirche St. Veit 932 (Cosmas: Chron. Boem. I 17 und 19).

[91] Siehe Kap. 50

[92] Mělník: Stadt ca. 30 km nördlich Prag am Zusammenfluß von Moldau und Elbe.

[93] Pohořelec: im 15. Jh. westl. der Hradschinsiedlung Anhöhe mit vereinzelten Häusern innerhalb der seit 1360 durch Karl IV. erbauten Umfassungsmauer der Kleinseite („Hungermauer"), noch erhalten im Namen der am Kloster Strahov vorbeiführenden Straße.

[94] Die genannten vier königlichen Burgen liegen im Flußbereich des Berauntales (Beraun: westlicher Zufluß zur Moldau, in die er bei Zbraslav/Königsaal mündet): Burg Pürglitz (im lat. Text Hradek, sonst Burgilinum, tschech. Křivoklát) im Waldgebiet links der Beraun ca. 20 km nordwestl. der damals königlichen Stadt Beroun. – In Nord-Süd-Richtung von Pürglitz rechts der Beraun die beiden nahe beieinanderliegenden Burgen Točník und Žebrák. – Karlstein ca. 10 km flußabwärts von der Stadt Beroun in einsamem linkem Seitental der Beraun.

[95] *Bruska:* Berghöhe nördlich der Hradschinsiedlung und nordwestlich der Burg, an deren Südhang im Talgrund von West nach Ost und an der Nordseite von Hradschinsiedlung und Burg der Bach Brusnice (auch Bruský potok/Bruskabach; V. V. Tomek II S. 104) zur Moldau fließt.

[96] Kloster der hl. Anna im Süden der Kleinseite auf dem Újezd, Jüttnerplan 1816 Haus-Nr. 450, von der Mutter Karls IV., der Königin Elisabeth (Eliška) von Böhmen, 1330 für Dominikanerinnen gestiftet.

[97] Es handelte sich um zwei Königshöfe der Altstadt, den einen zwischen Pulverturm und Deutschordenskommende bei der Kirche St. Benedikt an der Stelle des jetzigen Obecný Dům (Gemeindehaus), an den auch noch die Králodvorská/Königshofergasse (Jüttnerplan 1816) erinnert; der zweite lag unweit nordöstlich des Altstädter Rings, wo König Wenzel seit ca. 1405 einen ausgedehnten Gebäudekomplex besaß und dort wiederholt residierte *ad nigram aquilam, ubi aquila est depicta – beim schwarzen Adler, wo ein Adler aufgemalt ist (curia domini regis dicta ad aquilam – Hof des Herrn Königs, genannt zum Adler).* Vgl. V. V. Tomek II, S. 133 und 204.

[98] *Malwasia:* Hafenstadt an der Südostküste der Peloponnes; die Stelle ist ein Beleg, daß es um diese Zeit einen Handel mit griechischem Wein gab, der vermutlich auf dem Seeweg über Triest oder Venedig nach Mitteleuropa gelangte. –
Pinte: Hohlmaß für ca. einen halben Liter; in diesem Sinn noch im Englischen gebräuchlich *(pint)*, während dieses Wort am Niederrhein Ausdruck in der Umgangssprache für ein Lokal mit Bierausschank bedeutet.

[99] Im Anschluß an den Bischofshof auf der Kleinseite zog sich von der Brücke entlang dem linken Moldauufer der weit ausgedehnte ummauerte erzbischöfliche Garten bis in die jetzige Nachbarschaft des Waldsteinpalais hin.

[100] Kloster und Kirche seit ca. 1329 auf der südl. Kleinseite im Bereich der ehemaligen Kleinsiedlung Nebovidy unterhalb des Laurenziberges, an die jetzt der Name des Gäßchens Nebovidská erinnert (Seitengäßchen der Karmelitská/Karmelitergasse zur Moldau hin). Aus den Klosterruinen erstand erst im 17. Jh. ein Dominikanerkonvent mit Klosterkirche seit 1656, die Christoph Dientzenhofer vollendet hat und der 1722 dort auch begraben wurde; Kirche und Kloster von Joseph II. aufgehoben.

[101] Lipolt Krajíř, Herr von Neu Bistritz/Nová Bystřice (Südostböhmen an der Grenze zu Niederösterreich und westl. der böhmisch-südmährischen Landesgrenze), stand in Diensten König Sigismunds als Befehls-

haber königlicher Söldner in Budweis und hatte im Auftrag des Königs österreichische Söldner angeworben.

[102] Alle genannten sechs Burgen liegen in Südböhmen im Raum von Tabor und Písek südwärts bis an die Grenzen gegen Nieder- und Oberösterreich. – Přibĕnice: auf steilem Berg in einer Schleife am linken Ufer der unteren Lužnitz etwa 15 km südwestl. von Tabor; ihre Eroberung wird in Kap. 73 geschildert. Choustník: rechts der Lužnitz ca. 20 km südöstl. Tabor; – Helfenburg: ca. 20 km südwestl. der Stadt Písek (an der unteren Otava) und ebensoweit nördl. von Prachatitz; – Burg und Stadt Krumau/Český Krumlov an der oberen Moldau ca. 25 km Luftlinie südwestl. Budweis; – Burg Rosenberg, von der das böhmische Herrengeschlecht seinen Namen führte, ca. 20 km von Krumau aufwärts an der oberen Moldau; – Gratzen/Nové Hrady im südostböhmischen gegen Niederösterreich hineinragenden Winkel unweit der Grenze zu Niederösterreich.

[103] Das eine Opfer des Hungertodes war der Anwalt des J. Hus Dr. Joh. Jessenitz, wie F. Heřmanský/M. Bláhová (1979) S. 341 zu Kap. 44 Anm. 4 bemerken. – Das nachfolgende Bibelzitat gibt verschlüsselt einen Hinweis, daß man die Gefangenen bei Wasser und Brot dahinsiechen ließ. Es lautet vollständig: *Haec dicit rex: Mittite virum istum in carcerem et sustentate eum pane tribulationis et aqua angustiae – Dies spricht der König: Schicket diesen Mann* (den Propheten Michaeas) *in den Kerker und haltet ihn* (am Leben) *mit dem Brot der Drangsal und mit dem Wasser der Angst.*

[104] Herr Aleš Vřešťovský von Riesenburg bei Náchod in Nordostböhmen an der Grenze zum Glatzer Kessel (der bis 1742 zum Königreich Böhmen gehörte und kirchlich zum Erzbistum Prag bis nach 1945) war von 1433 bis zum Frieden mit König Sigismund 1436 Landesverwalter des Königreichs; – Beneš von Mokrovousy (Dorf über 10 km nordwestl. Königgrätz) war ein bedeutender Führer der Orebiten und deshalb 1433 als Mitglied der hussitischen Gesandtschaft zum Baseler Konzil delegiert; – Jiřík von Chvalkovice, ein Ritter; seine Burg Chvalkovice lag im Raum südwestl. von Náchod.

[105] Benediktinerabtei seit dem 12. Jh., ca. 15 km südöstlich der Stadt Chrudim in Ostböhmen (von Königgrätz mindestens 35 km Luftlinie entfernt), zerstört Ende April 1421; vgl. Kap. 90 und Anm. 264.

[106] Nördl. bis nordöstlich der Burg auf dem Boden der heutigen Stadtteile Dejvice und Bubeneč (Ovenec im Spätmittelalter) bis zum heutigen Baumgarten/Stromovka (innerhalb der nordöstlichen Moldauschleife).

[107] Die auf den ersten Blick zufällig erscheinende Aufzählung der einzelnen Söldner- und Freiwilligenkontingente erweist sich als Gliederung nach ihren Herkunftsterritorien. An der Spitze stehen die Länder der luxemburgischen Hausmacht Böhmen und Mähren sowie Ungarn mit mehreren Regionalnamen, die weit nach Südosteuropa bis an die Grenzen der damals bereits türkischen Herrschaft reichen. Dazu ein aufhellender Satz aus der *Historia de Europa* des *Aeneas Silvius Piccolomini,* in dem die antiken Völkernamen mit denen der zeitgenössischen Volksstämme gleichgesetzt werden: *Imperium gentis Hungariae multo latius est*

quam ipsa Hungaria. Nam et Dalmatae, quos Schlavos, et Illyrii, quos Bosnenses, Triballi seu Mysii, quos tum Servios, tum Rascianos appellant, et Getae, quos partim Valachos, partim Transsylvanos nominant, Hungarorum imperium subierunt; – Die Herrschaft des Volkes von Ungarn reicht viel weiter als das eigentliche Ungarn. Denn die Dalmatiner, die man Slaven, und die Illyrer, die man Bosnier, Triballer und Mysier, die man bald Serben, bald Rascianer nennt, sowie die Geten, die man teils Walachen, teils Transsilvanier nennt, haben sich der Herrschaft der Ungarn unterstellt. – Hist. Eur. (1551) S. 388. – Zu den einzelnen Gruppen: Die *Kroaten* weisen nach Kroatien, die *Dalmatiner* sind Kroaten Dalmatiens. –

Bulgaren: Da Bulgarien um diese Zeit bereits osmanisch war, ist vielleicht die Annahme berechtigt, daß nach König Sigismunds Niederlage von Nikopolis (1396) gegen die Türken bulgarische Flüchtlinge auf dem Boden Ungarns Zuflucht fanden und von König Sigismund für den böhmischen Kreuzzug angeworben wurden. –

Walachen: Rumänen aus Siebenbürgen. Dazu Aeneas Silvius: *Valachi genus Italicum sunt; – sermo adhuc genti Romanus est, quamvis magna ex parte mutatus et homini Italico vix intelligibilis – die Walachen sind ein italischer Volksstamm. Die Sprache, die das Volk spricht, ist bis jetzt römisch, wenn auch großenteils verändert und für einen Menschen aus Italien kaum verständlich.* – Hist. Eur. (1551) S. 391 und 393. –

Die *Siculi* (lat. Text) sind der ungarische Stamm der Szekler in Siebenbürgen, von denen es bei Aeneas Silvius heißt: *Siculi Hungarorum vetustissimi creduntur; primi omnium, . . . nobiles appellantur . . . nec tributa pendunt nisi quo anno rex Hungariae coronatur; – Die Szekler gelten als die ältesten der Ungarn. Die ersten von allen, die aus dem alten Ungarn in dieses Landgebiet kamen, nennt man die Edelherren, und sie zahlen keine Steuern außer in dem Jahr, in dem der König von Ungarn gekrönt wird.* – His. Eur. (1551) S. 391. – Wer unter den *„Hunnen"*, lat. *Cuni,* zu verstehen sei, läßt sich nicht beantworten; vermutlich ein historischer magyarischer Stamm.

Jasen (lat. *Iasi*): kroatischer Stamm aus dem Umkreis von Varaždin/Warasdin (an der Drau südöstlich der österreichischen Grenze).

Bei den *Rasi („Rasen", Rascier;* vom alttschechischen Übersetzer nicht verstanden, weil nach dem Sinn der lat. Wortform durch *Holí,* die *„Kahlen"*, wiedergegeben) handelt es sich um Serben möglicherweise aus dem Gebiet von Rača an der Drina oberhalb deren Mündung in die untere Save. – Zu diesen Serben fügen sich anschließend die *Slavi – Slawonier* gut ein, womit noch im 19. Jh. bis zum Ende der österr.-ungar. Monarchie die Kroaten zwischen Save und Drau bezeichnet wurden. Die alttschech. Übersetzung setzt an dieser Stelle *Slováci – Slowaken* (die bis Ende 1918 gleichfalls zu Ungarn gehörten). –

Bei den *Ruteni* denkt man an die Ukrainer im nordöstlichen Ungarn südlich des Karpatenkammes, über die König Sigismund gebot und die bis zum Ende der österr.-ungar. Monarchie als *Ruthenen* bezeichnet wurden und 1919 an die Erste Tschechoslowakische Republik kamen.

Sie gehörten im 15. Jh. ebenso wie ihre Stammverwandten jenseits der Karpaten in Ostgalizien zur orthodoxen Kirche, denn ihre Vereinigung mit Rom erfolgte (bei Erhaltung des byzantinischen Ritus in der kirchenslavischen Sprache) erst in den Jahren nach der Brester Union (1596). Orthodoxe Söldner der Ruthenen erscheinen in einem lateinischen Kreuzzugsheer, dem es um die Bekämpfung des Laienkelchs ging, freilich ebenso wie die orthodoxen Bulgaren und Serben nur schwer vorstellbar. – Bei den *Preußen* dürfte es sich um Ritter oder Söldner aus dem Ordensland Preußen gehandelt haben, bei den *Serben* – die alttschechische Übersetzung überliefert an dieser Stelle Švábi/Schwaben – ist wohl an Lausitzer *Sorben* zu denken, auch wenn später die Lusacenses/Lausitzer eigens erwähnt sind. –

Die *Anglici* des lat. Textes (Engländer) nennt die alttschechische Übersetzung *Wigtišti,* worin man leicht den Namen der Insel Wight erkennt und woher die englischen Kreuzfahrer wohl vornehmlich kamen. –

Die *Spanier* sind nach ihrer Herkunft aus dem Königreich Aragon unter diesem Namen eigens aufgeführt. Demnach dürften unter den nachfolgenden Hispani („Spanier“) Kreuzfahrer aus dem Königreich Kastilien gemeint sein. –

Die zum Schluß genannten *Polen* kamen wohl nur zum Teil aus dem Königreich, zum anderen sicherlich auch aus Schlesien, zumal der Kreuzzug in Breslau angekündigt worden war. – Vgl. Kap. 29. – Die Herkunftsländer aus den deutschen Reichsterritorien bieten keine Schwierigkeit für das Verständnis.

108 Kloster und Kirche des hl. Kreuzes im Norden der Altstadt unweit der Moldau, 1256 von König Přemysl Ottokar II. gestiftet, von Joseph II. 1783 aufgehoben (in der Dušní/Hl.-Geist-Gasse, auf dem Jüttnerplan: Kreuzgasse). – Die Pfarrkirche St. Valentin stand unweit der Moldau am westl. Ende der Kaprová/Karpfengasse, die jetzt vom Altstädter Ring nordwestlich direkt zur Moldau führt. Auf dem gegenüberliegenden steilen Moldauufer befinden sich heute die Parkanlagen der Letná.

109 Unter dem Namen *Auf dem Sande* ist hier das Schwemmland auf dem linken Moldauufer im Nordosten der Kleinseite zu verstehen (nördl. des erzbischöflichen Gartens). Der Höhenzug der Bruska, in deren Talgrund der Bach Brusnice fließt, fällt dort östlich des Burgberges zur Moldau ab; daher die Bezeichnung *in Arena sub Bruska.* Dem entspricht der heutige Straßenname Pod Bruskou (unterhalb der Bruska).

110 Veitsberg: langgestreckte steile Anhöhe nordöstl. der Neustadt, die sich in Richtung der Hybernská/Hibernergasse zwischen den Stadtteilen Karlín (Karolinental) und Žižkov mit steil abfallendem Nordhang hinzieht; heute Parkanlage mit Nationaldenkmal. – Auf der Žižkover Westseite lag im Spätmittelalter unweit der Straße nach Kuttenberg die Prager Richtstätte; deshalb der Name der Anhöhe *mons patibuli* – Galgenberg.

111 Miličín, Arnoštovice, Bystřice: drei nahe beieinanderliegende Ortschaften im Raum ca. 20 km und darüber nördlich Tabor.

112 Die Aufforderung zu diesem ungewöhnlichen Tun ist biblisch. Das Verschlingen der Schriftrolle verursacht Süße im Mund – so Ez. 3,3 –

und Bitterkeit im Magen (Off. 10,10). Für den Pfarrer Wenzel, dem der Verfasser diese Worte in den Mund legt, sollte das Essen des Buches wahrscheinlich Symbol für innere Aneignung und Zustimmung zum unverkürzten Bibeltext bedeuten.

[113] Chelčice: Dorf südlich der Stadt Vodňany (20 km südl. Písek). Nach diesem Ort benannte sich der von dort stammende Peter Chelčický (ca. 1380 bis nach 1450), Laientheologe und Begründer der Unität der Böhmischen Brüder.

[114] Das Spitalsfeld dehnte sich östl. des Poříčtores in der Ebene zwischen der Moldau bis unterhalb des steilen Nordhanges des Veitsberges (jetzt Stadtteil Karlín/Karolinental) aus; die stadtnahen Grundstücke vor der Stadtmauer gehörten dem Spital der Kreuzherren mit dem Roten Stern an der Prager Brücke, daher der Name (campus hospitalensis).

[115] Jan Čapek, seit 1419 als Priester in Klattau bezeugt, schloß sich den Taboriten an und gehörte zu den ersten Verkündern ihrer Bewegung. Über ihn: Zdeněk Nejedlý, Dějiny IV 226–248. – Die Vorbilder für diesen als *novum carmen (neues Lied)* bezeichneten Sprechgesang dürften in den carmina oder cantica des Alten Testaments zu suchen sein. Das Lied ist mit durchschnittlich sieben- bis achtsilbigen, nur vereinzelt gereimten Verszeilen in freie Rhythmen gefaßt. Es beginnt mit einer Aufforderung an die Kinder zum Lobgesang, was beiläufig an Ps. 34,12 (kommt her, Kinder, höret mir zu! – Luther) erinnert. Es folgt in einem einzigen Satz die kurze „historia", die zu diesem Gelegenheitsgedicht führte, wie nämlich Gott die Überzahl der Feinde vertrieb, und schließt mit der Bitte, Gott möge das Preislied annehmen, zu dem die Schrift alle verpflichtet. Vielleicht ließ sich der Dichter von Ps. 40,2–5 anregen, seine Vorbilder könnten die ersten Zeilen des Siegeslieds des Moses (Ex 15,1–7) oder des Lieds der Judith (Jdt 16,3–7) gewesen sein.

[116] Es handelt sich um die richtungweisenden Leitlinien des hussitischen Programms samt Kritik an der bestehenden sichtbaren Kirche in vier von den hussitischen Theologen der Prager Universität ausgearbeiteten Grundsatzartikeln, die während der folgenden Kriegsjahre, im Konzil von Basel 1433 und noch unter König Georg von Poděbrad wiederholt von den Utraquisten zu ihrer Verteidigung und Rechtfertigung herangezogen und von den Gegnern der utraquistischen böhmischen Kirche bestritten wurden und die man seit ihrer Promulgierung als die Vier Prager Artikel – König Sigismund nannte sie die Vier (Haupt-)Stücke (čtyři kusy; vgl. Kap. 95) – allgemein bezeichnete. – Das Original ist vom 3. Juli 1420 datiert und deckt sich fast völlig mit dem hier vom Verf. Laurentius gegebenen Wortlaut. Eine kürzere Fassung ohne die von Jacobellus von Mies aus patristischen Sentenzensammlungen zusammengestellten Belege für die Kelchkommunion findet man bei Johannes Cochlaeus in seiner *Historia Hussitarum* (1549) S. 198–201. Vgl. F. Heřmanský/M. Bláhová (1979) S. 343 Anm. zu Nr. 50.

[117] Die *Glossa interlinearis et marginalis* („Worterklärung zwischen den Zeilen und am Rand") ist ein Bibelkommentar zum lateinischen Vulgatatext, die mit der Glossa ordinaria des Anselm von Laon (vgl. Anm. 135) nicht identisch und in der Sammlung Migne PL nicht ediert

ist. Man findet aber bei H. v. d. Hardt III 806f in dem Anti-Jacobellus-Traktat des Prager Theologen Mauritius (von Prag) gleich zu Beginn die von Jacobellus von Mies *für* die Kelchkommunion vorgebrachten Bibel- und Väterzeugnisse, die sich fast völlig mit den im zweiten Prager Artikel angeführten Vätersentenzen decken. Dort stehen auch zwei mit *Glossa* eingeleitete Texte, deren zweiter mit der *Glossa ordinaria* zu Joh 6,35 = PL 114,384 identisch ist, während der erste mit dem vom Verfasser Laurentius aus der anonymen *Glossa interlinearis* zitierten Wort inhaltlich übereinstimmt.

118 Gelasius, unter dem Ostgotenkönig Theoderich d. Großen 492–496 römischer Papst. – Unter *De consecratione* ist hier und bei mehreren der folgenden Zitate der umfangreiche Teil III „Über die Weihe" (von Kirchen, der Opfergaben der Liturgie u. ä.) aus dem *Decretum Gratiani* zu verstehen. Gratianus, Kamaldulensermönch aus Mittelitalien (1. Hälfte des 12. Jh.), Lehrer der Theologie in Bologna, vollendete um 1142 nach jahrzehntelanger Sammlertätigkeit eine Systematik aller kanonischen Bestimmungen zu den praktischen Bezügen kirchlichen Lebens (Klerus, Laien, Sakramente, Liturgie, kirchlicher Besitz etc.), wobei er Konzilsbeschlüsse, Vätersentenzen, päpstliche Verfügungen u. ä. herangezogen hatte, unter demTitel *Concordia discordantium canonum (Übereinstimmung der abweichenden kanonischen Bestimmungen),* die aber seit Jahrhunderten durch *Decretum Gratiani* ersetzt ist. Ausgabe: E. Friedberg, Corpus iuris canonici I (1879) und Migne PL Bd. 187. – Daß die Prager Theologen um 1400 den gesamten Text des *Decretum* besaßen, ist wohl anzunehmen, aber sie besaßen sicherlich wie überall im Mittelalter an den theologischen Schulen Florilegien zu den einzelnen Themenkreisen.

119 Gregor d. Große, ca. 540–604, aus senatorischem Adel, seit 590 Papst, Verfasser von Kommentaren zum Alten Testament *(Moralia in Iob* sind erhalten), der *Dialogi* mit Lebensbeschreibungen christlicher Persönlichkeiten Italiens, von Predigten und Briefen sowie des *sacramentarium* (zur Liturgie der römischen Messe). Mit Ambrosius, Augustinus und Hieronymus gilt er als der vierte der lat. Kirchenlehrer.

120 Dionysius (Pseudo-)Areiopagites, einer der bedeutendsten griechischen Theologen, lebte um 500 und verfaßte mit seiner „himmlischen" und „kirchlichen Hierarchie" ein Werk zur christlichen Glaubenslehre. Das Mittelalter hielt ihn für den Apg 17,34 genannten Paulusschüler und ersten Bischof von Athen und nannte ihn daher den Areiopagiten.

121 Caecilius Cyprianus, im 3. Jh. angesehener Rhetor in Karthago, wurde Christ und 248 Bischof von Karthago. Er ist der bedeutendste Kirchenschriftsteller der Kirche Afrikas vor Aurelius Augustinus. Während der Christenverfolgung des Kaisers Valerian 258 wurde er enthauptet. Sein Brief *De lapsis* handelt von dem Verhalten gegenüber den in der Zeit der Verfolgung abgefallenen Christen.

Origenes aus Alexandrien, ca. 185–254, der gelehrteste unter den griechischen Theologen der Frühzeit, war Lehrer an der Katechetenschule in Alexandrien und lebte seit ca. 230 in Caesarea in Palästina. Seine Ausgabe des Alten Testaments mit hebräischem und einem griechischen Text in vier Fassungen ist nicht erhalten, die Schrift *Peri archon* (über die Grundsätze) nur in lateinischer Übersetzung des Rufinus (um 400). Gegen den Angriff des Neuplatonikers Kelsos auf das Christentum antwortete Origenes in der erhalten gebliebenen Apologie *Kata Kelsu* – Gegen Kelsos.

122 In den vier Ansprachen an die Katechumenen über das Glaubensbekenntnis *(IV sermones de symbolo ad catechumenos)* bei Migne PL 40, 627ff von Aurelius Augustinus findet sich nichts über die Eucharistie. Möglicherweise bezog sich Jacobellus auf einen pseudo-augustinischen Text. – H. v. d. Hardt III 806f bringt drei Augustinuszitate des Jacobellus mit den nur allgemeinen Hinweisen *in quodam sermone* (in einer Predigt), *Homilie 23 super verbo Nisi manducaveritis* (über das Wort Wenn ihr nicht esset) und *in sermone* (in der Predigt).

123 Der angeführte *Exultet-Hymnus,* mit dem noch heute in der röm.-katholischen Kirche die Liturgie der Ostervigil eingeleitet wird, enthält keine Aussage zur Eucharistie. Es findet sich aber bei H. v. d. Hardt III 819 unter dem Titel *Ecclesia* (die Kirche) folgender Satz, den Jacobellus als Zeugnis für die Kelchkommunion vorgebracht hat: *Non solum corpore epulemur agni, sed etiam inebriemur sanguine. Huius enim tantummodo cruor non creat periculum bibendi, sed salutem. – Wir wollen uns nicht nur am Fleisch des Lammes laben, sondern auch trunken werden von seinem Blut, denn nur sein Blut bringt keine Gefahr des Trinkens, sondern das Heil.* – Es folgt die Quellenangabe *In cantico S. Ambrosii Exultet* etc. – Dieser Satz ist in der gebräuchlichen Fassung des Hymnus nicht enthalten.

124 Die *Historia tripartita* (dreigeteilte Geschichte) ist eine Kirchengeschichte des Aurelius Cassiodorus in zwölf Büchern, worin er drei griechische Autoren ins Lateinische übersetzt und zu seinem Werk vereinigt hat. Sie enthält keine Aussage zur Eucharistie. – Cassiodor stammte aus Unteritalien (Bruttium), gehörte dem Senatorenstand an, lebte ca. 480 bis nach 560, war unter König Theoderich römischer Konsul; er gründete gegen Ende seines Lebens in Unteritalien ein Kloster, in dem er als Abt seine Mönche zum Sammeln und Abschreiben antiker Handschriften anhielt.
Ausgabe: PL 69 und Corpus scriptorum ecclesiast. Latinorum (CSEL) Bd. 71 (1952).

125 Beda Venerabilis, ca. 673–735, angelsächsischer Theologe und vielseitiger Schriftsteller, Verfasser exegetischer, dogmatischer, kirchengeschichtlicher und grammatischer Werke (zur Metrik, Rhetorik und Orthographie) sowie zur Zeitrechnung.

126 Leo I. der Große, röm. Papst 440–461, berief 451 mit dem oströmischen Kaiser das vierte Allgemeine Konzil nach Chalkedon ein und konnte durch Verhandlungen 452 vor Mantua den Hunnenkönig Attila zum Abzug aus Italien bewegen. Verfasser von Predigten und Briefen.

127 Claudius Gordianus Fulgentius, Bischof von Ruspe in Nordafrika, 467 bis 533, beherrschte das Griechische, Vorliebe für das Mönchtum, theologisch in der Nachfolge Augustins. Das im II. Prager Artikel angeführte Werk *De divinis officiis* ist bei Migne PL 65 nicht abgedruckt.

Die von Jacobellus zitierte Textstelle findet sich bei H. v. d. Hardt III 814.

128 Remigius von Auxerre, ca. 841–908, Benediktinermönch und Lehrer der Theologie in Auxerre, Reims und Paris, war Verfasser von Kommentaren zu den Grammatikern und von exegetischen Werken zu biblischen Büchern (Genesis, Psalmen u. a.). Das von Jacobellus herangezogene Zitat stammt aus einer Auslegung zu den Paulusbriefen, die aber nicht von Remigius verfaßt ist, sondern wahrscheinlich von einem Mönch Haymo von Auxerre und im Mittelalter dem Haymo von Halberstadt, Schüler Alkuins und des Hrabanus Maurus, Mönch in Fulda und schließlich Bischof von Halberstadt (gest. 813), zugeschrieben wurde und deshalb bei Migne PL 117 unter dessen Namen *(Haymonis opera)* zu finden ist; v. d. Hardt III 813: *Remigius sive Haymo.*

129 Thomas von Aquino, 1224–1274, Dominikanermönch, Schüler Alberts des Großen, Lehrer in Paris, der bedeutendste Scholastiker, dessen theologisches Werk seit dem 13. Jh. bis in die Gegenwart richtungweisend für die kath. Theologie ist *(doctor communis, angelicus).* – Die vom Verfasser aus dem Sentenzenkommentar des Thomas zu Petrus Lombardus zit. *Quaestio 48* enthält nichts über die Eucharistie. Wortlaut zweier von Jacobellus zitierter Textstellen bei v. d. Hardt III 815.

130 Lothar von Segni, ca. 1161–1216, wurde mit 37 Jahren röm. Papst unter dem Namen Innocens III. (1198–1216). Studium in Paris und Bologna. Das von ihm einberufene vierte Laterankonzil (1215) zeigte das mittelalterliche Papsttum zugleich auf dem Höhepunkt seiner Macht. Obwohl gerade dieses Konzil gegen die Katharer, Waldenser und den Abt Joachim von Fiore, die geistigen Vorläufer der böhmischen Chiliasten und Taboriten, in Abwehr stand, führten Jacobellus von Mies und der II. Prager Artikel diesen Papst dennoch als Zeugen für die Sache der Kelchkommunion an. – Die zitierte Schrift der (theol.) *Summe* findet sich nicht unter den gedruckten Werken in PL 217. Wortlaut aus *De sacramentis:* v. d. Hardt III 818.

131 Paschasius Radbert von Corbie, ca. 785–860, Mönch, Lehrer der Theologie und Abt in Corbie (in der Picardie östl. von Amiens), verfaßte in seiner Schrift *De corpore et sanguine Domini* die erste systematische Darstellung über die Eucharistie.

132 Nikolaus von Lyra, Franziskanertheologe, ca. 1280–1348/49, aus Lyre in der Normandie (bei Evreux nordwestl. von Paris) und Lehrer der Theologie in Paris, war u. a. Verfasser einer Erklärung zur ganzen Bibel. Die zwei von Jacobellus zitierten Textstellen: H. v. d. Hardt III 817.

133 Wilhelm („de Monte Laudino“) von Montluçon (in der Landschaft Bourbonnais am Fluß Cher nordwestl. Clermont-Ferrand), Benediktinerabt, lebte in der 1. Hälfte des 14. Jh. und war Verfasser eines *Sacramentale* (Buch von den Sakramenten); zwei Textstellen aus diesem Werk bei v. d. Hardt III 820.

134 Albertus Magnus aus ritterlichem Geschlecht von Lauingen/Donau, um 1200–1280, Dominikaner wie Thomas von Aquino, der sein Schüler war, theol. Lehrer an Ordensschulen, in Paris und schließlich in Köln

(dort in der Krypta von St. Andreas seine Grabstätte), galt dem Mittelalter als der *doctor universalis*, Verfasser theologischer und naturgeschichtlicher Werke. – Drei umfangreiche Albertus-Zitate aus dem Traktat des Jacobellus bei v. d. Hardt III 815–817.

135 Die *Glossa ordinaria* („allgemein gebräuchliche Worterklärung") war als sehr umfangreicher Kommentar zu beiden Testamenten das während des ganzen Mittelalters benutzte Standardwerk der Bibelerklärung. Es ging aus der Kathedralschule von Laon (Nordostfrankreich in der Landschaft Picardie im Département Aisne) hervor und wurde von Anselm von Laon begründet, dem theologischen Lehrer daselbst und in Paris (ca. 1050–1117) – er war Schüler Anselms von Canterbury, sein berühmtester Schüler war Peter Abaelard. Anselm von Laon selbst hat nur die Glossen zur Genesis, zu den Psalmen und den Paulusbriefen verfaßt. Seine Autorschaft geriet allerdings in Vergessenheit, und so hat man seit dem Spätmittelalter – das Werk wurde nur anonym als *Glossa* zitiert – die *Glossa ordinaria* dem Walahfrid Strabo zugeschrieben (ca. 808–849, Schüler des Hrabanus Maurus und Mönch in Fulda, später Abt auf der Reichenau), weshalb sie bei Migne PL 113 und 114 auch unter dem Namen Walahfrids ediert ist. (Vgl. Artikel Anselm von L. in Theol. Real-Enzykl. 1977.)

136 Die *libri extravagantes* sind eine Sammlung von Konzilsdekreten (Lyon und Vienne) und päpstlichen Verfügungen (von Gregor IX. bis Johannes XXII.). Die Benennung ist in bezug auf das *Decretum Gratiani* (vgl. Anm. 118) zu verstehen: die außerhalb des *Decretum Gratiani* vorhandenen („außerhalb umherschweifenden") Dekretalienbücher.

137 Bernhard von Clairvaux, ca. 1090–1153, entstammte burgundischem Adel, wurde Mönch im Reformkloster Cîteaux (südl. Dijon) und später Abt in dem von ihm in sumpfiger Niederung an der Aube gegründeten Kloster, das nach Kultivierung der Bruchlandschaft Clara vallis/Clairvaux genannt wurde (östl. Troyes), so daß er zugleich als der Gründer des Zisterzienserordens gilt. Das zitierte Schreiben an Papst Eugenius III. (1145–1153) findet sich in der über den Zustand der Kirche handelnden Schrift *De consideratione* (Von der Betrachtung).

138 Die dreißig gebührenpflichtigen Messen (triginta missae taxatae) wurden an dreißig aufeinanderfolgenden Tagen (außer sonntags) für Verstorbene gefeiert und hießen auch, weil sie erstmals angeblich von Papst Gregor d. Großen eingeführt wurden, Gregorianische Messen.

139 Präbende bedeutet – aus der Wortverbindung *pars praebenda* „der zu gewährende Anteil" übernommen – etwa seit dem 8. Jh. die Zuweisung für den Lebensunterhalt durch den Bischof an die Geistlichen seiner Kirche, seit dem Hochmittelalter das Einkommen (oft in Naturalien) eines Kanonikers.

140 Pallium („Mantel") ist das um den Hals gelegte schmale weiße, mit vier schwarzen Kreuzen geschmückte Wollband, das ursprünglich nur den Papst auszeichnete und seit dem Mittelalter bis heute vom Papst allen Erzbischöfen übergeben und von ihnen über dem bischöflichen Ornat getragen wird. Die Verleihung des Palliums war im Mittelalter mit hohen Taxen belegt.

[141] Das Georgskloster (Klášter Svatojiřský) mit seiner romanischen Kirche in der West-Ost-Achse der gotischen Kathedralkirche St. Veit liegt im Burgbereich und entstand fast gleichzeitig mit dem Prager Bistum um 973 unter Herzog Boleslav II. (967–999), dessen Schwester Mlada in Rom von Papst Johannes XIII. unter dem Namen Maria als erste Äbtissin dieser Benediktinerinnenabtei eingesetzt wurde. Es war das Hauskloster der Přemysliden mit reichem Grundbesitz in den meisten Kreisen des Königreichs, aber auch hervorragende Pflegestätte der mittelalterlichen Buchkunst; von Joseph II. 1783 aufgehoben.

[142] Nach seiner Krönung ernannte König Sigismund Herrn Wenzel von Dubá zum Prager Oberstburggrafen und beauftragte ihn und den Münzmeister Mikeš Divoký von Jemniště mit der Verwaltung der königlichen Einkünfte und Städte. In den Landkreisen setzte er zur Überwachung des Landfriedens Hauptleute aus dem ansässigen Herrenstand ein, die gegen die „Wyklefisten" einschreiten und das Landvolk im Gehorsam halten sollten. Vgl. V. V. Tomek, Dějiny 1898, S. 98.

[143] Peter Payne, Magister der Univ. Oxford und Anhänger der Lollarden (Wyclefs), verließ 1413 England und kam 1414 nach Prag, wo man ihn nach seinem Heimatland Magister Englisch nannte. Mit Jacobellus von Mies förderte er zwar die Kelchkommunion, verhielt sich aber zurückhaltend gegenüber den Neuerungen der Taboriten, wie die hier geschilderte Situation erkennen läßt. 1420 war er Mitglied der Prager Gesandtschaft zum König von Polen und 1433 Abgesandter im Konzil von Basel. Gest. 1456 in Prag.

[144] Unter dem „heidnischen Recht" ist das römische Recht zu verstehen, in den „deutschen Rechten" sieht Fr. Heřmanský die in böhmischen und mährischen Städten geltenden deutschen Stadtrechte wie das Magdeburger und Nürnberger Recht. Vgl. Fr. Heřmanský/M. Bláhová (1979) S. 346, Kap. 52, Anm. 4.

[145] Kloster der Kreuzherren des Heiligen Grabes in Jerusalem bei der Kirche St. Peter auf dem Zderaz in der Neustadt (westl. vom heutigen Karlovo náměstí/Karlsplatz), das 1190 gegründet wurde. Als eines der reichsten Klöster Böhmens hatte es Grundbesitz in allen Teilen des Landes; von Joseph II. 1783/84 aufgehoben.
Zur Kirche St. Klemens in der Karlsgasse unweit der Brücke gehörte seit 1232 das Kloster der Dominikaner mit ausgedehnten Gebäuden, in denen wiederholt Landtage zusammentraten. Zu Beginn des 17. Jh. erhielten die Jesuiten das gesamte Grundstück und errichteten in den Jahren nach dem Weißen Berg (8. 11. 1620) den gewaltigen Bau ihres Kollegs, des Clementinum, mit verzweigten Trakten und Innenhöfen; jetzt Univ.-Bibliothek und Philosoph. Fakultät.

[146] Berg mit Burg südwestl. der Stadt Vlašim in Mittelböhmen (ca. 40 km nordöstl. der Stadt Tabor).

[147] Mit Kapitel 54 beginnt eine umfangreiche, bis einschließlich Kap. 61 reichende Einlage selbständigen Charakters über Ursprung, Namen, Herkunft, Ideologie und Wirkung der Taboriten. Der Historiker Josef Pekař (gest. 1937) hielt sie für eine ursprünglich selbständige Schrift des

Verfassers. Man könnte sie aus praktischen Gründen den „Taboritentraktat" der Laurentiuschronik nennen.

148 Der historische Berg Tabor ist der heutige Burkovák bei dem Dorf Nemějice etwa 6 km nordwestl. Bechyně (an der unteren Lužnitz). Der Name Tabor wurde wenig später auf die Burgstätte an der Lužnitz übertragen, aus der sich die Stadt Tabor entwickelte (ca. 25 km flußauswärts von Bechyně), während er bei dem historischen Berg der Wallfahrten in Vergessenheit geriet.

149 Die ersten vier Orte liegen im Gebiet links der Moldau nördl. der Linie Budweis–Prachatitz, Janovice und Sedlčany etwa 15 km auseinander im weiten Moldaubogen in Mittelböhmen (östl. der Moldau), Ústí Sezimovo an der Lužnitz südl. von Tabor.

150 Das Corporale ist das meistens gestärkte quadratische weiße Linnentuch, auf dem während der Messe von der Gabenbereitung an bis zur Kommunion der Kelch steht und die Hostie des Priesters liegt. – Weihungen und Segnungen von Kirchen, Glocken, liturgischer Kleidung, Geräten, Öl, Wasser, Kerzen, Weihrauchkörnern u. ä. haben sich in der röm.-kath. Kirche bis heute erhalten, waren aber im Mittelalter auf zahlreiche andere Bereiche ausgedehnt. Vgl. Franz, Adolph: Die kirchlichen Benediktionen im Mittelalter I. u. II, Freiburg 1909.

151 Unter den *signa-Zeichen* verstanden die Taboriten wahrscheinlich die mit der Darstellung des Meßritus verbundenen Gebärden des Priesters wie Verbeugung, Kniebeuge, Erheben der Augen und Hände, mit der Hand an die Brust Schlagen, Bekreuzigen und wohl auch die Händewaschung nach Darbringung der Gaben. Diese Zeichen wurden im Mittelalter viel häufiger gesetzt als später im Tridentinischen Ritus oder seit der Liturgiereform nach dem II. Vaticanum.

152 Die Quatembertage (aus Quattuor tempora) waren seit dem Mittelalter bis zum II. Vaticanum der Mittwoch, Freitag und Samstag etwa im Abstand eines Vierteljahres in der ersten Woche der Fastenzeit, in der Woche nach Pfingsten, nach Kreuzerhöhung (14. September) und nach Lucia (13. Dezember) als Fasttage festgesetzt. – Vigiltage, ursprünglich mit nächtlichem Gottesdienst verbunden, wurden vor den großen Festen des Kirchenjahres, Weihnachten, Epiphanie, Ostern, Pfingsten sowie Peter und Paul (29. Juni) gehalten, im Mittelalter auch vor den lokalen Märtyrerfesten.

153 Man vergleiche dazu in der Relatio Peters von Mladoniowitz die Worte des Bischofs Johannes des Eisernen (Jan Železný) von Leitomischl im Konzil von Konstanz (Mai 1415) in: FRB VIII (1932) 46 oben, 47f, 52 oben; SGS Bd. 3 (1963) 95, 97–99, 107f.

154 Kloster der Johanniter (Malteser) auf der Kleinseite, vom zweiten böhm. König Wladislaw I. 1159 gegründet, mit frühgotischer dreischiffiger Kirche; im Mai 1419 ausgebrannt, nur ehemals gotischer Ostchor i. 17. Jh. zur heutigen Kirche barockisiert.

155 Kloster Goldenkron (Zlatá Koruna) an der oberen Moldau zwischen Budweis und Krumau, ursprünglich Heilige Dornenkrone, war eine von Přemysl Ottokar II. 1263 gegründete Zisterzienserabtei; im Mai 1420 zerstört.

[156] Die Benediktinerabtei Insula, tschechisch Ostrov (Insel, weil auf einer Moldauinsel gelegen; man vergleiche zur Lage Weltenburg an der Donau bei Kelheim südwestl. Regensburg), bei Davle an der Mündung der Sázava südl. Prag, von Herzog Boleslav II. gegründet und somit zu den ältesten Benediktinerklöstern gehörend (es hieß auch Kloster St. Kilian; der erste Abt kam aus Niederaltaich), berühmt durch die Buchkunst seines Skriptoriums, zerstört um 1421, heute nur unbedeutende Ruinen vorhanden.

[157] Kloster Selau/Želiv südwestl. Humpolec im mittleren Südostböhmen, von Herzog Soběslav 1139 als Benediktinerkloster gegründet und bald in eine Prämonstratenserabtei umgewandelt, im Mai 1420 gestürmt. Von da kam der „Priester Johannes" (Jan Želivský) als Prediger an die Maria-Schnee-Kirche nach Prag, wo er einen ungewöhnlich starken Einfluß auf die taboritische Bewegung ausübte.

[158] Die Benedikterinerabtei Kladrau/Kladruby, ca. 10 km südwestl. von Mies, um 1108/15 gegründet, war sehr reich an Grundbesitz, weshalb Wenzel IV. nach dem Tod des Abtes unter Ausnützung der Sedisvakanz die Abtei zum Sitz eines westböhm. Bistums erheben wollte. Diesen Plan vereitelten der Prager Erzbischof Johannes von Jenstein und sein Generalvikar Joh. von Nepomuk, indem sie ohne Wissen des Königs unverzüglich die Abtswahl durchführen ließen. Opfer der Rache des Königs wurde Joh. von Nepomuk, den Wenzel IV. am 20. März 1393 in der Moldau ertränken ließ. – Nach Neubesiedlung in nachhussitischer Zeit bestand das Kloster bis zur Aufhebung durch Joseph II. 1785. Die Kirche, der bedeutendste gotische Bau Westböhmens, ist erhalten.

[159] Sedlec nordöstl. von Kuttenberg war das älteste Zisterzienserkloster in Böhmen und wurde noch zu Lebzeiten Bernhards von Clairvaux 1143 von Waldsassen aus gegründet. Im April 1421 zerstört, später Wiederaufbau; nach dem Weißen Berg barocker Neubau der Kirche; 1783 von Joseph II. aufgehoben.

[160] Die Benediktinerabtei Opatovice (an der Elbe zwischen Königgrätz und Pardubitz), von Vratislav II., dem ersten böhm. König, 1085 gegründet, wurde bereits im November 1415 von dem Herrn Jan Městecký von Opočno (nordöstl. Königgrätz) mit bewaffneter Schar geplündert, wobei man den Abt ertränkte und die Mönche verjagte. –
Das Benediktinerkloster Vilémov, ca. 16 km südöstlich von Tschaslau/Čáslav, 1120 gegründet und 1421 zerstört. – Das letztgenannte, im lat. Text in alttschechischer Form Hradisst angeführte Kloster ist mit Gredis Monachorum (Münchengrätz) identisch.

[161] Im äußersten Süden der Neustadt, heute an der Straße Na Slupi, stand das von Karl IV. 1360 gestiftete Kloster der Serviten mit Marienkapelle, beide von bescheidenem Umfang.
Eine Liste der zerstörten Klöster der im folgenden genannten Städte bei Fr. Heřmanský/M. Bláhová (1979) 349 Anm. 8–12 zu Kap. 57. Daraus ergeben sich 9 Dominikanerklöster, je ein Minoriten- und Benediktinerkloster in Saaz, ein Franziskanerkloster in Königgrätz und eine Kommende des Deutschen Ordens in Pilsen (keine Bettelmönche!). Zu dieser

Aufstellung kommen nach der alttschechischen Übersetzung der Laurentiuschronik noch drei weitere Klöster (in Tschaslau, „bei Kuttenberg" und Týnice südöstl. Laun) hinzu.

[162] In Louňovice am Fuß des Blaník, ca. 10 km südwestl. Vlašim, gab es eine im 12. Jh. gegründete Prämonstratenserinnenabtei; von den Taboriten 1420 niedergebrannt. –
Das anonyme Nonnenkloster „zwischen Laun und Saaz" von Fr. Heřmanský/M. Bláhová unter Vorbehalt mit einem Kloster St. Anna in der ehemaligen Launer Vorstadt Benátky (Venedig) identifiziert. – Zu den Klöstern St. Anna und St. Magdalena auf der Prager Kleinseite vgl. Anm. 96 und 100.

[163] Chotieschau an der Radbuza, ca. 15 km südwestl. Pilsen, Prämonstratenserinnenabtei, von J. Žižka vereinnahmt, da die Nonnen nach Pilsen geflohen und sich dort in Sicherheit gebracht haben. – Später Erneuerung. 1781 durch Joseph II. aufgehoben.

[164] Doxan/Doksany, Prämonstratenserinnenabtei, 1142 von Herzog Wladislaw II. (1140–1173; zweiter böhm. König seit 1158) gegründet, am rechten Ufer der unteren Eger ca. 10 km vor deren Mündung bei Theresienstadt in die Elbe, 1421 niedergebrannt (vgl. Kap. 103).

[165] Das St.-Anna-Kloster blieb verschont. Es lag wenig südlich vom Altstädter Aufgang zur Karlsbrücke im Gebäude des ehemaligen Templerordens mit der Kirche St. Laurentius. 1313 zogen Dominikanerinnen vom Kleinseitener Újezd in dieses Haus, das von da an dvůr svaté Anny (Annahof) hieß. Vgl. V. V. Tomek, Dějepis I (1892) 473. – Noch heute erinnert der Straßenname Anenská/Annagasse, eine kurze Parallelgasse zur Karlová/Karlsgasse, an das ehemalige Kloster.

[166] Das Kloster zum Hl. Geist gehörte einem weiblichen Spitalsorden. Die Kirche ist auf dem Jüttnerplan (1816) in einem ringsum vom jüdischen Getto umgebenen Häuserblock eingezeichnet und liegt heute in der Dušní (Hl.-Geist-Gasse), die vom Altstädter Ring gegen Nordwesten rechts zur Pařížská (Pariser Straße) verläuft. Die Nonnen wurden schon am 1. September 1419 aus ihrem Kloster vertrieben. – Es verdient Beachtung, daß man den in Prag verbliebenen Deutschen, die wohl vornehmlich in der Altstadt wohnten – die Neustadt war um diese Zeit eine tschechische Stadt –, eine eigene Kirche zuwies.

[167] Die beiden Klöster standen in der Nachfolge franziskanischer Lebensweise und wurden gleichzeitig 1232 gegründet. St. Franciscus liegt im Norden der Altstadt unweit des Moldauufers in der Gasse U milosrdných (Jüttner: Barmherzigengasse) und war die Klosterkirche des Nonnenordens der hl. Klara (Schwester d. hl. Franciscus) und ihre erste Äbtissin die selige Agnes von Böhmen (Anežka), die Tochter König Přemysl Ottokars I. Die Klarissen wurden am 1. September 1419 vorübergehend und im Juni 1420 endgültig vertrieben. –
St. Jakob, fast in der West-Ost-Achse der gotischen doppeltürmigen Teinkirche, liegt etwas weiter nordöstlich als diese und gehörte den Minoriten. – Die Prager Münze schlug um diese Zeit nur Heller und Pfennige. Der Volksmund drückte die Herkunft des Edelmetalls mit dem Wort *kališkové mince („Kelchmünzen")* aus.

[168] *a dotatis presbyteris: „von den mit einer Schenkung ausgestatteten Priestern"*. Darunter verstand man Priester aus den alten, die stabilitas loci verlangenden Orden der Benediktiner, Zisterzienser und Prämonstratenser, deren Klostergemeinschaft aus den Einkünften der bei Stiftung des Klosters durch den Landes- oder Grundherrn gemachten Schenkung (Dotation) von Ländereien lebte, aber auch die plebani („Volkspriester"), d. h. die Ortspfarrer der kleinen Landgemeinden mit bescheidener Pfründe und gesicherten Einnahmen in Naturalien zu bestimmten Terminen von der Landbevölkerung. Zu diesen standen im Gegensatz die Wanderpriester der Taboriten.

[169] fistrý, alttschech. vystrý: dialektische Form für bystrý: schnell, munter; scharfsinnig („schnell begreifend"). Vgl. Jungmann, Josef: Slownjk (1835) unter bystrý.

[170] Damit spricht der Verfasser aus, daß führende Taboritenpriester überzeugte Anhänger und Förderer des in vorhussitischer Zeit mit dem Eindringen des Waldensertums in Böhmen aufgekommenen chiliastischen Gedankengutes waren. Nach der biblisch begründeten Idee des Chiliasmus geht dem Weltenende als Vorstufe zwischen dem Abschluß der Geschichte und dem Weltgericht wie ein „Interregnum" eine tausendjährige Heilszeit voraus, in der Satan in der Tiefe gefesselt bleibt und das Böse somit aufhört. Biblische Grundlage für diese Vorstellung ist der Text Offb 20,1–10. Am Beginn dieser Zeit würden in einer ersten Auferstehung (Offb 20,4) die Märtyrer und Bekenner auferweckt und tausend Jahre zusammen mit Christus herrschen. Nach dieser Zeit werde Satan befreit „zur Verführung der Völker an den vier Enden der Erde" (Offb 20,7f), es komme zu einem letzten Kampf gegen die Christengemeinde, und Satan werde durch Gottes Eingreifen für immer besiegt. Erst dann folgen die allgemeine Auferstehung und das Gericht (Offb 20,11–15) sowie der neue Himmel und die neue Erde (Offb 21,1ff). – Während diesem biblischen tausendjährigen Reich – die in Ps 90,4 und 2 Petr 3,8 genannte Zahl ist als eine lange, vom Menschen nicht bestimmbare Zeit symbolisch zu verstehen – die Vorstellung eines großen Sabbats mit Stille und Ruhe zugrunde liegt, bricht nach der Idee der tschechischen Taboriten das neue Zeitalter der Ankunft Christi, die „auf zwei Etappen verteilt wird" (R. Kalivoda S. 151), mit dem *geheimen* Kommen Christi als eine Zeit der Rache und Vergeltung mit Feuer und Schwert an, in der alle „Feinde des Gesetzes Gottes" vernichtet werden müssen. Erst in der zweiten Etappe (R. Kalivoda) werde Christus *sichtbar* erscheinen, Könige, Fürsten und Prälaten würden aufhören, es werde keinen Zins und keine Zinseintreiber geben und die noch lebenden Auserwählten würden die Auferstehung der Heiligen und des Magisters Johannes Hus sehen und in den Zustand der Unschuld Adams, des Henoch und Elias verwandelt, es werde keine Sünde geben und deshalb auch keine Taufe und keine Eucharistie, also keine Kirche. – Das praktische Programm des taboritischen Chiliasmus hat Laurentius von Březová an zwei Stellen seiner Chronik dargelegt: hier in den nachfolgenden 19 Artikeln, in denen R. Kalivoda deren erste Redaktion sieht (S. 151; 323 Anm. 68), und

weiter unten in Kap. 77 mit 72 Artikeln als der zweiten Redaktion (S. 320 Anm. 56). – Lit.: Kalivoda, R., Revolution und Ideologie. Der Hussitismus. Köln, Wien 1976. –
Konrad, R., Artikel Chiliasmus III, 4. die taboritische Bewegung; in TRE (Theolog. Real-Enzyklopädie) 7 (1981) 735f.

171 Über Martin Loquis – sein Name: Martin/Martínek Húska – ist nicht viel mehr bekannt, als was Laurentius von ihm in seiner Chronik sagt. Man weiß auch nicht, aus welchem Teil Mährens er stammte. Mit Sicherheit dürfte er an der Prager Universität studiert haben und wahrscheinlich ein Schüler des J. Hus und Wyklefist gewesen sein, verfügte über außergewöhnliche Bibelkenntnis und war Verfasser von Traktaten. Man nannte ihn einen Daniel. –
Magister Johannes Jičín – es ist ungesichert, ob er aus Böhmen stammte oder aus Mähren, denn außer Jičín an der Iser gibt es auch in Mähren im Gebiet der oberen Oder (südöstl. des Oderknies nach Nordost) ein Starý und Nový Jičín (Alt-Titschein und Neu-Titschein) –, erlangte den Magistergrad 1404 oder 1408, verteidigte 1410 die Wyclef-Artikel zusammen mit Hus, wagte 1412 einen demonstrativen Akt gegen König Wenzel, als er die Leichen dreier junger Männer namens Jan, Martin und Stašek, die während des Ablaßärgernisses am 10. Juli 1412 entgegen königlichem Befehl bei Verlesung der päpstlichen Ablaßbulle im Veitsdom, in der Tein- und Jakobskirche öffentlich Widerspruch erhoben hatten und deshalb enthauptet wurden, in der Bethlehemkapelle beisetzte, während J. Hus am nächsten Tag für sie eine Messe von den Märtyrern las und sie gleichsam kanonisierte, und schloß sich um 1420 den Taboriten an. (Vgl. SGS 3 [1963] 233–235, 293 Anm. 87; FRB VIII 106f.) –
Zu Markold siehe Anm. 58, zu Wenzel Koranda Anm. 51.

172 Die fünf Zufluchtstädte sind: Pilsen, Klattau, Saaz, Laun und Schlan; vgl. Kap. 27 und Anm. 49 und 50.

173 Das Wort *convivium* im lat. Text weist auf Jes 25,6: *Et faciet Dominus exercituum omnibus populis in monte hoc convivium – und der Herr der Heerscharen wird für alle Völker auf diesem Berg ein Gastmahl halten.* Die Chiliasten ließen sich offensichtlich von dieser Jesaja-Stelle der Schilderung des großen Festmahls leiten, das dort auf dem Berg Zion, hier nach Erwartung der Taboriten auf den böhmischen Bergen, gefeiert werden soll.

174 „Gesetz der Gnade": das Neue Testament.

175 Henoch (1 Mose 5,24; Sir 44,16) und der Prophet Elias sterben nicht eines natürlichen Todes, sondern werden „entrückt", Elias auf einem feurigen Wagen mit feurigen Pferden (2 Kön 11). Beide gelten auch den Theologen der orthodoxen Kirche als auserwählte Gerechte des Alten Bundes, wie z. B. das Einleitungskapitel zur altkirchenslavischen Methodiusvita zeigt; vgl. SGS 1 ([2]1972) 108 und 110.

176 Die folgende Darstellung der nur aus Bibelstellen gebildeten chiliastischen Vorstellungen stammt von einem anonymen taboritischen Priester guter theologischer Schulung, der gemäß der scholastischen Methode der *Quaestio (Streitfrage)* nach begrifflicher Definierung sei-

ner Grundannahmen (in vier Punkten) unter den beiden Themen Ankunft Christi (Weltende, Zeitalter, Tag des Herrn) und Kirche (Sammlung in Einheit, Läuterung, Wachstum, Frieden, Gleichheit mit der Urkirche, Glanz der Kirche als „des letzten Hauses") gliedert. Die einzelnen zitierten Bibelsätze sind gelegentlich durch kurze kommentierende Bemerkungen – auch mit Hinweisen auf zeitgenössisches Geschehen – zu einem geschlossenen Bild miteinander verbunden.

177 Unter der *domus exasperans – widerspenstiges Haus* – (der Ausdruck kommt bei Ezechiel außer in 2,5 noch mehrmals vor) ist das Volk Israel zu verstehen. Der Verfasser dieser Quaestio gebrauchte das Bild für die zeitgenössische spätmittelalterliche Kirche.

178 „Jahr meiner Vergeltung": Textwortlaut der offiziellen röm. Vulgata-Ausgabe: *Dies enim ultionis in corde meo annus redemptionis meae venit – Denn der Tag der Rache in meinem Herzen kommt als Jahr der Erlösung*. Ähnlich Luther: *das Jahr, die Meinen zu erlösen, ist gekommen.* –
Abweichend dazu der Text bei Laurentius: *Dies autem ulcionis in corde meo annus retribucionis mee venit.* – Diese Textvariante findet sich in spanischen Vulgata-Handschriften sowie in je einer Hs. aus Süditalien (Salerno), Tours und Paris (14. Jh.). Vgl. Biblia Sacra iuxta Latinam versionem. Liber Isaiae. Rom (1969) S. 223 zu Jes 63,4. – Es liegt demnach in der abweichenden Version bei Laurentius *(annus retribucionis)* keine Textverfälschung durch die Taboriten vor, verdient aber Aufmerksamkeit, wie sie an diese seltene Textüberlieferung kamen.

179 Über Eroberung und Verwüstung von Prachatitz siehe Kap. 71

180 Das dem Herrn Lipolt Krajíř gehörende Landstädtchen Neu-Bistritz (Nová Bystřice) südöstlich von Neuhaus (Jindřichův Hradec) unweit der niederösterreichischen Grenze wurde im September 1420 von Žižka eingenommen und mit seiner Burg niedergebrannt, Frau und Tochter des Herrn Lipolt nahm er gefangen.

181 Eroberung der Burg Říčany (südöstlich Prag) wird in Kap. 75 geschildert.

182 Von der Eroberung der beiden benachbarten Rosenbergischen Burgen an der Lužnitz, Příběnice und Příběničky („Klein-Příběnice"), und Ermordung (durch Ertränken) des Dr. Hermann von Mindelheim berichtet Laurentius ausführlich in Kap. 73. – Hermann v. M. war Augustinermönch und Gegner des J. Hus, später Generalvikar und Prager Weihbischof mit dem Titel eines Bischofs von Nikopolis (bei Häufigkeit dieses antiken Stadtnamens – allein drei in Bulgarien, je ein Ort in Palästina, Kappadokien und am Bosporus – bleibt ungeklärt, welcher ehemalige Bischofsitz *„in partibus infidelium"* gemeint war), wurde von Čeněk von Wartenberg 1417 gezwungen, auf seiner Burg Lipnice utraquistische Priester zu weihen. Erzbischof Konrad entzog ihm darauf das Amt des Generalvikars und setzte ihn als Pfarrer in Miličín (Kleinstadt ca. 15 km nördl. Tabor) ein. – Lipnice: Burg und Kleinstadt ca. 5 km südwestl. des ehemaligen Deutsch Brod (Brod Německý, jetzt Havlíčkův Brod), von Čeněk von Wartenberg durch

Heirat erworben, nach seinem Tod (1425) in Besitz der Rosenberge übergegangen.

183 Magister Christian von Prachatitz (1368–1439), wenig älter als J. Hus und mit ihm befreundet, ein deutschböhmischer Utraquist, gehörte zu den gelehrtesten Gestalten der ersten Hälfte des 15. Jh., Theologe, Astronom, Mathematiker, Botaniker und Arzt, studierte in Prag, 1389 Magister, wiederholt Rektor der Universität, seit 1405 Pfarrer von St. Michael i. d. Altstadt (vgl. Anm. 4), hielt mit Ausnahme in der Frage des Laienkelchs an überlieferten Riten und Frömmigkeitsformen der mittelalterlichen Kirche fest, starb an der Pest im September 1439. Er war Verfasser botanischer, medizinischer, astronomischer, mathematischer und theologischer Schriften in lateinischer, tschechischer und deutscher Sprache (Trilinguist).

184 Vgl. Anm. 170

185 Dem *ut* der meisten Handschriften und der Ausgabe von J. Goll (FRB V 429) wird die Variante *et* der Prager Hs. (P) wegen des nachfolgenden Fut. *poterit* („*und* er werde . . . können) vorgezogen.

186 Sigmund von Řepany bei Hrádek rückte später von der Remanenzlehre der Pikarden ab; um 1428 zum letzten Mal genannt. Die beiden Burgen liegen ca. 15 und 20 km südwestl. Saaz.

187 Pikarden (nach ihrer Herkunft aus der nordostfranzösischen Landschaft Picardie benannt), um 1400 im Raumdreieck Kille – Tournai – Douai, waren mit Ablehnung der sichtbaren Kirche und ihrer Hierarchie, der Heiligenverehrung und eines mit Besitz ausgestatteten Priesterstandes waldensisch geprägt. In der Abendmahlslehre verwarfen sie mit allen praktischen Folgerungen die Transsubstantiation, die für die röm.-kath. und utraquistische Kirche konstitutiv ist. Seit ca. 1411 durch Inquisitionsurteile unter Verlust der Güter verfolgt, kam es zur Emigration von kleinen Gruppen u. a. bis nach Böhmen, wie Laurentius anschaulich berichtet.

188 Hier knüpft der Fluß der chronologischen Erzählung an die zuletzt in Kap. 53 berichteten Ereignisse an.

189 Die Pankratiuskirche stand damals in einer kleinen Dorfsiedlung namens Krušina auf der Höhe vor dem Südosttor des Vyšehrads an der von der Neustadt über die Ansiedlung Psáře und den Vyšehrader Burgbereich nach Beneschau und Tabor führenden Straße (ecclesia *„S. Pancratii in Crusina retro Wissegradum";* Tomek, Dějepis 1 /1892/ S. 259, dazu Anm. 41). Die Kirche, ca. 600 m südöstl. der Burgmauern an der heutigen Straße *Na Pankráci* ist noch erhalten. Nach ihr heißt der heutige Stadtteil Pankrác.

190 Jan von Lichtenburg (gest. 1434), der jüngere Bruder des Herrn Hynek Krušina, war Herr von Hostinné/Arnau (an der oberen Elbe nordwestl. von Dvůr Králové/Königinhof). Die Lichtenburg liegt ca. 12 km südwestl. Chrudim in Ostböhmen. – Viktorin Boček von Kunstadt und Poděbrad, damals 18jährig, war der Vater des späteren Königs Georg von Poděbrad. Das Geschlecht stammte aus Mähren. Kunstadt: starke Burg im Gebiet der Böhmisch-Mährischen Höhe zwischen den beiden Flüssen Schwarzawa und Zwittawa ca. 40 km nördlich Brünn.

[191] Wenn man annimmt, daß auf dem kürzesten Weg etwa von der Daliborka (Daliborturm), der Nordostecke der Burg, gegen die Altstadt geschossen wurde, betrug die Entfernung rund 1300 Meter.

[192] Záviš Bradatý (der Bärtige) aus niederem Landadel ist in Kap. 38 als Hauptmann im Heer aus dem Saazer, Launer und Schlaner Kreis genannt, das um Pfingsten 1420 Prag zu Hilfe kam. – Die Kirche St. Karl: im äußersten Südosten der Neustadt auf der Höhe im Mauerwinkel.

[193] Nahe vor dem rechten Ufer der Moldau südlich des Vyšehrads liegt noch heute eine ca. 1 km lange und schmale, ihr gegenüber vor dem linken Ufer eine etwa 1,5 km lange Insel, außerdem parallel und nahe zum rechten Ufer nach Norden eine in den Fluß hineinragende Halbinsel (ca. 350 m lang). Der Jüttnerplan (1816) zeigt dagegen in diesem Flußbereich überhaupt keine Insel. Die von Laurentius beschriebene kann demnach mit keiner der heutigen Inseln identifiziert werden.

[194] Ca. 30 km südwestlich von Prag am gleichnamigen linken Nebenfluß der Moldau. Der Wasserweg auf der Beraun und der Moldau bis zum Vyšehrad dürfte damals mindestens 50 km betragen haben.

[195] Podol/Podolí, damals Kleinsiedlung an der Südseite des Vyšehradfelsens, heute Stadtteil von Prag. Der Vyšehrad wurde demnach vom Moldauufer bei Podolí angefangen im Vorfeld seiner Südflanke bis zur Pankratiuskirche hinauf mit Gräben eingeschlossen, die von dort Anschluß an die Gräben gegen Norden hinab zum Botičbach und auf der anderen Seite wieder hinauf zum Karlshof fanden.

[196] Zlíchov am linken Moldauufer etwa 5 km südl. der Kleinseite.

[197] Kněževes („Priesterdorf"; *„villa . . . ecclesiae Wissegradensis")*, Dorf und Burg etwa 5 km nordwestlich von Prag.

[198] Jan Všembera (Šembera) von Boskovice mit Sitz auf Brandýs/Brandeis an der Adler (Ostböhmen), war in Mähren begütert und stand im Dienst König Sigismunds, um 1423 zuletzt genannt. – Boskovice: Burg und Kleinstadt im Bergland östlich der Switawa, über 35 km nördlich Brünn (in Nachbarschaft zu der nordwestlich des Flusses gelegenen Burg Kunstadt). – Brandeis an der oberen Adler in Ostböhmen (mündet bei Königgrätz in die Elbe).

[199] Kavčí hora (kavče: die Dohle; daher „Dohlenberg"), auch Kavčí skála („Dohlenfels"): Süd- und Ostseite des Vyšehradmassivs. – Wie die folgende Schilderung erkennen läßt, war der Verfasser Laurentius unter den Magistern und Bakkalaren selbst dabei.

[200] Beginn der 15. Stunde: um 7,30 Uhr. Da nach der unter den Luxenburgern in Böhmen eingeführten Zeitrechnung Italiens die erste Tagesstunde etwa eine halbe Stunde nach Sonnenuntergang des Vortags begann, ergibt sich für die 15. Tagesstunde Anfang November ungefähr die Zeit zwischen 7,30–8,30 Uhr des folgenden Tages. Um diese Zeit ist es in Prag taghell. Die Übergabe des Vyšehrads sollte demnach am Morgen des Allerheiligentages erfolgen. Vgl. Grotefend, H., Taschenbuch der Zeitrechnung des deutschen Mittelalters und der Neuzeit, Hannover (1960) S. 24.

[201] Der Vertragstext ist in alttschechischer Sprache des 15. Jh.s abgefaßt und in dieser Form vom Verf. in die Chronik aufgenommen. Die Buchstaben A–D nach Namen und Stellung des verantwortlichen Vertragspartners der königlichen Seite bleiben ungedeutet.

[202] Der nachfolgende Text dieses Kapitels ist nach Fr. Palacký ein Einschub aus einer unbekannten Quelle, wofür stilistische Gründe sprechen, und findet sich nur im Chronicon universitatis Pragensis (P = Prager Universitätschronik), wurde aber von J. Goll in den Text seiner Laurentiusausgabe aufgenommen (FRB V S. 438).

[203] Nikolaus von Pilgram/Mikuláš z Pelhřimova oder Biskupec, nach 1409 Bakkalar der Artistenfakultät (also etwa zwanzigjährig), erlebte von da an die Kämpfe um J. Hus; 1415 Priesterweihe, wurde 1420 zum Senior der taboritischen Priesterbruderschaft gewählt, deren Synode (später ihr Konsistorium) die bischöfliche Gewalt kollektiv ausübte. In der Praxis des Alltags nannte man ihn *biskup* (Bischof) und volkstümlich *Biskupec („Bischöflein")*. Als Amtssitz wählte er Tabor und seit 1443 Písek. Im Dezember 1420 Teilnahme an der Versammlung der Prager utraquistischen Magister mit den Taboritenpriestern im Hause des Münzmeisters Peter Zmrzlík (siehe Kap. 76–78), wo er der Wortführer der Taboriten war. In den rund drei Jahrzehnten der taboritischen Bewegung zeigte er sich als den bedeutendsten ihrer theologischen Schriftsteller, u. a. als Verfasser eines Kommentars zur Offenbarung des Johannes und vor Beginn des Baseler Konzils (1433) einer Confessio (auch Apologie genannt) der Taboriten, die bei der späteren Brüderunität in Geltung blieb, sowie nach der Niederlage der Taboriten bei Lipany (1434) der „Chronica", einer Sammlung von Traktaten zu den Streitfragen mit den Prager Magistern (Ausgabe von K. Höfler in: Geschichtsschreiber der hussitischen Bewegung, Bd. II). Die Herrschaft Georgs von Poděbrad brachte das Ende der taboritischen Kirche. Biskupec und die taboritischen Priester wurden verfolgt und eingekerkert, Biskupec im Prager Altstädter Rathaus und später in Poděbrady bis zu seinem Tod 1459.

[204] Soběslav: Stadt in Südböhmen an der Lužnitz ca. 20 km südlich Tabor.

[205] Kamenice nad Lipou/Kamenitz (1842: „an der Linde"), genannt nach einer alten Linde, ca. 35 km südöstlich Tabor; die Stadt gehörte dem Ritter Prokop von Ústí Sezimovo.

[206] Horažd'ovice: am linken Ufer der Otawa über 20 km flußaufwärts westlich von Strakonice. – Burg und Dorf Bor (genannt auch Bor Menší und Panský Bor): ca. 5 km nördlich Horažd'ovice.

[207] Heinrich von Plumlov/Plumenau (1872; aus Blumenau gebildet) war 1419 von König Sigismund zum Landeshauptmann von Mähren anstelle des abgesetzten Peter von Stražnice ernannt worden. Burg Plumlov: in Mittelmähren 20 km südwestl. Olmütz und etwa 5 km nordwestlich der Stadt Proßnitz/Prostějov.

[208] Heinrich Lefl von Lažany, Herr auf Bechyně und Burg Krakovec, auf der er 1414 J. Hus vor seiner Reise nach Konstanz beherbergt hatte. Burg Krakovec: etwa 10 km südwestlich der mittelböhmischen Stadt Rakovník, die rund 45 km westlich von Prag liegt.

209 Textüberlieferung aller Handschriften: *dominus Henricus de Plumlow . . . qui pro sponsa sua cum duobus milibus suis ad regem venerat – Heinrich von Plumlov, der mit seinen zweitausend (Mann) um seine Braut zum König gekommen war.* – Dagegen die alttschechische Übersetzung, nach der J. Goll den lat. Text seiner Ausgabe entsprechend abgeändert hat: *pan Jindřich z Plumlova . . . kterýžto pro nevěstu svou se dvěma rytíři s svými k králi přijel – Herr Heinrich von Plumlov, der mit zwei Rittern, seinen eigenen, um seine Braut zum König geritten kam.* – J. Goll S. 440: . . . *qui pro sponsa sua cum duobus militibus suis ad regem venerat.* Daß der Landeshauptmann von Mähren nur mit zwei Rittern und dazu auch noch in persönlicher Sache zum König gekommen sei, erscheint undenkbar, zumal wenig später von vierhundert Gefallenen der Blüte der mährischen und böhmischen Barone berichtet wird. V. V. Tomek schlug deshalb, weil der Grund der Ungereimtheit im Ausdruck *pro sponsa sua – um (für) seine Braut* – liegt, die Konjektur vor, wie auch übersetzt wurde: *pro sponsione* (paläographisch möglich, wenn man annimmt, daß *ion* durch ein Kürzungszeichen angedeutet und auslautendes *e* von einem Abschreiber in *a* umgedeutet wurde) *sua* oder *pro sponsu* (grammatisch korrekt gebildet, aber ungebräuchlich und nicht belegt) *suo*. Daß in „*sponsa sua*" der Lehenseid angesprochen sein muß, läßt sich aus dem kurzen Wortwechsel erschließen, worin der König Herrn Heinrich von Plumlov gegenüber die ungeheuerliche Anschuldigung ausspricht, daß die mährischen Barone feig und ihm nicht treu seien: *Scio . . . quod vos Moravi* (nur P liest: *Bohemi et Moravi) estis timidi et michi non fideles – ich weiß, daß ihr Mährer furchtsam und mir untreu seid.* – Vgl. V. V. Tomek, Dějiny (1898) S. 106 Anm. 71.

210 Zu den Gefallenen: Jaroslav von Sternberg (25 km nordnordwestl. Olmütz) und Veselí (in Südmähren an der March ca. 15 km südl. Ungarisch Hradisch/Uherské Hradiště). – Wok von Holstein (Burg und Dorf 11 km nordöstl. Blansko oder ca. 30 km nordöstl. Brünn). *Holstein:* 1278ff *de Holenstein.* – Hynek Samovalský von Malenovice und Pohořelice: Malenovice in Mittelmähren ca. 5 km südwestl. des ehemaligen Zlín, jetzt Ortsteil von Gottwaldov. Pohořelice/Pohrlitz an der unteren Jihlava ca. 28 km südsüdwestl. Brünn. – Albert von Chotěnov/Kuttnau (Dorf 4,5 km südöstl. von Marienbad). – Wilhelm Zajíc von Židlochovice (1906: Groß Selowitz). Židlochovice ca. 15 km südöstl. Brünn. – Peter von Sternberg (im Gebiet der Sázava), Herr von Konopiště. Sein Sohn Zdeněk war später das Haupt des Widerstandes der böhm. Barone gegen König Georg von Poděbrad. – Racek Švihovský von Riesenberg (in Südwestböhmen bei Taus/Domažlice) hatte Mitschuld an der Ermordung des Priesters Nekvása bei Klattau; vgl. Kap. 24. – Wenzel von Klučov (genannt nach dem Dorf ca. 2 km nordöstl. von Böhmisch Brod, östlich Prag). – Aleš Krk, ein Ritter von Soběšín (Dorf auf der Nordseite der Sázava im Gebiet östl. der Burgen Sternberg und Rataje); – der Sekretär Janek war ehemals ein Geheimschreiber König Wenzels IV.

211 Brod: Böhmisch Brod/Brod Český ca. 30 km östlich Prag.

[212] Unter *crinale* könnte auch ein Haarband zu verstehen sein; demnach wäre zu übersetzen: ... *legten sie um ihre Häupter ein grünes Band ins Haar.*

[213] Im lat. Text *sub celo* und ebenso im alttschechischen Text *pod nebesy* für *Baldachin;* da sich im Volksmund katholischer Gegenden des süddeutschen und österreichischen Raumes bis in die Gegenwart dafür die spätmittelalterliche Bezeichnung *Himmel* erhalten hat, wurde entsprechend übersetzt. Solche Baldachine waren für höchstrangige Personen wie Könige, Fürsten, Päpste und Kardinäle vorgesehen.

[214] Der genannte Ritter Jan Puška von Kunstadt war ein Onkel der beiden Brüder Viktorin und Hynek Boček von Poděbrad.

[215] Das Manifest wurde von Laurentius im tschechischen Wortlaut in die Chronik aufgenommen. Es gab auch eine deutsche Ausfertigung in frühneuhochdeutscher Sprache an die Stadt Kaaden/Kadaň (an der mittleren Eger in Nordwestböhmen). Text bei Altmann, Wilhelm: Eberhart Windeckes Denkwürdigkeiten zur Geschichte des Zeitalters Kaiser Sigmunds. Berlin 1893 S. 136–138 unter dem Titel: *Also die Hussen von Proge einen brief santen der stat Cadon und sich beclageten uber den konig Sigemont.* – Abweichend vom tschechischen Text sind am Ende des deutschen Textes die Namen der verantwortlichen Unterzeichneten, allerdings z. T. entstellt, aufgeführt: Hinko Crosina von Luchtenberg, „houptman, vicar von Smistroit (?), Andres genant von Podiebrant (sic!), Hanko von Waltstein, Andres genant von Colstein, Jocop von Auster (= Ústí Sezimovo; Jocop vermutlich für Prokop), Jan von Luchtenberg, darzu burgermeister und gemein der grossen und nuwen stat zu Proge und ander ritter und knechte lantlute stete und gemein, die sich zu der ordenung gotes neigent."

[216] Burg Příběničky an der Lužnitz; vgl. Anm. 182.

[217] Lat. Text: *cum baculo episcopali de Milewsko* – mit dem Bischofsstab von Mühlhausen. – Zu den Zobel- und Marderpelzen: *pellicia zobelina et mardurina.*

[218] Die erste Gesandtschaft ist bei Laurentius nicht erwähnt. Hynek von Goldenstein hatte sie geführt (Juni 1420), war jedoch ohne Erfolg nach Prag zurückgekehrt. Von der zweiten berichtet der Verfasser nochmals in Kap. 79 und nennt dort auch mehrere Teilnehmer.

[219] Burg und Dorf Popovice, ca. 12 km südöstlich von Beneschau, hatte den Zisterziensern von Königsaal/Zbraslav gehört. Etwa 6 km westlich lag die Burg Leštno des Herrn Wenzel von Dubá.

[220] Ulrich Vavák von Neuhaus/Jindřichův Hradec aus altem, angesehenem Herrengeschlecht, hatte in Heidelberg studiert; er unterschrieb 1415 die Protestnote des böhmischen und mährischen Adels an das Konstanzer Konzil (vgl. Palacký Doc. S. 584 I Nr. 9) und stand seither auf seiten des utraquistischen Adels. – Von den Brüdern Peter und Purkardt von Vrchotovy Janovice (im mittelböhmischen Raum südl. Prag ca. 15 km südwestlich Beneschau) hatte Peter gleichfalls die Protestnote unterschrieben (Palacký Doc. 585 Nr. 32). – Peter Zmrzlík von Svojšín und Mies war 14 Jahre Kuttenberger Münzmeister König Wenzels IV., nach dessen Tod von Sigismund seines Amtes enthoben, aber

von den Pragern wieder eingesetzt. Er gehörte zu den Beschützern des J. Hus und stand auf seiten der utraquistischen Prager Magister, starb jedoch vorzeitig an der Pest am 16. August 1421 (vgl. Kap. 89).

221 Das heutige Carolinum mit dem spätgotischen Erker inmitten der Altstadt gegenüber dem klassizistischen Bau des Ständetheaters (jetzt: Tyltheater). König Wenzel IV. hatte das Haus, das vorher dem Münzmeister Martin Rothlöw gehört hatte, dem 1366 gegründeten Karlskolleg geschenkt.

222 Das Haus der Herren von Rosenberg stand in der Altstadt südlich des Annaklosters in der Goldenen Gasse (Jüttnerplan 1816), jetzt Náprstkova (zwischen der neuen Bethlehemkapelle und dem Moldauufer). Nikolaus von Hus hatte das Haus als Anrechnung für die Beute von Příběnice (*racione Przibenicz usurpaverat,* J. Goll S. 453) sich einfach angeeignet. Zur Lage des Hauses vgl. V. V. Tomek, Dějepis II (1892) S. 186.

223 Magister Prokop von Pilsen, Schüler des J. Hus, unterstützte die katholischen Tendenzen der sich bildenden utraquistischen Kirche; deshalb wurde er 1427 aus Prag verbannt.

224 Peter von Mladoniowitz zeichnete als junger Bakkalar der Theologie im Konzil von Konstanz 1415 die in den Audienzen für J. Hus vorgebrachten Anklagepunkte sowie den Verlauf der Verhandlungen bis zum Todesurteil vom 6. Juli und der nachfolgenden Hinrichtung auf. Sein mit zahlreichen Dokumenten vor und während der Reise nach Konstanz sowie der Zeit der Gefangenschaft des J. Hus belegter Bericht bildet den Inhalt der von ihm verfaßten *Relatio de magistro Johanne Hus* (lat. Text und frühneuhochdeutsche Übersetzung des 16. Jh.s in FRB VIII, deutsche Ausgabe in SGS Bd. 3, 1963). – Auch Peter von Mladoniowitz wurde 1427 aus Prag verbannt und kehrte erst 1438 zurück; gest. 1451. – Mladoňovice: Burg und Dorf, für das seit dem 13. Jh. der deutsche Name Bladensdorf gebräuchlich war, in Nordmähren ca. 10 km südöstl. von Mährisch Schönberg/Šumperk.

225 Eine deutsche Übersetzung dieser Artikel (wie übrigens auch der Abhandlung ihrer biblischen Begründung aus Kap. 60) liegt bereits in der Arbeit von Kalivoda, R., Kolesnyk, A.: Das hussitische Denken im Lichte seiner Quellen. Akademieverlag Berlin 1969 S. 303–310 vor. Sie ist allerdings nicht frei von Mißverständnissen, zumal der Verfasser (A. Kolesnyk) nachweisbar nicht aus dem lateinischen, sondern dem alttschechischen Text übersetzt hat.

226 Zu den *miseracionis opera*, den *Werken der Barmherzigkeit,* gehören nach christlicher Überlieferung und bis in die Gegenwart geübter Praxis gemäß Mt. 25,34ff die Linderung von Hunger und Durst, Beherbergen und Bekleiden, Besuch von Kranken und Gefangenen und nach Tob 1,17f die Bestattung der Toten. Die Laurentiuschronik enthält genügend Beispiele dafür, daß sich die Taboriten auf ihren Kriegszügen an diese Forderung des Artikels gehalten haben. So bemerkt der Verfasser ausdrücklich, daß nach dem bewaffneten Zusammenstoß am Vyšehrad die Gefallenen der Gegenseite auf Befehl der Priester unbestattet liegen gelassen wurden (Kap. 69, J. Goll S. 441).

[227] Der Wortlaut dieses Artikels deckt sich größtenteils mit dem in Artikel 11 aus Kap. 55, sein Sinn ist aber in der verkürzten Redaktion Peters von Mladoniowitz im Vergleich zu Art. 11 in Kap. 55 in das Gegenteil verkehrt. – Lat. Text: *Item quod sacerdotes evangelici non possunt habere bona temporalia . . . more evangelico, licet iure civili ab eis penitus subtracto et ablato, nec ab eis sunt sacramenta accipienda.* (Übersetzung im Text der Chronik) – Nach der Logik der lat. Grammatik muß sich das Demonstrativpronomen *ab eis* auf das Subjekt *sacerdotes evangelici* beziehen. Diese können aber in dem Nachsatz *nec ab eis* etc. nicht gemeint sein, sondern es müssen darunter jene Priester verstanden werden, die nach dem *ius civile bona temporalia,* also Pfarrhöfe oder Ländereien besitzen und weiter oben (Kap. 58; vgl. Anm. 168) als *presbyteri dotati* bezeichnet sind (. . . *prohibebantque a dotatis presbyteris sacramenta percipere;* FRB V S. 412 unten). In Kap. 55 Art. 11 ist der Sachverhalt klar ausgedrückt: *Sacerdotes evangelici domos eis . . . concessas aut deputatos non possunt licite inhabitare nec possunt habere bona temporalia iure civili ab eisdem subtracto penitus et ablato – . . . sie können die ihnen überlassenen oder zugewiesenen Pfarrhäuser nicht erlaubterweise bewohnen und können auch keine zeitlichen Güter besitzen, weil das bürgerliche Recht ihnen völlig entzogen und aufgehoben ist –, nec a taliter habentibus accipienda sunt sacramenta – und man darf auch von ihnen, die solcherweise einen Besitz haben, keine Sakramente empfangen.* Der richtige Sinn im vorliegenden Artikel 37 würde wiederhergestellt, wenn man aus Kap. 55 Art. 11 das erst den rechten Sinn ergebende participium coniunctum *habentibus* einfügt und also formuliert: *nec ab eis taliter habentibus sunt sacramenta accipienda – und man darf auch von denen, die solcherweise einen Besitz haben, keine Sakramente empfangen.*

[228] Jan Roháč von Dubá (im Gebiet der unteren Sázava), taboritischer Hauptmann, gest. 1437.

[229] Sextern: ein aus sechs gefalteten Blättern bestehendes Heft.

[230] Brandeis an der oberen Adler in Ostböhmen (Brandýs nad Orlicí).

[231] Der Ritter Hlas von Kamenice/Kamenitz war Burgherr in Strašnice bei Prag (heute Stadtteil in den östlichen Außenbezirken von Groß-Prag). – Der Altstadtbürger Simon aus dem Haus vom Weißen Löwen (an der Westseite des Kleinen Ringes – so Jüttnerplan 1816 –, Katasternr. 143/ Malé Náměstí, wenige Schritte vom Altstädter Ring) war begütert und einflußreich im öffentlichen Leben der Altstadt. – Magister Jan Kardinal von Reinstein (am Rand des Böhmerwaldes ca. 12 km südlich der Stadt Sušice am rechten Ufer der oberen Otawa), Priester, Freund und Anhänger des J. Hus, seit 1404 Magister der Artistenfakultät, gehörte zur offiziellen Abordnung der Prager Universität zum Konstanzer Konzil und reiste im Oktober 1414 in der Gruppe mit J. Hus dahin. „Kardinal" ist ein Spitzname, den ihm nach einem Aufenthalt in Italien die Prager Kollegen gegeben hatten. Nach seiner Rückkehr aus Polen war er Mitglied des utraquistischen Konsistoriums, stand aber um 1428 als erzbischöflicher Offizial im Dienst Konrads von Vechta, der als letzter Erzbischof der spätmittelalterlichen Kirche von Prag 1421 die Vier Pra-

ger Artikel anerkannt hatte. – Zu Peter Englisch vgl. Anm. 143. – Weitere Teilnehmer an der Gesandtschaft nennt (mit Quellenbelegen) V. V. Tomek, Dějiny (1898) 126 Anm. 84.

Dritte Nachtstunde: in den letzten Dezembertagen ist in Prag für den Beginn der ersten Stunde ungefähr die Zeit 16 Uhr 30 anzusetzen. Die dritte Nachtstunde ist deshalb die Zeit etwa von 18.30 bis 19.30 Uhr.

232 Der Ritter Herbert von Fulstein (Feylstein) blieb auch nach Einnahme und Zerstörung der Neuen Burg/Wenzelstein im Dienst König Sigismunds.

233 Zur Übersetzung *commodum – Gemach* siehe Jakob Grimm, Wörterbuch IV 1,2 Spalte 3134 unter 2); – ebenso Diefenbach, Lorenz, Glossarium Latino-Germanicum mediae et infimae aetatis. Frankfurt a. M. 1857, reprografischer Nachdruck Darmstadt 1968 S. 136. – Bei der Plünderung der Burg wurde die äußerst wertvolle Handschriftenbibliothek König Wenzels IV. vernichtet.

234 Magister Martin von Volyně, Schüler des J. Hus und Prediger in der Bethlehemkapelle, gest. 1428. – Volyně, Stadt in Südwestböhmen ca. 23 km westlich der Stadt Vodňany.

235 Peter von Mladoniowitz hatte demnach zu den Ausführungen Wenzel Korandas in einer Stellungnahme geantwortet, die dem Verfasser vorlag, so daß er an Hand dieses Textes die Hauptgedanken Korandas rekonstruieren konnte.

236 Übersetzt nach der Ausgabe K. Höflers FRA II 447, wo der Plural des participium coniunctum *volentes* eingesetzt ist anstatt des Singulars *volens* der handschriftlichen Überlieferung und der Ausgabe J. Golls. Der Singular ist syntaktisch nicht haltbar und läßt sich paläographisch leicht erklären, wenn ein mit Kürzungszeichen geschriebenes *volens (= volentes)* von einem Abschreiber übersehen wurde, so daß nur die Form des Singulars erhalten blieb.

237 Ausgabe von K. Höfler in Geschichtsschreiber der hussitischen Bewegung II 488–501. Vgl. übersichtliche Zusammenfassung des gesamten Vorgangs bei V. V. Tomek, Dějiny (1898) 133f.

238 Burg Krasíkov/Schwamberg in Westböhmen ca. 20 km nordwestlich der Silberbergbaustadt Mies (deshalb der tschechische Name der Stadt Stříbro = Silber). Nicht weit von der Burg ca. 3 km nordwestlich liegt die ehemalige Prämonstratenserabtei Stift Tepl/Teplá.

239 *Magister moncium:* gleichbedeutend mit dem Münzmeister. Dieses Amt hatte der vom König Sigismund eingesetzte Münzmeister Mikeš Divoký (auch Divůček) von Jemniště (südöstlich Beneschau) inne. – Der gleich genannte Jan Městecký von Opočno hatte zwar die Protestnote an das Konzil unterschrieben (Palacký, Doc. 584 Nr. I 10), stand aber im Dienst des Königs; gest. um 1432. – Burg und Stadt Opočno ca. 22 km östl. Königgrätz in Nordostböhmen.

240 Přelouč am linken Elbeufer etwa 12 km westlich Pardubitz; Entfernung von da nach Kuttenberg (südwestlich) über 30 km.

241 Peter Hromádka (Hromada) von Jistebnice, ein taboritischer Priester; – Jistebnice, Stadt in Südböhmen ca. 15 km nordwestlich Tabor.

[242] Chotěboř, Landstadt in Ostböhmen im Bereich des linken Ufers der oberen Doubrava, eines linken Nebenflusses der Elbe, etwa 20 km nordöstlich von Deutsch Brod/Německý Brod (jetzt Havlíčkův Brod).

[243] Herr Arnošt (Ernst) Flaška von Pardubitz und Richenburg (diese auf der Böhm.-Mährischen Höhe über 30 km südöstlich von Pardubitz), Sohn des Smil Flaška (vgl. Anm. 69); – der gleich genannte Herr Půta von Častolovice (im nördlichen Uferbereich der Adler ca. 28 km südöstlich von Königgrätz) stand im Dienst König Sigismunds als Hauptmann von Glatz (gehörte mit seinem Umland, dem Glatzer Kessel, bis 1742 zu Böhmen) und Münsterberg in Schlesien, obwohl er die Protestnote an das Konzil 1415 (Palacký, Doc. 584 Nr. 20) unterschrieben hatte.

[244] Soběslav an der Lužnitz ist etwa 20 km von dem nördlich gelegenen Tabor entfernt.

[245] Im Lat. Text: *evomuit,* im Mittelalter der übliche Ausdruck für das Aufbringen neuer häretischer Lehrmeinungen.

[246] Nikolaus von Lobkowicz auf dem Hassenstein stand im Dienst beider luxemburgischen Brüder, Wenzels IV. und König Sigismunds. – Burg Hassenstein (heute Ruine) etwa 6 km nordwestlich Kaaden. Die Stammburg Lobkovice am linken Elbeufer ca. 13 km südöstlich von Mělník.

[247] Die genannten Orte und Burgen liegen alle im westlichen Mittelböhmen südwestlich von Prag, und zwar im Großraum südlich der Beraun und westlich der Moldau: Dobříž 20 km südöstlich der Stadt Beroun. Gleichfalls etwa 20 km südwestlich von Beroun liegt die Kleinstadt Hořovice, ca. 8 km nördlich davon die Burg Žebrák („Bettler“, daher im lat. Text latinisiert zu *Mendicus*); – Rokycany etwa 15 km östlich Pilsen, die Rosenbergische Burg ungefähr 20 km östlich von Pilsen.

[248] *Salus populi* war der Donnerstag vor dem vierten Fastensonntag *(Laetare).* Er hieß nach den Anfangsworten der Eingangsantiphon der Messe: *Salus populi ego sum dicit dominus – Das Heil des Volkes bin ich, spricht der Herr.*

[249] Die Stadt Rokycany hatte sich aus einem Wirtschaftshof der Prager Bischöfe entwickelt. Unter Karl IV. gründete 1362 Erzbischof Ernst von Pardubitz ein Augustiner-Chorherrenkloster. Bei der Eroberung der Stadt durch Žižka am 22. Februar 1421 wurden die Augustinermönche erhängt, den Probst hat man in einem Pechfaß inmitten der Kirche verbrannt. (Nach Ottův Slovník 1904.)

[250] Das Dorf Nedakonice ungefähr in der Mitte zwischen den beiden Städten Ungarisch Hradisch und Ostroh, die beide an der südmährischen March etwa 12 km auseinanderliegen. Strážnice ist 20 km südsüdwestlich von Nedakonice entfernt. Dieses Dorf gehörte dem Zisterzienserkloster Velehrad (lat. Text: Welhrad; um 1205 gegründet, ungefähr 7 km nordwestlich Ungarisch Hradisch, von Joseph II. 1784 aufgehoben). Von der mit dem Kloster Velehrad verbundenen, erst im 17. Jh. aufgekommenen und seit 1863 bis zur Gegenwart in Blüte gewesenen Kyrill-Method-Tradition wußten die Zisterzienser der Zeit J. Žižkas und der Taboriten noch nichts.

[251] Jan Železný (Johannes der Eiserne), seit 1388 Bischof von Leitomischl, entschiedener Gegner des Wyklefismus und des J. Hus, wie seine Äußerungen in den Konstanzer Konzilsaudienzen wiederholt zeigten. Auf seine vermutlich illegitime Herkunft spielten die in Konstanz anwesenden Herren in ihrem Schreiben vom 18. Mai 1415 an (SGS 3/1963/ S. 107ff). Nach dem Konzil wurde er 1418 Bischof von Olmütz, dem ganz Mähren mit den schlesischen Herzogtümern Troppau und Jägerndorf (bis zur Gründung des Bistums Brünn unter Maria Theresia und Joseph II.) unterstand, und nach dem Übertritt des Prager Erzbischofs Konrad von Vechta zu den Vier Prager Artikeln 1421 der erste Administrator für das Prager Erzbistum, der die katholische (nichtutraquistische) Tradition weiterführte (Wiederbesetzung erst 1561); Kardinalswürde 1426; gest. 1430.

[252] Vizovice bei Ungarisch Hradisch: dort bestand seit 1261 das Zisterzienserkloster Smilheim, das Anfang des 16. Jh.s unterging.

[253] Martin Loquis: vgl. Anm. 171; zu den Pikarden siehe Kap. 63 und Anm. 187.

[254] *Velut perfidissimi Judei,* Beiwort hier im Superlativ, sonst *perfidi Judei,* wie im Mittelalter (z. B. in den Statuten der Synode des ersten Prager Erzbischofs Ernst von Pardubitz von 1349) und bis in die neueste Zeit in kirchlichen Dokumenten üblich.

[255] Lat. Text: *adhuc non dimittitis illum papilionem;* unter dem Wort *papilio/Schmetterling* (im alttschech. Text: *motýl*), das in der Umgangssprache für eine Falschgeldmünze üblich war, ist hier nach dem Zusammenhang eine Verunglimpfung der Eucharistie, im besonderen der konsekrierten Hostien, zu verstehen.

[256] Klokoty am rechten Ufer der Lužnitz unmittelbar an der Westseite von Tabor; der Name ist aus *klokotati = „glucksen", sprudeln, plätschern,* demnach lautmalend für bewegtes Wasser, gebildet.

[257] Komotau/Chomutov in Nordwestböhmen am Südrand des Erzgebirges ca. 12 km nordöstlich von Kaaden (an der Eger).

[258] Makotřasy und Burg Okoř: beide Burgen liegen ungefähr 8 km auseinander südöstlich von Slaný auf halbem Weg nach Prag; vgl. Kap. 38

[259] Man wird in diesem Schritt des Erzbischofs, der sich nach Möglichkeit aus den Kämpfen heraushalten und dadurch den reichen Kirchenbesitz sichern wollte, einen Akt des Opportunismus sehen, zumal er durch seine Untätigkeit gegenüber dem Utraquismus, dem Bildersturm der Taboriten und ihrer neuen verkürzten Liturgie beim König und dem Nuntius Fernando Mißfallen erregt hatte. – Die Domherren des Prager Kapitels von St. Veit haben größtenteils in Olmütz, aber auch außerhalb des Königreichs Böhmen in Zittau in der Oberlausitz, also im Bereich der luxemburgischen Erbländer, Zuflucht gefunden. Bischof Jan Železný von Olmütz und Suffragan des Prager Erzbischofs kündigte Konrad als einem der Häresie Verfallenen den Gehorsam auf und wurde sogleich als Administrator des Prager Erzbistums anerkannt. Der Übertritt Konrads führte übrigens auf wirtschaftlichem Gebiet zu sehr komplizierten Auswirkungen im Bereich der Zins- und Zehentab-

gaben der untertänigen Landbevölkerung. Vgl. V. V. Tomek IV (1898) 138f, 150–154.

[260] Nikolaus (Mikuláš) Návara war Bürger der Prager Neustadt und dem Verfasser der Chronik, Laurentius, persönlich bekannt. Als Kathedralschreiber hatte er es mit dem Schreiben und zum Teil Illuminieren liturgischer Bücher für den Erzbischof oder den König zu tun, die der Erzbischof oder ein von ihm beauftragter Geistlicher auf ihre Richtigkeit kontrollierte. Vgl. Hlaváček, Ivan: Das Urkunden- und Kanzleiwesen des böhmischen und römischen Königs Wenzel (IV.) 1376–1419, Stuttgart (1970) S. 223 Nr. 19.

[261] Die Stadt Kolin am südlichen (linken) Elbeufer etwa 20 km östlich Kouřim. Auf dem Weg dahin hatten die Prager das Zisterzienserkloster Skalice bei Kouřim zerstört. Das genannte Kloster der Bettelmönche in Kolin war ein Dominikanerkloster. Die gleichgenannte Stadt Nimburg/ Nymburk liegt am rechten Elbeufer etwa 20 km nordwestlich von Kolin entfernt.

[262] Sedlec, ungefähr 3 km nordöstlich von Kuttenberg, war ein Zisterzienserkloster.

[263] Die beiden Burgen Žleby und Lichtenburg liegen etwa 10 km auseinander und gehörten dem König, Burg Žleby ca. 11 km südöstlich von Tschaslau/Čáslav an der Doubrava (linker Nebenfluß der Elbe), die Lichtenburg südwestlich von Chrudim und ungefähr 20 km östlich von Tschaslau. – Die wenig später genannte Burg Orlík liegt am mittleren, gegen Westen weit ausgebuchteten Moldaulauf am linken Flußufer etwa 35 km nordwestlich von Tabor.

[264] Pardidub war das Minoritenkloster in Pardubitz; Podlažice, Benediktinerabtei ca. 15 km südöstlich Chrudim (vgl. Kap. 45 und Anm. 105); aus der Klosterbibliothek stammt der bekannte Codex gigas der ersten Hälfte des 13. Jh.s, der mit der böhmischen Kriegsbeute 1646 nach Schweden gebracht wurde und seither in der kgl. Bibliothek in Stockholm liegt; – Sezemice, damals ein Zisterzienserinnenkloster, liegt etwa 18 km nordöstlich Chrudim.

[265] Die drei Städte Hohenmaut (Vysoké Mýto), die damalige Bischofstadt Leitomischl und Polička liegen in Ostböhmen am Westrand der Böhmisch-Mährischen Höhe. Von der nördlichsten, Hohenmaut, sind es ungefähr 12 km gegen Südost nach Leitomischl und von da ca. 18 km gegen Süden nach Polička im Grenzgebiet gegen Mähren. – Trautenau in Nordostböhmen westlich der oberen Aupa ist ungefähr 20 km von dem an der oberen Elbe gelegenen Königinhof entfernt. – Der flüchtige Bischof und Nachfolger des nach Olmütz gegangenen Jan Železný war Aleš von Březí (gest. um 1440), unter dem das Bistum zu bestehen aufhörte.

[266] Jaroměř in Nordostböhmen an der oberen Elbe etwa 10 km südöstlich Königinhof und ca. 20 km von dem südwestlich gelegenen Königgrätz entfernt.

[267] Der bekannte ehemalige Prämonstratensermönch Johannes von Selau/ Jan Želivský.

268 J. Žižka eroberte auf einer Anhöhe nördlich von Leitmeritz eine dem Deutschen Ritterorden gehörende, aus Holz erbaute Burg, an deren Stelle er eine aus Stein erbauen ließ mit einem Turm in Gestalt eines Kelches. Nach dieser „Kelchburg“ hat er sich von da an genannt. Vgl. Fr. Heřmanský/M. Bláhová (1979) S. 366 Anm. 1 zu Kap. 91.

269 Die Stadt Raudnitz/Roudnice am linken Elbeufer, fast gleich weit entfernt von den Elbestädten Leitmeritz im Norden und Mělník südöstlich gegenüber der Moldaumündung. Vor Raudnitz hatte in den 30iger Jahren des 14. Jh.s der letzte Prager Bischof Jan von Dražice, der noch Suffragen von Mainz war (gest. 1343), angeregt von seinem Aufenthalt in Avignon, durch den französischen Meister Wilhelm von Avignon eine steinerne Bogenbrücke über die Elbe erbauen lassen, die erst im 30jährigen Krieg zerstört wurde. Die Burg über der Stadt gehörte den Prager Bischöfen. Das Augustiner-Chorherrenkloster in der Stadt hatte Bischof Johannes von Dražice gegründet. Aus dem lat. Text *(Žižka) deinde Rudnicz pertransivit* kann man schließen, daß Žižka mit seinen Truppen über die Elbebrücke gegen die Stadt zog.

270 *Poterint* im lat. Text wohl Druckfehler anstatt *poterunt,* wie übersetzt wurde.

271 Die „Kirche der Landespatrone“ ist der seit Karl IV. nach dem Vorbild der französischen Kathedralgotik neu erbaute Veitsdom, von dem bis zu dieser Zeit der Ostchor mit dem Kapellenkranz und der Wenzelskapelle, dagegen unvollendet nur die Südwand des Querhauses mit dem goldenen Glasmosaik des Jüngsten Gerichtes und der breite Südturm ohne Bekrönung standen. Die Landespatrone sind die Heiligen: Veit (Vitus), Wenzel, Adalbert und Sigmund.

272 Vgl. Kap. 89 und Anm. 263.

273 Čeněk von Wartenberg, der ehemalige Prager Oberstburggraf, hier nach seiner Burg Veselí (Vysoké), 10 km südlich Jičín, genannt; – Heinrich von Waldstein ist identisch mit Hynek von Goldenstein/Kolštejn; – Jan Chudoba von Wartenberg, hier benannt nach seiner Burg Ralsko (8 km südwestl. von Burg Wartenberg, beide Burgen ca. 15 und 18 km im Raum südöstlich von Böhmisch Leipa) stand auf seiten König Sigismunds; – Škopek von Dubá ist identisch mit Aleš Škopek von Dubá; er war Herr der Burg Dražice (ca. 10 km südwestl. von Jung Bunzlau; Burg Dubá/Dauba, genannt nach *dub = Eiche,* ca. 25 km östlich Leitmeritz; – Heinrich Berka von Dubá: identisch mit Hynek Hlaváč von Dubá, war Herr von Böhmisch Leipa.

274 Wilhelm von Pernstein, Peter von Kravaře und Strážnice und Jan von Lomnice waren die Häupter des Utraquismus in Mähren und hatten die Protestnote an das Konstanzer Konzil (vgl. Fr. Palacký, Doc. S. 588 Nr. 323–325) unterzeichnet. Burg Pernstein an der oberen Schwarzawa im Bergland ca. 15 km nordwestl. von Tišnov (von Brünn ca. 30 km entfernt); ebenso 6,5 km nördl. Tišnov Burg Lomnice/Lomnitz; – Kravaře 7 km östlich Troppau im Hultschiner Ländchen; – Strážnice in Südmähren ca. 20 km südsüdwestl. von Ungarisch Hradisch.

275 Das Schreiben ist in alttschechischer Sprache abgefaßt und in die Chronik aufgenommen.

[276] Der Wortlaut des Schreibens endet im Text des Laurentius mit *Tomu všemu* etc. (= *Diesem allem* etc.) Der vollständige Schlußteil (in Klammern) wurde aus Fr. Heřmanský/M. Bláhová (1979) S. 367 Anm. 9 zu Kap. 94 übernommen (nach Archiv Český III 229).

[277] Aleš Holický von Sternberg, gest. 1455.

[278] Auch das Schreiben Sigismunds an den Landtag ist bei Laurentius in Alttschechisch überliefert.

[279] Darunter sind die Vier Prager Artikel zu verstehen.

[280] Trentschin/Trenčín, Stadt an der mittleren Waag in der westlichen Slowakei, im 15. Jh. bis Ende 1918 im nordwestlichen Königreich Ungarn (westlich der Weißen Karpaten auf mährischer Seite etwas nordwestlich zur Breite von Trenčín liegt Ungarisch Hradisch). – Der am Ende genannte königliche Notar und Prager Kanonikus war Michael von Priest. – Beim genannten 35. Regierungsjahr handelt sich um das ungarische Königtum Sigismunds. Er wurde im Jahr 1387 zum König von Ungarn gekrönt.

[281] Laurentius hat die alttschechische Fassung in seine Chronik aufgenommen. Der lateinische Wortlaut findet sich bei Johannes Cochlaeus, Hist. Hussitarum (1549) S. 202–204 unter dem Titel: *Articuli excessuum et culparum contra regem Hungariae, quos intulit regno et coronae Bohemiae, oblati eidem per barones ac civitates Bohemiae – Artikel der Ausschreitungen und Schuldzuweisungen gegen den König von Ungarn, die er an dem Königreich und der Krone Böhmens verübt hat; sie wurden ihm vorgebracht durch die Barone und Städte von Böhmen. – Die beiden Ausfertigungen stimmen im allgemeinen inhaltlich überein, nicht aber im Wortlaut. Der tschechische Text zählt 14 Beschwerdepunkte, der lateinische 17.*

[282] Der Geleitbrief, der am 18. Oktober 1414 in Speyer von der königlichen Kanzlei ausgestellt war, sollte, wie sein Text zeigt, freien Durchzug auf den Straßen und reibungslose Abfertigung an Brücken und Stadttoren sichern und war demnach nur ein Reisepaß im mittelalterlichen Sinn. J. Hus kam auch ohne dieses Dokument am 3. November 1414 sicher in Konstanz an, denn er war, ohne die Aushändigung des Geleitbriefes abzuwarten, zusammen mit den von der Prager Universität zum Konzil abgeordneten Magistern vorzeitig am 11. Oktober, also acht Tage bevor der Geleitbrief überhaupt ausgestellt war, von Prag über Eger, die Oberpfalz und Nürnberg nach Konstanz abgereist. Erst nach Eintreffen in Konstanz wurde ihm das Reisedokument von dem böhmischen Herrn Wenzel von Dubá übergeben, das ihn jedoch vor einer Verurteilung in einem Ketzerprozeß nicht schützen konnte.

[283] Jeronimus von Prag hatte weder vom König, noch von Papst Johannes XXIII. einen Schutz- und Geleitbrief bekommen. Er war aus eigenem Antrieb zum Konzil gereist.

[284] Vgl. Kap. 29.

[285] Wenzel IV. hatte Breslauer Bürger, die 1418 an einem Aufstand gegen das Stadtpatriziat beteiligt waren, begnadigt, König Sigismund jedoch ließ während seines Aufenthaltes in Breslau im März 1420 von den Betroffenen 23 Personen hinrichten und 27 enteignen. Aus dem Text ist

zu schließen, daß es sich um aus Böhmen stammende und in Breslau ansässige Brüger gehandelt haben muß.

[286] Anspielung auf die Belehnung des Nürnberger Burggrafen Friedrich von Zollern 1415 mit der Mark Brandenburg, die Karl IV. im Dezember 1373 durch Zahlung einer hohen Geldsumme an Herzog Otto von Wittelsbach für die luxemburgische Hausmacht erworben hatte; – nicht die Altmark (mit Stendal und Tangermünde), sondern die Neumark östlich Frankfurt an der Oder (mit Landsberg an der Netze) wurde von Sigismund als Kurfürsten von Brandenburg 1402 an den Deutschen Ritterorden verkauft.

[287] Da nach mittelalterlicher Anschauung erst der Besitz der Kroninsignien die legitime Stellung des Herrschers begründete, König Sigismund dagegen die Krone vor einer möglichen Besitzergreifung durch einen polnischen Thronprätendenten schützen mußte, ließ er sie außer Landes schaffen, hat sie aber nach Besiegung der Taboriten bei Lipany (1434), seit er 1436 endlich in Böhmen allgemein als König anerkannt wurde, folgerichtig zurückgegeben. – Ähnliches gilt für die in den beiden nächsten Punkten genannten Kleinodien und die Reichsinsignien, die auf Burg Karlstein bewahrt und zu Lebzeiten Karls IV. dem Volk von Prag wiederholt in der damaligen Fronleichnamskapelle (auf dem Karlsplatz der Neustadt) gezeigt wurden. Sigismund mußte bei der Einstellung der Taboriten zu Reliquien und liturgischen Geräten nach den Erfahrungen der Kirchen-, Kloster- und Burgenplünderungen den Verlust der Insignien befürchten und ließ sie deshalb nach Nürnberg bringen, wo sie bei St. Lorenz bis 1806 verblieben und nur zu den Kaiserkrönungen in Frankfurt am Main herausgeholt wurden. Erst unter Kaiser Franz II. brachte man sie zur Sicherung vor Napoleon in die Schatzkammer der Wiener Hofburg, wo sie (mit Unterbrechung 1938–1945) bis heute verblieben und im neutralen Österreich am besten geschützt sind.

[288] Police, Kleinstadt im Braunauer Ländchen (Nordostböhmen) ca. 14 km südwestlich der Benediktinerabtei Braunau/Broumov. Der Grundherr von Police war der Abt von Braunau.

[289] Das Schreiben ist in alttschechischer Fassung in der Chronik erhalten. Eine lateinische Ausfertigung hat es anscheinend nicht gegeben, denn J. Cochlaeus bemerkt zu den Beschwerdepunkten (Kap. 96): *Quid vero ad ista responderit pius ac religiosus princeps, rex et Caesar Sigismundus, nusquam scriptum reperio – Was aber der fromme und gottesfürchtige Fürst, König und Kaiser Sigismund darauf geantwortet hat, finde ich nirgendwo niedergeschrieben.* – Hist. Hussit. (1549) S. 205. – Der tschechische Text blieb ihm unbekannt.

[290] Vermutlich ein Hinweis auf Plünderung und Zerstörung der Kirchen des Vyšehrad. Vgl. Kap. 70.

[291] Im lat. Text: *presbiter de Grecz* (= Königingrätz, seit frühem 19. Jh. Königgrätz, im Tschech. Hradec Králové/„Königingrätz" bis heute).

[292] *Ordinarius:* im Kanonischen Recht die übliche Bezeichnung für den Ortspfarrer, Bischof oder Erzbischof als den jeweils zuständigen rechtlichen Inhaber der Hirtengewalt *(ordinarius loci)*. Der Ordinarius Konrad ist der Prager Erzbischof Konrad von Vechta, der hier auch als

ordinarius regni bezeichnet wird, weil ihm als Erzbischof der Bischof von Leitomischl als sein Suffragan unterstellt war und Konrad somit Inhaber der Kirchengewalt des gesamten Königreiches Böhmen war.

293 Eine besonders beweiskräftige Stelle dafür, daß nach der grausamen Rechtspraxis der Zeit Brennen mit Fackeln keine Strafe war, sondern das übliche Inquisitionsverfahren, um in einem Kreuzverhör von dem Opfer ein Geständnis zu erwirken. So hat z. B. König Wenzel IV. sich sogar persönlich an dieser Befragungsmethode bei dem Prager Generalvikar Johannes von Nepomuk beteiligt (1393), um von ihm zu erfahren, wer im Benediktinerkloster Kladrau die vorschnelle Abtwahl angeordnet und die Umwandlung der Abtei in ein westböhmisches Bistum, wie es König Wenzel vorschwebte, vereitelt hatte. Vgl. F. Seibt im Ausstellungskatalog: Johannes von Nepomuk. Passau 1971, S. 22.

294 Prokop Holý, der Kahle – Rasus –, auch Prokop Veliký, der Große, genannt, wurde nach dem Tode J. Žižkas (Oktober 1424) einige Zeit später der Führer der Taboriten (um 1425/26). Bis zum Jahr 1419/20 weiß man fast nichts Verläßliches von ihm. Er könnte in dieser Zeit im dreißigsten oder auch nahe dem vierzigsten Lebensjahr gewesen sein, wenn man Aeneas Silvius darin folgt, was er von seiner Jugend berichtet. Demnach entstammte er dem deutschen Patriziat der Prager Altstadt. Der in der Prager Umgebung begüterte reiche Kaufmann Johannes von Aachen (Joh. de Aquis) habe den Sohn Prokop seiner wahrscheinlich früh verstorbenen Schwester adoptiert und später seinen jungen Neffen auf Geschäftsreisen an den Rhein, nach Flandern, Frankreich, Spanien und Italien mitgenommen und sei von dort mit ihm sogar nach Jerusalem gereist. Nach Studien wahrscheinlich in Prag wurde er Priester und erscheint seit 1421 in Tabor. Sein Beiname Holý – Rasus war kein Hinweis auf fehlendes Haupthaar, sondern bedeutet „glattrasiert", weil er abweichend von der Forderung der Taboritenpriester, die mit langem Haar und Bart die Apostel nachahmen wollten, bartlos blieb und sogar im Ornat die Messe feierte. Als Hauptmann der Taboriten führte er ihr Heer 1428/29 nach Schlesien und 1429/30 nach Sachsen, in die Oberpfalz und ins Fränkische, stand 1429 in Preßburg in Verhandlungen mit König Sigismund und gehörte 1433 zur böhm. Gesandtschaft zum Baseler Konzil, wo er auch Aeneas Silvius begegnete. Er fiel in der Entscheidungsschlacht zwischen den Taboriten und den Baronen sowie dem Heer der Prager Altstadt bei Lipany (30. Mai 1434). – Vgl. Macek, J., Prokop Veliký, Prag 1953.

295 Nach dem bis auf Kopernikus *(De revolutionibus orbium coelestium 1543)* unbestrittenen Weltbild des Ptolemaeus galten (wie schon bei M. Tullius Cicero in seinem *Somnium Scipionis)* Sonne und Mond als Planeten, wie die Benennung der Wochentage (nach den „sieben Planeten") in den romanischen und germanischen Sprachen – nicht in den slavischen – bis heute zeigt.

296 D. i. die Prager Altstadt. Seit Bestehen der Stadtgründung König Přemysl Ottokars II. auf dem linken Moldauufer in der Talsohle unterhalb der Burg und des Strahower sowie des Laurenziberges kam für die wesentlich größere Altstadt auch die Bezeichnung *Maior civitas Pra-*

gensis – die Große Prager Stadt – auf im Gegensatz zu *Praga Minor* (*„Klein-Prag“*) auf dem linken Ufer, eine Benennung, die sich bis heute in der Bezeichnung *Kleinseite,* tschech. Malá Strana, erhalten hat. (Der Komparativ hat im Mittellatein oft die Bedeutung des Positivs.)

297 Das Schreiben ist in alttschechischem Wortlaut in die Chronik aufgenommen.

298 Prokop Holý.

299 Lat. Text: de . . . titulis zu ergänzen *ecclesiarum, „Kirchentitel“*. Darunter sind die jeweils besonderen Heiligen als Kirchenpatrone zu verstehen, dann aber auch die mit ihren Kirchentiteln verbundenen Pfarrgemeinden oder Ortskirchen. – Der Synodalklerus war also in die vier Kurien der hussitischen Hauptzentren Prag, Königgrätz, Saaz und Tabor eingeteilt, wobei zur Kurie der Taboriten auch die Teilnehmer von verschiedenen Titelkirchen aus den anderen Gegenden Böhmens hinzukamen.

300 Die genannten drei Symbole oder Glaubensbekenntnisse sind die bei mittelalterlichen Theologen fast immer zitierten Glaubensformeln. – Das Apostolische Glaubensbekenntnis – nach früher Überlieferung angeblich von den Aposteln begründet – geht in seiner vorliegenden lat. Fassung auf das 5. Jh. zurück und fand seit Karl dem Großen im Bereich der lat. Kirche allgemeine Verbreitung, blieb dagegen in den orthodoxen Kirchen unbekannt. Deutscher Wortlaut: Neuner-Roos Nr. 911 S. 543. – Lat. Text: Denzinger-Schönmetzer (1965) Nr. 30 S. 28. – Unter dem Glaubensbekenntnis des Konzils von Nikaia (325) – griech. Text: Denzinger-Schönmetzer Nr. 125 S. 52; deutsche Fassung: Neuner-Roos Nr. 155 – ist hier das Nizäno-Konstantinopolitanische Glaubensbekenntnis zu verstehen (381). Es ist bis heute der lateinischen Kirche und den von Rom getrennten (orthodoxen) Ostkirchen gemeinsam und Bestandteil der römischen Messe sowie der byzantinischen Liturgie. Deutscher Text: Neuner-Roos Nr. 250 S. 164; griech. und lat. Text: Denzinger-Schönmetzer Nr. 150 S. 66f. – Das sogenannte athanasianische Glaubensbekenntnis, korrekt: Symbolum pseudo-Athanasianum (Athanasius von Alexandrien, gest. 373, Gegner des Arius in der Trinitätslehre), nach seinem Anfangswort *Quicumque* häufig so benannt und zitiert, ist in der Orthodoxie nicht bekannt. Es entstand zwischen 4. und 6. Jh. im lat. Westen, wohl in Südgallien, wird aber auch auf Ambrosius von Mailand zurückgeführt und ist in Handschriften seit dem 8./9. Jh. überliefert. Der umfangreiche Text enthält großenteils Aussagen zum Trinitätsbegriff. Deutscher Wortlaut: Neuner-Roos Nr. 915f S. 546–548; lat. Text: Denzinger-Schönmetzer Nr. 75f S. 40–42. – Über die Symbole unterrichtet (auch mit historischen Texten der Nationalsprachen) umfassend: A. Hahn, G. L. Hahn: Bibliothek der Symbole und Glaubensregeln der Alten Kirche. Breslau 1897. Reprograf. Nachdruck Georg Olms Verlag, Hildesheim 1962.

301 Die *tota lex domini scripta* ist die vollständige Bibel des Alten und Neuen Testaments. – Diese in der Zeit des geschriebenen Buches gegebene Anordnung der Synode verdient Beachtung, denn sie hatte weitreichende Auswirkungen auf die Verbreitung der Bibel in tschech. Spra-

che vom 15. Jh. bis zur Kralitzer Bibel (1579ff) und führte dazu, daß es nach dem Aufkommen des Buchdrucks in Böhmen (Pilsen 1476) vor 1500 drei Ausgaben des Neuen Testaments, zwei Drucke der Psalmen und fast gleichzeitig zwei vollständige Bibelinkunabeln in Folio, die Prager Bibel 1488 bei Severýn-Kamp und 1489 die Kuttenberger Bibel, gab. Im 16. Jh. kamen die 1506 in Venedig gedruckte Bibel und in den folgenden Jahrzehnten die Nürnberger und Prager Bibeldrucke (bei Melantrich und Veleslavín) hinzu.

302 Das *Orarion,* seit dem 4./5. Jh. als liturgisches Gewand aufgekommen, ist in der byzantinischen Liturgie ein breiter, ca. 2 m langer Streifen aus Seide oder sonst einem kostbaren Textilstoff, der vom Diakon über der linken Schulter getragen wird und eigentlich eine Sonderform der Stola darstellt. Seit der Liturgiereform der röm.-kath. Kirche nach dem II. Vatikan. Konzil kam es wieder in Verwendung. Hier im Textzusammenhang steht das Wort für den Begriff eines liturgischen Gewandes, während bei *ornamenta* („Prunkstücke") an Prachtgewänder zu denken ist.

303 In Canon 17 des Konzils von Nikaia; griech. Text mit deutscher Übersetzung und Erläuterung bei Hefele, Carl Joseph von: Conciliengeschichte Bd. I Freiburg i. Br. (1873) 421f; Hefele-Leclercq: Histoire des conciles. I. Paris (1907) S. 604–610. – Lat. Text bei Gratian (an zwei verschiedenen Stellen in voneinander unabhängigen, aber inhaltlich sich deckenden Übersetzungen aus dem Griechischen): Canon 2, Distinctio 47 = PL 187, Spalte 245 und Friedberg I Sp. 169; Canon 8 causa 14 quaestio 4 = PL 187, Sp. 960 und Friedberg I Sp. 737.

304 Text bei J. Goll S. 504: *peccata vera penitentibus . . . remittimus* etc.; *vera* (Druckfehler?) muß in *vere* (Adverb zu *penitentibus)* abgeändert werden: *den wahrhaft Bußfertigen;* vgl. Anfang des Artikels: *Item quod nemo homines vere penitentes* etc. *presumat repellere.*

305 Die *tempora debita – gebührenden Zeiten* – sind für die Weihe des Chrisamöls noch heute die Messe des Bischofs am Gründonnerstag in seiner Kathedralkirche, für die des Taufwassers im Taufbrunnen war es bis zur jüngsten Liturgiereform in jeder Pfarrkirche der Wortgottesdienst der Ostervigil am Karsamstag (seither in der Messe der Osternacht und außerdem während des ganzen Jahres Weihe frischen Wassers innerhalb des Taufritus zu Beginn jeder Taufe). Seit dem Spätmittelalter bis zum II. Vat. Konzil fielen unter die tempora debita außer der Ostervigil auch noch die Vigiltage von Epiphanie (5. Januar) und von Pfingsten.

306 Die in diesem Kapitel genannten Orte liegen (außer Doxan) im Gebiet Nordwestböhmens westlich des (im wesentlichen nach Norden ausgerichteten) Elbelaufs bis zum Südostrand des Erzgebirges. – Zu Doxan vgl. Anm. 164. – Teplitz, heute Teplitz-Schönau/Teplice-Šanov, im 15. Jh. Kleinstadt mit der um 1156 von Herzog (und späterem König) Wladislaw II. gegründeten Benediktinerinnenabtei für Nonnen aus dem Hoch- und Landadel, liegt wenig über 20 km westnordwestlich vom Elbehafen Aussig/Ústí nad Labem („an der Elbe"); die im folgenden genannte Stadt Brüx/Most, lat. Pons oder Pontensis civitas, an der

Biela, einem linken Nebenfluß der Elbe, ca. 35 km flußaufwärts von dessen Mündung in die Elbe bei Aussig. Etwa 15 km nördlich Brüx liegt Ossegg/Osek mit dem Zisterzienserkloster, das bis in die jüngste Zeit bestand. – Von Brüx ca. 10 km bielaabwärts nordöstlich von Brüx liegt die Stadt Bilin/Bílina.

307 Stadt und Burg Bilin haben die Prager am 12. und 13. Juli 1421 erobert. Der Bericht darüber fehlt in der Chronik.

308 Sigismund von Wartenberg auf Tetschen/Děčín. – Stadt Tetschen mit Schloß hoch über dem Elbetal auf dem rechten Elbeufer über 20 km elbeabwärts nördlich von Aussig und unweit von der Grenze nach Sachsen.

309 Albrecht von Kolditz (gest. 1448), Hofrichter und Hauptmann von Breslau und Schweidnitz, war in Böhmen begütert; (Kolditz in Sachsen an der Zwickauer Mulde südöstlich von Leipzig, damals Markgrafschaft Meißen).

310 Laurentius berichtet hier vom zweiten Kreuzzug gegen die tschechischen Ketzer, gegen die sich ein deutsches Freiwilligenheer in Eger – die Stadt mit ihrem Umland als Teil der östlichen Oberpfalz war seit 1322 an den König von Böhmen verpfändet, aber mit dem Königreich noch nicht staatsrechtlich verbunden; daher die korrekte Formulierung des Verfassers „über Eger gegen Saaz nach Böhmen" – sammelte und unter dem Kurfürsten und rheinischen Pfalzgrafen Ludwig, dem Sohn König Ruprechts von der Pfalz, in Westböhmen einfiel; außerdem nahmen die geistlichen Kurfürsten teil: der Erzbischof von Köln Dietrich Graf von Moers (1414–1463), der Erzbischof von Trier Otto Graf von Ziegenhain (1418–1430) und der Erzbischof von Mainz Konrad von Daun (1419–1434; Daun: in der Vulkaneifel).

311 Johann Graf von Nassau, Erzbischof von Mainz 1397–1419, vom Verfasser hier fälschlich genannt, weil er den Namen des Nachfolgers wohl noch nicht kannte.

312 Identisch mit König Ruprecht von der Pfalz (1400–1410), dessen Königswürde Laurentius verschweigt, weil Ruprecht von den Kurfürsten als Nachfolger des von ihnen abgesetzten Königs Wenzel gewählt war, Wenzel (gest. 1419) jedoch auf seine römisch-deutsche Königswürde zeitlebens nicht verzichtet hat; vgl. Anm. 13.

313 Der zweite Kreuzzug gegen die Hussiten endete demnach erfolglos auf gleiche Weise wie der erste durch ein Feuer im Lager vor Prag am 19. Juli 1420, nämlich durch ein Großfeuer im Heerlager vor Saaz; vgl. Kap. 51.

314 Boček von Kunstadt (Burg und Marktflecken ca. 40 km nördlich Brünn) war im Süden der mährischen Walachei (d. i. das Gebiet südlich der aus den Beskiden entspringenden Bečva und östlich der March etwa der Linie Prerau–Ungarisch Hradisch bis zu den Weißen Karpaten, d. h. zur slowakischen, im 15. Jh. ungarischen Grenze) begütert, wo ihm der Marktflecken Brumov (etwa 6 km südl. Valašské Klobouky/„Walachisch Klobouky") gehörte. – Strážnice ist gut 60 km südwestlich von Brumov entfernt und liegt ebenfalls unweit der slowakischen (früher ungarischen) Grenze. Der Einfall Pipas erfolgte dem-

nach nur in die grenznahen Gebiete wahrscheinlich aus dem Raum Trentschin.

315 Herr Hašek von Ostroh stammte aus einer verarmten Linie der Herren von Waldstein. Im Juli 1420 stand er im Kampf um den Prager Veitsberg noch in Diensten König Sigismunds, geriet aber in Gefangenschaft und wechselte darauf in den Dienst Peters von Strážnice und Kravaře über als ein inzwischen unerbittlicher Gegner des Königs.

316 Jan Hvězda („Stern"), genannt Bzdinka, stammte aus dem Landadel (zeman) und war im Umkreis der Burg Žleby beheimatet; nach kurzer Tätigkeit in Prag stand er seit Februar 1422 im Heer der Taboriten.

317 Rektor der Bethlehemkapelle war der bekannte Theologe Jacobellus von Mies. Er und seine Predigten in der Bethlehemkapelle hatten sich inzwischen zu einer Stütze einer konservativen Gegenbewegung gegen das Prager Taboritenzentrum unter Johannes von Selau bei der Maria-Schnee-Kirche (Auf dem Sande) in der Neustadt herausgebildet, wie u. a. der Brief Prager Frauen an den Rat der Stadt zeigt (Kap. 101).

318 Herr Jan Sádlo stand seit 1407 in Diensten König Wenzels IV. und war u. a. bis 1419 auch Kuttenberger Münzmeister. – Kostelec: an der unteren Sázava ca. 15 km östlich von deren Mündung in die Moldau.

319 Die zweite Nachtstunde als Zeit der Hinrichtung entspricht ungefähr der Uhrzeit ab 18 Uhr unserer Stundenzählung, in der also Ende Oktober in Prag längst Nachtdunkel herrscht. – Die Pfarrkirche St. Nikolaus mit einem Friedhof an ihrer Nordseite, im 15. Jh. nach der Teinkirche wohl die bedeutendste Stadtpfarrkirche in der Altstadt, gehörte damals bis nach 1620 den Utraquisten. Die Kirche ist bis heute erhalten, weil sie seit 1635 Abteikirche eines dort gegründeten Benediktinerklosters geworden und zwischen 1732 und 1737 von Kilian Ignaz Dientzenhofer als barocker Neubau errichtet worden war. Kirche und Kloster wurden nach Aufhebung durch Joseph II. 1785 entfremdet. 1871 erhielt die russische orthodoxe Kirche das Kirchengebäude zur Nutzung für eine kleine, von den Zaren mit Stiftungen bedachte Gemeinde, die während der Ersten Republik durch russische Immigranten Bedeutung erlangte.

320 Viktorin Boček von Kunstadt und Poděbrad, Herr auf Burg Litice in Ostböhmen am Ost-West-Lauf der Wilden Adler (ca. 50 km nordöstlich der damaligen Kreisstadt Chrudim); – Mikeš von Pottenstein und Žampach, Herr auf Žampach in Ostböhmen (ca. 10 km südlich der Burg Litice im Gebiet zwischen der Wilden und Stillen Adler etwa 45 km östlich Chrudim). Er hatte 1415 die Protestnote an das Konzil unterschrieben (Palacký Doc. 584 I Nr. 7).

321 Bělá/Weißwasser: ca. 18 km nordwestlich Jung Bunzlau und etwa 6 km von der Burg Bezděz/Bösig im nördlichen Mittelböhmen.

322 Johann II., Herzog von Ratibor nordöstl. von Troppau (geb. 1375, gest. 1424), nahm die Prager Abgesandten in Ratibor gefangen und lieferte sie an König Sigismund aus, der sie auf dem Brünner Spielberg festhielt, später nach Trentschin bringen ließ und sie dann gegen seine Anhänger in taboritischem und Prager Gewahrsam austauschte. – Laurentius hat die beiden Herzöge der Nachbarstädte Troppau und Ratibor offensichtlich miteinander verwechselt. Herzog Přemek von Trop-

pau wird in Kap. 117 nur „schlesischer Herzog“ genannt. – Großfürst Witold (i. lat. Text: *dux magnus*) von Litauen (1392–1430). – Der genannte Sigismund war Sigismund Koributowicz, der im Mai 1422 mit einem Heer in Prag einzog und sich als Statthalter Witolds sah.

323 Burg Štěnovice: ca. 10 km südöstlich Pilsen in der Nachbarschaft (5 km) von der Rosenbergischen Burg Wildstein.

324 Burg und Marktort Jevišovice in Südmähren ca. 13 km nordwestlich Znaim. Von dort sind es bis zur Grenze gegen Niederösterreich 18 bis 20 km.

325 Die beiden genannten Orte liegen fast auf gleichem Breitengrad rund 30 km Luftlinie auseinander. Zwischen beiden fließt die oberhalb Neuhaus von Nordosten kommende Nežárka, die abwärts von Neuhaus in gewundenem Lauf sich gegen Südwest, nach etwa 10 km gegen Nordwest wendet und nach weiteren 30 km (Luftlinie) gegenüber Veselí in die Lužnitz an deren östlicher (rechter) Uferseite einmündet. Die vom Verf. erwähnte Insel muß demnach in der Nežárka gewesen sein, sie läßt sich aber auf einer Karte 1:200.000 (Kartengrundlage: Spezialkarte Stand 1893, Landesaufnahme Wien) nicht lokalisieren, zumal damit zu rechnen ist, daß die Insel bei einem Flußgefälle von rund 70 m zwischen Neuhaus und Veselí im Verlauf von mehr als viereinhalb Jahrhunderten durch Hochwasser längst verschwunden sein oder ihre Lage verändert haben kann. – Hinweis zu möglicher Lokalisierung siehe Fr. Heřmanský/M. Bláhová (1979) 374, Kap. 111 Anm. 1.

326 In dieser Aussage dürfte ein ferner Niederschlag mittelalterlicher Spekulationen – außer Joachims von Floris (de Fiori) auch anderer geschichtsphilosophischer Mystiker – über den Ablauf der Weltzeitalter liegen, die in ihrer Abfolge nach dem Vorbild des Sechstagewerkes der biblischen Weltschöpfung (Gen. 1,1–28) allegorisch von Adam bis einschließlich der Propheten gesehen werden. Dem siebenten Tag (Gen 2,1–3) entspreche das siebente Zeitalter mit Jesus Christus als Reich der Ruhe und des Friedens. – Vgl. Dempf, Alois, Sacrum Imperium. München, Berlin 1929 S. 372f – Zu den adamitischen Artikeln insgesamt siehe auch Kalivoda, R., Revolution und Ideologie (1976) 187 bis 198.

327 Peter Kániš, ein taboritischer Priester aus Kanice (ca. 18 km nordwestlich Königgrätz), Anhänger der pikardischen Sekte, wurde auf Befehl Žižkas im April 1421 bei Klokoty (unweit Tabor) verbrannt; vgl. Kap. 86.

328 Krajíř: Lipolt Krajíř, Herr von Neu Bistritz in Südostböhmen, war königlicher Befehlshaber in Budweis; vgl. Kap. 44. – Burg und Stadt Lomnice/Lomnitz ca. 10 km südlich Veselí a. d. Lužnitz und etwa 20 km nordöstlich Budweis; – Soběslav a. d. Lužnitz ca. 20 km südlich Tabor.

329 Die Pfarrkirche St. Jakob (nicht die bekannte Barbarakirche, die um diese Zeit noch unvollendet war).

330 Über Christian von Prachatitz vgl. Anm. 183, zur Lage der Kirche St. Michael Anm. 4.

[331] D. i. nach unserer Stundenzählung (Beginn etwa eine halbe Stunde nach Sonnenuntergang) die Zeit ab 17 Uhr.

[332] Burg Karls IV., rund 30 km südwestlich von Prag in einem schmalen linken Seitental der Beraun auf hohem, schroffem Felsen des böhmischen Silur.

[333] St.-Palmacius-Kirche auf einer Berghöhe an der Beraun; vgl. V. V. Tomek, Dějiny (1898) 212.

[334] Burg in Westböhmen südöstlich des Praemonstratenserstiftes Tepl, die dem Herrn Bohuslav Schwanberg gehörte; vgl. Kap. 82.

[335] Heinrich von Plauen in Sachsen (gest. 1446) war in Böhmen begütert, Herr auf Königswart und Petschau/Bečov südlich Karlsbad und verläßliche Stütze für den König in Westböhmen.

[335a] Žlutice/Luditz am linken Ufer des von West nach Ost fließenden Flusses Střela (linker Nebenfluß der Beraun) ca. 50 km nordwestlich von Pilsen; wenige Kilometer südlich Luditz erhebt sich der Berg Vladař.

[336] Burg Helfenstein an der Mährischen Pforte zwischen dem Odergebirge im Nordwesten und den Ausläufern der Beskiden im Osten unweit Leipnik/Lipník (zwischen Prerau und Mährisch Weißkirchen/Hranice); – Přemek: Herzog von Troppau (gest. 1433).

[337] Magister Sigismund aus Jistebnice (im südl. Mittelböhmen) studierte in Prag und war wohl ein Schüler des J. Hus, Magister der freien Künste 1412, darauf Priester (Weihedatum nicht bekannt) im Dienst des mährischen Landeshauptmanns Lacek von Kravaře, der den Hussitismus in Mähren schützte, nach dessen Tod (1416) im priesterlichen Dienst bei Peter von Strážnice; nach 1421 verliert sich seine Spur, bis er wieder um 1448–1450 in Prag nachweisbar ist; Todesdatum unbekannt.

[338] Text der Abschwörungsformel war alttschechisch abgefaßt und ist in diesem Wortlaut in die Chronik aufgenommen.

[339] Das Formular der Lossprechung (Absolution) ist im Stil der lateinischen Kirchensprache verfaßt; von da an bis zum Schluß ist der Text lateinisch.

[340] Die alttschechische Übersetzung nennt 130 Opfer (J. Goll S. 528): *jakžto 130 lidí obojího pohlaví ukrutně zmordovali sou – wobei sie hundertdreißig Menschen beiderlei Geschlechts grausam ermordet haben.* – Polička: Kleinstadt am Rande von Ostböhmen (südlich Leitomischl) unweit der mährischen Grenze.

[341] Beide genannten Orte waren damals Marktflecken direkt an der Fernstraße von Iglau gegen Nordwest nach Kuttenberg, Humpolec südlich der von Südost nach Nordwest fließenden mittleren Sázava, Ledeč nördlich davon.

[342] Hier bricht der Text in allen Handschriften nach den Worten *Et facto mane* ab.

REGISTER

Personenregister

Ortsregister

Sachregister